ARCHIVES HISTORIQUES

DU POITOU

XII

POITIERS

IMPRIMERIE OUDIN

4, RUE DE L'ÉPERON, 4

1882

SOCIÉTÉ

DES

ARCHIVES HISTORIQUES

DU POITOU

LISTE GÉNÉRALE

DES MEMBRES

DE LA SOCIÉTÉ DES ARCHIVES HISTORIQUES DU POITOU

ANNÉE 1882.

Membres titulaires :

MM.

ARNAULDET (Th.), bibliothécaire de la ville, à Niort.
BARBAUD, archiviste de la Vendée, à la Roche-sur-Yon.
BARDET (V.), attaché à l'Inspection du chemin de fer d'Orléans, à Poitiers.
BARTHÉLEMY (A. DE), membre du Comité des travaux historiques, à Paris.
BEAUCHET-FILLEAU, correspondant du Ministère de l'instruction publique, à Chef-Boutonne.
BEAUDET (A.), docteur en médecine, à Saint-Maixent.
BERTHELÉ, archiviste des Deux-Sèvres, à Niort.
BRICAULD DE VERNEUIL, attaché aux Archives de la Vienne, à Poitiers.
CHAMARD (Dom), religieux bénédictin, à Ligugé.
CHASTEIGNER (Cte. A. DE), membre de plusieurs Sociétés savantes, à Ingrandes (Vienne).
DELISLE (L.), membre de l'Institut, à Paris.
DESAIVRE, docteur en médecine, à Niort.
FAVRE (L.), à Niort.

MM.

Frappier (P.), ancien secrétaire de la Société de Statistique des Deux-Sèvres, à Niort.

Gouget, archiviste de la Gironde, à Bordeaux.

Ledain, membre de l'Institut des provinces, à Poitiers.

Lelong, archiviste aux Archives Nationales, à Paris.

Lièvre, pasteur, président du Consistoire, à Angoulême.

Marque (G. de la), à la Baron (Vienne).

Ménard, ancien proviseur, à Poitiers.

Ménardière (de la), professeur à la Faculté de Droit, à Poitiers.

Montaiglon (A. de), professeur à l'Ecole des Chartes, à Paris.

Musset (G.), bibliothécaire de la ville, à la Rochelle.

Palustre (Léon), directeur de la Société française d'archéologie, à Tours.

Port (C.), archiviste de Maine-et-Loire, à Angers.

Richard (A.), archiviste de la Vienne, à Poitiers.

Richemond (L. de), archiviste de la Charente-Inférieure, à la Rochelle.

Rochebrochard (L. de la), membre de la Société de Statistique des Deux-Sèvres, à Niort.

Tourette (L. de la), docteur en médecine, à Loudun.

Tranchant (Charles), ancien conseiller d'État, ancien conseiller général de la Vienne, à Paris.

Membres honoraires :

MM.

Babinet de Rencogne, à Angoulême.

Bardonnet (A.), membre de plusieurs Sociétés savantes, à Niort.

Bouralière (A. de la), vice-président de la Société des Antiquaires de l'Ouest, à Poitiers.

Cars (Duc des), à la Roche-de-Bran (Vienne).

Clisson (l'abbé de), à Poitiers.

Corbière (Mis de la), à Poitiers.

MM.

Desmier de Chenon (Mis), à Domezac (Charente).

Dubeugnon, professeur à la Faculté de Droit, à Poitiers.

Ferand, ancien ingénieur en chef du département de la Vienne, à Poitiers.

Fleury (de), archiviste de la Charente, à Angoulême.

Granges (Mis de) de Surgères, à Nantes.

Guérin (P.), archiviste aux Archives Nationales, à Paris.

Guignard, docteur en médecine, à Poitiers.

Horric du Fraisnaud de la Motte, à Goursac (Charente).

Lecointre-Dupont père, membre de plusieurs Sociétés savantes, à Poitiers.

Orfeuille (Cte R. d'), membre de la Société des Antiquaires de l'Ouest, à Versailles.

Oudin, avocat, à Poitiers.

Rochejaquelein (Mis de la), ancien député des Deux-Sèvres, à Clisson (Deux-Sèvres).

Rochethulon (Mis de la), ancien député de la Vienne, à Beaudiment (Vienne).

Romans (Bon Fernand de), à Angers.

Sorbier de Pougnadoresse (de), ancien sous-préfet, à Poitiers.

Tribert (G), ancien conseiller général de la Vienne, à Marçay (Vienne).

Tribert (L.), sénateur, à Champdeniers.

Bureau :

MM.

Richard, président.

Ledain, secrétaire.

Bricauld de Verneuil, trésorier.

Bardonnet, membre du Comité.

Lecointre-Dupont, id.

Marque (de la), id.

Ménardière (de la), id.

EXTRAIT

DES PROCÈS-VERBAUX DES SÉANCES DE LA SOCIÉTÉ DES ARCHIVES

PENDANT L'ANNÉE 1882

Dans le cours de l'année 1882 la Société a tenu ses quatre séances ordinaires, les 19 janvier, 20 avril, 20 juillet et 16 novembre.

Elle a reçu comme membres titulaires : MM. Bardet, attaché à l'inspection du chemin de fer d'Orléans, à Poitiers, et Berthelé, archiviste des Deux-Sèvres; et comme membres honoraires: MM. de Fleury, archiviste de la Charente, de Granges de Surgères, à Nantes, et de Sorbier de Pougnadoresse, ancien sous-préfet, à Poitiers.

Elle a perdu cinq membres :
M. de Clervaux, décédé à Bellevue, le 24 novembre 1881;
M. de la Boutetière, décédé à Paris, le 26 décembre 1881, membre fondateur de la Société, à laquelle il a apporté le concours le plus actif ; il a publié dans sa collection les *Cartulaires d'Orbestier* (tome VI), *du Libaud* (tome I) et *de Coudrie* (tome II), les *Dons d'hommes en Bas-Poitou* (tome XI), et des *Miscellanées* dans les tomes II et VII;
M. le docteur Guignard, décédé à Poitiers, le 28 mars 1882;
M. Ménard, décédé à Poitiers, le 4 avril 1882, auquel la Société a dû la transcription, d'après les manuscrits de D. Fonteneau, de la plus grande partie du Cartulaire de Saint-Cyprien;
M. le docteur de la Tourette, décédé à Loudun, le 1er juillet 1882, qui nous a communiqué quelques documents manuscrits extraits de sa précieuse collection.

Correspondance : Lettres : 1° de M. Cornet-Peyrusse, de Carcassonne, au sujet de l'origine poitevine de la famille Chénier. Le nom de Chénier est encore porté en Poitou par des familles qui se rattachent plus ou moins à celle des célèbres écrivains, dont le plus ancien auteur connu serait Pierre Chénier, né en 1668, à Chalandray, aujourd'hui commune du département de la Vienne;
2° De M. le Ministre de l'Instruction publique relatives aux réunions de la Sorbonne et à l'échange des publications entre Sociétés françaises et étrangères.

Communications : Par M. Richard, au nom de M. de la Tourette, d'un petit registre de mercuriales du marché de Loudun, dans lequel se trouvent quelques notes historiques ou de famille, dues à un sieur Haward de la Blotterie, de 1728 à 1768, et que M. Bricauld de Verneuil s'est chargé de relever.

Par le même, du journal tenu par le sieur de Maillasson, de Montmorillon, vol. in-4° de 283 feuillets, s'étendant de 1644 à 1694, qui lui a été communiqué par M. Nouveau-Dupin, conseiller général de Montmorillon. M. Bardet a entrepris la transcription intégrale de ce document qui prendra place parmi ceux de même nature dont la Société prépare en ce moment la publication;

Par le même, d'une importante série de documents manuscrits et imprimés concernant l'Université de Poitiers, et en particulier d'un volume manuscrit intitulé : *Mémoires historiques, chronologiques et critiques pour l'Université de Poitiers*, provenant de la famille Trichet, et qu'il a récemment acquis pour les Archives départementales ;

Par MM. Bardet et Bricauld de Verneuil, d'un volume manuscrit dont ils font hommage aux Archives départementales de la Vienne, intitulé : *Notes sommaires extraites des minutes du Greffe de la Sénéchaussée de Civray*, et qui contient le dépouillement accompagné de tables des 175 liasses de ce fonds, s'étendant de 1671 à 1790 ;

Par M. de Richemond, de la copie des lettres de rémission accordées à l'occasion du sacre du roi, à Alexandre Papion, éc., seigneur de la Ricardière, en date du 4 août 1654 ;

Par M. Bricauld de Verneuil, de la copie de deux actes de l'état civil, concernant deux peintres domiciliés à Poitiers, les sieurs Dejax en 1584 et Bellotti en 1754.

La Société a décidé, sur l'indication de M. Ledain, de faire exécuter la transcription du journal d'un sieur de Brilhac, qui se trouve à la bibliothèque de la Cour de Cassation, dans les papiers de Riparfond.

Publications. — Dans le courant de l'année ont paru deux volumes des Archives :

Le tome X contenant le Cartulaire de l'Évêché de Poitiers ou Grand-Gaulthier, publié par M. Rédet, la notice sur M. Rédet par M. Richard et la table générale des dix premiers volumes des Archives.

Le tome XI qui commence la publication par M. Guérin des Registres du Trésor des Chartes, en ce qui concerne le Poitou, comprenant les années 1302 à 1333.

Travaux en cours d'exécution : Tome XII renfermant les lettres de Jean et Guy de Daillon du Lude, gouverneurs du Poitou, de 1543 à 1573, publiées par M. Ledain ;

Tome XIII, suite du dépouillement du Trésor des Chartes par M. Guérin, s'étendant jusqu'à 1350 environ, travail auquel M. le Ministre de l'Instruction publique a bien voulu accorder une subvention de 1200 francs.

Travaux en préparation : Par M. Ledain, complément de la correspondance de MM. du Lude, allant de 1574 à 1585 ;

Par M. de la Marque, lettres adressées à MM. de Boisguérin, gouverneurs de Loudun. (Ces deux séries de documents composeront le tome XIV.)

Par M. Guérin, suite du Trésor des Chartes pendant le XIVe siècle, et dépouillement pour la période correspondante des Registres du Parlement de Paris, en vue d'une publication subséquente ;

Par M. Richard, chartes de l'abbaye de Saint-Maixent, auxquelles sera affecté le tome XVI.

Renouvellement du bureau. — A la séance du 16 novembre, ont été élus pour 1883 :

MM. RICHARD, président; LEDAIN, secrétaire; BRICAULD DE VERNEUIL, trésorier; BARDONNET, DE LA MARQUE, DE LA MÉNARDIÈRE, LECOINTRE-DUPONT, membres du Conseil.

LETTRES

ADRESSÉES A

JEAN ET GUY DE DAILLON

COMTES DU LUDE

GOUVERNEURS DE POITOU DE 1543 A 1557 ET DE 1557 A 1585

PUBLIÉES

Par M. Bélisaire LEDAIN

INTRODUCTION

Deux comtes du Lude, Jean de Daillon et son fils, Guy de Daillon, gouvernèrent successivement le Poitou, au XVIe siècle, le premier de 1543 à 1557, le second de 1557 à 1585. Cette province était alors comprise dans le grand gouvernement de Guyenne, qui fut toujours confié aux rois de Navarre durant cette longue période. Jean et Guy de Daillon étaient leurs lieutenants généraux en Poitou. Mais l'administration militaire, la police et la défense du pays demeurèrent toujours d'une manière effective entre leurs mains.

Jean de Daillon, premier comte du Lude, fils de Jacques, était, dès le mois d'avril 1543, lieutenant général en Poitou de Henri d'Albret, roi de Navarre, gouverneur de la Guyenne. D'après Bouchet [1], les lettres du roi François Ier le nommant gouverneur de Poitou ne seraient que du 27 février 1545 et auraient été publiées le 28 avril suivant, au parquet de Poitiers. Mais il doit y avoir erreur de date, et ces lettres doivent remonter à 1543, car François Ier l'appelle alors son lieutenant en Poitou, en l'absence du roi de Navarre, et sa correspondance prouve qu'il était revêtu de cette charge dès le mois d'avril 1543. Jean de Daillon fut en outre nommé gouverneur de la Rochelle, Aunis et Saintonge au mois d'avril 1544. Il était aussi capitaine de cinquante hommes d'armes des ordonnances et sénéchal d'Anjou. Il avait épousé Anne de

---

1. *Annales d'Aquitaine*, p. 552.

Bastarnay, sœur de René, comte du Bouchage. La répression des troubles qui éclatèrent en 1548, à l'occasion de la gabelle, dans le Bordelais, l'Angoumois et la Saintonge, lui donna beaucoup de peine et de souci. Au mois de novembre de cette année, le connétable de Montmorency lui confia le gouvernement de la ville de Bordeaux. Jean de Daillon s'acquitta si bien de cette délicate mission, que le roi Henri II le nomma, le 30 janvier 1549, lieutenant général en Guyenne en l'absence du roi de Navarre. Il demeura longtemps à Bordeaux, puis il se rendit à Bayonne en 1553, pour veiller à la défense de cette place contre les Espagnols, qu'il repoussa de Saint-Jean-de-Luz, au mois de septembre. Il revint ensuite à Bordeaux, où il mourut le 21 août 1557.

Guy de Daillon, son fils, avait été enfant d'honneur du roi Henri II. Il avait pris part à la glorieuse défense de Metz contre Charles-Quint en 1552 et porté la cornette de la cavalerie légère de France, à la bataille de Renty en 1554. Il avait aussi assisté à la prise de Calais et de Guines sur les Anglais, en 1558. Il épousa Jacqueline de la Fayette, fille de Louis, en 1559 [1]. Aussitôt après la mort de son père, Guy le remplaça dans la charge de sénéchal d'Anjou, par lettres patentes du roi, du 30 août 1557. Il ne fut nommé gouverneur de Poitou que le 10 août 1560. Quelques jours après, dès le 17 août, il est à Poitiers, d'où il écrit une lettre au roi, en faveur de cette ville. Il y était encore le 19 octobre 1560, lors du passage du roi de Navarre, Antoine de Bourbon, et du prince de Condé, qui se rendaient aux Etats généraux d'Orléans.

A partir de ce moment jusqu'en 1585, l'administration de son gouvernement absorba presque tous ses instants. En effet, durant cette longue période de guerres civiles et de troubles de toutes sortes qui désolèrent le Poitou, plus que toute autre province, il fut aux prises avec les plus graves difficultés. Parcourant sans cesse la province, l'épée à la main, combattant et négociant tour à tour, Guy de Daillon réussit à grand'peine à maintenir l'autorité royale, à laquelle il se montra toujours résolûment dévoué. Il fut même victime de son zèle, car sa terre de Magné, près Niort, devint la proie des huguenots, qui la pillèrent en 1569, et lui firent

---

1. Additions aux *Mémoires de Castelnau*, par le Laboureur, t. II, 756.

perdre plus de 100,000 écus [1]. Il se distingua particulièrement au siège de Niort et à la défense de Poitiers en 1569, puis à la prise de Marans, au siège de la Rochelle en 1573 et à la prise de Brouage en 1576 [2]. Il avait trois frères, dont deux, René et François, l'aidèrent avec courage dans ses difficiles fonctions. René, évêque de Luçon depuis 1552, devint abbé des Châtelliers en 1563, puis évêque de Bayeux et conseiller d'Etat. Son attitude énergique sauva Niort menacé par les huguenots en 1576. François, Sr de Briançon, fut tué, pendant le siège de Poitiers, d'un coup de canon, le 16 août 1569. Le troisième frère, nommé aussi François, était baron de Saultré et époux de Jacqueline de Montigny. Enfin il avait trois sœurs : Françoise, épouse de Jacques de Matignon, maréchal de France ; Anne, épouse de Philippe de Volvyre, marquis de Ruffec, gouverneur d'Angoulême, Saintonge et Aunis ; Françoise, épouse de Jean de Chourses, sieur de Malicorne, qui lui succéda comme gouverneur de Poitou en 1585 [3]. La correspondance de Guy de Daillon témoigne de la prudence, de l'habileté, de la fermeté qu'il déploya dans sa longue administration en Poitou. Les rois Charles IX et Henri III eurent toujours en son expérience et ses capacités la plus entière confiance. Henri III lui conféra le collier de l'ordre du Saint-Esprit. Guy de Daillon mourut à Briançon dans le Maine, le 11 juillet 1585, et fut inhumé le 26 juin 1586 à Saint-Vincent du Lude. Il laissa deux enfants, François et Anne, épouse de Jean de Bueil, comte de Sancerre.

Les deux comtes du Lude, Jean et Guy de Daillon, entretinrent, comme gouverneurs de Poitou, une correspondance ininterrompue avec les rois, leurs ministres, les princes et tous les grands personnages de l'époque. Les lettres qu'ils reçurent à ce titre étaient encore conservées dans les archives de leur château du Lude, lorsque dom Housseau en copia ou fit copier une partie assez considérable que nous ne saurions évaluer. Ces copies existent aujourd'hui à la bibliothèque nationale, dans le fonds dom Housseau, t. X. et XI. Les originaux ont été détruits ou dispersés à la Révolution. S'ils eussent été intégralement copiés aupa-

---

1. Additions aux *Mémoires de Castelnau*, par le Laboureur, t. II, 756.
2. *Idem.*
3. *Idem.*

ravant, on aurait moins de regrets à exprimer. Ce qui démontre que dom Housseau en a négligé une portion inconnue, c'est que plusieurs originaux existent au *British Museum* et dans des collections particulières, et ne figurent pas dans le recueil des copies. En revanche, quelques lettres du *British Museum* se retrouvent dans les volumes de dom Housseau. Quoi qu'il en soit, les copies du savant Bénédictin sont extrêmement précieuses, et il est évident qu'il aura bien eu le soin de reproduire toutes les lettres importantes.

Il était indispensable de tirer de l'oubli ces précieux documents historiques, et le devoir de les publier s'imposait tout naturellement à la *Société des Archives du Poitou*. M. de la Fontenelle de Vaudoré, qui les connaissait, avait songé jadis à les mettre au jour [1]. M. Benjamin Fillon avait utilisé quelques lettres pour son histoire de Fontenay-le-Comte. Tout récemment, M. le comte de Talhouet, possesseur du château du Lude, avait entrepris l'exécution de magnifiques copies de toute cette correspondance, dans le but de reconstituer les anciennes archives de son château. Le travail était déjà à moitié fait, sous la direction du savant M. de Boislisle, lorsque la *Société des Archives du Poitou* en décida l'impression. C'était le seul moyen de conserver à jamais et de mettre à la portée de tous les travailleurs, des documents d'une valeur incontestable. M. de Talhouet le comprit sans peine. Grâce à l'obligeant intermédiaire de M. de Boislisle, il remit généreusement à la Société les copies terminées, dans le but de faciliter sa tâche. Que ces Messieurs veuillent bien recevoir le témoignage public de notre gratitude.

Les lettres adressées à MM. du Lude, nous l'avons dit, n'ont pas été toutes copiées par dom Housseau. Celles qu'il nous a conservées et que nous publions dans cette collection poitevine, y compris quelques-unes, fort peu, provenant du *British Museum* et de la collection Morrison, s'élèvent au nombre de 424. Jean de Daillon étant demeuré en charge beaucoup moins longtemps que son fils, et d'ailleurs la période qu'il traversa ayant été très calme en Poitou, les lettres administratives qu'il reçut sont bien

---

1. *Chroniques Fontenaisiennes*, p. 57.

moins nombreuses. On en possède soixante-quatre, écrites du 27 avril 1543 au 7 juin 1557. Une douzaine d'entre elles, de 1548 et 1549, contiennent des renseignements particulièrement nouveaux pour le Poitou, la Saintonge et l'Angoumois, même le Bordelais, théâtre des troubles de la gabelle. Les autres, sauf quelques-unes spéciales aux affaires de la province et de la ville de la Rochelle, ont un intérêt plus général. Une lettre de François Ier, du 22 mai 1544, est relative aux premières assemblées des luthériens dans le pays Rochelais. La plupart, à partir de 1549, donnent des détails curieux sur les guerres avec les Anglais et l'empereur Charles-Quint. Le roi Henri II raconte ses victoires dans le Boulonnais et le siège de Boulogne, en 1549. Montmorency donne des nouvelles intéressantes de la guerre en Italie et en Allemagne, en 1551, 1552 et 1553. La défense et la perte de Thérouanne en 1553 sont racontées par Henri II, qui donne ensuite des détails sur sa campagne en Flandre contre Charles-Quint et sur la conquête d'une partie de l'île de Corse. Une lettre de Henri II, du 10 juin 1555, relative au don des rois de France de guérir les écrouelles, présente des particularités très curieuses. On trouve dans beaucoup de lettres, durant cette période, des renseignements concernant la marine, les armements en course et la piraterie sur les côtes du Poitou et de la Saintonge. Deux lettres non adressées à M. du Lude figurent néanmoins dans sa correspondance, parce qu'elles touchent à certains détails de son administration dans la province. L'une, du 31 août 1548, est une instruction du roi pour le sieur de Sansac ; l'autre, du 25 juin 1549, est adressée par le roi aux trois Etats de Guyenne.

Le nombre des lettres reçues par Guy de Daillon, successeur de son père en 1560, est beaucoup plus considérable, et encore est-il certain que nous ne les connaissons pas toutes. Cela ne doit pas surprendre si l'on songe à la longueur de son administration en Poitou, qui dura 25 ans, et à la gravité exceptionnelle de ces interminables troubles religieux et politiques qui lui créèrent, comme aux autres gouverneurs, des difficultés sans cesse renaissantes. Les lettres conservées par les copies de dom Housseau, et que nous publions à la suite des précédentes, s'élèvent au chiffre de 360. Elles ont une importance capitale pour l'histoire. Si, d'une part, leur intérêt historique au point de vue poitevin est unique et incontestable, d'autre part, les révélations ou éclaircissements qu'elles apportent sur l'histoire générale de la France ont une valeur véritable que tous les érudits apprécieront. En les lisant attentivement, on suit avec le plus vif intérêt les modifications de la pensée royale et de la politique du gouvernement durant cette période si agitée. On se forme une idée exacte de ce qu'était alors le gouvernement des provinces, et l'on se rend compte de la prudence et de la fermeté dont il fallait que les gouverneurs fussent doués pour contenir et diriger les esprits turbulents de leurs administrés. Celui du Poitou se distingua assurément entre tous les autres ; sa correspondance le prouve. Son habileté fut d'autant plus remarquable qu'il fut souvent dépourvu de moyens suffisants dans l'exercice de ses fonctions, et qu'il avait affaire à une population rebelle et presque indomptable, surtout celle du bas Poitou. La lecture de ces intéressantes lettres est seule capable de donner une idée suffisante des grandes qualités qu'il déploya pour maintenir l'ordre si souvent troublé. On voit les événements les plus graves se dérouler peu à peu, racontés au jour le jour par les acteurs eux-mêmes, et on suit le gouverneur continuellement aux prises avec des difficultés de toutes sortes, dont il ne réussit pas toujours à triompher, mais qui ne l'empêchent jamais de faire son devoir.

Plusieurs des lettres adressées à Guy de Daillon, comte du Lude, ont été publiées dans divers recueils. Nous l'avons indiqué en les reproduisant de nouveau. Mais l'immense majorité est inédite. On remarquera les recommandations envoyées au gouverneur par le roi et quelques grands personnages à l'occasion des troubles qui livrèrent Poitiers aux huguenots en 1562. Les lettres qui suivent la paix d'Amboise, en mars 1563, montrent les difficultés que le pouvoir éprouva pour apaiser les esprits et faire cesser les violences, surtout en bas Poitou. On eut aussi quelque peine à faire publier la paix à Poitiers. Monsieur du Lude demanda à conserver quelques forces militaires près de lui (mai 1563), pour faire observer l'édit de pacification. Les esprits, en effet, étaient loin d'être calmés. Un ministre huguenot, ancien curé de Chiré, continuait à prêcher dans sa cure, contrairement à l'édit. Le roi ordonna au gouverneur d'y mettre ordre et envoya des commissaires spéciaux en Poitou, le 17 juin 1563, pour faire observer la pacification. Il lui enjoignit également, le 24 juin, d'opérer un désarmement général de tous les habitants. Puis il lui envoya le récit de la reprise du Havre sur les Anglais (30 juillet). Une ordonnance est publiée et envoyée à M. du Lude, avec injonction de maintenir rigoureusement la paix (18 août). Malgré cela, les troubles et séditions continuant en Poitou, de la part des huguenots principalement, le roi mande au gouverneur de lever une compagnie aux frais de la province (20 octobre). D'autre part, l'église réformée de Poitiers lui fait réclamer par le jeune roi de Navarre un local pour les prêches dans l'un des faubourgs (9 janvier 1564).

En présence de l'agitation croissante de la noblesse huguenote du Poitou, des assemblées illicites qu'elle provoque et des brigandages et meurtres qui en sont la conséquence, le roi invite continuellement M. du Lude à faire observer rigoureusement l'édit et à punir les coupables (février et mars 1564). M. du Lude se transporte dans ce but à Fontenay. Après la paix avec l'Angleterre, qu'il lui notifie avec des instructions (15 avril 1564), le roi lui enjoint de parcourir son gouvernement avec un prévôt et des forces militaires, afin de réprimer les désordres qui continuent (25 août). La reine Catherine de Médicis et le roi, s'étonnant du peu de résultats qu'il a obtenus, insistent de nouveau très vivement (16 et 31 octobre). Le gouverneur était souvent impuissant ou paralysé dans ses efforts par la protection que de hauts personnages accordaient à la nouvelle doctrine. Ainsi il reçoit de Renée de France, le 17 décembre 1564, une lettre demandant la cessation des poursuites commencées à Poitiers contre les prêches qu'elle y avait elle-même organisés. Cependant il ordonne, le 19 décembre, aux magistrats de Luçon d'informer contre le sieur de Sainte-Gemme et de l'ajourner devant le présidial pour contraventions aux édits. En 1565, il envoyait au roi un curieux mémoire dévoilant le triste état du pays, conseillant quelques remèdes et demandant des instructions. Au mois de septembre, il avait une entrevue à Mauzé avec le roi, qui l'y avait mandé le 15, en revenant de son voyage du Midi.

Il y a là une lacune dans la correspondance, qui ne reprend que le 8 septembre 1567. Ce jour-là, le prince de Condé écrit au gouverneur, lui demandant de procurer aux huguenots de Poitiers un local pour l'exercice de leur religion. Bientôt la guerre éclate ouvertement. Les huguenots du Poitou se réunissent à Lusignan et autour de Poitiers. Le roi, en informant M. du Lude de la tentative faite contre lui à Meaux, lui ordonne de mettre les places de son gouvernement en état de défense et d'y convoquer l'arrière-ban (28 septembre 1567). M. du Lude obéit. Le roi lui envoie des instructions pour le paiement des gens de guerre (25 octobre). Puis il lui annonce sa victoire à Saint-Denis (2 novembre) et lui ordonne de poursuivre à outrance les huguenots qui ont pris les armes en Poitou, en épargnant et protégeant toutefois ceux qui se tiennent paisibles, conformément à l'édit (4 novembre). Il l'invite en outre à s'entendre avec le s^r de Jarnac pour s'assurer de la Rochelle, qui s'agite fortement. Le 26 novembre, il lui ordonne encore de poursuivre les rebelles, en laissant pour la garde de Poitiers l'évêque de cette ville et le s^r de la Messelière. Mais le gouverneur était déjà parti avec ce dernier pour le bas Poitou, où il fit une campagne assez heureuse, durant le mois de décembre. A son retour, il envoya au roi un précieux mémoire dans lequel il exposait en huit articles les divers moyens qu'il jugeait nécessaires d'employer pour maintenir l'ordre en Poitou. Le roi fit inscrire sa décision sous chacun des articles, le 1er janvier 1568. Quelques jours après, le gouverneur arrivait à Niort, d'où il s'efforçait de pourvoir à tout. En mars et avril, il tenta deux attaques inutiles sur Marans.

Sur ces entrefaites, la paix de Longjumeau ayant été signée, le roi adressa à M. du Lude une instruction fort intéressante, lui traçant la conduite qu'il avait à tenir pour le maintien de la paix et de l'ordre public dans son gouvernement (14 juin 1568). Le 27 juin, il lui demande quels effets ont produits les prescriptions qu'il lui a envoyées. Ils n'étaient point satisfaisants, surtout en bas Poitou, où les huguenots continuaient leurs violences et s'étaient même emparé de Montaigu. Le roi s'en plaint vivement et prescrit au gouverneur de faire observer rigoureusement l'édit de pacification (5 juillet 1568). Par une autre lettre du même jour, il l'invite à surveiller de près la noblesse huguenote du pays qui se remue sans cesse, et il autorise le prêche à Lusignan, tout en recommandant de bien veiller à la garde du château. Le 31 juillet, le gouverneur reçoit de nouvelles instructions sur l'état des sujets fidèles capables de porter les armes qu'il doit dresser dans chaque bailliage et sur le serment à exiger des protestants. Il y est fait allusion à la Ligue naissante. Au mois d'août, le roi lui recommande de réunir ses forces pour arrêter les huguenots de Saintonge qui ont pris les armes. Le 15 août, parlant de la Ligue que les catholiques ont essayé d'organiser, il engage M. du Lude à obtenir d'eux un serment qui unisse leurs intérêts à ceux de la royauté, et dont le résultat sera le même que celui qu'ils ont cherché. Le roi revient, le 20 août, sur la nécessité du serment à exiger des catholiques et des huguenots. Il recommande au gouverneur de surveiller de très près les environs de la Rochelle qui est en pleine révolte et de ne souffrir aucune prise d'armes dans son gouvernement.

Les huguenots s'étant insurgés de nouveau, le roi fait savoir à M. du Lude qu'il a nommé le duc d'Anjou, son frère, lieutenant général de son armée, et lui ordonne de se joindre à lui (30 août 1568). Mais il lui recommande en même temps de protéger tous ceux qui observeront fidèlement la paix. D'un autre côté, il lui envoie des instructions sévères pour la répression des rebelles (1er septembre). Le 4 septembre, de nouvelles instructions très détaillées et fort curieuses lui sont adressées sur la saisie des biens des huguenots insurgés, sur la surveillance des suspects, la protection à accorder aux gens paisibles, la suspension des officiers royaux appartenant à la nouvelle religion, les devoirs des maires chargés de maintenir l'ordre, et enfin sur la nomination de gouverneurs militaires dans chaque ville. Poussé à bout par les excès des huguenots, le roi envoya bientôt, le 6 octobre 1568, à tous les gouverneurs de provinces un édit bien plus sévère, interdisant formellement la nouvelle religion.

Après l'arrivée de l'armée royale en Poitou, à la fin d'octobre, commence une longue série de lettres échangées entre le duc d'Anjou qui la commandait et le gouverneur de Poitou, auquel le roi avait ordonné de masser toutes ses forces. Elles traitent exclusivement des opérations militaires. Les deux armées catholique et protestante manœuvrent et escarmouchent autour de Poitiers et dans le Loudunais, en novembre et décembre. On suit leurs mouvements dans ces lettres. M. du Lude y coopère et s'empare de Mirebeau sur les huguenots par ordre du duc d'Anjou, du 9 décembre 1568. Le duc avec son armée se retire quelque temps vers Chinon, d'où il mande au gouverneur de réunir un grand magasin de vivres à Poitiers (11 janvier 1569), de pourvoir à la défense de cette ville, ainsi qu'à celle de Mirebeau et de Lusignan (14 et 17 janvier). Il lui recommande de surveiller les mouvements de l'armée huguenote et de saisir ses espions (17 et 19 janvier). Celle-ci s'étant retirée vers Niort, il lui ordonne de faire tous ses efforts pour l'observer et pénétrer ses desseins (21 et 23 janvier). L'activité et le zèle de M. du Lude sont admirables. Il ne craint pas de garantir personnellement un emprunt de 50,000 livres pour le service du roi, qui lui témoigne, dans une lettre du 25 janvier, sa gratitude et sa reconnaissance.

Le duc d'Anjou reprend l'offensive et envoie une avant-garde à Chauvigny, informant M. du Lude de ses desseins (28 janvier). Il quitte Chinon et marche par Pressigny, la Guerche, la Roche-Pozay et Confolens, écrivant sans cesse au gouverneur de Poitou, qui l'avise également de tout (février). Lusignan ayant manqué d'être surpris par les huguenots, il lui recommande la plus grande vigilance à Poitiers, Chauvigny, Mirebeau, Loudun, Châtellerault (14 et 18 février). Le 12 mars, il lui ordonne d'enlever Couhé à l'ennemi. Le lendemain il gagnait la bataille de Jarnac. M. du Lude profite de l'éloignement momentané de l'armée huguenote pour s'emparer, sur l'ordre du duc d'Anjou, de diverses places. Saint-Maixent et Melle sont repris (mars et mai 1566). Le duc le presse de fortifier Poitiers, et le gouverneur s'en occupe avec activité (mai). M. du Lude lui envoie un état des troupes qu'il a sous ses ordres en Poitou et le duc d'Anjou ordonnance leur solde le 2 juin. Il entreprend ensuite le siège de Niort le 21 juin. Le duc l'avise de la marche de l'ennemi (30 juin). Malgré tous ses efforts et son courage, le gouverneur est obligé de lever le siège le 2 juillet, et envoie son rapport au duc, qui lui écrit pour l'encourager, l'exciter au maintien de la discipline et ordonner divers mouvements de troupes (7 juillet). Obligé de se jeter dans Poitiers sérieusement menacé par Coligny, le gouverneur y soutint un siège glorieux.

L'ennemi fatigué ayant décampé, le duc d'Anjou chargea M. du Lude de ravitailler la capitale du Poitou, épuisée par sa longue résistance (14 septembre 1569). Le duc, qui était alors en Touraine, rentra en Poitou et battit l'armée huguenote à Moncontour le 3 octobre. Tout en la poursuivant dans sa retraite, il écrivait au gouverneur, qui était resté à Poitiers, de se saisir des petites places voisines (7 octobre). Puis il lui ordonna d'aller au secours de Puygaillard qui assiégeait Marans (30 octobre.) M. du Lude obéit et s'empara de Marans le 20 novembre. Le roi, qui assiégeait alors Saint-Jean-d'Angély avec son frère, changea le capitaine de Fontenay, qui était suspect (14 décembre). Il pourvut ensuite à l'organisation et à l'entretien des garnisons, notamment de celle de Marans. Il écrivit, ainsi que le duc d'Anjou, plusieurs lettres à M. du Lude, relatives à cette matière (26 janvier, 8, 9, 18 février 1570). Le gouverneur venait à peine de quitter la province, à la fin de février, que Marans retomba au pouvoir des huguenots. Durant cette absence, il fut remplacé par le s^r de Boisséguin. Il rentra en Poitou sur un ordre du roi, du 21 juin, pour secourir le s^r de Puygaillard, battu près de Luçon. Le prince dauphin d'Auvergne y fut également envoyé. Une trêve ayant été proposée, le roi chargea le gouverneur de Poitou de la négocier avec Jeanne d'Albret, qui était alors à la Rochelle, tout en s'efforçant de secourir Saintes assiégée (26 juillet 1570).

Après la conclusion de la paix de Saint-Germain, le roi écrivit à M. du Lude de faire cesser les hostilités et de publier le traité (4 et 14 août). Cette publication ayant été faite, le gouverneur envoya au roi un mémoire en onze articles concernant les mesures à prendre pour la sûreté de la province. Le roi le lui renvoya avec ses décisions au pied de chaque article (30 août). Il lui ordonna ensuite de licencier une partie des troupes et de maintenir la paix (3 septembre), ce qui n'était pas toujours en son pouvoir, car Jeanne d'Albret lui écrivit le 4 septembre, se plaignant de ce que l'édit avait été violé par la garnison de Parthenay. Le gouverneur se trouvait alors à Niort. Il se rendit de là à Coulonges, d'où il adressa au roi un curieux rapport sur l'état de la province. Le tableau qu'il en trace est sombre. Il se plaint de l'esprit séditieux et violent qui y règne. Les gentilshommes surtout commettent toutes sortes d'excès contre les catholiques. Il constate l'insuffisance et la faiblesse des officiers de justice et demande une augmentation de forces militaires, afin d'être en mesure de réprimer de tels désordres (22 septembre 1570). De leur côté, les huguenots accablaient le roi de leurs plaintes, et le gouverneur recevait l'ordre de faire observer les prescriptions de l'édit qui leur étaient favorables (26 septembre).

Il y a là dans la correspondance une lacune qui se prolonge jusqu'au mois de septembre 1571. M. du Lude s'était absenté du Poitou dans le cours de cette année. Lorsqu'il y fut de retour, il reçut du roi une longue instruction lui recommandant de ramener par la douceur, s'il était possible, les huguenots, principalement les gentilshommes de son gouvernement; de protéger, en vertu du dernier édit, ceux qui se montreraient soumis et paisibles, de veiller à ce que tous les officiers royaux fussent catholiques, et d'exiger des dignitaires ecclésiastiques et même des curés la résidence dans leurs bénéfices (4 novembre 1571). Le même jour, la reine Catherine de Médicis lui faisait part du mécontentement et du souci que causait à la cour l'attitude de la Rochelle. Un mois après, le roi l'informait d'une diminution d'impôts accordée à ses sujets, l'invitant à annoncer partout cette bonne nouvelle (12 décembre 1571).

La correspondance s'interrompt de nouveau pour ne reprendre qu'au mois d'août 1572. Un triste événement, la Saint-Barthélemy, venait de se produire. Le roi adresse à ce sujet au gouverneur de Poitou deux lettres datées des 27 et 28 août et une déclaration aussi du 28 août. Ces pièces sont d'un haut intérêt. Le roi expose que la tentative d'assassinat commise contre Coligny ayant excité au plus haut degré la colère des huguenots contre Guise et les siens, il s'est vu contraint de tolérer les meurtres projetés par ces derniers sur la personne de leurs ennemis. Le soulèvement populaire qui accompagna ces crimes, soulèvement auquel on ne s'attendait pas et qui provoqua tant de massacres, l'a profondément affecté. Il ordonne au gouverneur d'empêcher, sous peine de mort, de telles violences dans toute l'étendue de sa province. Il veut que les huguenots paisibles soient mis à l'abri de tout danger, et les invite à s'abstenir par précaution de se réunir aux prêches en ce moment. Du reste, il est décidé au maintien des édits de pacification. Le malheur qui est arrivé à Paris est surtout du fait des Guise; toutefois il en prend par sa déclaration toute la responsabilité, affirmant que tout a été fait par son ordre, afin de réprimer la conspiration ourdie par Coligny. Mais il n'a jamais voulu porter atteinte aux garanties données aux huguenots par ses édits. Il ordonne au contraire de respecter, de défendre ses sujets de la nouvelle religion, s'ils se montrent soumis. Il termine en recommandant à M. du Lude de se tenir prêt à réprimer toute rébellion, s'il en éclate ; et comme il ne peut pas sans doute résider toujours à Poitiers, il désigne M. de Boisséguin pour y commander en son absence.

Au moment où partaient ces dépêches, M. du Lude était absent du Poitou. Le roi, en lui annonçant leur envoi, l'invite, par lettre du 3 septembre, à y retourner sans délai pour veiller rigoureusement à l'exécution de ses ordres, en se conformant à une instruction qu'il prépare. En effet, le lendemain 4 septembre, il lui adresse cette instruction dans laquelle il entre dans de longs détails sur les circonstances et la vraie cause de la Saint-Barthélemy, qu'il le charge de bien expliquer à tous les habitants de son gouvernement, afin de calmer l'émotion et de rassurer les huguenots paisibles. Il fait défense aux catholiques, sous peine de mort, de se porter à quelque violence que ce soit contre leurs concitoyens de l'autre religion. Mais il invite ces derniers, par prudence, à suspendre provisoirement leurs prêches. Il déclare de nouveau sa volonté expresse de maintenir les édits, et termine en recommandant au gouverneur de réunir ses forces pour se tenir prêt à réprimer les rébellions ou troubles quelconques qui viendraient à se manifester. Malgré ces ordres formels du roi, des violences furent commises en Poitou contre les huguenots, notamment par le sieur de Montsoreau. Le roi s'empressa d'écrire à celui-ci, le 14 septembre, pour lui manifester son mécontentement et lui enjoindre de réparer le mal qu'il avait fait. Il ordonna le même jour à M. du Lude d'empêcher absolument tous actes de cette nature et de réprimer sévèrement les brigandages qui éclataient de toutes parts, sans négliger cependant la surveillance de certains gentilshommes huguenots qui cherchaient à se révolter. Toutefois la plus grande partie de cette noblesse se montra alors disposée à la soumission, ainsi que M. du Lude le manda au roi, qui lui transmit immédiatement la joie qu'il en ressentait (28 septembre 1572). Deux jours après, le 30 septembre, le roi lui transmettait la volonté où il était de ne plus souffrir aucuns officiers de justice appartenant à la nouvelle religion.

Ce qui préoccupait le plus la cour en ce moment, c'étaient les négociations entamées de sa part par Biron avec les Rochelais. M. du Lude avait écrit de Niort au roi une lettre lui faisant connaître leurs mauvaises dispositions. Le roi lui répondit, le 4 octobre, qu'il voulait encore patienter, mais qu'il était résolu, si Biron ne réussissait pas, à prendre des mesures énergiques. En effet, les négociations ayant échoué, le roi signifia à M. du Lude sa résolution d'entreprendre le siège de la Rochelle (17 octobre). Il lui ordonnait, ainsi qu'à M. de la Fayette son beau-père, de concentrer leurs forces à Niort. Puis il donna le commandement de l'armée au duc d'Anjou, son frère. En faisant part de sa décision au gouverneur de Poitou, le 4 novembre, le roi lui recommandait de s'opposer aux violences dont étaient encore victimes les huguenots sur certains points de la province. Ainsi plusieurs meurtres avaient été commis à Poitiers le 26 octobre, à l'instigation, disait-on, du fameux la Haye, lieutenant général de la sénéchaussée. Le roi ordonna au gouverneur de se transporter immédiatement à Poitiers, pour y procéder à la punition des coupables. Cependant M. du Lude s'occupait des préparatifs du siège de la Rochelle, et le roi et le duc d'Anjou lui écrivirent plusieurs fois à ce sujet (novembre 1572). La Haye fut chargé par le roi de faire confectionner une chaîne de fer de 2,000 pas, destinée sans doute à fermer le port de la Rochelle (1er décembre). M. du Lude s'empara de Marans le 4 décembre, pendant que Biron et Strozzi serraient de plus près la Rochelle. Le roi l'en félicita par lettre du 12 décembre et l'entretient des préparatifs de l'expédition, aussi bien que dans une autre lettre du 21 décembre. Le 3 janvier 1573, il lui enjoignit de faire des réquisitions de chevaux pour conduire l'artillerie de Châtellerault à Niort.

Il y a une lacune dans la correspondance depuis le 15 janvier jusqu'au 26 novembre 1573. Pendant cette période, M. du Lude, qui s'était occupé avec activité des approvisionnements et du rassemblement de l'armée royale, jusqu'à l'arrivée du duc d'Anjou (12 février), prit part aux opérations du siège de la Rochelle, où il se distingua par son courage. Cette grande entreprise, on le sait, ne réussit pas. La correspondance reprend par une lettre du 26 novembre, dans laquelle le roi ordonne au gouverneur de Poitou d'arrêter la Haye, lieutenant général de la sénéchaussée, esprit brouillon et intrigant, qui s'était mis à la tête des politiques ou malcontents. Il le charge de rechercher l'origine et le but de toutes les menées de cette faction. Une tentative de surprise sur le château de Poitiers avait été ourdie par la Haye pendant l'absence de M. de Lude et du capitaine du château. Appelé en toute hâte par les habitants catholiques, le duc de Montpensier accourut à Poitiers à la fin de novembre et pourvut à la sûreté du château et de la ville, au moyen d'un règlement fait de concert avec l'échevinage. De retour à Champigny, le duc de Montpensier informa le comte du Lude de toute cette affaire, l'invitant à se tenir sur ses gardes (1er décembre 1573). Le roi, ne sachant comment remédier au malaise et aux agitations secrètes, laisse au gouverneur la liberté du choix des moyens pour y mettre un terme. Si la Haye est arrêté, il ne passera pas outre jusqu'à nouvel ordre (8 décembre 1573). Bientôt il lui ordonne, le 16 décembre, d'ajourner devant son conseil la Haye et le sieur de Salvert, président du présidial de Poitiers, entre lesquels existait un différend relatif à l'office de ce dernier, que désirait l'ambitieux lieutenant. Le roi prie même le gouverneur de les lui amener tous les deux à Paris, où il veut d'ailleurs entendre son rapport verbal sur l'état du pays. Il lui enjoint de changer le capitaine du château de Poitiers et d'y placer le sieur de Boisséguin.

M. du Lude ne savait quelle solution donner à cette délicate affaire. Il était à Niort et n'avait pas encore répondu au roi. Celui-ci, impatienté, lui en témoigna son mécontentement et lui ordonna expressément d'arrêter la Haye et de le lui envoyer sous bonne escorte (27 décembre 1573). Mais l'habile lieutenant, que le roi croyait à Poitiers avec le gouverneur, s'était empressé de fuir, continuant partout ses intrigues. Il était à Pamproux au mois de janvier 1574, et M. du Lude, qui, quelques jours auparavant, se trouvait à Saint-Maixent et à Bougouin, ne put ou n'osa pas se saisir de sa personne. Le duc d'Alençon écrivit au gouverneur, le priant, de la part du roi, de venir le trouver, en confiant, avant son départ, la garde de Poitiers et de Niort à MM. de Boisséguin et de la Frézellière (23 février 1574). Mais la présence de M. du Lude dans la province était plus nécessaire que jamais. Il lui avait fallu courir à Niort, que la vigilance de M. de la Frézellière avait sauvé d'une surprise tentée par les huguenots, pendant que Poitiers échappait au même danger de la part de l'astucieux la Haye, grâce à l'énergie du sieur de Sainte-Soline. Le roi lui écrivit pour le remercier et le prier de ne pas quitter son gouvernement. Il lui mandait de faire bonne et raide justice et de faire observer les édits avec impartialité (27 février). Il écrivit dans le même sens au sieur de Sainte-Soline à Poitiers.

Obligé de faire encore la guerre, le roi ordonna à M. du Lude de lever six compagnies, en attendant l'arrivée prochaine du duc de Montpensier à la tête d'une armée. Il le félicita de nouveau d'avoir conservé Niort, et l'avertit qu'il confiait provisoirement la garde de Poitiers au sieur de Mortemart (3 mars 1574). Le 14 mars, il lui recommanda de dresser la liste des hommes propres à porter les armes, opération que M. du Lude commença de suite à Saint-Maixent. Toutefois, avant d'ouvrir les hostilités, le roi fit faire des propositions de paix à la Noue, chef des huguenots, par Biron et le sieur de la Frézellière. Catherine de Médicis et le roi écrivirent à ce sujet, à M. du Lude, deux lettres qui ne laissent aucun doute sur l'issue des négociations (22 mars et 6 avril). Pendant ce temps-là, l'armée se réunissait à Chinon sous les ordres du duc de Montpensier. La conspiration de la Mole et Coconas, racontée par le roi à M. du Lude, dans sa lettre du 15 avril, acheva de rompre les négociations. Le duc de Montpensier entra en campagne en Poitou, se dirigeant sur Fontenay qu'il voulait prendre. Le gouverneur vint au-devant de lui à Coulonges, le 20 avril. Puis il retourna à Niort pour y faire les préparatifs du siège. Le roi Charles IX le félicita de son activité en lui faisant part en même temps des premières atteintes de la maladie qui devait bientôt l'emporter (29 avril). Peu de jours après, le 4 mai 1574, il lui annonça l'arrestation des maréchaux de Montmorency et de Cossé, impliqués dans la conspiration de la Mole et Coconas. Le 16 mai, il l'avise d'enjoindre aux gouverneurs de places qu'ils aient dorénavant à prendre directement ses ordres sans écrire à la cour, si ce n'est dans les circonstances pressantes. La maladie de Charles IX faisait de rapides progrès. Se voyant sur le point de succomber, il écrivit à M. du Lude qu'il avait confié la régence à sa mère Catherine de Médicis jusqu'à l'arrivée de son frère Henri, roi de Pologne (29 mai). Le lendemain, 30 mai 1574, Charles IX expirait à Vincennes.

Dès le 1er juin, deux lettres étaient adressées de la cour au gouverneur du Poitou par le jeune Henri, roi de Navarre, et par Catherine de Médicis. Le jeune prince, en lui annonçant la mort du roi, lui faisait part de sa ferme résolution d'obéir fidèlement à la reine-mère et au nouveau souverain. Catherine lui fait part du désir qu'elle a d'administrer le royaume avec tout le dévouement dont elle est capable, jusqu'à l'arrivée de Henri III. Elle lui recommande de faire observer les édits, de maintenir tout le monde dans l'obéissance, et de bien surveiller les personnes qui sortiraient de son gouvernement pour s'en aller hors du royaume. Le duc de Montpensier, qui venait de lever le siège de Fontenay, écrivit, le 2 juin, à M. du Lude, alors malade à Niort, de faire tous ses efforts pour maintenir son gouvernement dans l'obéissance due à la couronne. M. du Lude revenait aussi du siège de Fontenay, et Catherine de Médicis, en le remerciant des efforts qu'il avait faits, l'invita à ne pas se décourager, à profiter au contraire de la division survenue parmi les protestants, à la Rochelle, et à empêcher l'armée du duc de Montpensier de se rompre (10 juin). Celui-ci, tout occupé de sa réorganisation à Chinon, lui reprocha de ne pas avoir placé des garnisons dans les places du bas Poitou, où les huguenots étaient maîtres, et le pressa de réunir promptement des troupes, afin d'opérer ensuite leur jonction. Il lui annonça, en même temps, la reprise du Blanc sur les rebelles (15 juin). M. du Lude n'avait pas attendu cet avis pour faire face aux événements. Il avait concentré des troupes à Niort et réuni l'arrière-ban à Saint-Maixent. Il avait aussi fait publier, dans toute la province, l'ordre de reconnaître le nouveau et légitime roi, Henri III. Catherine de Médicis l'en félicita par sa lettre du 19 juin, en lui annonçant qu'elle envoyait de nombreuses forces à l'armée du duc de Montpensier, auquel elle avait ordonné d'aller à son secours, puisque la ville de Niort, où il se trouvait, paraissait menacée par l'ennemi. Le 27 juin, elle lui envoya le même avis et lui recommanda de bien accueillir et bien traiter ceux d'entre les rebelles qui se soumettraient.

Une suspension d'armes conclue, près de la Rochelle, avec la Noue, par les ambassadeurs de la cour, motiva une nouvelle lettre de Catherine à M. du Lude (7 juillet). Elle refusait de l'accepter et demandait que les rebelles posassent préalablement les armes et restituassent les villes prises, leur promettant, moyennant cette condition, une amnistie complète. En cas de refus, elle entendait que la guerre fût continuée vigoureusement, et elle envoyait dans ce but beaucoup de forces au duc de Montpensier. Celui-ci travaillait toujours, à Chinon, à la réunion de son armée. Le 10 juillet, il écrivait à M. du Lude qu'il n'était point encore en état de se mettre en campagne, mais qu'il ne tarderait point à le rejoindre. Le lendemain, il confiait au sieur du Portal la garde du château des Coutaux, près Niort, acquis récemment par le lieutenant du Poitou, la Haye, qui tenait le parti des rebelles. Dans une lettre du 15 juillet, il expose au gouverneur de Poitou qu'il a fait observer la trêve récente, mais qu'il n'en espère rien de bon, car les huguenots ne se sont pas gênés d'y contrevenir, au Blanc, à Civray, à Saint-Maixent, à Chizé. Il est disposé à user de représailles. En terminant, il lui annonce l'arrivée prochaine du roi en France et les progrès de l'organisation de son armée, ce qui va lui permettre de le rejoindre bientôt.

M. du Lude, paralysé en ce moment par la maladie et dépourvu de forces suffisantes, ne pouvait faire aucune entreprise sérieuse. Il attendait le duc de Montpensier auquel il demandait de la cavalerie et se tenait simplement sur la défensive. Le duc, auquel il avait envoyé la nouvelle de la surprise de Saint-Maixent par les huguenots, lui répondit le 27 juillet, déplorant amèrement ce malheur et l'engageant à n'avoir aucune confiance dans les paroles des rebelles. Il regrette de ne pouvoir lui envoyer les secours qu'il demande, mais il espère être bientôt en mesure de dompter l'ennemi. Enfin, le 28, il lui annonce sa prochaine arrivée en Poitou. De son côté, Catherine de Médicis, prévenue par le gouverneur de sa position critique et de la surprise de Saint-Maixent, lui promet le secours du duc de Montpensier, qui va entrer en Poitou avec une puissante armée. Elle lui accorde le congé que réclame le mauvais état de sa santé, mais elle lui recommande de bien pourvoir à la défense de Niort avant son départ (31 juillet). Le 7 août, au moment de partir pour Lyon, pour recevoir le roi, elle lui écrit de ne point quitter son gouvernement, où il est utile qu'il maintienne l'ordre avec la plus grande vigilance.

Une lacune fâcheuse de six mois se produit dans la correspondance de M. du Lude, du 7 août 1574 au 24 janvier 1575. Durant cet intervalle, le duc de Montpensier avait fait, en Poitou, contre les protestants, une campagne heureuse qui se termina par la prise de Lusignan. M. du Lude avait pris part au long siège de cette place importante. Au moment où reprend la correspondance, il se trouvait à Saint-Maixent. Informé par lui de la capitulation de Lusignan, le roi Henri III lui écrivit de Lyon, le 24 janvier 1575, pour lui témoigner la joie qu'il en avait éprouvé. Afin de mettre la rébellion dans l'impossibilité de s'en servir jamais, il lui ordonna de faire démolir au plus vite le magnifique château de Lusignan. Le même jour, la reine Catherine de Médicis lui envoya la même injonction, en le félicitant de la part qu'il avait prise à la réduction de la place. M. du Lude aurait désiré retirer quelque profit de cette gigantesque démolition ; mais le roi, qui avait adjugé les matériaux au sieur de Chémerault, écrivit, le 2 février, au gouverneur de Poitou pour lui témoigner le regret qu'il éprouvait de ne pouvoir lui accorder cette largesse, lui promettant de récompenser prochainement ses services d'une autre manière.

Après le départ du duc de Montpensier, M. du Lude se rendit à Niort pour faire face à l'ennemi du côté de la Rochelle et pourvoir à la sûreté des places dans cette contrée. Il demanda, dans ce but, au roi le maintien de forces respectables en Poitou. Mais Henri III, qui avait licencié la moitié de l'armée du duc de Montpensier, lui manda, le 6 mars, qu'il ne voulait tenir sur pied que trois régiments, l'un en Poitou, l'autre en Saintonge et le dernier en Angoumois. Il le chargeait de garnir les places, et principalement Marans, avec ces forces, et lui laissait à Niort sa compagnie d'hommes d'armes et quelques chevau-légers. Quant aux châteaux des seigneurs, il leur laissait le soin de les défendre à leurs frais. Les intrigues de la Haye, les désordres des gens de guerre licenciés et les tentatives naissantes de la Ligue à Poitiers et Fontenay entretenaient toujours l'agitation et l'inquiétude. Le roi écrivit à ce sujet à M. du Lude, le 10 mai, lui annonçant qu'il avait fait venir la Haye à Paris. Il lui ordonnait d'empêcher les ligues, de payer les troupes et de réprimer les brigandages. M. du Lude s'y appliquait de toutes ses forces. Néanmoins il ne pouvait remédier à tous les maux. La ville de Chef-Boutonne, qui avait été très éprouvée par le séjour prolongé des troupes du sieur de Ruffec, ayant été surchargée de tailles et emprunts par les officiers royaux de Niort, le roi recommanda au gouverneur, par lettre du 31 mai, de la faire décharger de la plus grande partie de ces impôts.

Henri III, trompé sur le compte de la Haye, lui avait accordé des lettres de rémission à Avignon, dès son retour de Pologne. Mais la ville de Poitiers, où l'on connaissait trop bien cet intrigant s'était toujours opposé à leur enregistrement et à leur exécution. Le roi, encore aveuglé, envoya, le 4 juin 1575, à M. de Boisséguin, commandant à Poitiers en l'absence de M. du Lude, une lettre par laquelle il lui ordonnait de laisser jouir la Haye du bénéfice de ses lettres de rémission et de couvrir de sa protection, à Poitiers, sa famille et ses partisans, dans le cas où ils seraient inquiétés. Il écrivit en même temps, dans le même sens, au maire de Poitiers.

Deux jours après, le 6 juin, le roi ordonna à M. du Lude de se saisir par tous les moyens en son pouvoir de deux criminels, nommés Mallevaut, condamnés par le Parlement pour meurtre sur la personne d'un certain Pelletier, et qui résistaient à la justice par la force. Il lui adressa, le 11 juin, des instructions pour le paiement du régiment en garnison en Poitou, dont la solde était très arriérée, et sur le prix des vivres achetés par les soldats dans les villes où ils seraient cantonnés. Il l'avertissait par la même lettre de la permission qu'il avait accordée aux sieurs des Roches-Baritaut et du Landreau d'entretenir des compagnies à ses frais, le premier à Fontenay, le second à Montaigu et à Talmont. Enfin il l'entretenait d'un projet d'expédition maritime contre l'Aunis, où dominait la rébellion, et se félicitait de l'échec essuyé par l'ennemi dans une tentative de surprise contre la ville de Niort.

Une trêve proposée par les Rochelais excita la juste défiance du roi. Il écrivit au gouverneur de Poitou le 24 juin, lui exposant qu'il ne pouvait l'accepter telle qu'elle était proposée ; il n'y voyait qu'une ruse et lui annonçait qu'il avait ordonné aux compagnies de gendarmes de se diriger en Poitou où, après les avoir payées, il irait avec elles et ses autres forces bloquer la Rochelle et empêcher la récolte. Il l'instruisait en terminant de la détermination qu'il avait prise à l'égard de la Haye, dont il avait révoqué une commission assez importante qu'il lui avait confiée. La Haye avait promis de ne point rentrer à Poitiers, mais de se retirer à la campagne, et le roi invitait le gouverneur à y veiller. L'indiscipline des troupes demeurées en Poitou causait de graves embarras à M. du Lude, qui en écrivit au roi. Malgré l'ordre de licenciement qu'il lui avait envoyé, Henri III s'était vu obligé d'en ajourner l'exécution, dans la crainte que la paix ne fût pas conclue avec les protestants. C'est ce qu'il lui répondit, le 30 juin, en lui ordonnant de continuer les préparatifs de l'expédition projetée du côté de la Rochelle et de veiller au paiement des troupes. Le 8 juillet 1575, le roi l'informe qu'il accepte la trêve avec les Rochelais, mais il le charge de la négocier le plus avantageusement possible, et de refuser notamment l'évacuation de Marans.

Pendant le cours des négociations, la Haye fit une nouvelle et vaine tentative sur Poitiers. Cette conspiration ayant été découverte, le roi en manifesta sa joie à M. du Lude dans une lettre du 24 juillet, par laquelle il lui demande ce qu'il doit faire pour réduire les Rochelais, dans le cas où la paix ne serait pas conclue, et lui envoie des instructions pour le paiement des troupes et le maintien de la discipline. Le 28 juillet, le roi recommande à M. du Lude de faire escorter des pièces d'artillerie de Nantes à Marans. Le 31, il charge un commissaire des guerres de conduire en Poitou le régiment de Lavardin, en remplacement de celui de Sarrion. Dans une lettre du 13 août, il entretient le gouverneur des préparatifs de l'expédition qu'il l'avait chargé de diriger en Aunis. En effet, M. du Lude, qui résidait presque toujours à Niort, s'en occupait avec activité. Tout à coup, le roi, apprenant les avantages obtenus par les huguenots en Périgord, lui fait savoir, le 28 août, qu'il a résolu d'y envoyer une bonne partie de ses forces. En conséquence, il lui recommande de presser son expédition avant leur départ, ou de lever de nouvelles compagnies, s'il ne peut agir auparavant. Le sieur de Bourdeille, gouverneur de Périgord, l'instruisit aussi de la gravité des troubles dans cette contrée, l'invitant à se tenir sur ses gardes (2 septembre 1575). L'expédition en Aunis, qui se borna à une descente du sieur du Landreau dans l'île de Ré, ne réussit pas, malgré le désir qu'en avait le roi et les nouveaux ordres qu'il expédia à ce sujet au gouverneur par sa lettre du 8 septembre.

Le roi, surpris par l'attitude hostile de son frère le duc d'Alençon, gagné par les rebelles, manda, le 22 septembre, à M. du Lude, qui était alors à Poitiers avec le duc de Montpensier, de lui envoyer de suite la plus grande partie de l'armée de Poitou. Il lui laissait toutefois quelques forces pour la garde des places. Son inquiétude était si grande, qu'il fit convoquer toute la noblesse par les baillis et sénéchaux. Il ordonna au gouverneur de dresser les rôles avec les baillis et de ne laisser pénétrer dans aucune ville le duc d'Alençon ou ses agents (28 septembre). Le même jour, il lui annonce dans une nouvelle lettre que son frère se dirige vers la Loire. Il lui ordonne en conséquence de faire mettre toutes les villes de son gouvernement en état de défense, et de s'opposer avec le duc de Montpensier à la marche du duc d'Alençon. Le 5 octobre, la reine Catherine de Médicis le presse d'envoyer près du roi, aux environs de Paris, les compagnies qui lui étaient destinées, et de renforcer celles qu'il conservera. Le 24, elle l'avertit que le duc d'Alençon se dirige vers le Poitou et lui ordonne de mettre garnison à Poitiers et Châtellerault. Le roi lui adresse le même avis et renouvelle avec plus de détails les mêmes ordres. Pendant ce temps-là, la reine Catherine négociait avec le duc d'Alençon. Le roi désirait vivement un arrangement, ainsi qu'il l'avoue à M. du Lude dans une lettre du 11 novembre, par laquelle il le remercie avec effusion de ses services. Enfin une trêve ayant été conclue à Champigny-sur-Veude, il en avise aussitôt le gouverneur, auquel il fait savoir que Niort est une des places de sûreté qui doivent être remises au duc d'Alençon durant la trêve. Il l'invite en conséquence à livrer cette ville aux délégués de son frère, en recommandant aux habitants la soumission et la tranquillité (11 novembre). La reine Catherine de Médicis lui renouvelle les mêmes ordres et recommandations le 19 novembre. Le 24, elle prie M. du Lude de se trouver, le dimanche suivant, à Niort, où le prince Dauphin doit aussi se rendre pour la remise de la ville au duc d'Alençon. Le lendemain, elle lui adresse de nouvelles instructions pour cette opération, à laquelle la cour attachait une grande importance au point de vue de la conclusion de la paix. Mais les habitants de Niort, fort mécontents de l'article de la trêve qui les livrait au duc d'Alençon, avaient envoyé des députés à la reine pour lui faire des remontrances. Ils demandaient qu'on leur donnât tout au moins un gouverneur et une garnison catholiques. Catherine de Médicis, qui était arrivée à Loudun, écrivit, le 26 novembre, à M. du Lude. Elle racontait son entrevue avec les députés, auxquels elle s'était efforcée de faire comprendre que rien ne pouvait être changé aux conditions de la trêve. Elle leur avait promis seulement de les recommander à la bienveillance du duc d'Alençon. Elle invitait donc le gouverneur à procéder sans retard à la remise de la ville de Niort, de concert avec le prince Dauphin et le sieur de Saint-Sulpice. Le roi, de son côté, lui notifia la trêve, avec ordre de la faire observer (27 novembre). Enfin la reine, arrivée à Poitiers, adressa une nouvelle lettre à M. du Lude, insistant sur la nécessité et l'importance de l'exécution de la trêve et lui annonçant, pour la faciliter, que le duc d'Alençon avait promis de placer à Niort un gouverneur catholique. Elle lui enjoignait de partir, après la remise de cette ville, pour Angoulême, place également accordée au duc d'Alençon, afin de disposer à l'obéissance le sieur de Ruffec, gouverneur, et les habitants, qui se montraient peu disposés à se soumettre (27 novembre).

Cependant le duc d'Alençon s'avançait en Poitou par Parthenay et Saint-Maixent. Catherine de Médicis lui fit demander de Poitiers une entrevue, qui eut lieu à Boisgrollier, le 9 décembre. La ville de Niort ayant enfin consenti à se livrer au prince, la reine avait invité M. du Lude, le 3 décembre, à l'accompagner à Angoulême pour en faciliter la reddition, car il était le beau-frère du gouverneur. Mais Angoulême tint bon, et le duc d'Alençon reçut d'autres villes en échange. M. du Lude, n'ayant plus rien à faire à Niort, se retira provisoirement à Parthenay. Catherine de Médicis lui manda, le 12 décembre, d'envoyer au roi la plus grande partie des compagnies du sieur de Beauvais, ne retenant que celles qui étaient nécessaires pour les garnisons. Comme ces troupes ne recevaient pas leur solde et le capitaine Bruyères ayant menacé d'abandonner Marans où il commandait, s'il n'était payé, la reine s'excusa en invoquant la pénurie du trésor et les grands embarras du roi, priant M. du Lude de faire face à la situation suivant son pouvoir, et d'écrire au capitaine Bruyères qu'en ayant un peu de patience il ne perdrait rien.

Le s^r de Saint-Gelais-Lusignan, nommé gouverneur de Niort par le duc d'Alençon, soulevait de nombreuses plaintes. M. du Lude en instruisit la reine. Celle-ci, qui venait de quitter Poitiers, lui répondit de Châtellerault, le 15 janvier 1576, qu'elle allait déléguer les ducs de Montmorency et de Montpensier près du duc d'Alençon pour le sommer d'observer la trêve et de réprimer la mauvaise conduite de ses agents. Le gouverneur de Poitou envoya au roi un état des impôts qu'il jugeait nécessaires pour la solde des troupes. Mais la province était tellement épuisée par la prolongation des troubles que Henri III lui répondit, le 27 janvier, qu'il préférait en retarder la levée, le priant de trouver quelque expédient pour l'entretien des garnisons. Catherine de Médicis lui recommanda aussi de ménager le pays appauvri et d'attendre, pour prendre son congé, la fin des négociations (1er février 1576). M. du Lude, qui voyait la trêve inobservée, réclama des garnisons pour plusieurs villes du centre du Poitou. Le roi lui répondit, le 5 février, qu'il fallait attendre, pour prendre une résolution, le résultat des négociations de paix entamées avec son frère le duc d'Alençon. En attendant, il lui recommandait de veiller avec soin à la défense des autres villes de son gouvernement. La reine lui écrivait, le même jour, qu'elle espérait la conclusion prochaine de la paix, et que l'on prendrait ensuite des mesures pour soulager le peuple du Poitou.

Malheureusement les troubles étaient loin de toucher à leur terme. Le roi de Navarre venait de quitter la cour et de se prononcer contre Henri III. La situation politique se compliquait donc de plus en plus. Henri III écrivit à la hâte, le 5 février, à M. du Lude, de prendre ses précautions contre le prince fugitif qui avait gagné le Poitou. Il lui mandait d'inviter les villes à lui fermer leurs portes et d'assurer tous les gentilshommes de l'une et l'autre religion de la ferme volonté où il était de les maintenir en paix. Se conformant aux ordres royaux, M. du Lude prévint les villes qu'elles eussent à se tenir sur leurs gardes. Enfin la paix ayant été conclue à Chatenay, le 7 mai, avec le duc d'Alençon, le roi en informa le gouverneur du Poitou, en lui prescrivant d'aller prendre possession de Niort, qui devait être restituée en vertu du traité (25 mai). Voulant ménager le roi de Navarre qui, en sa qualité de gouverneur titulaire de la Guyenne dont faisait partie le Poitou, avait manifesté quelques velléités d'exercer cette charge, Henri III enjoignit à M. du Lude de se concerter avec lui pour les affaires de la province (4 juin 1576). Le 26 juillet, le roi de Navarre se plaignit à M. du Lude de ce que l'édit de pacification n'était pas observé à Poitiers. Il l'invita donc à s'y transporter pour contraindre le corps de ville à le faire exécuter. C'est pour se conformer à cet ordre, aussi bien qu'aux prescriptions de l'édit de pacification, que le comte du Lude, après en avoir conféré avec les divers corps de ville, rendit une ordonnance datée de Niort, le 10 août, réglant la police du culte protestant en Poitou.

Le 27 octobre 1576, Catherine de Médicis manda à M. du Lude de se trouver à Poitiers le 4 novembre, pour l'accompagner à Cognac dans une mission sur laquelle la correspondance ne s'explique pas davantage. Le roi ayant appris que les protestants du Poitou s'agitaient encore, chargea tout spécialement le gouverneur de les rassurer (9 novembre). Puis, ayant décidé la réunion des États généraux à Blois, il lui écrivit le 13 novembre que l'ouverture de l'assemblée aurait lieu le 18, et qu'il fallait, en conséquence, hâter le départ des députés choisis par les trois États de la province. La paix semblant désormais plus solide, Henri III révoqua, par lettres patentes du 23 décembre 1576, les gouverneurs particuliers des villes du Poitou nommés depuis le commencement des troubles, mais en conservant néanmoins les capitaineries plus anciennes.

Malgré les efforts du roi et des États généraux, les troubles recommencèrent. Les protestants qui s'étaient emparés de Melle le 5 janvier 1577, en avaient été expulsés le 25 mars. Pour en finir, le roi prit une décision semblable à celle qui avait ruiné naguère le château de Lusignan. Il enjoignit, le 6 avril, à M. du Lude, de faire démolir entièrement les fortifications de Melle. Puis, le 11 avril, il lui manda de dresser un état des forces militaires existant en Poitou et de pourvoir à leur solde, de concert avec les délégués des trois États. Le 7 juin, il lui ordonne de retenir deux compagnies de chevau-légers, pour prêter main-forte au commissaire qui va saisir les biens des rebelles.

Le duc de Mayenne, envoyé en Saintonge avec une armée royale pour entreprendre le siège de Brouage, n'attendait plus que l'artillerie pour le commencer. Henri III, par lettre du 18 juin, chargea M. du Lude de faire escorter cette artillerie et d'envoyer en même temps des pionniers. Il lui annonça aussi sa prochaine arrivée à Poitiers, où il entra, en effet, le 2 juillet. M. du Lude prit part au siège de Brouage. Après la prise de cette place, le roi rappela le duc de Mayenne auprès de lui à Poitiers ; mais il ordonna à M. du Lude d'aller avec une partie de l'armée ravager les environs de la Rochelle (2 septembre 1577). Cette deuxième expédition ne put évidemment pas s'effectuer, car la paix fut signée, le 17 septembre, à Bergerac avec le roi de Navarre. M. du Lude en profita pour envoyer, le 20 septembre, à Henri III, qui n'avait pas encore quitté Poitiers, un long et remarquable mémoire sur l'état du Poitou et les réformes propres à y rétablir l'ordre. C'est un exposé fort intéressant, dans lequel il s'exprime avec une grande liberté sur les choses et les personnes. Il y propose d'excellents projets, que le roi d'ailleurs suivit en partie, sur la police générale, la répression des crimes ou abus de pouvoir, la garde et réparation des châteaux et forteresses, le pouvoir de leurs gouverneurs, la diminution des impôts, le licenciement d'une partie des gens de guerre et le paiement régulier de ceux maintenus sous les armes, la réorganisation de la maréchaussée, etc...

Malgré l'édit de pacification du 5 octobre 1577 et la conférence de Nérac (février 1578), il y avait toujours quelques agitations. Le roi écrivit à M. du Lude, le 6 juin 1578, pour lui recommander de faire observer loyalement l'édit; mais il lui ordonnait de saisir les biens des protestants qui avaient encore recours aux armes. Catherine de Médicis, qui négociait dans le Midi avec le roi de Navarre pour conclure une paix stable et définitive, mandait à M. du Lude, le 26 novembre, de maintenir l'ordre dans son gouvernement, afin de ne pas compromettre le succès des pourparlers, que la surprise de la Réole avait failli rompre. Le 30 novembre, elle lui fait la même recommandation en lui annonçant la conférence qu'elle doit avoir à Nérac, le 10 décembre prochain, avec le roi de Navarre, et l'arrangement de l'affaire de la Réole. Henri III, après lui avoir adressé un avis semblable (8 décembre), lui annonce qu'il l'a nommé chevalier de l'ordre du Saint-Esprit récemment créé; mais il le prie de ne pas se rendre à Paris à la première réunion de l'ordre, parce que sa présence est très utile dans son gouvernement de Poitou (13 décembre 1578).

La reine Catherine tenait M. du Lude au courant des négociations. Le 20 décembre, elle lui annonce qu'elles sont en bonne voie et qu'il importe de maintenir l'ordre avec le plus grand soin, afin de ne pas exciter de défiances, telles que celles notamment du prince de Condé, gouverneur de Saint-Jean-d'Angély, qui s'est plaint de ce que le gouverneur de Poitou aurait réuni non loin de cette ville un certain nombre de gentilshommes. M. du Lude faisait tous ses efforts pour contenter et contenir tout le monde. Il avait rassuré les protestants rochelais sur la sincérité de l'édit de pacification. Le roi l'en félicita et lui renouvela l'ordre de bien exécuter cet édit, tout en ayant l'œil sur les places fortes, leurs gouverneurs et leurs garnisons (20 décembre 1578). Tout était calme en Poitou en ce moment et le prince de Condé envoyait de Saint-Jean-d'Angély à M. du Lude ses excuses de la défiance injuste qu'il avait conçue de son attitude (26 décembre). Il s'élevait, il est vrai, plusieurs plaintes contre la multiplicité des impôts, et la reine Catherine, auquel le gouverneur l'avait écrit, l'invitait à en informer le roi, dans la lettre où elle lui faisait espérer une paix prochaine (24 décembre).

Le 4 janvier 1579, Catherine de Médicis recommanda à M. du Lude de bien prémunir les esprits contre des faux bruits que les malveillants répandaient dans le but de traverser les négociations. Afin de mieux rassurer tout le monde, le roi lui envoya, le 20 janvier, une ordonnance relative à l'exécution de l'édit de pacification. La paix fut enfin conclue à Nérac le 28 février. Catherine de Médicis s'empressa d'envoyer au gouverneur de Poitou les instructions nécessaires pour sa publication et son observation. Il devait s'entendre à cet effet avec des délégués du roi de Navarre (12 mars). M. du Lude se mit aussitôt à l'œuvre. Mais la surprise inattendue de la ville de Montaigu par les huguenots du bas Poitou vint tout à coup compromettre les espérances pacifiques. Le roi, vivement contrarié, écrivit au gouverneur qu'il fallait absolument reprendre cette place importante, et qu'il eût à s'entendre à cet égard avec le sieur du Landreau. Il chargea le lieutenant général de la sénéchaussée d'exercer des poursuites judiciaires contre le sieur de la Boulaye et ses complices dans cette grave infraction à la paix (28 avril 1579). Néanmoins le roi continua à s'occuper avec activité de l'application sincère de l'édit et du traité de Nérac. Ayant reçu de M. du Lude un rapport sur une assemblée tenue par lui à cet effet à Poitiers, dans laquelle les protestants avaient demandé la suppression de quelques garnisons, il lui répondit qu'il ne pouvait faire cette concession, que d'ailleurs ces garnisons feraient observer l'édit contre tous ceux qui, de part ou d'autre, chercheraient à y manquer. Il lui enjoignit en même temps de s'opposer à la formation de la Ligue, qui prenait un certain développement dans toutes les provinces (1ᵉʳ mai). Ce mouvement s'accentua tellement en Poitou que le gouverneur en avertit le roi, et celui-ci lui répondit d'exercer sur ce point la plus grande surveillance (24 juin 1579).

Le 28 août, le roi écrivit à M. du Lude qu'il envoyait des magistrats du Parlement à Poitiers pour y tenir les Grands-Jours, l'invitant à prêter main-forte aux arrêts de cette cour, de concert avec le maréchal de Cossé. Il espérait réprimer par ce moyen les violences et les crimes que les troubles avaient multipliés. Aussi, il renouvelle au gouverneur l'injonction de protéger la cour et de faire exécuter ses arrêts (31 août). Les magistrats des Grands-Jours arrivèrent à Poitiers le 7 septembre 1579, et M. du Lude vint s'y établir à la fin du mois. Le duc de Montpensier, qui partait pour son gouvernement de Bretagne, lui écrivit de Loudun qu'il le rejoindrait à Poitiers le 8 octobre pour lui prêter son concours (17 septembre). Les mécontents méditaient, paraît-il, un coup de main sur Poitiers, dans le but d'entraver le cours de la justice. Le roi recommanda aussitôt à M. du Lude de réunir sa compagnie d'ordonnance afin de mieux veiller à la sécurité de la ville et de faire exécuter rigoureusement les arrêts des Grands-Jours (25 novembre). Le gouverneur ne manquait point d'ailleurs à ses devoirs et travaillait à la réorganisation de la maréchaussée.

De retour à Niort après la clôture des Grands-Jours, M. du Lude reçoit du roi l'ordre de réunir une assemblée de notables pour examiner la question de la réforme des monnaies de billon (5 janvier 1580). Le 8 février, Henri III lui fait part du mécontentement que lui cause la conduite du sieur de Saint-Luc, qui veut conserver contre sa volonté le gouvernement de Brouage. Il l'invite à s'entendre avec le gouverneur de Saintonge pour réduire Saint-Luc à l'obéissance. M. du Lude s'occupa beaucoup de cette affaire, qui entra bientôt en voie d'arrangement, comme l'indique la lettre du roi, du 9 mars.

Les protestants s'agitaient toujours, cherchant à surprendre partout quelques villes. La reine Catherine de Médicis en avertit M. du Lude, lui recommandant la vigilance à ce sujet et lui ordonnant de la part du roi de faire observer le dernier édit avec une grande loyauté (14 avril 1580). Le roi lui répète la même chose, le 16 avril, tout en lui manifestant son inquiétude et son chagrin. Il le presse encore, le 21 avril, de rassurer les protestants et de les engager à demeurer en paix. Mais ceux-ci prenaient, malgré tout, une attitude plus menaçante. Ils se fortifiaient à Montaigu, et le sieur de Chouppes avait pris les armes. D'un autre côté, le sieur des Roches-Baritaut, partisan secret de la Ligue, commandait à Fontenay, où il agissait avec une indépendance et une arrogance blessante pour le gouverneur du Poitou, qu'il ne craignit pas de braver dans une lettre insolente. C'est M. du Lude lui-même qui raconte ces incidents dans une lettre à son frère, l'abbé des Châtelliers (mai 1580). Il ne lui cachait pas que cette situation était intolérable, si le roi n'y remédiait pas promptement. Il instruisit directement Henri III, le 14 mai, des préparatifs des protestants à Saint-Jean-d'Angély et Montaigu, de la nécessité de renforcer les garnisons et d'envoyer des compagnies de gendarmerie, afin d'être prêt à tout événement. Il lui faisait part aussi des efforts, parfois couronnés de succès, au moyen desquels il avait obtenu les promesses de soumission de plusieurs gentilshommes protestants.

Le roi se préoccupait de la continuation de l'occupation de Montaigu par les rebelles. Il manda à M. du Lude de faire cesser les pillages de cette garnison, contre laquelle guerroyait vainement le sieur du Landreau (21 mai). Il lui ordonna d'envoyer dans ce but des secours à ce dernier qui en réclamait, et lui annonça l'envoi en Poitou de quelques compagnies de gendarmerie (12 juin 1580). Faisant droit aux demandes réitérées du gouverneur de Poitou, le roi lui accorda l'augmentation des garnisons, et lui traça une mode de paiement pour l'entretien des quatre compagnies de gendarmerie qui étaient alors dans la province. Il le pressa de secourir le sieur du Landreau contre Montaigu et le félicita de sa réconciliation avec le sieur des Roches-Baritaut (18 juin 1580).

Les protestants, recommençant la guerre, avaient recruté des reitres en Allemagne. Le roi manda à M. du Lude les mesures qu'il avait prises pour former une armée destinée à leur fermer la frontière (20 juillet). Il lui ordonna ensuite de bloquer Montaigu de concert avec le sieur de la Hunaudaye et en y employant les compagnies de gendarmerie qu'il envoyait en Poitou (31 juillet).

M. du Lude, considérant la conquête de Saint-Jean-d'Angély comme plus importante et plus pressée, en entreprit d'abord le siège avec les forces destinées au blocus de Montaigu. Le roi, tout en l'approuvant, lui faisait toutefois observer qu'en tentant presque simultanément deux attaques, il courait risque de ne réussir dans aucune d'elles (14 septembre 1580). M. du Lude comprit la justesse de cette observation. Il écrivit à Henri III, le 25 septembre, qu'il abandonnait Saint-Jean pour marcher sur Montaigu. Le même jour, 25 septembre, ce prince lui faisait entrevoir la difficulté du siège de Saint-Jean sans artillerie et la longueur de l'entreprise, s'il fallait l'attendre.

Pendant que M. du Lude commençait le blocus de Montaigu, Henri III l'informait de son intervention dans la division survenue à la Rochelle entre les partisans de la guerre et ceux de la paix (9-10 octobre). La cour tenait à ménager les Rochelais et les gentilshommes protestants qui consentaient à vivre en paix sous le bénéfice de l'édit. Ainsi, l'un d'eux, le sieur de Belleville-l'Anguillier, s'étant soumis, la reine Catherine de Médicis recommanda à M. du Lude de protéger ses biens situés près de Montaigu (12 octobre 1580). Les opérations du blocus de cette place ne se faisaient pas sans difficultés. M. du Lude demanda au roi la permission de changer le blocus en siège. Mais Henri III ne voulut pas y consentir, parce que l'artillerie n'aurait pu y être conduite avant le mois de mars. Il l'invita donc à continuer le blocus de Montaigu, en essayant toutefois d'y pénétrer par surprise (5 décembre 1580).

Bientôt deux lettres du roi et du duc d'Anjou, son frère, annoncèrent à M. du Lude la conclusion de la paix, signée à Fleix avec le roi de Navarre (17 et 26 décembre 1580). Une ordonnance du duc d'Anjou, lieutenant du roi en cette matière, en date du 5 janvier 1581, lui enjoignit de publier la paix et de cesser les hostilités. Elle fut, en effet, publiée le 21 janvier, au camp devant Montaigu, où M. du Lude se trouvait encore. Cette place, en vertu du traité de Fleix, devait être restituée à l'autorité royale et démantelée. Cependant, le 2 février, l'armée était encore devant Montaigu. Le roi de Navarre s'en plaignit, et le duc d'Anjou enjoignit à M. du Lude de la licencier et de procéder au démantèlement (2 février 1581). Henri III insiste de nouveau auprès du gouverneur, le 4 février, afin qu'il fasse si bien démolir les fortifications de Montaigu, que cette place ne puisse plus désormais causer aucun souci à son autorité ni au pays voisin. Ce soin incombait d'autant mieux à M. du Lude, qu'il avait été nommé par le roi l'un des deux commissaires chargés d'appliquer le traité de Fleix en Poitou. Le sieur de Saint-Gelais était l'autre commissaire (4 et 16 février). La cour tenait beaucoup à l'exécution de cet article du traité. Deux lettres du roi (21 février et 1er mars) et une de Catherine de Médicis (21 février) recommandent coup sur coup au gouverneur de Poitou de démolir Montaigu et de s'entendre à cet égard avec le sieur de Tilly, gouverneur d'Anjou, chargé d'aller recevoir la place des mains de ceux qui l'occupent. Le sieur de la Boulaye, qui en était capitaine pour le parti protestant, pratiquait des enrôlements pour le compte, disait-il, du duc d'Anjou, en vue de sa campagne de Flandre. Le roi le lui interdit, et Catherine de Médicis en instruisit M. du Lude, afin qu'il dispersât ces levées (3 mars 1581). Le roi lui enjoignit de démolir également la forteresse de Saint-Gilles-sur-Vie, après en avoir licencié la garnison (9 mars).

Cependant le roi de Navarre ne se pressait pas de faire livrer Montaigu. Henri III, mécontent, s'en plaignit. Il informa M. du Lude des efforts qu'il faisait pour obtenir l'exécution de cet article du traité et le priait de risquer, de son coté, quelque tentative dans le même but (12 mars). Enfin Catherine de Médicis lui annonça, le 17 mars 1581, que les délégués du roi de Navarre partaient avec mission de livrer Montaigu ; elle lui recommandait d'y veiller avec soin, car on pouvait encore soupçonner de la mauvaise volonté. La place fut livrée par les soins de d'Aubigné et démantelée par le maréchal de Retz.

La correspondance subit ici une assez longue interruption, du 17 mars 1581 au 28 février 1582. M. du Lude était retourné à Niort, son séjour le plus ordinaire. Il s'absenta de la province dans le cours de l'année 1581. Au moment où reprend la correspondance, de nouveaux conflits avaient éclaté avec le sieur des Roches-Baritaut, gouverneur de Fontenay. Henri III, voulant y mettre un terme, ordonna, le 27 février 1582, à M. du Lude de démanteler le château de cette ville et d'en donner la garde aux habitants.

Toutefois, il n'y fut point touché, mais le sieur de la Roussière en fut nommé gouverneur.

Nous n'avons que deux autres lettres adressées à M. du Lude pour l'année 1582, l'une du duc de Montpensier (26 avril); l'autre du roi, relative à la réforme du calendrier accomplie par le pape (4 novembre). Le 9 mai 1583, le roi écrit au gouverneur de Poitou pour lui dire qu'il renvoie auprès de lui le grand prévôt Nicolas Rapin, vice-sénéchal de Fontenay, avec mission de continuer la guerre au brigandage dont il s'acquittait si bien. Il l'invite à coopérer à ses efforts dans cette œuvre de police. Il le prévient aussi qu'il évoque un différend survenu au sujet de la garde de Niort. Un peu plus tard, le 9 novembre, Henri III charge M. du Lude de faire une enquête au sujet des empiètements de juridiction, qu'en vertu d'un droit supposé, prétendaient commettre des officiers de l'amirauté de Poitou, délégués du roi de Navarre, amiral de Guyenne. Quelques jours après, le 19 novembre 1583, il lui envoie les décisions qu'il a prises sur les remontrances du roi de Navarre, afin de faire jouir les protestants du bénéfice de l'édit de pacification, et il lui enjoint de les mettre à exécution dans son gouvernement.

Le recueil des lettres adressées à M. du Lude n'en contient aucune durant le cours de l'année 1584. Le gouverneur fit à cette époque un voyage en Bourgogne et laissa ses pouvoirs à son lieutenant, le sieur de la Frézellière. En 1585, il reçut du roi une lettre du 26 avril contenant le récit de la tentative de révolte de la ville de Marseille, ourdie par la Ligue. Le roi en profite pour charger son lieutenant en Poitou de bien recommander à ses sujets de s'abstenir de toute association et de n'avoir recours qu'à sa protection. Mais l'anarchie se glissait partout. Le 28 mai, Henri III annonce à M. du Lude la révolte du sieur de Bois-Dauphin à la Flèche. Il le prie d'unir ses efforts à ceux du sénéchal d'Anjou pour la réprimer. Mais M. du Lude était déjà atteint de la maladie qui devait bientôt l'emporter. Le roi, qui appréciait justement les services de ce loyal serviteur, l'invite, par sa lettre du 1er juin, à soigner sa santé. Il lui fait savoir qu'il a envoyé le duc de Montpensier en Poitou, où les rebelles s'agitaient également. Il le prie d'y envoyer sa compagnie de gendarmerie avec le sieur de la Frézellière et l'abbé des Châtelliers, son frère. M. du

Lude mourut le 11 juillet 1585, au château de Briançon en Anjou, laissant parmi les Poitevins une réputation de bienveillance et de courage, constatée par le témoignage contemporain de le Riche.

Tel est, en substance, le contenu de la correspondance adressée à MM. du Lude, durant quarante-deux ans. Sans doute elle n'est pas complète, mais elle n'en présente pas moins, à peu près sur chaque année, une série de renseignements inédits et remplis d'intérêt. La collection de ces lettres, en grande partie conservées par les copies de dom Housseau, est toutefois tellement considérable, qu'elle n'a pu trouver place dans un seul volume des *Archives historiques du Poitou*. Une première partie, composée de 293 lettres, forme le tome XII et s'arrête au 7 août 1574. La dernière partie entrera dans la composition du tome XIV. L'immense majorité des lettres, nous l'avons dit, est à l'adresse de MM. du Lude. Cependant, parmi elles, il s'en trouve plusieurs destinées à d'autres personnages marquants, contemporains. Il y a également quelques lettres ou mémoires émanant du dernier comte du Lude, Guy de Daillon, qui ne sont pas les moins intéressantes. Il n'était pas possible, on le comprend, de séparer ces pièces ; nous les avons donc maintenues à leurs dates respectives, car elles sont toutes relatives à l'administration du Poitou, et elles s'éclairent réciproquement.

— Pour avoir un tableau complet de l'état de la province au XVIe siècle, il faudrait retrouver et publier, d'une part, les autres lettres envoyées aux deux gouverneurs par les rois de France et omises par dom Housseau dans ses copies, d'autre part, celles écrites par MM. du Lude eux-mêmes. On aurait ainsi les demandes et les réponses. Il ne serait peut-être pas impossible, à force de recherches dans les dépôts publics et collections particulières, de réunir une partie, au moins, des premières. Quant à celles émanant de MM. du Lude, il ne serait peut-être pas aussi facile de les retrouver. Joursenvault, d'après le témoignage de son catalogue (tome II, page 80), en possédait un certain lot. Quelques-unes ont été publiées dans les *Archives historiques du Poitou* et dans celles *de la Saintonge et de l'Aunis*. Quoi qu'il en soit, le recueil relativement considérable que nous publions, en l'accompagnant d'éclaircissements nécessaires à l'intelligence de beaucoup de lettres, permettra d'attendre plus patiemment les résultats de ce futur travail de recherches.

B. L<small>EDAIN</small>.

Poitiers, novembre 1882.

LETTRES

ADRESSÉES A

JEAN ET GUY DE DAILLON

PREMIÈRE PARTIE

de 1543 à 1574

I

LETTRES

ADRESSÉES A JEAN DE DAILLON COMTE DU LUDE

GOUVERNEUR DU POITOU DE 1543 A 1557.

1. — 27 avril 1543.— Commission d'Henri d'Albret, roi de Navarre, à M. du Lude, pour aller mettre en état les fortifications de la Rochelle et du pays d'Aunis, lever l'arrière-ban, etc.

Henry, par la grâce de Dieu, roy de Navarre, lieutenant général du roy en Guyenne, Languedoc, Provence et Poictou, et gouverneur dudit pays de Guyenne, à nostre très-cher et très-amé le sieur du Ludde, salut. Comme ainsi soit que nous ayons esté advertis que l'Empereur faict grands préparatifs et assemblée de gens et munitions de guerre tant par mer que par terre, et qu'il est à craindre qu'il vueille faire quelque descente et surprinse sur les pays et subjets du roy et mesmement du cousté de la Rochelle [1], et que pour y obvier soit besoing pour veoir les villes et places estans sur la coste de la mer, tant de gens de guerre à cheval et à pied, vivres, artillerye que autres munitions de guerre et mesmement la ville de la Rochelle qui est des plus principalles et pour ce, faire commectre et depputer personnaige de maison, d'auctorité et fidelle; à ceste cause, à plain confians de vos sens, grandes vertus, fidélité, expérience et bonne diligence, vous avons commis, depputé et ordonné, et par ces présentes commectons,

---

1. Ces craintes semblaient justifiées, car, le 29 avril suivant, 28 vaisseaux de guerre espagnols mouillèrent dans la rade de Chef-de-Baie. (*Hist. de la Rochelle*, par le P. Arcère, t. I, p. 321.)

depputons et vous ordonnons, voulons et vous mandons vous transporter en la dite ville de la Rochelle, et illec voyez et visitez les fortifications, ports et havres d'icelle et du pays d'Aunis; assavoir s'ils sont en estat et seureté, quelle quantité de blés, vins et autres vivres et dedans icelle ville quel nombre de gens et harnoys de guerre se trouvera pour faire service, artillerie et autres munitions de guerre, et du tout faire bon et loyal inventaire dont nous advertirez, affin de, si besoing est, en y faire mectre davantaige, sans toutes foys riens déplasser, vous donnant plain povoir et faculté de affaire y survenant, vous mectre et enserrer dedans ladite ville avecques vostre compaignye ou partye d'icelle et tel nombre de gens de pied que adviserez estre nécessaires pour la garde et tuition d'icelle; de commander les ban et arrière-ban des pays de Poictou [1] et Xaintonge; et les employer pour le service du roy pour le faict de ladite ville de la Rochelle; dresser et faire dresser estappes pour la conduicte d'icelluy et autres gens de guerre, et icelles faire fournir de vivres, tant pour les personnes que chevaulx; ensemble de faire faire monstre tant desdis ban et arrière-ban que des gens de ladite ville que autres si l'affaire le requiert; ordonner et commander toutes autres choses que vous cognoistrez estre nécessaires pour la seureté de ladite ville, tout ainsi que nous ferions et faire pourrions si présens en personne y estions. Mandans et commandans aux maire, soubsmaire, eschevins, manans et habitans de ladite ville de la Rochelle et à tous autres justiciers, officiers et subgiets du roy que à vous en ce faisant, soit obéy, donnent conseil, confort, faveur et ayde, comme feroient à nous de tant que craignent desplaire le dit sieur et nous.

---

1. L'arrière-ban de Poitou fut convoqué à Poitiers le dernier jour d'avril 1543, en vertu de l'édit du roi donné à Fontainebleau le dernier jour de mars précédent. (*Annales d'Aquitaine*, par Bouchet, p. 527.)

Donné soubs nos seing manuel et scel de nos armes au Mont-de-Marssan, le xxvije jour d'avril, l'an mil cinq cens quarante-trois. Signé HENRY. — Et plus bas DU COLON.

---

2. — 27 avril 1543. — Ordre du roi de Navarre au lieutenant de M. du Lude, de conduire sa compagnie à la Rochelle.

Henry, par la grâce de Dieu, roy de Navarre, lieutenant général du roy en Guyenne, Languedoc, Prouvence et Poictou, à nostre amé et féal le lieutenant de la compaignie du sieur du Lude [1], salut. Voyant la guerre estre ouverte de toutes parts en ce royaume, et que nous doubtons que l'empereur vueille faire quelque entreprinse par mer sur quelques villes de la coste de Xaintonge ; pour ne luy en donner le moyen et obvier à son maulvays vouloir, voulons et vous mandons que vous faictes promptement desloger ladicte compagnie du lieu où à présent elle est logée, et icelle logez et mettez en garnison à la ville de la Rochelle et ez environ d'icelle [2], au pays d'Aunis ez lieux plus commodes que adviserez et leur faictes bailler et délivrer vivres, logis et autres choses qui leur seront nécessaires, en payant raisonnablement et selon le tenir et ordonnance du roy et nostre, et la conduisant et faisant vivre le plus honnestement et au sollaigement du pauvre peuple que faire vous pourrez en y contraignant tous ceulx qui pour ce seront à contraindre, par toutes voyes et manières deues et raisonnables, non obstant oppositions ou appellations quelsconques, et sans préjudice d'icelles pour lesquelles ne voulons estre aucunement différé. De ce faire,

---

1. Le sr de Belin était alors lieutenant de la compagnie de M. du Lude. (*Journal de Guillaume le Riche*, p. 56.)
2. L'année suivante, avril 1544, le cte du Lude fut nommé gouverneur de la Rochelle, en remplacement de Charles Chabot, baron de Jarnac. (*Hist. de la Rochelle*, t. I, p. 321.)

nous vous avons donné et donnons plain povoir et mandement et commission espécialle, mandons et commandons à tous justiciers, officiers et subjects du roy, que à vous en ce faisant, soit obéy de tant que craignent lui desplaire et à nous.

Donné au Mont-de-Marssan, le xxvij^e jour d'avril, mil cinq cens quarante troys. Signé : HENRY. Et plus bas : DU COLOM.

---

3. — 16 juin 1543. — Ordre du roi Henri II, roi de Navarre, à M. du Lude, de mettre en garde les côtes de la mer et le Poitou contre une descente des Espagnols.

Henry, par la grâce de Dieu, roy de Navarre, lieutenant général du roy en Guyenne, Languedoc, Provence et Poictou, et gouverneur dudit Guyenne, à nostre très-cher et très-amé le seigneur du Ludde, capitaine de cinquante lances des ordonnances du roy, salut. Comme ainsi sy soyt que nous ayons estés advertis que les Espaignols et autres leurs amys et alliés sont deslibérés de courir et faire quelque surprinse sur les pays et subgets du roy du cousté de la Rouchelle, Xantonge et Poitou, le long de coste de la mer, et que à ses fins, ils ont ja faits et font grands assemblées et préparatifs de navires, gens de guerre, artillerie et autres munitions de guerre ; ce que leur seroyt aisé et facille s'il n'y estoit promptement pourveu, et que pour s'en donner de garde leur résister et faire teste soye besoing commectre personnaiges d'auctorité fidelles et expérimentées sur ladite couste et mesmement du cousté de Poytou ; à ceste cause, à plains confians de vous, vous avons commis, depputé et ordonné, et par ces présentes commectons, députons et ordonnons, volons et vous mandons vous transporter audit pays de Poictou et illec, vous donner et faictes donner de garde par telles personnes que vous cognoistrez estre de service fidelles et expérimentés, à ce que lesdits Espaignols ne autres tiennent le party de l'empire, ne puissent faire aulcune surprinse dont inconvénient puisse advenir au roy et à ses dis subgets; vous donnans plain povoir, auctorité, mandement et commission espécialle de affaire sûrement lever et faire lever et assembler en tel nombre et quantité de gens de guerre, tant de cheval que de pied que besoing sera et iceulx conduire et menner là part que l'affaire s'offrira, et les employer pour le service dudit seigneur, garde et seureté de ses pays et subgets, deffendre et offendre lesdis ennemis, de mectre et ordonner garnisons, de faire fournir les villes et lieux forts et commodes pour résister aux entreprinses desdis ennemis, tant de gens, vivres que autres munitions que verrez estre nécessaires; de commectre et ordonner en vostre lieu et charge tel ou tels personnaiges fidelles et de service que aviserez; de deffendre aux subgects dudit seigneur de ne fournir ne aulcunement secourir lesdis ennemys de vivres ne autres choses dont ils se puissent ayder et fortiffier contre luy et sesdits subgects, que ne leur soyt par ledit seigneur ou nous commandé le contraire. Mandons et commandons à tous justiciers, officiers et subgects dudit seigneur que à vous en ce faisant soit obéy, donnent conseill, conffort, faveur et ayde, se mestier est, comme feroyent au roy et nous sur peyne d'estre dicts rebelles et désobeyssans et pour tels estre pugnis et chastiez.

Donné soubs nos seing et scel de nos armes au Mont-de-Marsan, le xvj^e jour de juing, l'an mil cinq cens quarante-troys. Signé : Henry. — Par le roy de Navarre, lieutenant général du roy en Guyenne, Languedoc, Provence et Poictou, monsieur de Sées présens. — du Colom.

4. — 28 juin 1543. — Ordre du roi François Ier à M. du Lude, de se rendre à la Rochelle, pour y seconder M. de Jarnac, en cas d'une descente des Anglais.

Monsieur du Lude,

J'ai eu advertissement que les Anglois deslibèrent de venir descendre à la Rochelle, où j'escrips à mon cousin le sieur de Jarnac [1], donner tout l'ordre et provision qu'il sera nécessaire, et y fais marcher les arrière-bans de Poictou [2], Xaintonge, Angoulmois et Guyenne, et fais tenir prests mille homme de pied pour mettre dedans si affaire survient. Cependant je vous prie ne faillir incontinant la présente receue, de vous retirer dedans ladite ville avecques vostre compaignie et vous emploier à soullaiger ledit sieur de Jarnac de tout ce que vous pourrez et que y sera nécessaire à faire pour mon service; et si tant est qu'il ne s'y puisse trouver, comme il est à craindre à cause de son indisposition, faictes en son absence et pourvoiez à ce que je luy escrips, dont il vous advertira, le mieulx et le plus dilligemment que vous pourrez, sans y perdre une seule heure de temps et m'advertissez ordinairement de vos nouvelles, priant Dieu, Monsieur du Lude, qu'il vous ayt en sa garde.

Escript au camp de Marolles, le xxviij^e jour de juin 1543. Signé : François. Et plus bas : de l'Aubespine.

Et la suscription est : A Monsieur du Ludde, gentilhomme de ma chambre.

---

1. Le s^r de Jarnac était encore gouverneur de la Rochelle. Le c^{te} du Lude ne le remplaça qu'en avril 1544.

2. L'arrière-ban du comté de Civray fut crié le 25 juillet 1543, pour se trouver le 1er août à Chizé et aller de là à la Rochelle. (*Journal de Guillaume le Riche*, p. 51.)

5. — 18 octobre 1543. — Ordre de François Ier à M. du Lude, de s'assurer de la personne de la dame de Bazonges et de son château de Nouailles.

François, par la grâce de Dieu, roy de France, à nostre amé et féal gentilhomme ordinaire de nostre chambre, le sieur du Lude, nostre lieutenant de Poictou, en l'absence de nostre très-cher et très-amé beau-frère le roy de Navarre, salut et dillection. Nous voullons et vous mandons pour aucunes causes et considérations à ce nous mouvans, que vous ayez à vous saisir réaulment et de faict de la personne de la dame de Bazoges, et icelle mettre èz-mains de personnaiges qui vous en puissent respondre toutes et quantes foys que besoing sera; et quant au château de Nouailles à elle appartenant, vous y mectez gens de par vous pour le nous garder et conserver jusques à ce que par nous autrement en aye esté ordonné, et ce, non obstant oppositions ou appellations quelsconques pour lesquelles ne voullons estre différé par vous, car tel est nostre plaisir. De ce faire, vous avons donné et donnons plain pouvoir, puissance, auctorité, commission et mandement espécial, mandons et commandons à tous nos officiers et subjects que à vous en ce faisant soit obéy, prestent et donnent conseil, confort, ayde et prisons, si mestier est et requis en sont.

Donné à la Fère-sur-Oyse, le xviij[e] jour d'octobre, l'an de grâce mil cinq cens quarante-troys, et de nostre règne, le vingt-neufiesme. Par le roy : DE L'AUBESPINE.

---

6. — 17 mai 1544. — Lettre du roi François Ier à M. du Lude, sur les mesures prises pour la sûreté de la Rochelle et des îles ou côtes voisines.

MONSIEUR DU LUDDE,

J'ay receu vos lectres du 3e de ce moys et veu la diligente perquisition que vous avez faicte pour entendre le faict des prisonniers qui estoient eschappés de la Rochelle; et quant à ceulx qui avoyent esté pris, vous ne sçauriez mieulx faire que de les faire travailler aux rempars et trouve bien bon d'en suyvre les mémoires que vous m'avez envoyés et que pour fournir aux choses plus nécessaires vous vous aydez du dépost dont vous m'avez adverty, le faisant prendre par le receveur de ladite Rochelle pour l'emploier en ce qui sera le plus requis et nécessaire pour après estre rendu à celluy à qui après la sentence donnée, il sera trouvé appartenir, et à ce faire et mectre ez mains du receveur ordinaire vous ferez contraindre ledit dépositaire, lequel nous voullons et entendons estre et en demeurer quicte et deschargé en rapportant le vidimus des présentes signées de ma main et de l'ordonnance que vous luy en ferez en vertu d'icelles. Au surplus, j'ai veu la visitation que vous aurez fait faire des isles de Ré, Marennes et autres, et ay esté très aise d'entendre le bon nombre de gens de guerre qui s'y trouve, et affin qu'ils ne soient sans quelque bon chef et conduicte, vous choisirez quelques bons gentilshommes expérimentés aux armes pour estre leurs chefs quant besoing sera; et au surplus, vous ferez tousjours bon guect de mettre peine d'entendre ce que feront les ennemys pour vous garder de surprinse; sur quoy faisant fin, je prierai Dieu, Monsieur du Lude, qu'il vous ayt en sa saincte garde.

Escript à Saint-Germain-en-Laye, le xvij^e jour de may 1544. Signé : FRANÇOIS. Et plus bas : BAYARD.

La suscription : A Monsieur du Ludde, gentilhomme ordinaire de ma chambre et mon lieutenant général en Poictou, Xainctonge et la Rochelle, en l'absence de mon frère le roy de Navarre.

7. — 22 mai 1544. — Lettre du roi François Ier à M. du Lude, portant ordre de prêter secours au lieutenant de Poitou contre les assemblées des Luthériens [1].

Monsieur du Lude,

J'ay esté adverty que de la Rochelle et des environs y a plusieurs personnaiges grandement taschés et infectés de ces mauldictes et dampnées erreurs luthériennes qui se sont mis ensemble et par trouppes, vont par le pays faisant infinys scandalles et semant parmy le peuple leur malheureuse et dampnée doctrine [2], chose qui me desplaist tant qu'il n'est possible de plus, tant pour l'honneur et révérence de Dieu, conservation de toute son Eglise et de toute la religion chrétienne, que pour estre telles sédicions et assemblées très-dangereuses et pernicieuses, mesmement au temps de guerre où nous sommes ; et pour ceste cause j'escrips présentement au lieutenant de Poictou, qu'il ayt a diligemment et secrétement s'informer qui sont les dessus dits et contre ceulx qu'il en trouvera chargés face procéder à les prendre, chastier et pugnir si estroictement et vigoureusement que ce soit exemple et terreur à tous autres, et si pour ce faire il a besoing de plus grande force que celle de ma justice, il le vous face entendre et que vous luy baillerez telles qu'il vous demandera, dont j'ai bien voullu vous advertir, vous priant, Monsieur du Lude, que là où ledit lieutenant viendra à vous demander pour

---

1. Cette lettre est imprimée, mais en partie seulement, dans l'*Histoire de la Rochelle*, t. II, p. 677.
2. Dès 1543, il y avait des prédicateurs calvinistes qui couraient le Poitou. L'un d'eux, qui avait prêché le jour de Pâques à la Mothe-St-Héraye, échappa aux poursuites du procureur du roi, grâce à la protection des gentilshommes du pays environnant. Au mois d'avril 1544, Jean de Saint-Gelais, abbé commandataire de Saint-Maixent, osa même y prêcher l'hérésie en présence de Marguerite d'Angoulême, reine de Navarre. Un autre prédicant, maître Jérôme, fut arrêté à Saint-Maixent, au mois de juin 1544. (*Journal de Guill. le Riche.*)

l'exécution de ce que dessus ladite force, vous luy bailliez incontinant et luy prestez tout l'ayde et faveur dont il aura besoing pour appréhender, rompre et courir sus aux dessus dits, en manière qu'ils puissent estre pugnis comme ils le méritent et le pays nettoyé d'une telle vermine; et vous me ferez service très-agréable en ce faisant, priant Dieu, Monsieur du Lude, qu'il vous ayt en sa garde.

Escript à Saint-Germain-en-Laye, le xxij^e jour de may 1544. Signé : FRANÇOIS. Et plus bas : DE L'AUBESPINE,

Et la suscription est : A Monsieur du Lude, mon lieutenant en Poictou.

---

8. — 5 avril 1545. — Exemption du logement des gens de guerre pour la ville de Poitiers.

Extrait du livre du pappier rouge de la court ordinaire de la séneschaucée de Poictou à Poictiers.

Aujourduy, en jugement en présence des advocat et procureur du roy comparans par maistres Jasmes Delauzon advocat [1] et Philippes Arembert procureur dudit seigneur [2], ont esté leues et publiées en la court de céans et icelle tenant, les lectres cy-après contenues, lesqueulx advocat et procureur du roy ont dict avoyr veu lesdites lectres et ne vouloir empescher ladite publication et lecture, et requis qu'elles feussent enregistrées au greffe de la court de céans, ce que avons ordonné estre faict, et desquelles lectres la teneur s'ensuit, ensemble de l'exécutoire d'icelles que aussi a esté leu, publyé et enregistré.

Françoys, par la grâce de Dieu, roy de France, à nostre amé et féal gentilhomme ordinaire de nostre chambre, le

---

1. James Delauzon, avocat du Roi au siège de Poitiers, avait été maire de cette ville en 1541.

2. Philippe Arembert, procureur du roi, fut maire de Poitiers en 1551.

comte du Lude, nostre lieutenant général en Poictou, salut. Sçavoir faisons que pour bonnes et grandes raisons et considérations qui à ce nous meuvent, maintenir et entretenir nostre bonne ville et cyté de Poictiers et fauxbourgs d'icelles, grâces, privilèges, franchises et exécutions dont elle a cy-devant joy et usé, et mesmement en ce qui touche le fait des garnisons de nos gens de guerre dont elle a été tousjours par cy-devant exampte comme aussi ont esté lesdits fauxlbourgs, ainsi que les bourgeois, échevins, manans et habitans d'icelle nous ont fait entendre et remonstrer; pour ces causes, vous mandons, commandons et très-expréssement enjoignons par ces présentes que de ladite exemption des dessus dits garnisons vous faictes, souffrez et laissez les dicts ville et fauxbourgs de Poictiers joyr et user plainement et paysiblement, tout ainsi qu'en la mesme forme et manière qu'ils ont faict par le passé et si aucune chose avoyt esté ou estoict faicte au préjudice d'icelle exemption, faictes et réparer et mectre au premier estat, car tel est nostre plaisir, non obstant que par les ordonnances anciennes que dernièrement faictes sur le fait de nostre gendarmerie, il soyt expressement dict que les dictes garnisons seront assises ès-villes closes de nostre royaume, dont nous avons excepté et exceptons ou dicte ville et fauxlbourgs de Poictiers et nos dites ordonnances quant à ce en tant que besoing seroyt desroger et desrogeons par ses dites présentes.

Donné à Fontainebleau, le cinquiesme jour d'avril, mil cinq cens quarante-cinq, et de nostre règne le trente et ungniesme. Ainsi signé par le roy le seigneur Dannebault[1], admiral de France présent, Bayard, et scellé du grand scel de cire jaune à simple queue.

Jehan de Daillon, conte du Lude, seigneur, baron

---

1. Claude d'Annebaut, maréchal de France, amiral de France de 1543 à 1552.

d'Iliers, Soulteré et Bryenson, conseiller, chambellan et gentilhomme ordinaire de la chambre du roy nostre sire, cappitaine de cinquante hommes d'armes des ordonnances dudit seigneur et son lieutenant général ez pays et conté de Poictou et en l'absence du roy de Navarre ez ville et gouvernement de la Rochelle et pays d'Aulnis et séneschal d'Anjou, à nostre cher et bien amé Jehan de Loubes, escuier, seigneur de Mausan [1], salut. Sçavoir faisons que suyvant unes lectres patente du roy à nous addressante, données à Fontainebleau le cinquiesme de ce moys, signées par le roy, le seigneur d'Annebaut admiral de France présent, Bayard, par laquelle nous est mandé exempter la ville et faulxbourgs de Poictiers du faict des garnisons des gens de guerre pour les causes ez dites lettres patentes, pareillement nous a esté mandé par unes lectres missives du roy nostre dit seigneur à nous adressante, exempter la ville de Chastelherault pour les logeys seullement desdis garnisons pour les causes contenues ez dites lectres que vous avons par cy-devant envoyés. Pour ce est-il, que nous, considéré leur mandons et expréssement enjoignons vacquer à faire mectre ce nouveau compartement, resserrer lesdis gens de guerre et leur bailler logeys et leur faire fournir vivres sur... de l'ordonnance et autres villes de Poictou les plus commodes que pourra veoir estre raisonnables, exempter la dicte ville de Chastellerault seulement et la dicte ville et fauxbourgs de Poictiers de l'assiette et contribution, appellant pour ce faire ceulx que seront à appeller. De ce faire, vous donnons pouvoir et mandement espécial, et en vertu de celluy à nous donné, mandons à tous justiciers, officiers et subjects du roy nostre dit seigneur qu'à vous en ce faisant obéyssent, prestent et donnent pour

---

1. Jean de Loubes, écuyer, seigneur de Reigner et de Gersant (paroisse de la Trimouille), était enseigne de la compagnie de M. du Lude. Mausan est évidemment une mauvaise lecture du copiste de Dom Housseau.

ce, conseil, confort et ayde que mestier sera, si requis seront.

Donné à Fontaineberon[1], soubs le seing de nostre main et scel de nos armes, le septiesme jour d'apvril, l'an mil cinq cens quarante-cinq. Et ainsi signé : Jehan DE DAILLON, et scellé d'un grand scel en cire rouge.

Donné et fait en la court ordinaire de la séneschaucée de Poictiers. Donné à Poictiers par nous, François Doyneau lieutenant général, le mardy unzième jour de may, l'an mil cinq cens quarante-six. FILIBERT.

---

9. — 23 mars 1546. — Lettre du roi François Ier à M du Lude, portant ordre d'aller informer contre les auteurs de la tentative criminelle faite sur les poudrières de la Rochelle.

MONSIEUR DU LUDE,

J'ay présentement esté adverty que depuis le dernier malheur qui advint aux pouldres de la Rochelle[2], il a esté commancé de nuyct une mine auprès de la tour où est le demourant des pouldres de ladicte ville, chose que l'on doyt penser n'avoir jamais entreprise que en instencion de mectre le feu es dites pouldres, et pour ce que cela ne peult procéder que de malheureuses personnes qui seroient par adventure pour faire pis s'ils en pourroient trouver l'occasion ; de sorte que je ne voy pas que cela sy doibve passer soubs dissimulation, je vous prie, Monsieur du Lude, si vous estes près de ladite ville de la Rochelle, vous y transporter, ou bien là où vous seriez loing et empesché pour mon service ailleurs, y envoyer quelque saige et advisé personnaige, pour s'informer et enquérir si dextrement de cest affaire, que s'il est possible l'on en puisse

---

1. Fontaine-Braye, commune d'Échiré (Deux-Sèvres).
2. Le 19 janvier 1545, le magasin aux poudres avait fait explosion et causé un grand désastre dans la ville de la Rochelle. (*Hist. de la Rochelle*, t. I, p. 321.)

sçavoir la vérité, et s'il s'en descouvre quelque chose de sorte que l'on ayt occasion de souspeçonner quelques ungs ou bien que les coulpables se vériffient, faictes-vous saisir de leurs personnes et m'en advertissez incontinent, m'envoiant les informations qui en auroient esté faicte pour y pourveoir, si croyez que la chose le requiert, et sur ce, Monsieur du Lude, je prie Dieu qu'il vous ayt en sa garde.

Escript à Yerres le xxiij^e jour de mars 1545 (1546, n. s.) Signé : FRANCOYS. Et plus bas : DE L'AUBESPINE.

Et la suscription est : A Monsieur du Lude, mon lieutenant en Poictou.

---

10. — 6 décembre 1545. — Lettre de François Doyneau à M. du Lude.

Monseigneur, j'ai veu ce qu'il vous a pleu m'escripre et la coppie des lectres des gens d'armes qui ont faict de grans doumaiges en ce pays et longuement vescu sur le pauvre peuple, à la grand foule et oppression d'icelluy; et, à ce que j'ay peu entendre, se sont, puys deux ou troys jours, vers Montmorillon, mys en deux bandes, dont l'une d'icelles tyre vers Bellac et la basse Marche, et l'autre tyre vers la rivière de Vienne en ce pays de Poictou.

Monseigneur, suyvant la bonne volonté que portez au pays, vous supply humblement donner et faire donner ordre à ce que le pauvre peuple qui est tout opprimé et chargé soyt soublevé de telles et semblables oppressions et viollances, qui sera chose salutaire et grandement agréable à Dieu et au roy, prest tousjours à vous obéyr et faire service à mon pouvoir.

Monseigneur, après mes humbles recommandations à vostre bonne grace, je prye le Créateur vous donner en santé et prospérité bonne vie et longue. De Poictiers, ce sixiesme de décembre, par vostre humble serviteur, signé : Françoys Doyneau [1].

Et la suscription : A Monseigneur, Monsieur du Ludde, lieutenant du roy en Poictou, ville et gouvernement de la Rochelle.

---

11. — 9 janvier 1546. — Lettre de François Doyneau à M. du Lude.

Monseigneur, vous avez esté cy devant adverty de l'oppression que ont faict au pauvre peuple plusieurs gens de guerre en ce pays de Poictou, et y a ung cartier d'an et plus qu'ils ne font que aller par pays de village en village, vivre et opprimer le pauvre peuple, dont vous, Monseigneur, adverty leur en avez escript, comme j'ay veu par lectre qu'il vous pleu cy devant envoyer, et pour ce n'ont cessé, et, qui est encores pis, se sont assemblés avecques d'autres et des maulvays garsons du pays qui les suyvent, par manière que c'est pitié et horreur de oyr parler des maulx, viollances qu'ils font, tant à hommes que à femmes, combien que le peuple soyt fort pauvre, et journellement vivent sur ledit peuple, sans les pilleries et meschancetés qu'ils y font ; a quoy est très nécessaire pourveoir, autrement y aura dangier de pragier en ce pays ; vous entendez le bon voulloir du roy et son édict et ordonnance [2] con-

---

1. François Doyneau, sr de Sainte-Soline, maire de Poitiers en 1509, conseiller au Parlement, puis lieutenant-général de la sénéchaussée de Poitiers de 1522 à 1552. Les désordres commis par les gens de guerre dont se plaint Doyneau dans cette lettre et celle du 9 janvier, qui ne porte pas également l'indication de l'année, sont signalés plusieurs fois dans le journal de le Riche, notamment en août 1544 et janvier 1546 ; mais il est difficile de dire si ce sont les mêmes, car ils se renouvelèrent souvent à cette époque (p. 57 et 66 de le Riche). Les suscriptions des deux lettres de Doyneau qualifient M. du Lude de gouverneur de la Rochelle ; or, M. du Lude ayant pris possession du gouvernement de la Rochelle le 22 avril 1544 (*Hist. de la Rochelle*, par Arcère, t. I, p. 321), il en résulte que ces deux lettres sont postérieures à cette date.

2. Il s'agit probablement de l'ordonnance concernant les garnisons de gens d'armes, qui, suivant le Riche, fut publiée le 2 février 1546. (*Journal de Guill. le Riche*, p. 66.)

traires à ceste forme de vivre par le moien de laquelle les pauvres gens de village sont contraincts d'abandonner leurs maisons et se retirer ès villes, quérans leur vie par aulmosne, c'est plus que pitié. A ceste cause, Monseigneur, comme ayant la supérintendance et tenant le lieu du roy, vous supply humblement et en tant qu'il m'est possible, à ce pourveoir et faire donner ordre et pollice, par manière que telles viollances et oppressions cessent, autrement sera impossible que on peust diner, ne le pauvre peuple payer les tailles et subsides, car sans les dites oppressions le pauvre peuple a assez affaire à vivre, pour la stérilité du temps et cherté des vivres.

Monseigneur, de rechief vous supply de ce que dessus et que le plustoust sera pour le mieulx, car ils sont par chascun jour à la charge du peuple ; et, après mes humbles recommendations à vostre bonne grace, je prye le Créateur vous donner en santé et prospérité bonne vie et longue. De Poictiers, ce neufiesme jour de janvier. Vostre humble serviteur. Signé : Françoys Doyneau.

La suscription : A Monseigneur, Monseigneur du Lude, lieutenant général pour le roy, en Poictou, ville et gouvernement de la Rochelle.

---

12. — 22 juin 1547. — Lettre du roi Henri II à M. du Lude, touchant la réparation des fortifications de la Rochelle.

Monsieur du Lude,

Après avoir entendu de mon oncle le roy de Navarre, ce que luy avez escript touchant les repparations et fortiffications requises en ma ville de la Rochelle, j'ay incontinant ordonné la somme de seize cens cinquante livres tournois pour besongner à celles de la tour où est attachée la chesne du hâvre de ladite ville et d'une bresche qui est à la muraille près la porte Maubec que dictes estre les plus nécessaires et lesquelles se pourront faire pour la dite somme, vous priant donner ordre qu'elles soient bien et deuement faictes et avecques le meilleur ménagement que faire ce pourra. De par cy après je ordonneray plus grant somme pour les aultres qui resteront à faire, affin de rendre ladite ville en meilleure seureté et deffense, vous advisant, Monsieur du Lude, que ne me sçauriez faire plus agréable plaisir que de prendre bien garde à toutes choses requises par dellà pour mon service, pour y pourveoir ainsi qu'il appartiendra, comme je suis seur que sçaurez très-bien faire, selon la fiance que j'en ay en vous, qui me gardera vous en faire plus longue lettre, si n'est pour prier Dieu, Monsieur du Lude, qu'il vous ait en sa saincte garde.

Escript à Dunet, le xxij° jour de juing 1547. Signé : HENRY. Et plus bas : CLAUSSE.

Et la suscription est : A Monsieur du Lude, mon lieutenant au gouvernement de la Rochelle, en l'absence de mon oncle le roy de Navarre.

---

13. — 27 juillet 1548. — Lettre du roi Henri II au comte du Lude, sur les séditions des peuples d'Angoumois [1].

MONSIEUR LE CONTE,

J'ai veu par les lettres que m'avés escriptes du 15° de ce mois, comme mon oncle le roy de Navarre vous avoit mandé tenir preste vostre compaignie, pour incontinant l'envoyer aux jour et lieu que le sieur de Gondrin vous feroit sçavoir, pour rompre quelques assemblées de peuple qui s'estoient faictes près Barbezieux, desquelles assemblées

---

1. Voir aussi, pour l'histoire des troubles causés par la gabelle, les *Annales d'Aquitaine* de Jean Bouchet, p. 565 et s., et les curieuses lettres écrites au corps de ville de Poitiers en 1548, à l'occasion de cette grave affaire, parmi lesquelles il y en a quatre émanant de M. du Lude. (*Arch. hist. du Poitou*, t. IV, p. 293-314.)

vous estes, il y avoit desja quelques jours, adverty ; ensemble, d'autres qui s'estoient faictes ailleurs pour empescher la perception de mes droicts de gabelle et exécution des édits sur ce cy-devant faicts. Je décernay commissions aux sénéchaulx d'Angoulesme et Xaintonge et leurs lieutenans, aux prévôts des mareschaulx esdicts lieux et autres, pour informer sur les dictes assemblées, séditions et émotions populaires, et procéder à l'encontre des coulpables et mesme contre les aucteurs des dites séditions selon le mérite du délict qui ne pourroit estre plus grant, et mandé à mon dict oncle donner main forte et armée pour l'exécution des dittes commissions et pour ce que depuis je luy ay escript qu'il me vienne trouver à Lyon à la fin du moys prochain, tant pour parfaire le mariage de ma cousine la princesse de Navarre sa fille avecques mon cousin le duc de Vandosme[1], que pour autres affaires de grant importance ; au moien de quoy il ne pourroit entendre à ce que dessus sans retarder sa venue aussi que le sieur de Moneyns[2], mon lieutenant en son absence au gouvernement de Guyenne est de présent occupé sur la frontière du dict gouvernement pour la seureté d'icelle. J'ay pour ceste cause et pour la confiance que j'ay de vous, advisé de vous commectre la charge d'assembler les compaignies de mes ordonnances estans de présent en garnison en mes pays de Poictou et Xaintonge et telles autres de celles qui sont au dict gouvernement de Guyenne que verrés estre plus à propos pour si congnoissés que besoing soit assister avecques lesdictes forces et autres que pourrés assembler, selon la nécessité qu'il en sera aux commissaires susdicts à l'exécution de leurs commissions. En quoy je vous prye,

---

1. Jeanne d'Albret, fille du roi de Navarre, épousa Antoine de Bourbon, duc de Vendôme, le 15 octobre 1548.

2. Tristan de Moneins, lieutenant du gouverneur de Guyenne, capitaine du Château-Trompette à Bordeaux. Il fut massacré par les insurgés de Bordeaux le 21 août 1548.

Monsieur le conte, vous employer si vivement, suivant le pouvoir que je vous ay pour ce faict expédier, lequel je vous envoye, que les rebelles et coulpables soient pugnis exemplairement et moy et justice obéye. Et pour ce que je ne puis croire si grosses assemblées s'estre faictes sans le consentement d'aulcuns gentilshommes du pays, je vous envoye aussi des lettres que j'envoye aux sieurs d'Archiac, de Sainct-Magrin, de Barbezieux [1], de Montauzier, de Montendre, d'Ozillac, de Fontainnes, des Roys, d'Ambleville, de Montlieu, de Montmoreau et de Sainct-Mory, lesquelles aiant veu, vous leur ferés tenir, à celle fin que suivant le contenu d'icelles ils s'emploient de tout leur pouvoir en tout ce qui concernera l'exécution des commissions susdictes et entretenement de l'ordre estably sur le faict des dicts magazins, m'advertissant du devoir que pourrés entendre que chacun d'eulx y aura faict pour en savoir gré à ceulx qui le meriteront. Et si vous pouvés estre adverty qui sont ceulx qui favorisent ledict peuple esdictes séditions dont je vous prye vous enquérir secrétement et dextrement, vous ne fauldrés de le m'escripre; et néanmoins tenir main que par lesdits commissaires soit procédé à l'encontre d'eulx, selon et ainsy qu'il leur est mandé par les dictes commissions. Et pour aultant que je me tiens tout asseuré que vous ne fauldrés de satisfaire en tout ce que dessus le plus diligemment et mieulx qu'il vous sera possible selon la seureté et fiance que j'en ay en vous, je ne vous en feray plus longue lettre, si ce n'est pour vous adviser, Monsieur le conte, que me ferés en ce faisant, plaisir et service qui me sera grandement agréable, et si d'adventure il vous est besoing d'autres pouvoirs et provisions, vous m'en advertirés incontinant en Piedmont où je vays présentement pour visitter mes places fortes du dict pays, et pareillement mes cousins, les cardinal de Lorrayne et duc de Guyse,

---

1. Charles de la Rochefoucault, seigneur de Barbezieux.

mon chancelier, mon cousin le sieur de Sainct-André et l'évesque de Coustances que j'ay laissés à Mascon avec ma femme pour entendre à mes affaires de deça, attendant mon retour qui sera dedans cinq sepmaines, lesquels vous pourveoiront à ce qui requerra prompte expédition, suivant la charge que je leur en ay donnée. Au demourant, je ne veulx oblyer à vous dire comme mon cousin le connestable m'a faict entendre ce que luy avés escript de la visitation par vous puis naguerres faicte de ma ville de la Rochelle et de mes ports, havres et limittes de mon pays de Poictou, qui m'a esté plaisir, vous disant sur ce adieu, Monsieur le conte, qui vous ait en sa saincte garde.

Escript à Pontdoyn, le xxvij^e jour de juillet 1548. Signé : HENRY, et plus bas : CLAUSSE, avec paraphe.

Au dos est écrit : A Monsieur le conte du Ludde, mon lieutenant au conté de Poictou et gouverneur de la Rochelle.

---

14 — 9 août 1548. — Ordre au comte du Lude d'interdire aux sujets fidèles toutes communications avec les insurgés des communes de Guyenne.

Henry, par la grâce de Dieu, roy de France, à nostre amé et féal le conte du Ludde, gouverneur et nostre lieutenant général en Poictou, et à tous baillifs, séneschaux, prévost, cappitaines, maires, consuls et gouverneurs de villes, cités, chasteaulx, et autres justiciers et officiers ou leurs lieutenans et à chacun d'eulx auxquels ces présentes ou le vidimus d'icelles fait soubs le contre scel royal seront monstrées et envoyées, salut et dillection. Pour ce que nous avons esté advertis que puis naguères à l'instigation et persuacion d'aucuns ennemis du bien et repos publicq s'est faicte et eslevée en nostre pays de Guyenne une émotion populaire pour laquelle rompre et deffaire nous avons mandé des gens de nos ordonnances jusques au nombre de mil hommes d'armes et douze mil homme de pied et cependant advisé de leur faire oster tous moyens d'avoir vivres et autres choses nécessaires pour leur entretenement; nous, à ces causes, vous mandons commandons et enjoignons par ces présentes et à ung chacun de vous que incontinant vous faictes inhiber et deffendre à son de trompe et cry publicq par les villes, villaiges et aultres lieux de vos ressorts et jurisdictions que verrez bon estre, que aucuns de nos subjects de quelque qualité ou condition qu'ils soient, gens d'Eglise, nobles et roturiers n'ayent à porter ne faire porter ou subministrer publiquement ou occultement, directement ou indirectement ausdis communes ainsi assemblées aucuns vivres, ... ou munisions de guerre ne aultres choses quelsconques appartenantes aux vivres, armement, vestement ne aultre commodité quelle qu'elle soit, ne leur ouvrir ou faire ouvrir les portes des villes, chasteaulx et places, ne leur donner ayde et faveur quelconque, et ce, sous peine de confiscation de corps et de biens. Et se aucuns sont trouvez l'avoir faict et avoir contrevenu aus dites inhibitions et deffenses, procédez et faictes procéder à l'encontre d'eux sommairement par les peines susdites; de sorte que les aultres y preignent exemple. De ce faire, vous avons et à ung chacun de vous donné et donnons plain povoir, puissance, auctorité, commission et mandement espécial, voulans que aux vidimus de ces présentes faictes soubs scel royal ou autentique, foy soit adjoustée et soient en vertu d'iceulx les dites inhibitions et deffenses faictes par vous et ung chacun de vous, tout ainsi que vous ferez en vertu de ce présent original; car tel est nostre plaisir.

Donné à Lyon, le ixe jour d'aoust, l'an de grâce mil cinq cens quarente-huit, et de nostre règne, le deuxième. Par le roy en son conseil : Bochetel.

15. — 19 août 1548. — Ordre au comte du Lude de marcher contre les communes insurgées.

Monsieur le Comte,

J'ay, ce jourd'huy, receu les lettres que m'avez escriptes de Saumur le 10 de ce mois, par lesquelles j'ai veu comme suivant ce que je vous avois mandé, vous avez donné ordre de faire assembler vostre compaignie et adverty le sieur de Breszé lieutenant de mon cousin le marquis du Mayne de faire le semblable de celle de mon dit cousin pour aller en Angoulmois et Xaintonge assister et donner main forte à mes officiers de par dellà en l'exécution des commissions que je leur avois décernées pour procedder à la correction des rebellions, séditions, émotions et assemblées de comunes qui se y sont faictes ; de quoy je vous sçay fort bon gré et ne fais doubte que le sieur de Fontaines, gentilhomme de ma chambre que j'ay envoié devers vous, ne vous aict trouvé ou dit pais, ou bien en Poictou, avant l'arrivée de la présente en vos mains, par lequel aurez entendu mon intention sur le faict des dites rébellions et ce que j'ay sur ce ordonné qui me gardera de vous en dire aultre chose, sinon que sur la remonstrance qui depuis m'a esté faicte de la part d'aucunes des dites communes par le maistre de mes eaues et forests d'Angoulmois, j'ay, pour évitter à la perte et dommaige que peult estre ceulx qui n'en pourront mais seroient pour souffrir avecques les mauvais et coulpables, advisé de faire la dépesche dont je vous envoie le double par le sieur de Brizambourg présent porteur et néantmoins ne saichant ou vray si les dites communes vouldront faire ce que le maistre de mes eaues et forests m'a déclairé de leur part, je ne laisse de faire assembler la gendarmerye que j'ay ordonné marcher droict audit pais d'Angoulmois et Xaintonge, ainsi qu'avés entendu par ledit sieur de Fontaines, d'autant que je la feray bien tousjours retirer assez à temps quant je verray que faire se debvra comme vous serez plus au long adverty par le dict Brizambourg, lequel je vous prie, Monsieur le comte, croire de ce que sur ce je luy ay donné charge vous dire de ma part, ainsi que vouldriez faire moy-mesme et vous me ferez plaisir et service très-agréable.

Escript à Thurin, le xixe jour d'aoust 1548. Signé : Henry. Et plus bas : Clausse.

La suscription : A Monsieur le conte du Lude, mon lieutenant général en Poictou.

---

16. — 27 août 1548. — Lettre du roi Henri II au comte du Lude, sur la répression du soulèvement de l'Angoumois.

Monsieur le conte, depuis le partement de Brisambourg que j'ay envoyé devers vous avecques les dépesches qu'il vous aura communiquées, j'ay entendu par Sainte-Foy, fils du sieur de Jarnac, les remontrances et supplications qu'il m'a faictes de la part des communes assemblées en Angoulmois, lesquelles tendent à miséricorde ; sur quoy vous avés assez amplement esté informé de mon intention par les dépesches qui vous ont estés faictes par moy et les gens de mon conseil estans à Lyon, desquelles ils m'ont envoyés les doubles ; par quoy je ne vous en feray redicte, mais seullement vous adviseray, Monsieur le conte, que j'ay esté très-ayse d'entendre par le sieur de Sainct-Séverain, présent porteur, la prinse par luy faicte du collonel[1] et de troys ou quattre des principaulx des dittes communes, desquelles puisqu'elles font si mauvais guet, j'espère que viendrés aisément à bout avant que aiés pardelà toutes les forces que pour ce y fais marcher et que n'aurez failly de pourveoir à la seureté de ma ville de Poictiers, qui par ce que

---

1. Le colonel ou chef des insurgés s'appelait Puymoreau.

j'ay veu par une lettre qu'elle m'avoit escripte, se trouvoit étonnée et en craincte des dictes communes[1]. Au demourant, j'escript au sieur de la Rochebeaucourt[2] qui a dedans mon chasteau d'Angoulesme ledict collonel et ceulx qui ont estés prins avecques luy, qu'il ait à les mectre en lieu si seur et qu'il les tienne si bien enfermés, qu'ils ne puissent communiquer ne parler à personne, et qu'il m'en saiche respondre sur sa vye, pour ce que par eulx je m'atends de sçavoir au vray à quel but tendoient leurs entreprinses et qui sont leurs adhérens; et si lesdictes communes vouloient entreprendre de les recouvrir par force du lieu où ils seront, et ledit sieur de la Rochebeaucourt avoit pour y résister besoing de plus de gens que ce qu'il en a, vous l'en secourrés incontinent; et m'advertirés de ce qu'en aurés faict, ensemble de toutes aultres choses de par delà, ainsi que j'ay donné charge au dict sieur Sainct-Séverin présent porteur vous dire plus au long. Sur quoy me remectant, je feray fin après avoir prié Dieu, Monsieur le conte, qu'il vous ait en sa saincte garde.

Escript à Carignan, le 27e jour d'aoust 1548. Signé : HENRY, et plus bas : CLAUSSE, avec paraphe.

Au dos est écrit : « A monsieur le conte du Ludde, mon lieutenant général en Poictou. »

---

17. — 31 août 1548. — Instruction pour le sieur de Sansac, envoyé par devers le connétable.

Le sieur de Sansac[3], gentilhomme de la chambre du roy, après avoir baillé à Monsieur le Connestable les lettres que

---

1. Cette lettre de la ville de Poitiers, en date du 16 août 1548, est publiée dans les *Arch. hist. du Poitou*, t. IV, p. 293.

2. Le seigneur de la Rochebeaucourt était sénéchal d'Angoumois.

3. Louis Prévost, chevalier, seigneur de Sansac *(Dictionnaire des familles de l'ancien Poitou*, t. II, p. 559).

le roy luy escript, luy dira comme ledit seigneur aiant entendu les nouvelles que le jeune Fontainnes a apportées à Lyon de la part du roy de Navarre, encore qu'il n'estime que l'alarme estre si chaulde qu'on l'a fait, tant des assemblées communes que des Espaignols, veu mesme que le conte de Villars ne luy en a rien escript, ne pareillement à mondit sieur le Connestable, toutes fois il a bien voulu dépescher ledit sieur de Sansac devers le conte du Lude, pour le solliciter d'exécuter en la plus grande diligence qu'il pourra ce qu'il luy a cy-devant mandé et commandé pour la rompture d'icelles assemblées par toutes les meilleures voyes qu'il pourra; et que s'il n'a encores forces suffisantes pour aprocher lesdites assemblées, que attendant qu'il c'en trouve, ledit sieur s'attend qu'il aura de brief, veu l'ordre qu'il y a donné, il baille quelque bon nombre de gens de cheval de ceulx qu'il peut avoir audit Sansac, lequel, suivant ce que ledit sieur luy a commandé, se essaiera avec cela de faire du pys qu'il luy sera possible auxdits assamblés, leur rompant les vivres, ensemble les moulins desquels ils se peuvent servir et les bacqs et ponts des rivières par où lesdits vivres leur viennent et prenant ceulx d'entre eux qui s'escarteront, ainsy qu'il advisera estre à faire pour le mieulx.

Plus, luy dira que ledit sieur veult et entend nommément que ledit conte du Lude fait prendre prisonnier le sieur de la Rochebeaucourt, ainsy qu'il luy escripvit hier, attendu la faute qu'il a faicte de rendre avec si peu..... le collonel desdites assemblées et autres qui luy avoient été baillez par le sieur de Sainct-Sernin [1].

Luy dira davantage que ledit sieur a commandé à monsieur le maréchal de Sainct-André qu'il fait marcher sa

---

1. Le colonel des insurgés avait été pris récemment et mis au château d'Angoulême, et M. de Saint-Séverin était ensuite parti pour aller trouver le roi. (Voir la lettre de M. du Lude à M. Doyneau du 20 août 1548, dans les *Arch. hist. du Poitou*, t. IV, p. 303.)

compagnie en la plus grande diligence qu'il poura, droit en Poictou, ce que ja luy avoit cy-devant esté ordonné, et qu'il dye aux sieurs de Maugiron, de la Hunauldaye et baron de Motou qui sont icy, qu'ils facent le semblable. . .
. . . . Et quant aux autres compagnies ordonnées pour aussy aller par deçà, mondit sieur le connestable leur fera dépescher lettres pour faire de mesmes, affin que les dites forces puissent estre plustost assemblées.

Ledit sieur de Sansac dira audit conte du Lude qu'il pourvoye à la seureté de la Rochelle, Poictiers, Angoleme et autres villes de par delà. . . . ainsy qu'il luy a été mandé.

Fait à Cahors[1], le dernier jour d'aoust 1548. Signé : HENRY. Et plus bas : CLAUSE, avec paraphe.

Au dos est écrit : Instruction première baillée par le roy au sieur de Sansac.

---

18. — 6 septembre 1548. — Lettre du roi Henri II aux habitants de Poitiers, pour les remercier de leur fidélité.

DE PAR LE ROY,

Très-chers et bien amés, nous avons entendu la démonstration de bons et loyaulx subjects dont vous usez ez choses de ceste ellevation de peuple survenue par delà, et le bon et honneste devoir en quoy vous vous estes mis pour pourveoir à la seureté de vostre ville, qui nous a esté tel et si grant contentement que vous povez penser, dont n'avons voullu faillir à vous advertir et vous dire que nous espérons vous faire congnoistre par effect et bientost la satisfaction que nous en avons et faire veoir à tout le monde la différence qu'il y a des bons aux mauvais subgects ; car nous

---

1. Cavor en Piémont.

faisons marcher droict en Poictou mille hommes d'armes et une trouppe de dix enseignes de lansquenets, avecques quelques autres forces; et du cousté de Languedoc, nous envoyons nostre très-cher et très-amé cousin le connestable, avecques vingt enseignes de vieulx souldats de ce pays de Piémont, Francois et Italiens et autres si bonnes trouppes, que nous faisons compte d'en avoir bientost la raison par la force, si la doulceur dont nous avons délibéré user envers ceulx qui recognoistront leur faulte, n'y peult avoir lieu.

Donné à Prégelas, le 6ᵉ jour de septembre 1548. Signé : HENRI. Et plus bas : DE L'AUBESPINE.

La suscription porte : « A nos très-chers et bien amés les maire, échevins, bourgeois et habitants de notre bonne ville de Poictiers.

---

19. — 9 septembre 1548. — Lettre du roi Henri II au comte du Lude, sur les séditions des pays d'Angoumois.

MONSIEUR LE CONTE,

J'ay cejourd'huy receu vos lettres du trois de ce mois, par lesquelles et aussy par celles qu'avez escript à mon cousin le Connestable, j'ay entendu l'arrivée du sieur de Brisambourg devers vous, et pour ce que je ne m'attendois pas plus que vous faictes que pour la dépesche que j'ay fait bailler au maître de mes eaues et forests d'Angoulmois les communes eslevées par delà feussent pour se retirer, je n'ay laissé de donner ordre de faire marcher en diligence les compagnies que j'avois ordonné aller audit pays; et encores présentement j'escripts pour cest effect par tous les baillages et sénéchaussées de mon royaume, lettres dont je vous envoye le double. Davantaige, je faiz marcher droit en iceluy pays toutes les bandes de lansquenetz que j'ai en Picardie, et queques d'avanturiers françois, et y envoie mon cousin le duc d'Aumalle[1] qui partira dedans deux jours en poste, pour avecques les dites forces, rompre icelles assemblées et les faire venir à la raison, si d'elles-mêmes ne si mettent, comme je pense qu'elles feront aisément, veu que avecques si peu de compagnie que celle que vous avez maintenant, vous les avez chassées jusque de la Charente. Et cella fait, mondit cousin le duc d'Aumalle s'en yra avecques icelle force joindre à mon cousin le conestable, lequel j'envoye par le Languedoc droict à Bourdeaux, si bien accompagné d'autre nombre de gendarmerie, chevaulx légiers et gens de pied que je fais venir de Piedmont, de Provence et autres lieux, que j'espère avoir de brief la maitrise de ceulx dudit Bourdeaulx, et qu'ils seront châtiez selon le mérite du malheureux et scandaleux acte qu'ils ont commis. Et affin que par la mer ils ne puissent aucunement [être] secourus, j'ay mandé à mon cousin le duc d'Estampes[2] qu'il face aller à l'amboucheure de la rivière dudit Bourdeaulx, le plus grand nombre de navires de son gouvernement qu'il pourra, pour arrester et prendre, s'il est possible, tout ce qui y voudra entrer ou en sortir, attendant le retour de partie des navires et autres vaisseaux que j'ay en Escosse, lesquels j'employeray en ce mesme effect. N'ayant toutesfois délibéré de forclorre de ma miséricorde ceulx que d'eulx-mesmes recognoistront leur faulte et me feront requérir pardon, comme desià font soubs main plusieurs de ceux de la ditte ville; vous advisant, Monsieur le conte, que je suis très-content que vous oyez ceux que les communes de Xaintonge et Angoulmois doivent envoyer devers vous et que prenez par escript signé de leurs mains leurs doléances et demandes que dictes

---

1. François de Lorraine, duc d'Aumale, traversa le Poitou au commencement d'octobre 1548 (*Archives historiques du Poitou*, t. IV, p. 312-314.)
2. Jean de Brosse, comte de Penthièvre, duc d'Etampes.

qu'ils veullent faire, leur prometant que m'envoyerez ledit
escript, estimant que je ne seray pour les reffuser en choses
honnestes et raisonnables pour la bonne volunté que vous
avez toujours congneue que j'ay eue de bien et gratieuse-
ment traicter mes subjects. Et s'il se trouve que mes officiers sur le fait des. . . . . . ou autres les ayent indeue-
ment molestez, les asseurerez que comme prince qui ayme
justice et qui ne veult souffrir estre fait tort a nully, j'en feray
faire telle et si griesve pugnition qu'elle servira d'exemple.
Au demeurant, Monsieur le conte, puisque ceulx de la
Rochelle continuent de se faire contenir en la fidellité et
obéissance qu'ils me doibvent, et qu'ils ont bonne volunté de tenir ferme pour moy que m'escripvez, je trouve
très..... celles du sieur d'Estissac votre beau-frère [1] en
Périgort saichant le désir et moyen qu'il a de m'y faire
service, ne voullant oublier à vous dire comme desjà j'avais
escript à ceulx de Périgueulx pour les admonester de faire
leur devoir, et mande à la plupart des gentilhommes du
pays qu'ils se retirassent en la dite ville pour la seureté
d'icelle, ce que j'ay faict semblablement par tous les autres
endroits que j'ay estimé estre requis; de sorte que j'espère
que brief les choses seront reduittes en l'estat que je désire.
Et afin que ceulx dudit la Rochelle et de Poitiers entendent que vous ne m'avez cellay le devoir qu'ils ont faict,
je leur en escrips les lettres que je vous envoie, lesquelles
aiant veues, vous les leur ferez tenir, les asseurant que en
recognoissance je leur feray toujours tel et si bon traictement qu'ils auront cause de s'en contenter et pour ce que
je vous ay envoyé le sieur de Sanssac et depuis escripz par
le commis. . . . . de m'en escrire aussi que mondit
cousin le duc d'Aumalle sera bientost par delà, par lequel
pourrez amplement entendre mon voulloir et intention sur

---

1. Louis d'Estissac devint plus tard gouverneur de l'Aunis et de
la Rochelle, par la cession que lui en fit M. du Lude, son beau-frère.

toutes choses. Je ne vous feray la présente plus longue, si n'est pour vous adviser que m'envoiant par estat signé de votre main les frais que vous avez advancez en ce que je vous ay ordonné faire pour mon service que vous me faictes, ny pareillement celles que dictes que me font les sieurs de Fontaine, de Bressé et de Boisdaulphin, comme congnoistrez par effect, priant à tant notre Seigneur, Monsieur le conte, qu'il vous ait en sa sainte garde.

Escript à Vigille [1], le ixe jour de septembre 1548. Signé : HENRY. Et plus bas : CLAUSSE, avec paraphe.

Au dos est escrit : A Monsieur le conte du Lude, mon lieutenant général en Poitou.

---

20. — 2 décembre 1548. — Lettre du roi de Navarre au comte du Lude.

Mon cousin, j'ay présentement receu des lettres patentes du roy, par lesquelles m'est mandé faire publier et les deffenses par cy-devant faites touchant le port des harquebuzes partout mon gouvernement, dont je vous ay voullu advertir et envoier lesdites lettres patentes, vous pryant que incontinant les avoir receues, vous les faictes publier en Bourdelloys [2]. J'envoye ce pourteur aux séneschaulx de mon dict gouvernement, pour chacun en son destrict les faire publier, entretenir et observer suyvant le contenu en icelles ; et à tant je prieray nostre Créateur vous donner, mon cousin, sa très-saincte grâce.

Escript à Vendosme, le second de décembre 1548. Vostre bon cousin, signé : HENRY.

La suscription est : « A mon cousin, monseigneur du Ludde. »

---

1. Vizille en Dauphiné.
2. Le connétable de Montmorency, après la répression de l'insurrection à Bordeaux, y avait laissé le comte du Lude en qualité de gouverneur. (*Histoire d'Aquitaine*, par de Verneilh-Puyraseau, t. II, p. 340.)

21. — 14 décembre 1548. — Lettre du Connétable au comte du Lude, sur l'état des troupes placées sous ses ordres.

Monsieur du Lude,

J'ay, avecques vos lettres du 6ᵉ de ce moys, receu l'estat des monstres et payemens faicts pour ce dit moys des bandes des gens de pied qui sont à Bordeaulx, et quant aux quarante payes demandées par le cappitaine Aguerres, comme les ont les vieilles bandes de Piedmont, c'est chose que le roy n'entend point qu'il ait; mais veult qu'il se contente de pareil estat que celluy qu'il a eu durant le temps que j'estois par dellà, et semblablement le cappitaine de Vic, ce que vous leur ferez entendre leur debvoir en leur charges. Comme je me attends que chacun d'eulx fera, je tiendray main que leur service sera par autre moyen recongneu, de sorte qu'ils auront cause de se contenter. Au regard de l'estat de cappitaine de vostre garde, le dit sieur est content qu'il ayt par moys trante livres tournois, et celluy qu'avez commis à la garde des clefs des portes de ladite ville de Bordeaulx, quinze livres, et qu'ils en soyent payés tant de ladite ville que des chasteaulx d'icelle et combien que par l'arrest donné contre ladite ville ne soit particullièrement faict mention des vingt. . . . . payes qui avoient acoustumé d'y estre si est ce qu'ils doibvent estre comprins ou dit arrest pour avoir autant, voire plus failly que nuls des autres habitans, parquoy ne permettés qu'il leur soit aucune chose payée de ce qui leur pouvoit estre deu. Au demourant, je vous advise, M. du Lude, que le roy a faict bailler assignation de deux quartiers pour le payement de sa gendarmerye, dont les monstres de celle qui est en Guyenne se feront le 25ᵉ du moys prochain ; après lesquelles faites, ledit sieur, pour le soullagement, tant de ses gens d'armes que dudit pays, a ordonné que la moictié de chacune compaignie se retirera en leurs maisons ; et dadventaige, il renvoye en Piedmont la bande de chevaulx légers du cappitaine Cherlde, et bientôt tirera une compaignie de gens d'armes du pais qui lors, par ce moyen, sera plus deschargé que ne demanderez. Et estans les commissaires de retour, comme je croy qu'ils seront de brief, et ayant esté ouys par le roy les depputés de la court de parlement et ville dudit Bordeaulx, il sera promptement pourveu tant sur le faict dudit parlement que des orloges, cloches et autres choses dont m'avez escript, ne voullant au reste oublyer à vous dire, Monsieur du Ludde, comme ledit seigneur a commandé vostre estat à troys cens livres par moys, dont j'ay faict commander le payement de ce qui vous en peult estre deu au thrésorier de l'Espargne, ainsi que j'ay dict à l'homme qu'avez icy pour vos affaires, pour solliciter ledit thrésorier de vous en payer. Au surplus, je vous envoye vos lettres de pouvoir en forme, et pour ne sçavoir que vous escripre davantaige pour ceste heure, je feray fin après avoir pryé Dieu, Monsieur du Ludde, qu'il vous doient ce que plus désirez.

Escript à Saint-Germain-en-Laye, le xiiij° jour de décembre 1548.

Je vous envoye des lettres du roy, pour la publication des monstres en Guienne, lesquelles vous ferez tenir où elles s'addressent le plus tost que pourrez.

Vostre bien bon amy. Signé : Montmorency.

Et la suscription est : A Monsieur le conte du Ludde, lieutenant général du roy en Guyenne, en l'absence du roy de Navarre.

---

22. — 30 janvier 1549. — Lettre du roi Henri II au comte du Lude, lui annonçant qu'il l'a nommé lieutenant du roi de Navarre au gouvernement de Guyenne.

Monsieur le Conte,

Je vous envoye le double de mes lettres que j'escripts

présentement à mon oncle le roy de Navarre, par où vous verrez comme je l'advertiz que je vous ay fait mon lieutenant en son absence au gouvernement de Guyenne, ainsy que l'estoit le feu sieur Mon[eins][1], saichant que vous continuerez de vous y employer avecques le debvoir et diligence dont vous avés jusques icy usé, tant en ladite charge qu'en toutes autres que vous avez cy-devant eues du feu roy monseigneur et père et de moy. Et affin, Monsieur le conte, que vous entendez comme vous aurés à vous conduire en icelle, c'est que je veulx et entends que ordinairement vous advertissés mon dit oncle de toutes choses qui concerneront le fait dudit gouvernement à ce que. . . . . , comme il est par delà, il y pourvoye et donne l'ordre qui sera nécessaire, ne laissant toutes fois à pourveoir cependant de votre part au lieu où vous estes à ce qui requerera prompte provision avecques la diligence que vous verrez estre requise pour mon service, ainsy que j'en ay en vous fiance, mettant au reste peine de vivre et vous comporter avecques mon dit oncle de façon qu'il ait occasion de s'en contenter comme je me treuve asseuré que scaurez très-bien et prudamment faire, qui me fera bien agréable plaisir. Au demourant, je m'attend bien, Monsieur le conte, que suivant ce que je vous ay dernièrement escript, vous avez jà donné ordre de faire dresser et estapper pour le passaige des bandes du sieur. . . . . . . depuis Bordeaux jusques à leur contrée au gouvernement de mon cousin le sieur de Sainct-André. Toutes fois, je ne laisse d'en escripre à mon dit oncle, ainsy que verrez par le double de mes dites lettres; par quoy, si avant la réception d'icelles, les dites estappes estoient jà dressées, vous l'en advertirez et moy aussy de ce qu'en aurez fait; et

---

1. Il y a plusieurs lettres relatives à Moneins, lieutenant du roi en Guyenne, et aux troubles de la gabelle à Bordeaux au mois d'août 1548, dont ce capitaine fut victime, qui ont été imprimées dans les *Archives historiques de la Gironde*, t. X.

quant à la garde de ladite ville de Bordeaux, je vous laisse pour cet effet, outre la gendarmerie qui y est, la bande du capitaine Aguerres seullement, de laquelle vous pourés prendre pour vous accompagner et servir de garde une douzaine de soldats, comme faisiez des dites autres bandes. Et si vous connoissez qu'il soit besoin de plus grande force par delà, m'en advertissant vous en serés secourus. Au regard de mon chasteau Trompette, je veulx que la garde et charge en demeure audit Aguerres, et au capitaine Visque celle du chasteau du Ha, ainsy qu'ils ont de présent ; et au reste, que vous faites exécuter ce que par l'arrest a esté ordonné tant pour abbatre la maison de ville, faire faire la chapelle ordonnée pour le sieur de Moneyns et les fortifications et advictuaillement des chevaulx susdits que pour l'accomplissement des autres choses contenues en icelluy arrest en la meilleure diligence que faire se poura, qui est ce que pour le présent je vous diray, après avoir prié Dieu, Monsieur le conte, qu'il vous eust en sa sainte garde.

Escript à Saint-Germain-en-Laye, le xxxe jour de janvier 1548 (1549, n. s.). Signé : HENRY. Et plus bas: CLAUSSE, avec paraphe.

Au dos est escrit : « A Monsieur le conte du Ludde, mon lieutenant général en Guienne, en l'absence de mon oncle le roy de Navarre. »

---

23. — 28 janvier 1549. — Lettre d'Antoine de Bourbon à M. du Lude.

MONSIEUR DU LUDDE,

Arrivant hier au soir en ceste ville de Bazas, les évesques, chanoines et chapitre de l'église cathédrale de saint Jehan de Bazas, ensemble les jurats, manans et habitans d'icelle ville m'ont supplié vous voulloir escripre la présente en leur faveur et vous prier, Monsieur du Ludde, puisque vous leur avez tant faict de bien, de leur permectre sonner une petite cloche en ladicte église, et aussy que, comme ils m'ont dict, ils ne sont comprins en l'arrest donné par monsieur le Connestable en la ville de Bordeaulx pour les offenses qu'ils ont commises contre le roy, leur voulloir donner permission semblable de sonner le demeurant comme ils avoient auparavant de tout temps acoustumé, affin que le saint service divin soit tousjours en icelle église entretenu, vous asseurant, Monsieur du Ludde, que icelles ay trouvez en cest endroict entièrement dédiés. Et vous me ferez, ce faisant, bien grant plaisir que recongnoistray à l'endroict que me vouldrez employer d'aussi bon cœur que je prye Dieu vous donner bonne vie et longue.

De Bazas, le xxviij^e jour de janvier 1549. Vostre bon cousin et amy. Signé : ANTOINE.

Et la suscription : « A Monsieur du Ludde, gouverneur et lieutenant pour le roy, en la ville de Bordeaulx [1]. »

24. — 2 avril 1549. — Lettre du roi Henri II au comte du Lude, sur les communes insurgées du Bordelais.

MONSIEUR LE COMTE,

J'ay esté adverty que aucuns de ma ville de Bourdeaulx [2], mesme de ceulx qui estoient venus par delà, se sont retirés auprès de l'empereur, où ils veullent faire quelques menées, à ceste cause vous regarderés par tous les moyens que vous pourrés, si vous sçaurés descouvrir ceulx

---

1. Cette lettre a été publiée dans la correspondance d'Antoine de Bourbon et de Jeanne d'Albret, par le Mis de Rochambeau, 1877, p. 20.

2. M. du Lude était, en effet, à cette époque, à Bordeaux. C'est ce que constate une lettre du s^r de Barbezières, gouverneur de Taillebourg, au vicomte de Thouars, du 1er avril 1549. Elle nous apprend en même temps que le s^r de Sansac était alors lieutenant pour le roi en Angoumois, Saintonge, Poitou et la Rochelle. (Lettres missives du XVIe siècle, tirées des archives du duc de la Trémouille, par MM. Marchegay et Imbert, dans les *Mém. de la Soc. de Statist. des Deux-Sèvres*, t. XIX, 1881.)

qui ont faict cette entreprinse, et avec quelle particippation, communication et intelligence, pour incontinent me faire entendre ce que vous en trouverés. Et cependant j'ay escript à mon ambassadeur estant auprès du dict empereur, qu'il preigne garde s'il se pourra congnoistre aucuns desdits poursuivants de Bourdeaulx et entendre de leurs dictes menées; vous advisant au demourant, que l'on m'a dict qu'on tient propos au dict Bourdaulx que les députés qui me vinrrent dernièrement trouver à Sainct-Denys m'avoient demandé pardon qu'ils ne peurent obtenir de moy; mais tant s'en fault que cella soit véritable que au lieu d'implorer grâce et miséricorde de leurs faultes et erreurs, ils me vinrent publiquement proposer une justiffication pour mectre le tort devers moy; et s'ils eussent faict comme ils debvoient, ils n'estoient par advanture pas hors d'espérance d'obtenir de moy mes dictes grâce et pardon, dont j'ay accoustumé d'user envers mes subjects plustost que de rigueur de justice, ce que vous pourrés faire entendre partout où verrés que besoing sera afin qu'ils congnoissent la faulte de leurs dicts députés. Et sur ce, je prye Dieu, Monsieur le conte, qu'il vous ayt en sa garde.

Escript à Chantilly, le 2ᵉ jour d'avril 1548 (1549). Signé : HENRY. Et plus bas : DU THIER, avec paraphe.

Au dos est écrit : « A Monsieur le conte du Lude, mon lieutenant au gouvernement de Guyenne, en l'absence de mon oncle le roy de Navarre. »

---

25. — 9 avril 1549. — Lettre du roi Henri II au comte du Lude, portant ordre de préparer le passage de dom Constantin de Portugal.

MONSIEUR LE CONTE,

Ayant été adverty comme le roy de Portugal que j'avoye envoié prier et . . . . d'estre parain de mon fils le duc d'Orléans, a fait élection de la personne du sieur dom

Constantin de Portugal, son parent, pour faire pour luy cest office et tenir en son nom sur fons mon dit fils, et que le dit dom Constantin doibt partir de brief en dilligence avec dix-huit ou vingt chevaulx de poste, en sorte qu'il pourra estre à Bayonne vers le dix-sept ou dix-huitième de ce mois; à ceste cause, je vous en ay bien voullu escrire, comme je faiz aussy à mon oncle le roy de Navarre, affin que là où vous verriez que mon dit oncle ne fust à présent en lieu à propos pour pourveoir à ce que je luy mande quant au faict du passaige dudit sieur dom Constantin qui est un peu pressé, vous regardez à donner ordre incontinant, que par toutes les bonnes villes, lieux et endroits du gouvernement de Guyenne et Poictou où il passera pour me venir trouver, il soit avec ses gens bien et honorablement recueilly, receu et traicté de tout ce qui luy fauldra, et que les magistrats et principaulx habitants des dites villes l'allent visiter en son logeis, pour luy faire présent de leurs vins, fruicts et autres commoditéz qu'ils auront avec toutes les plus honnestes offres dont ils pourront adviser [1]; et surtout ordonnez et mandez que par toutes les postes, il soit pourveu de dix-huit ou vingt bons chevaulx de poste, pour porter luy et son train, car je serois bien marry qu'il y trouvast faulte. Je vous ay au demourant escript il y a deux jours, de l'Isle-Adam, et ayant delliberé en mon conseil sur aucuns poincts qui restent à résouldre en vos précédentes lettres, je vous mandreay de mes nouvelles, pryant Dieu, Monsieur le conte, qu'il vous ayt en sa sainte garde.

Escript à Saint-Germain-en-Laye, le ixe jour d'avril 1548 (1549). Signé : HENRY. Et plus bas : DUTHIER, avec paraphe.

A costé est écrit : « Je vous prie, Monsieur le conte, vous

---

1. Le c[te] du Lude écrivit, le 14 avril suivant, à la ville de Poitiers, pour l'inviter à recevoir dom Constantin de Portugal avec le plus d'honneur possible. (*Arch. hist. du Poitou*, t. IV, p. 315.)

trouver devant du dit sieur dom Constantin, hors ma ville de Bordeaux, avec bonne et honneste troupe, et la faites loger en quelque honneste et apparante maison du dit Bordeaux. »

Au dos est écrit : « A Monsieur le conte du Lude, capitaine de cinquante hommes d'armes de mes ordonnances, et mon lieutenant général au gouvernement de Guyenne, en l'absence de mon oncle le roy de Navarre. »

---

26. — 10 avril 1549. — Permission au comte du Lude d'exporter cent tonneaux de blé en Portugal, en échange de chevaux espagnols.

Henry, par la grâce de Dieu, roy de France, à tous nos lieutenans, gouverneurs, admiraux, vis-admiraux, baillifs, séneschaux, prévosts et aultres nos justiciers, officiers et subgects, salut et dilection. Nostre amé et féal le conte du Ludde, nostre lieutenant général en Poictou, en l'absence de nostre très-cher et très-amé oncle le roy de Navarre, nous a fait dire et remonstrer que le roy de Portugal nostre très-cher et très-amé bon frère, cousin et allyé, luy a donné congé et permission de tirer de ses pays quelques chevaulx d'Espaigne qu'il a délibéré envoyer querre de brief par ung sien navire sur lequel il désyroit faire charger jusques à cent tonneaux de bleds pour mener audit Portugal, affin d'en secourir les subgects de nostre dit bon frère, en considéracion de la grâce qu'il luy faict de tirer lesdis chevaux, ce qu'il n'oseroit ny vouldroit faire sans qu'il nous plaise le luy permettre, humblement nous requerant sur ce luy impartir nostre grâce et lettres à ce convenables. Pour ce est-il que nous inclinans à la requeste dudit conte du Ludde, lequel nous désirons en tous et chacuns ses affaires bien et favorablement traicter, à icelluy pour ces causes et autres à ce nous mouvans, avons permys et octroié, permettons et octroyons par ces présentes qu'il puisse et luy loyse faire charger sur son dit navire, ladite quantité de cent tonneaulx de blés pour mener et conduire pour l'effect dessus dit au dit pays de Portugal, sans ce que au moyen des ordonnances prohibitives au contraire luy soit ny aux conducteurs dudit navire faict, mis ou donné aucun destourbier, arrest ny empeschement en quelque manière que ce soit. Si vous mandons, commandons et enjoignons et à chacun de vous en droict soy, et comme à luy appartiendra, que de nos présens congé, permission et octroy vous faictes souffrer et laissez ledit conte du Ludde joyr et user plainement et paisiblement, cessans et faisans cesser tous empeschemens au contraire lesquels si faicts mys ou donnés luy estoient mectez-les ou faictes mectre incontinant et sans délay à plaine et entière délivrance et au premier estat et deu ; car tel est nostre plaisir, non obstant les dites ordonnances et deffenses à ce contraires.

Donné à Nogent-sur-Seyne, le xe jour d'avril, l'an de grâce mil cinq cens quarante-huict, après Pasques, et de nostre règne le deuxième. Par le roy, le président BERTRAND, conseiller dudit seigneur en son conseil privé présent. Signé : CLAUSSE.

---

27. — 25 juin 1549. — Lettre d'Henri II aux trois États de Guyenne.

DE PAR LE ROY,

Très-chers et bien amez, ce nous a esté très-grant plaisir d'entendre que aiés pris en bonne part les remontrances que notre très-cher et très-amé oncle le roi de Navarre, nostre lieutenant général et gouverneur en Guyenne, vous a faites de par nous, du désir et grande affection que nous avons à vous veoir soullagez de la grand charge, molesté et ennuy que vous apportent et donnent les garnisons des gensdarmes que vous avez accoustumés avoir pour les fournitures des vivres que vous estes contrainct leur bailler, et comme pour rédimer ceste vexation, vous vous accordés à l'augmentation de la soulde des dicts gensdarmes qu'il vous a proposée au lieu des dictes fournitures, ainsy que ont aussy faits les aultres provinces et pays de notre royaume, chose qui nous a donné très-grand aise et contentement pour le bien et utilité que nous espérons qui en adviendra à tout notre dict royaulme, et le repos qu'en recepvront nos pauvres subjects, le soullaigement desquels nous avons plus en cueur que chose de ce monde n'aiant ceste année présente pour ceste cause, voullu demander aux villes clauses de notre dit royaulme, la soulde de cinquante mille hommes de pied, mais les en exempter. Encores que nos affaires soient très-grans et pour auxquels subvenir, avons mieulx aymé vendre et engaiger de nostre propre domaine ; et pour aultant que nous désirons prendre une bonne et finalle résolution sur le faict d'icelle augmentation au lieu des dicts fournitoures, nous vous prions depputer troys ou quatre bons personnaiges d'entre vous, lesquels vous envoyrés là part que nous serons, le plus tost que faire ce pourra, pour prendre sur ce conclusion telle qu'il sera advisé en nostre conseil, le plus au soullaigement des dicts pays et subjects qu'il sera possible, ainsy qu'avons voulenté et désirons faire, dont nous espérons que vous rapporterés très-grant contentement.

Donné à Paris, le 25ᵉ jour de juing 1549. Signé : HENRY. Et plus bas : CLAUSSE, avec paraphe.

Au dos est écrit : « A nos très-chers et bien amez les gens des troys estats de nos pays et duché de Guyenne et des pays et villes estans soubs le gouvernement dudit Guyenne [1]. »

---

[1]. En 1549, les trois États de Poitou, de Périgord, de Limousin, de Saintonge et d'Aunis, réunis à Poitiers, offrirent 450,000 livres pour le rachat de la gabelle, ce qui fut accepté par l'édit de septembre 1549. (Hist. d'Aquitaine, par de Verneilh-Puiraseau, t. II, p. 340.)

28. — 4 août 1549. — Lettre du roi de Navarre à M. du Lude.

Mon cousin, pour les assemblées que les Anglois font tant par mer que par terre, mesmement du cousté de la Picardie, le roy m'a escript ces jours passés qu'il s'en alloit par dellà accompaigné d'une bonne trouppe de gens de guerre de cheval et de pied pour empescher et rompre leurs desseins et doubtant ledit seigneur que pour le divertir de son entreprinse ils ne fassent quelques courses en ceste couste de deçà, il m'a mandé pourveoir de sorte aux choses qui seront nécessaires pour la résistance de quiconques les vouldra affoiblir, que à faulte de ce inconvénient n'en puisse advenir et luy faire entendre mon avis s'il serait bon pour ceste occasion faire demeurer une garnisons de mon gouvernement les compaignies complettes ou la moytié de chacune d'icelles, ensemble de tout ce que sera de besoing pour les quartiers de deçà ; sur quoy j'ay dépesché devers ledit seigneur en dilligence le seigneur. . . . . avecques instructions et mémoires des choses que je me suis peu adviser estre requises pour son service, lui faisant sçavoir que, pour évitter toutes occasions de surprinse, estre grandement nécessaire de mectre dans les villes et forteresses plus commodes à la descente de mer, comme Bourdeaulx et la Rochelle, lieux principaulx où les ennemys se pourroient adresser, ung bon nombre d'hommes d'armes, affin qu'on se puisse tenir asseuré de la force tellement que les habitans desdites villes ou autres qui pourroient avoir intelligence, de quoy le dit sieur se doubte, n'eussent moyen de l'exécuter ou entreprendre de nouveau et le semblable faire en tous autres lieux de ceste dite couste, sellon leur importance ; à quoy mon cousin je vous prie, attendant la vollonté dudit seigneur et à toutes adventures commancer à provoir sans faire semblant de rien et au demeurant adviser à ce que sera nécessaire pour m'en advertir incontinent. Et pour ce que la monstre de la gendarmerie se doibt faire le quinzième du présent et que ledit d'Avère ne pourra estre d'avant l'eure de retour au dit temps, je vous prye, mon cousin, faire que les compaignies ne se bougent de leurs garnisons jusques à ce j'aye sceu l'intention du roy par ledit Avère; et s'il voudra qu'elles y demeurent complectes où la moityé de chacune d'icelles, de laquelle je vous advertiray. Quant à ce que par vostre dernière lettre m'escripvez des mortes payes du Chasteau-Trompette, je n'en ay aucunement ouy parler, qui me garde de vous en pouvoir faire réponse. Les manans et habitans de mes terres d'Albret qui, comme d'autres foys je vous ay escripts, sont exempts par privillége confirmé par le roy de toutes charges et contributions, m'ont faict entendre que journellement on les molleste ; à cause de ce par quoy je vous prye, mon cousin, jusques à ce que plus amplement je puisse sçavoir la vollonté dudit seigneur là-dessus, ne permettre qu'ils soient plus vexés, les maintenant en leurs libertés et franchises acoustumées. Et ce sera l'endroict où faisans fin à la présente, je prieray le Créateur vous donner, mon cousin, ce que sçavoir désirez.

Escript au Mont-de-Marsan, le iiij^e jour d'aoust 1549. Vostre bon cousin. Signé : HENRY.

Et la suscription : « A mon cousin, Monsieur du Ludde, lieutenant du roy en Guyenne en mon absence. »

---

29. — 26 août 1549. — Ordre du roi Henri II au comte du Lude, de célébrer des réjouissances.

MONSIEUR LE CONTE,

J'estime que vous aurez bien sceu l'entreprinse que j'avois faicte de venir en ce pays de Boullonnois, essayer de recouvrer ce que les Anglois me détiennent injustement, et remettre dedans leurs terres mes pauvres subjects qui en ont esté déchassés où j'ay, avecques la grâce de Dieu et le bon et grand debvoir des princes, seigneurs, gentilshommes et bons souldasts qui m'ont accompagné en ce voyage, tellement exploicté que j'ay remis par force en mon obeyssance le port de Fellacques [1] avecques le port de la ville d'Ambleteuil [2], qui est une place de telle importance que j'espère, moyennant la grâce de Dieu, recouvrer le surplus et pour ce que sçay que de sa bonté et grande grâce procedde ceste victoire dont il est très-raisonnable qu'il soit par tout mon dit royaume remercyé, je vous prye, mon cousin, donner ordre incontinant la présente receue, et sans faire tirer artillerye ny autre démonstration de joye, que par toutes les principalles villes, lieux et endroits dont vous avez charges, soient faictes processions, humbles et dévots remerciemens à Dieu, de la grâce qu'il a faicte à moy et à mon dit royaume de remectre en mes mains une telle place, à ce que par sa clémence il continue à se monstrer favorable à la poursuite et perfection de ma dicte entreprinse qui redondera à l'augmentation de son service et bien de son Église, priant Dieu, Monsieur le conte, qu'il vous aict en sa saincte garde.

Escript au camp, devant Ambleteuil, le 26° jour d'aoust 1549. Signé : HENRY. Et plus bas : CLAUSSE.

La suscription : « A Monsieur le conte du Ludde, mon lieutenant général au gouvernement de Guyenne, en l'absence de mon oncle le roy de Navarre. »

---

30. — 3 septembre 1549. — Lettre d'Henri II à M. le comte du Lude.

MONSIEUR LE CONTE,

J'ay receu hier seulement vos lettres du 9me du moys passé,

---

1. Sellacque (Pas-de-Calais).
2. Ambleteuse (Pas-de-Calais).

par lesquelles j'ay veu comme, suivant ce que je vous avés mandé, vous aviés esté visiter les deffences de la coste maritime de Bordeloys et rendu les armes aux habitans d'icelle, lesquelles tant pour l'adresse des dicts habitans que pour évitter qu'il n'en peust advenir inconvénient pour l'advenir, vous avés advisé de mectre par dizaines des plus apparens d'entre eulx pour en respondre chacun en sa dizaine; ce que j'ay trouvé très-bon. Et quant aux cloches que dictes leur estre besoing d'avoir le long de la dicte coste pour eulx pouvoir plus promptement assembler, affaire survenante, vous m'advertirés des lieux où estes d'avis qu'il y en ayt, et après, je vous mandray sur ce mon intention. Au regard des remonstrances qui vous ont esté faictes en ma sénéchaussée de Guyenne, pour commuer en argent les fournitures de foing, paille et avoynes qu'ils baillent aux garnisons à ceulx de ma gendarmerye, attendu le deffaut qu'il y en a par delà, saichant très-bien la dicte commutation estre grandement au soullagement de mes subjects, cela comme j'ay cy-devant escript à vous et à eulx, m'a meu de les vouloir relever des dictes fournitures en accordant certaine somme chacun an pour l'augmentation de la soulde de ma dicte gendarmerye, au moyen de quoy ne tiendra qu'à eulx qu'ils n'aient en cela ce qu'ils demandent; mais jusqu'à ce que j'aye sur ce ouy les depputés du gouvernement de Guyenne, je ne veulx aucune chose estre changée ne innovée du contenu en mes ordonnances, lesquelles à ceste cause vous ferés inviolablement garder. Et voiant que pour le danger de peste qui est de présent en ma ville de Bordeaulx, les présidens et conseillers que je y ay envoyez pour l'administration de la justice, désirent se retirer en quelque aultre ville là auprès, c'est chose que je suis content qu'ils facent en ma ville de Liborne ou aultre qui sera plus à propos, à la charge que le dict danger passé, ils retourneront incontinent après audit Bordeaulx. Et ne veulx, ne entends que pour les vaccations ils laissent aucunement durant le temps d'icelles à vacquer et entendre ordinairement en la meilleure diligence qu'il leur sera possible au faict de la dicte justice; et pour ce que j'ay comme il est très raisonnable, commandé qu'ils soient payés durant le dit temps, à la même raison qu'ils ont accoustumé de l'estre en mes cours de parlement, iceulx parlemens scéans, ce que leur ferés entendre de ma part, et aussi comme je ne veulx pas que les advocats et procureurs, tant de la dicte court que de la dicte sénéchaussée de Guyenne chargés des émotions soient aucunement reçeus à playder jusqu'à ce qu'ils se soient justiffiés en ma court de parlement de Thoulouze, où, comme sçavés, j'ay renvoyé leur faict; par quoy, les partyes en pourront chercher d'autres. Au demourant, Monsieur le conte, depuis mes dernières lettres, Notre Seigneur ne se voulant lasser de me favoriser en l'exécution de mon entreprinse, a faict que les Anglois qui estoient dedans le mont Lambert me voiant retourner droict à eulx, entrèrent en si grant effroy que la nuict de jeudy dernier, ils se retirèrent à Boullogne, après avoir mis le feu en la dicte place où mes gens arrivèrent sitost après, qu'ils esteingnirent le dit feu assez à temps pour sauver grande quantité de bleds, vins, chairs et aultres munitions que lesdits Anglois n'eusrent le moyen d'emporter. Le landemain, je fus visiter la dicte place que j'ay trouvé très-forte, au moyen de quoy et aussy qu'elle leur estoit de grant importance, je m'esbahy merveilleusement comme ils l'avoient ainsy habandonnée. Je vous puis bien asseurer que j'ay mis des gens de bien dedans, et pareillement dedans Ambleteuil et Blacquenetz et en plusieurs aultres lieulx et endroicts qui m'ont semblés plus à propos, que j'espère que non-seulement ils les me sçauront trop myeulx garder, mais davantaige qu'ils nuyront tant à Boullogne que par la terre ils ne pourront avoir aucun secours de vivres, boys ne aultres choses, et suis après à faire ce qu'il sera possible pour rendre le port du dict Boullogne inutile, à celle fin que par la mer ils soient aussy bien bridés comme par la terre. Et cela faict, actendu le temps qu'il faict il y a jà quelques jours si rude et pluvieux, qu'il n'y a nul ordre de tenir armée en campaigne sans la ruyner, j'ay délibéré me retirer, espérant que avant que l'hyver soit passé, j'auray, sans coup frapper, bon marché de ladicte ville. N'aiant pour le présent de quoy vous faire plus longue lettre, je feray fin, en priant Dieu, Monsieur le conte, qu'il vous ait en sa saincte garde.

Escript au camp, près Hardelot, le 3ᵉ jour de septembre 1549. Signé : HENRY. Et plus bas : CLAUSSE, avec paraphe.

Au dos est écrit : « A Monsieur le comte du Ludde, mon lieutenant général en Guyenne, en l'absence de mon oncle le roy de Navarre. »

---

31. — 14 décembre 1549. — Lettre de Louis de Fontenay
à M. du Lude.

Monseigneur, par cy-devant je vous ai escript du cinquiesme du présent quant le gouverneur de Fontarabie avoit faict prendre les chevaulx du poste de Saint-Jehan-de-Lutz, lesquels après luy avoir escript, a renvoiés et m'a escript que pour le service de l'empereur il convient que les courriers passent audit Fontarabie, me priant les commander au poste de Saint-Jehan-de-Lutz. Je luy ai faict response telle qu'il plaira voir par la coppie que je vous envoie.

Monseigneur, très-bien et de longue main, vous congnoiscez la situation des lieulx dont est question et le naturel des hommes qui, pour peu de chose nouvelle. . . . . . il vous plaira entendre que y a longtemps que ceulx de Fontarabye et ceulx de Sainte-Marie d'Iroing sont en débat, tant pour le passaige que pour la superintendance, et à ce que j'ai sceu, le poste d'Iroing [1] est allé vers le prince et

---

1. Irun, ville de Guipuzcoa en Espagne.

conseil à Validoly présenter requeste contre le gouverneur de Fontarabie qui, de son auctorité privée, à se qu'il diset, veult remuer la poste et contraindre les courriers passer à Fontarabye. S'il vous plaist que nostre poste prene le chemin d'Endaye et que seullement soit tenu porter les courriers jusques à la rivière qui nous départ d'avent Fontarabye, le chemin est plus court et si n'avoit que veoir le dict gouverneur sur nostre poste qui n'entreroit point le pais de l'empereur daventaige, serions exempts et non comprins en leur débat susdit, se qu'il vous plaira ordonner commandez-moy vostre bon plaisir. Présentement, il est passé ung courrier du roy de Portugal qui se plaint fort, car par tel différant il a esté retardé d'ung jour audit Fontarabye.

Monseigneur, depuis le pape mort et que le roy de Navarre est allé à la court, le visroy de Navarre a faict venir d'Arragon trois cens hommes de pied à Pampelune et vingt-cinq chevaulx chargés de harquebuses à main, a faict retirer à leurs garnysons les cavalliers à. . . . . à Steille. Il se fortiffist de jour en jour comme gens qui doubt, et j'ay entendu que le roy de. . . . . qui c'estoit retiré à Malègne chassé d'un chéryf, est pour le présent à Valydoly, où il obtient sauf-conduyt du prince pour passer en France, luy et son train, s'en va vers l'empereur prochasser secours contre le chéryf qui l'a spollié.

Monseigneur, je prie Dieu très-affectueusement à vous et à Madame, octroier très-bonne santé et prospérité et très-longue vie, vous suppliant tous deulx avoir mon petit service agréable.

De Bayonne, ce xiiij^e décembre 1549.

  Vostre très-obéissant très-humble serviteur.

    Signé : Loys de Fontenay.

Et la suscription : « A Monseigneur, Monseigneur, conte du Lude, chevalier de l'ordre, lieutenant général pour le roy en Guyenne, en absence du roy de Navarre. »

32. — 28 décembre 1549.— Lettre de Martin du Bellay à M. du Lude.

Monsieur, je croy qu'aurez bien entendu l'advenue de monsieur d'Aumalle par deçà, laquelle je vous asseure a beaucoup servy, car entendez que toutes nos places nouvellement conquises estoient si mal pourveues de vivres, que sur ma foy, j'ay grand honte que nous n'y avions aultrement pourveu, veu que nous en avions le moyen pour la débilité de nos ennemis et pour le beau temps qu'il faisoit. Mondit sieur d'Aumalle, avec l'ayde de ceulx qui sont par deça, y a usé de si bonne diligence qu'elles sont pourveues jusqu'au moys de may. Nos voysins se renforcent et nous menassent fort; mais j'ay autres foys ouy dire que tel qui menasse a souvent paour, et m'asseure bien que avons si bien pourveu partout, qu'attendant que le roy se jecte en campagne, nos voysins sont en hazard d'estre plus endommagés qu'ils ne nous endommageront. Il m'a semblé, Monsieur, qu'attendu que la primevert vienne, il ne se fera grands armez de par deçà, qui seroit bien que mon cousin vostre fils ne fera point mal de vous aller veoir pour vous faire part des butins qu'il a faicts par deçà, qui ont esté bons, car il luy a esté tué deux chevaux soubs luy, et vous asseure bien qu'il les a bien employés au contentement de vos amys; mais ce n'est rien faict qu'il ne faict plus fort comme je vous ay dict, à ce temps nouveaulx il fauldra recommencer de plus belle, qui sera l'endroict où me recommenderay de bien bon cueur en vostre bonne grâce, pryant Dieu, Monsieur, vous donner la sienne.

De Monstreul, ce xxviij⁰ de décembre 1549.

Vostre serviteur et cousin. Signé : MARTIN DU BELLAY [1].

Et la suscription : « A Monsieur, Monsieur du Lude, lieutenant du roy à Bourdeaux. »

---

[1]. Martin du Bellay, célèbre guerrier du XVIᵉ siècle sous François Iᵉʳ, auteur et continuateur des Mémoires de Guillaume du Bellay, son frère. Il mourut en 1559.

33. — 16 septembre 1550. — Lettre de Henri II à M. du Lude.

Mon cousin, il y a jà quelque temps que je vous escripvy et manday bien expressément que vous eussiés à pourveoir et donner le meilleur et plus prompt ordre qu'il vous seroit possible pour nectoyer la coste de mon duché de Guyenne et gouvernement de la Rochelle d'ung navire nommé le Sacre-Darcourt et aultres navires escossoys qui courroient la dicte coste et faisoient plusieurs dommaiges non-seulement aux estrangers mais aussy à mes subjects. Toutes foys, à ce que j'ay veu par lettres que m'ont escript du 5ᵉ de ce mois les lieutenant et advocat de l'admiraulté du dit duché de Guyenne au sieige dudit lieu de la Rochelle[1], les dits deux navires et quelques aultres, continuent de deppréder et piller mes dits subjects ; au moyen de quoy, je leur escripts présentement qu'ils facent commandement de par moy à toutes personnes aians navires et vessaulx le long de la dicte coste, qu'ils aient à les armer et équipper, pour courre sus aus dicts pirattes et déprédateurs comme contre mes ennemys et perturbateurs du bien de paix et repos publicq. De quoy j'ay bien voullu vous advertir à celle fin que de vostre part, suivant ce que jà je vous en ay cy-devant escript, comme dict est, vous ayés à y pourveoir et remédier en toute diligence, si faict ne l'avés. Au demourant, Mon cousin, j'escript aussi ausdits lieutenant et advocats qu'ils aient à faire prendre, si faire se peult, un nommé David Françoys, qui se dict natif d'Arques, lequel leur a puis naguerres présenté une faulce lettre de marque contre les Espagnols et Portugais, dattée du 27ᵉ du mois de juing dernier à Sainct-Germain, et que, icelluy prins, ils procèdent à l'enconstre de luy par pugnition exemplaire,

---

1. Le lieutenant de l'Amirauté de Guyenne à la Rochelle était alors Aimery Chauvet, licencié en droit. Il avait eu à juger, le 24 avril 1550, un fait de piraterie commis contre un navire espagnol, la *Conception*, amené aux Sables-d'Olonne par des marins de Normandie (*Notes sur la Vendée*, par M. de la Boutetière, 1875, p. 34).

ainsi que la gravité d'un tel délit le requert ; à quoy, je vous prie, Mon cousin, tenir la main de façon qu'il puisse estre prins et chastié, comme il appartient, m'advertissant de ce qu'aurés faict, tant en cela qu'en ce que dessus. Et vous me ferés plaisir et service très-agréable, vous disant à Dieu, mon cousin, qui vous ait en sa garde.

Escript à l'Isle-Adan, le 16ᵉ jour de septembre 1550. Signé : HENRY. Et plus bas : CLAUSSE, avec paraphe.

Au dos est écrit : A mon cousin, le comte du Ludde, chevalier de mon ordre et mon lieutenant général en Guyenne, en l'absence de mon oncle le roy de Navarre.

---

34. — 6 février 1551. — Lettre du connétable de Montmorency à M. du Lude.

Monsieur le conte, le sieur de Noailles[1] conseiller et maistre d'hostel ordinaire du roy, s'en va présentement par delà rendre le devoir au faict de sa charge, et au demourant s'employe en toutes choses où il aura moyen de faire service audit seigneur dont il a telle volonté et affection que vous sçavez ; et pour ce que par luy vous entendrez l'estat et disposition de nos affaires et les termes et délibérations où nous sommes pour l'exécution de l'entreprinse où le roy va luy-mesmes en personne, je ne vous en feray plus long discours par la présente, priant Dieu, Monsieur le conte, qu'il vous aict en sa saincte et digne garde.

Escript à Fontainebleau, le 6ᵉ jour de février 1551. Vostre byen bon amy, signé : MONTMORENCY.

La suscription: « A Monsieur le conte du Lude, chevalier de l'ordre du roy et son lieutenant au gouvernement de Guyenne, en l'absence du roy de Navarre. »

---

1. Antoine de Noailles, né en 1504, mort en 1562, fut ambassadeur en Angleterre et gouverneur de Bordeaux.

35. — 7 avril 1551. — Lettre de René de Laval à M. du Lude.

Monsieur, nous sommes en ce lieu, il y a deux jours, là où messire le connestable de Guise dresse le camp, et desjà sont les lansquenets et nos gens de pied françoys assemblés, et ne reste plus que la gendarmerye que nous attendons aujourd'huy et demain pour tout le jour affin de marcher sadmedy droict à Metz où ceulx de la ville se fortiffient et y ont mis force gens de pied et de cheval, qui me faict dire que nous pourrons avoir là du passe-temps [1]. Je ne sçay encores où nous marcherons de là, car les choses sont tenues si secrètes que ne faisons que en deviner. Nous eusmes hier nouvelles certaines que le duc de Maienne est en campaigne avec XXIX mille hommes et neuf mille chevaulx et marche droict où est l'empereur; aussy, nous avons sceu que la reyne de Hongrie lève grand nombre de chevallerye et de gens de pied en ce pays de Flandres; toutesfois, il n'y en a encores riens en pays. Monsieur de Guyse part demain pour retourner quérir le roy; toutesfoys je ne sçay quant il nous pourra venir trouver à l'occasion des piteuses nouvelles que nous avons entendues de la reyne qui est en extrémité de maladie jusques à n'y avoir plus d'espérance de santé. Cependant, je ne fauldray, ayant le moyen, à vous mander tout ce qui surviendra par deçà. Au demeurant, j'envoie, Monsieur, à Lacourbe de Brée ung certifficat de ma monstre que j'ay faicte de sa part quant elle se fera, pour le présenter aux commissaires et conterolleur et si escripts audit Lacourbe qu'il retire mon argent du trésorier, pour ce que j'en suys tousjours en arrière avec luy et mal payé, vous suppliant bien humblement luy vouloir commander de le bailler audit Lacourbe et vous diray davantaige que, si n'eust esté que je craignoys que le

---

1. Metz, ville libre et neutre, fut surprise et occupée par le connétable de Montmorency, le 10 avril 1551.

trouvâssiez maulvois, que le roy m'eust accordé dix hommes d'armes de nostre compaignye pour mener avec moy, mais cela et aussi que le plus souvent vous estes en petitte compaygnie m'en a empesché, et ce qui m'a fait entreprendre ce voiaige, c'est pour veoir et apprendre tousjours quelque chose pour veoir à l'advenir meilleur moyen de faire service au roy et à vous que je supplie me départir de vos nouvelles et me tenir tousjours en vostre bonne grâce de laquelle je présente mes bien humbles..... suppliant le Créateur vous donner, Monsieur, en parfaite sancté longue et heureuse vie.

De Thoul, le viie de avril 1551, vostre humble et obéissant cousin, signé : RENÉ DE LAVAL.

La suscription : A Monsieur le conte du Lude, chevalier de l'ordre du roy et son lieutenant général en Guyenne, en l'absence du roy de Navarre, à Bordeaux.

---

36. — 14 septembre 1551. — Lettre de Montmorency à M. du Lude.

Monsieur le conte, j'ay veu par vos lettres du 7e l'ordre qu'avez donné pour arrester à la Rochelle et aultres ports et lieux de par delà, tous les subgects de l'Empereur et les vaisseaulx et biens qui s'y trouveroient à eulx appartenans, ainsi que le roy le vous avoit escript, aussi qu'on avoit arresté à Bordeaulx quelque quantité de. . . . . qu'aucuns marchans de Tholose y avoient fait venir pour envoyer en Espaigne, ce que ledit seigneur a trouvé très-bon et ne veult qu'on leur donne congé de faire ledit voiaige, d'autant que la guerre est de présent ouverte entre luy et ledit empereur. Au demourant, il vous escript que vous trouvez gens qui veuillent advictailler, équipper et armer le gallion que ceulx dudit Bordeaulx ont faict faire pour aller à la guerre contre les subgects dudit empereur et que faciez entendre à tous ses subgects qu'ils s'équippent.

et arment pour faire le semblable. Je vous advertis aussi des prinses faictes tant par le prieur de Cappoue que par le sieur de la Garde, et de ce que là mon cousin le mareschal de Brissac a conquis en Piedmont; et pour ce que pour le présent je ne sçauroys que dire davantaige, je feray fin, en priant Dieu, Monsieur le conte, vous donner ce que plus désirez.

De Fontainebleau, ce 14ᵉ jour de septembre 1551. — Vous ferez grant service au roy, de mectre peine de sçavoir s'il y a poinct à Bordeaulx estrangiers ou aultres qui donnent advertissement aux ennemys, et s'il s'y en trouve aucuns, les faire prendre et chastier comme il appartient. Vostre antyèrement bon amy, signé : Montmorency.

La suscription : « A Monsieur le conte du Ludde, chevalier de l'ordre et lieutenant général du roy en Guyenne, en l'absence du roy de Navarre. »

---

37. — 19 septembre 1551. — Lettre de Montmorency à M. du Lude.

Monsieur le conte, j'ay fait entendre au roy ce que m'avez escript par vos lettres du xjᵉ de ce mois, lequel a trouvé bonne la déclaration qu'avez fait faire de ceulx des villes tricomquis qui avoient esté arrestez à la Rochelle et faites acoustrer le navire espaignol naguère arresté à Bordeaulx. Je désire que ceulx de la Guienne s'arment et s'équipent sur mer pour courir sus et faire du pye qu'ilz pourront aux subjects de l'empereur, ainsy que verrez par ses lettres, parquoy service de y tenir la main et faire ce que vous pourez. Je ne veut au reste oublier à vous advertir, Monsieur le conte, comme ceste nuit passée la reyne est accouchée d'un beau fils, lequel et la mère sont en bonne santé, Dieu mercy. D'autre part, nos gens de Piedmont continuent leurs coups et a le sieur de Vassay[1],

---

1. Antoine Grognet, sʳ de Vassé.

avecques soixante-dix hommes d'armes de la bande de mon cousin le maréchal de Brissac et de la sienne, deffaict entre Saint-Damien et Ast, trois cens chevaulx tant Hongres, Boesmiens que Allemans et Italiens que don Ferrand[1] avoit envoyé audit Ast[2] pour, en attendant sa venue, commencer à chercher la vangeance des prinses faictes par mon dit cousin le maréchal de Brissac et les gens de bien que le roy a par dellà, et ont esté si bien frottez lesdits Hongres, Bohesmiens et Allemans que tous ceulx qui ont voulu combattre ont esté tués, prins ou bien blessez, de manière qu'il y en a plus de six vingtz de morts et des principaulx de ceulx qui estoient venus en Itallye audavant des roy et reyne de Bohesme pour les accompagner jusques en Allemaigne, lesquels ont ter. . . . . notre gendarmerie mieulx et plus hardiement combatant que ne leur promettoit ledit don Ferrand qui vient audit Ast pour la seureté de ce quartier-là et essaier à reprendre, s'il peut, ce qu'avons gaigné sur luy; mais on y a jà si bien pourveu et y a de si gens de bien et si vaillans que j'espère qu'il ne fera pas ce qu'il pense, joinct que d'heure à aultre le roy renforce le Piedmont de gendarmerie et de toutes aultres choses, et estant maintenant Parme assiégée avecques si petite compagnie que celle de don Ferrand y a laissée, le sieur de Termes qui peult estre à ceste heure dedans ladite ville, me mande qu'il espère davant qu'il soit guères donné la chemise blanche à quelqu'une de leurs trouppes, s'ils ne se tiennent bien matin. Faisant sur ce fin, je prie Dieu, Monsieur le conte, qu'il vous donne ce que plus désirés.

De Fontainebleau ce xixe jour de septembre 1551. Votre bon amy, signé : MONTMORANCY. — Au dos est escrit : A Monsieur le conte du Lude, chevallier de l'ordre et lieutenant général du roy en Guyenne, en l'absence du roy de Navarre.

---

1. Don Ferrand de Gonzague.
2. Asti en Piémont.

38. — 21 novembre 1551. — Lettre du roi de Navarre à M. du Lude.

Mon cousin, par les lettres que le roy m'a escript à Paris du neufiesme du présent moys, il me mande comme il a esté adverty par vous que les Espaignols ont prins près l'Isle-Dieu plusieurs barques de ses subgects qui portoient en aultres marchandises de Bourdeaulx en Bretaigne et ailleurs en son royaulme, aussi qu'ils ont prins plusieurs de ses subgects venans des Terres Neuves, lesquels ils détiennent prisonniers et que il ordonne à ses dits subjects de deça comme par cy-devant. Il leur a aussi ordonné qu'ils s'arment et camppent par mer pour courir sus et endommaiger le plus qu'ils pourront les dits Espaignols et aultres subgects dudit Empereur, ce que je vous prye, Mon cousin, faire déclairer tant à Bourdeaulx que à la Rochelle, Blaye, Xaintonge et aultres lieulx et endroits que verrez estre requis et qu'ils se mectent au meilleur équipaigge et se fassent si forts qu'il leur sera possible, de sorte que les ennemys ne puissent avoir nul adventaige sur eulx, mais qu'ils puissent soy revercher des prinses qu'ils ont faictes sur nous avec pareil traictement qu'il est faict aux subjects dudit seigneur. Et sur ce, Mon cousin, mettant fin à la présente, je prye le Créateur vous donner ce que désirez.

A Pau, le xxj^e jour de novembre 1551. Vostre bon cousin, signé : HENRY.

Et la suscription : A mon cousin, Monsieur le conte du LUDDE.

---

39. — 26 novembre 1551. — Lettre du roi de Navarre à M. du Lude.

Monsieur du Ludde, j'ay veu par vos lettres du 13 de ce mois que je reçeus hyer, que vous désirez savoir comme il va du despartement de la garnison qui a esté assignée pour vostre compaignye et de celle de mon cousin, M. le marquis du Meyne. Je vous advise que au partir de Reims, je baillay un rolle au roy pour l'entier despartement des garnisons de mon gouvernement, auquel rolle je fis mectre pour la garnison de vostre compaignye la ville et gouvernement de la Rochelle et pays d'Aulnis, pour ce qu'il me semble estre le lieu plus propre pour vous pour estre près de vostre dite compaignye, et pour ceste raison j'advisay que la monstre s'en feroyt en ladite ville de la Rochelle, et quant à celle de mon dit cousin, le roy en son conseil l'ont ordonnée en Poictou et ay nommé la ville de Saint Mexent pour leur monstre, pour ce qu'elle m'a semblé plus aisée et commode pour ce faict, car, partant de la dite monstre, les gens d'armes pourront sans fouller le pauvre peuple se retirer es villes de leurs garnisons qui sont assez près de la dite ville; vous advisant au demeurant que j'ay tousjours entendu que le dict pays de Poictou est subject à mon dit gouvernement et ainsi y ont commandé mes prédécesseurs, comme aussi ay-je, depuis que j'ay eu ceste charge; et encores partant de la court, le roy me dist qu'il entendoyt que le dit pays demeurast soubs ma charge, sans faire tant de divisions de gouvernemens. C'est tout ce que je vous en sçaurois mander, mais si vous avez raisons pour lesquelles vous congnoissez que les dis gouvernemens et pays d'Aulnis ne puissent porter ceste foulle, vous estes près du roy pour le lui remonstrer, et s'il plaist au dit seigneur le descharger, vostre dite compaignye pourra bien estre au dit Poictou avecques celles de mon dit cousin, car le dit pais ne sera trop chargé de quatre vingt lances. Sur quoy, je feray fin à ceste lettre en pryant Nostre Seigneur vous donner ce que plus désirez. De Pau ce xxvj^e novembre. Le bien vostre. Signé : HENRY.

Et la suscription est : A Monsieur du Ludde.

40. — 6 juin 1552. — Lettre de Montmorency à M. du Lude.

Monsieur le conte, j'ay receu vos lettres du vingt-cinquième du moys passé, par lesquelles m'escripvés que n'avés encores esté assigné de ce qu'avés advancé pour l'armement, équipaige et adjutaillement du gallyon de Bordeaulx, qui est chose à quoy il fault que la royne et messieurs du conseil du roy estans auprès d'elle vous pourveoient, car icy nous ne nous meslons poinct de dépence ne assignation de deniers, sinon pour ce qui est requis pour le faict de cette armée; et quant à l'argent provenu et qui proviendra de la permission accordée par ledict sieur pour le remontaige des cloches de par dellà, il a esté réservé pour employer ès affaires de la frontière de Guyenne, si d'advanture il s'en offre quelqu'un pressés, en attendant que aultrement il y puisse estre pourveu ; vous advisant, Monsieur le conte, qu'il ne fault craindre que les Espaignols ne soient pour riens entreprandre de ce costé-là, car, tant s'en fault que l'empereur soit pour leur envoyer des Allemans, que pour luy-mesme il n'en peult avoir, et depuis peu de jours le duc Maurice[1] a forcé et prins le pas de l'Escluse et deffaict quatorze enseignes des gens de pied qu'ils gardoient, dont il en print neuf et en a envoyé cinq au roy, marchant oultre vers Isprouch. Quoy voyant, l'empereur et le roy des Rommains son frère[2] en seroient deslogés à mynuict sans trompette avec fort grand effroy[3], s'étans retirés dedans une place forte qui est par dellà sur le chemyn du pays d'Autriche. S'ils vont de ce costé là, ils y trouverront en teste l'armée du Grand Seigneur, qui est de deux cens mil chevaulx, sans deux cens mil

---

1. Maurice de Saxe.
2. Ferdinand, roi des Romains et de Hongrie, frère de l'empereur Charles-Quint.
3. Cet événement avait eu lieu le 20 mai 1552.

autres que a ledict Grant Seigneur tout prest avecques luy ès environs de Constantinople pour venir en personne en la Hongrye et Transilvanye, s'il veoit que sa dicte première armée ne soit assés forte, ayant escript aux électeurs et princes de la Germanye qu'il n'entendoit faire la guerre que à l'Empereur et au roy des Romains son frère et à leurs amys et alliés, pour les tors et injures qu'ils lui avoient faictes contre leur foy, durant le temps de la tresve, et que à ceulx qui seroyent amys et alliés du roy il n'entendoit leur estre faict aucun dommage, mais au contraire toute faveur et bon traictement. Par mer il a cent cinquante gallères, quinze gros navires chargés de munitions et près de quatre-vingts que fustes que galliottes et grant nombre de gens de guerre et d'artyllerie dessus, ayant commandé à son lieutenant général en ladicte armée et pareillement au vice-roi d'Arger de faire du pys qu'ils pourront aux pays et subjects de l'Empereur, et au contraire tout le port, faveur et ayde qu'ils pourront au roy à l'encontre d'icelluy Empereur et autres ses ennemys. Et pour ce que ce porteur qui s'en retourne devers le roy de Navarre vous dira le reste de mes nouvelles et mesmement de celles de ceste armée; m'en remectant sur lui, je feray fin en priant Dieu, Monsieur le conte, qu'il vous donne ce que plus désirés.

Du camp devant Dampvilliers[1] le 6ᵉ jour de juing 1552. Votre bien bon amy, signé : Monmorancy.

Au dos est écrit : A Monsieur le conte du Ludde, chevallier de l'ordre et lieutenant du roy au gouvernement de Guyenne, en l'absence du roy de Navarre.

---

41. — 21 juin 1552. — Lettre de Montmorency à M. du Lude.

Monsieur le conte, j'ay reçu vos lettres du 13ᵉ de ce mois par laquelle j'ay veu la prinse que le capitaine Dorset

---

1. Damvilliers, ville du Luxembourg (aujourd'hui départ. de la Meuse), assiégée par le roi Henri II, fut prise peu de jours après.

a faicte près l'Isle-Dieu avec le gallion de Bordeaux, dont j'ay adverty le roy qui en a esté très-aize et moy pareillement, m'asseurant bien que ledit Dorset ne fauldra de faire tousjours son debvoir en ce qui luy sera commandé. J'ay aussy veu l'advertissement de nouvelles d'Espaigne que m'avez envoyé, qui est à peu près semblable à ung que le roy de Navarre a envoyé au roy. Et puisque les gallères de l'Empereur attendent tant par delà à charger les gens de pied qu'elles y sont allé quérir, il fault dire, veu la nécessité que ledit Empereur en a, où il est qu'ils n'ont esté aisés à assembler et lever, ou bien qu'il n'y a point d'argent pour les payer, qui est comme je pense le plus croiable, car en ce quartier et au Parmezan et Piedmont, il est beaucoup deu à tous les gens de guerre y estans à la soulde dudit Empereur, qui fait croire qu'il s'en faut beaucoup que lesdittes apportent tant d'argent que le contient ledit mémoire; et si ainsy est qu'après leur arrivée à Gennes elles retournent encores quérir d'autres gens de guerre audit Espaigne, vous sçavez assez qu'il n'y en demeurera pas si grand nombre qu'ils puissent nous venir assaillir en Languedoc et Guyenne, et comme ils en font courre le bruit, attendu l'empeschement qu'ils auront du côté d'Arger où le Grant Seigneur[1] a envoyé un vassa[2] qui a xxij gallères et trente ou quarante que galliottes que fustes, auquel il a commandé faire du pis qu'il pourra aux terres et subjects d'icelluy Empereur. D'aultre costé, l'armée de mer dudit grand seigneur peut estre maintenant bien près de Cicille d'où elle doit venir vers Naples, où jà une partye du royaume s'est sublevée, et se peut espérer que quant le prince de Salerne y sera arrivé avecques les gens de guerre que le roy y envoye, tant par mer que par terre, les choses seront par delà en tels troubles qu'il sera

---

1. Soliman II, sultan des Turcs.
2. Un pacha.

bien malaisé que ledit Empereur en puisse esclapper sans y faire une grande perte, si d'aventure il n'y perd le tout. Quant à l'Allemaigne, les princes alliez dudit sieur asseurent que ledit Empereur ne gaignera non plus à la diette qui se tient à Passau, qu'il a fait à celle de L'Hyns, et que aiant pourveu à la seureté du passage de l'Excluse et de haulte Allemaigne, ils viendront si ledit sieur veult assaillir les Pays-Bas, tant pour estre plus près des leurs pour les favoriser et dudit sieur pour en avoir secours, si besoing est, que pour ce qu'ils ne sçauroient aller en lieu où ils puissent plus faire de dommaige audit Empereur; vous advisant au demourant, Monsieur le conte, que nous sommes devant Yvoy où il a esté usé de si grande diligence que les tranchées seront ceste nuit parfaites, les gabions remplis et l'artillerye assise pour commencer dès demain matin une baterye de trente canons et quatre doubles canons, sans six grandes couleuvrines qui tireront aux deffences et sur les rempars, pour garder que ceulx de dedans ne comparent et ne puissent tirer contre nos gens, ayant ledit sieur bien délibéré de les mener si roiddé que, avecque l'ayde de Dieu, il en aura la maistrise; et pour ce que la royne de Hongrie[1] a fait assembler quelque gens tant de cheval que de pied sur la frontière de Picardye, le roy y a envoyé monsieur de Vendosme qui aura six cens hommes d'armes, huit cents chevaulx légers et un bon nombre de pied françoys, en attendant que ledit sieur y envoye ou y meyne luy-mesme plus grandes forces, qui est ce que pour le présent je vous puis dire, par quoy feray fin, en priant Dieu, Monsieur le conte, qu'il vous doint ce que plus désirés.

Escript au camp davant Yvoy[2], le xxj[e] jour de juin 1552. Votre bien bon amy, signé : Monmorency.

---

1. Marie d'Autriche, reine de Hongrie, sœur de Charles-Quint, gouvernante des Pays-Bas.
2. Yvoy, ville du Luxembourg, fut prise par le connétable de Montmorency, le 23 juin 1552.

Au dos est écrit : A Monsieur le conte du Ludde, chevallier de l'ordre du roy et son lieutenant général en Guyenne, en l'absence du roy de Navarre.

42. — 16 août 1552. — Lettre du cardinal de Luxembourg à M. du Lude.

Monsieur du Lude, mon amy, je me recommande à vous; je vous mercye des nouvelles que m'avez fait sçavoir, vous priant que quant quelque ung viendra par deçà m'en vueillez tousjours faire sçavoir et spéciallement de Thérouenne, non pas pour le singulier interest que je y ay, mais pour ce que c'est la clef et entrée du royaulme; pour quoy vous et tous autres qui mieulx vous cognoissez en telles matières que moy, doyvez bien conseiller et persuader au roy de donner à toutes choses bonne provision.

De quelque matière dont vous ay autresfois veu perplexe, j'en ay dit quelque mot à ce porteur, priant Nostre Seigneur qui vous doint ce que désirez. Escript au Mans, le xvj^e jour d'aoust. Signé : Philippe, cardinal de Luxembourg[1], le bien vostre.

Et la suscription : A Monsieur du Lude.

43. — 23 septembre 1552. — Lettre du s^r de Lansac à M. du Lude.

Monsieur, je confesse avoir grant tort et de n'avoir pas faict mon debvoir depuis mon retour de vous escripre, mais s'il vous plaist, vous m'excuserez, car après avoir rendu compte de ce que j'avois faict en mon voiaige, je me trouvais si mal que je fus contrainct de me retirer de la court pour me purger et prendre médecine, et ne suis venu que

---

1. Il était évêque du Mans.

ce jourd'hui que j'ay incontinant esté dépesché pour m'en aller demain matin vers le marquis Albert de Brandebourg où le roy m'envoye pour le conduire et son armée et à venir joindre avecques la nôtre. Monseigneur le connestable partira lundy prochain pour s'en venir devant le camp, car les derniers advertissemens que l'on a eu, l'Empereur estoit avecques son armée près de Strasbourg et s'en venoyt passer en Saverne pour s'en aller en Lorraine; mais il faict ung si mauvays temps que je pense qu'il sera fort difficile à charroyer son artillerie, et que quant il sçaura l'aprest que le roy faict pour le recueillir vus la saison où nous sommes que cela, pourra refroidir sa collère. Monsieur, je pense que desjà vous avez été amplement informé de ce que j'ay faict pour le service de Sa Majesté en Itallie, qui est de luy avoir acquis, avecques six ou sept mil hommes de pied que je levay en moins de six ou sept jours, à sa dévotion la ville de Sienne et tout le pays qui contient plus de la tierce partie de Touscanne et où il y a trois bons ports de mer. Il y avoit dedans ladite ville quatorze ou quinze cens Espaignols qui en estant chassés se retirèrent dedans la citadelle où je les assiègé, et le sixiesme jour ils se rendisrent, après en avoir esté tué d'eulx près de quatre cens, tant à la prinse de ladite ville, que depuys aux saillies qu'ils fisrent dedans ladicte cytadelle. Cela fait, je fis les monstres de mes gens et après que M. de Termes y feust arrivé et que luy feust laissé tout entre mains, je partis pour m'en revenir[1]. J'espère quelque jour vous compter plus par le menu comme toutes choses y sont passées et de quelle importance cela est pour le service de sadite Majesté et pour la desfaveur des affaires de l'Empereur. Monsieur, je vous supplie adviser en ce que je pourray vous

---

1. La prise de Sienne par Lansac est aussi mentionnée dans une lettre de Montmorency au duc de Guise, du 21 août 1552 (*Mémoires-Journaux du duc de Guise*).

faire service par deçà, ou si j'ay reçeu par delà dont vous puissiez servir, car d'une part et d'autre vous avez toute puissance sur moy et de tout ce qui en despend. Je vous supplie aussi d'avoir tousjours pour recommandés mes pauvres gens de Bourg et me maintenir en vostre bonne grâce à laquelle je présente mes très-humbles recommandations, priant le Créateur vous donner très-bonne et longue vie.

De Rains, ce xxiij^e septembre 1552, et vostre très-humble serviteur. Signé : Lanssac [1].

Et la suscription : A Monsieur, Monsieur le conte du Lude, chevalier de l'ordre du roy et son lieutenant en Guyenne, en l'absence du roy de Navarre.

---

44. — 9 novembre 1552. — Lettre de Montmorency à M. du Lude.

Monsieur le conte, vous verrés par ce que le roy vous escript présentement comme il veult que le sauf-conduit général par luy dernièrement octroyé ayt lieu et soit observé en toutes choses, réservé quant aux Anglois qu'il n'entend payer les deux écus pour tonneau de vin par eulx tirés du royaulme en celluy d'Angleterre, mais veult que suivant les traictés d'entre luy et le roy d'Angleterre, ils payent seullement les droicts anciens et accoustumés. Au demourant, Monsieur le conte, les Bourguignons depuis avoir repassé la rivière de Somme ont assiégé Hédin et battu le chasteau avec si grand nombre d'artillerye et si furieusement que ceulx de dedans ont estés contraihcts se rendre par composition, la vye et bagues saulves et quatre pièces d'artillerye, ainsy que le dict sieur a esté adverty, lequel voyant l'Empereur attaché à Mets, s'asseurant que

---

1. Guy de Saint-Gelais, s^r de Lansac (voir dans les *Mémoires du duc de Guise* les détails de sa négociation auprès d'Albert de Brandebourg).

monsieur le duc de Guyse et les gens de bien qui sont avecques luy feront si bon debvoir que ledit Empereur aura là assez affaire pour longtemps s'il se veult oppiniastrer [1], il a délibéré de retirer partye des forces qu'il a en Lorraine et, oultre ce, en lever promptement de nouvelles pour icelles remettre avecques celles qui jà sont audict pays de Picardye, aller combattre iceulx Bourguignons et essayer de reprandre ledict Hédin avant qu'ils l'ayent resparé, laissant toutes les places de par deçà bien pourveues de ce qu'il leur fault et quelques forces ensemble pour garder que partye des ennemys n'entrent en pays pour y faire un gast. Quant au marquis Albert, veu les longueurs et difficultés qui se sont trouvées en ce qui a esté négocié avecques luy et la mauvaise oppinion que ses desportemens nous pouvoient donner de luy, le dit sieur l'a depuis quelques jours faict ordinairement costoyer par monsieur le duc d'Aumalle avecques quelques bandes de chevaulx légers, affin que en actendant sa dernière résolution, il favorisast les pays de Sa Majesté et gardast que luy ne ses gens ne surprinsent aucunes de ses places ny pillassent ses subjects ny pareillement ceulx du pays de Loraine qu'elle a prins en sa protection. Cependant, les choses sont passées petit-à-petit en quelque aigreur sans que toutesfoys ledict marquis se soit ouvertement déclaré ennemy de Sadicte Majesté, jusques à ce que se voyant auprès de Sainct Nicolas d'ung lieu où il pouvoit aiséement faire sa retraicte, il est venu charger mon dict sieur de d'Aumalle qui estoit sur son partement pour s'en retourner à Thoul, et en ceste charge s'est trouvé tel désastre comme les événemens de la guerre sont inconstans et les hazards grants, que ledit duc, après avoir autant bien et vaillamment combattu qu'il seroit possible de com-

---

[1]. Voir pour les détails du siège de Metz, par Charles-Quint, les *Mémoires-Journaux* du duc de Guise, qui défendit victorieusement cette place.

battre, a esté prins prisonnier et cinquante ou soixante de ceulx qui estoient avecques luy et seulement quarante ou cinquante tuez, du nombre desquels est monsieur de Rohan [1]; et craignant Sadite Majesté tel malheur advenir, elle avoit auparavent mandé au sieur de Bourdillon qu'il allast trouver mon dict sieur le duc d'Aumalle avecques quelques compaignies de gensdarmerye, lequel suivant cella, s'estoit acheminé; mais estant trouvé audit Thoul, icelluy sieur d'Aumalle luy manda qu'il l'attendist là et qu'il y seroit le lendemain, voyant qu'il n'y avoit plus d'ordre de suisvre le dit marquis qui le mesme jour debvoit passer la Mezelle pour prendre le chemyn de Strasbourg, ainsy qu'il faisoit courir le bruict. Faisant sur ce fin, je pryerai Dieu, Monsieur le conte, qu'il vous donne ce que désirés.

Escript à Reyms, ce 9ᵉ jour de novembre 1552. Votre bien bon amy. Signé : MONTMORENCY.

Au dos est escrit : A Monsieur le conte du Ludde, chevallier de l'ordre du roy et son lieutenant général en Guyenne en l'absence du roy de Navarre.

---

45. — 28 décembre 1552. — Lettre de Montmorency à M. du Lude.

Monsieur le conte, le roy a accordé au duc de Brunvich le sauf-conduit qu'il vous envoye, suivant lequel je veult qu'il puisse passer seurement et librement par ce royaume, allant d'Espaigne où il est de présent en Allemaigne, et désire ledit sieur, comme verrés par ce qu'il vous en escript, que vous mectez peine de sçavoir soubs main quelle compaygnie aura ledit duc, quels propos ils tiendront, comme ils se conduiront et quels gens des subjects

---

[1]. La défaite du duc d'Aumale par le marquis Albert de Brandebourg est du 28 octobre 1552. (*Commentaires de François de Rabutin.*)

de Sa Majesté les fréquenteront, pour du tout l'en advertir, en quoy je suis seur que ne fauldrez de faire ce qu'il vous sera possible. Et pour ce que je ne vous sçaurays que dire davantaige, vous aiant escript par vostre fils qui s'en est allé devers vous, je ne vous feray la présente plus longue, si n'est pour prier Dieu, Monsieur le conte, qu'il vous doint ce que plus désirés.

De Bloys, ce xxviij^e jour de décembre 1552. Vostre entièrement bon amy. Signé : MONTMORENCY.

Et la suscription : A Monsieur le conte du Ludde, chevalier de l'ordre du roy et son lieutenant général en Guyenne en l'absence du roy de Navarre.

---

46. — 20 janvier 1553. — Lettre du roi Henri II à M. du Lude.

Mon cousin, mon oncle le roy de Navarre m'a escript des unziesmes et douzièmes de ce moys qu'il avoit en advertissement que le prince d'Espaigne avoit dix mil hommes prêts, lesquels il avoit faict paier pour deux mois, et que les États luy avoient accordé le paiement de vingt mil aultres et deux mil chevaulx que l'on estimoit être pour faire descente vers ma ville de Bayonne ou aultre endroict de par delà qu'ils verroyent plus à propos ; au moyen de quoy il désireroit que vous allassiez un tour en ladicte ville de Bayonne pour veoyr en quel estat elle est, chose qu'il me semble n'estre besoing que faciés, s'il ne se veoit qu'il en soyt aultre besoing. Toutesfois il n'est que bon de se tenir sur ses gardes pour évitter à surprinse, et pour ceste cause j'escrips à mon dict oncle qu'il face deffendre bien expressément de par moy aulx hommes d'armes, archers, tant de sa compaignie que de la vôtre et aultres estans en son gouvernement qu'ils n'ayent à habandonner leurs enseignes sans mes congé et permission, et qu'il les face approcher de la frontière, s'il veoit qu'il soyt requis ; davantaige qu'il face lever les arrière-bans plus prochains pour mectre dedans ladicte ville de Bayonne et en celle de Dacqs, où en cas de nécessité les cappitaines d'icelles pourront soudainement gecter quelques gens de pied, en attendant qu'il y ait esté aultrement pourveu, combien que je n'aye pas opinion que ledict prince d'Espaigne innove riens par delà, veu le mauvais estat, perte et desfaveur du deslogement de l'empereur de devant Metz, et aussy que j'ay advis qu'icelluy prince doibt bientost aller par mer en Italie avecques les dits gens de pied qu'on dict qu'il a prests; car quant aux aultres, je m'attends bien que ce pays ne consentira leur levée sinon qu'il en soit besoing pour leur deffence et mesmement pour la garde de leur coste maritime, d'aultant que sans estre accompaignés d'estrangers, ils n'ont pas accoustumés de se gecter en campaigne hors de leur dict pays. Si est ce que si mon dit oncle vous mande aller audict Bayonne, je veulx et entends que vous y allés pour vous y employer selon et ainsy qu'il sera requis pour mon service; et pour ce que j'ay mandé le sieur de Nouailles venir devers moy, vous regarderés de laisser en vostre absence quelque personnaige seur et expérimenté en ma ville de Bordeaulx pour y prendre garde à toutes choses, de façon qu'il n'y puisse durant votre dicte absence advenir désordre ou inconvéniant, m'advertissant de ce qu'en aurés faict, et vous me ferés service très-agréable, priant Dieu, mon cousin, qu'il vous ayct en sa garde.

Escript à Paris, le 20ᵉ jour de janvier 1552 (1553, n. s.). Signé : Henry, et plus bas : Clausse, avec paraphe.

Au dos est écrit : « A mon cousin le conte du Ludde, chevallier de mon ordre et mon lieutenant en Guyenne, en l'absence de mon oncle le roy de Navarre. »

47. — 18 février 1553. — Lettre du roi Henri II à M. du Lude.

Mon cousin, j'ay receu les lettres que m'avez escriptes depuis vostre arrivée à Baionne, et, tant par icelles que par ce qu'avez aussi escript à mon cousin le connestable, j'ay veu l'estat auquel avez trouvé la dicte ville et les nouvelles qu'avez entendues des forces que assemblent vos voisins, et, combien que j'aye advertissement de plusieurs endroicts qu'elles sont pour aller, partye en Itallye avecques le prince d'Espaigne et partye en Flandres où maintenant l'empereur a bien peu des Espaignols qu'il avoit avecques luy davant Metz, toutesfoys pour évicter à tout inconvénient, j'escripts à mon oncle le roy de Navarre qu'il face mettre dedans ladite ville de Baionne vostre compaignye que vous y ferez incontinant venir et partye des arrière-bans de par delà, et dedans d'Acqs celle du sieur de Termes et aultre partye desdis arrière-bans et qu'il face approcher la sienne de la frontière pour secourir les lieulx et endroicts qui en auront besoing ; et si tant est que lesdits Espaignols marchent en campagne, en ce cas et non aultrement les gouverneurs desdites villes lèveront promptement troys cens hommes de pied et les mecteront dedans icelles en attendant que aultrement y soit pourveu selon la nécessité qui en sera, dont je feray envoyer le payement sitost que je sçauray que ladite levée aura esté faicte ; vous priant, Mon cousin, ne bouger de par delà tant que verrez qu'il sera requis pour mon service et mectre peyne d'apprendre des nouvelles desdits Espaignols et de leurs desseings, pour y remeddier le mieulx que pourrez et m'advertir de ce qu'en aurez faict et vous me ferez très-agréable service, vous disant à Dieu, Mon cousin, qu'il vous ayt en sa garde.

Escript à Paris le 18e jour de febvrier 1552 (1553, n. s.).
Signé : HENRY. — Et plus bas : CLAUSSE.
La suscription : A mon cousin le conte du Ludde, cheva-

lier de mon ordre et mon lieutenant en Guyenne, en l'absence de mon oncle le roy de Navarre.

---

48. — 14 mai 1553. — Lettre de Montmorency à M. du Lude.

Monsieur le conte, par l'extraict que je vous envoye présentement vous verrés comme les douze gallères que le roy a à Marseille ont donné la chasse plus de vingt mil aux treize impérialles qui ont portés le duc d'Albe en Espaigne, ensemble les bonnes nouvelles que ledict sieur eut hier de Thérouenne ; oultre cela sont venues lettres des sieurs de la Garde et Daramon qui asseurent que dès le jour, sainct Georges dernier passé, Sman Vassa[1] debvoit partir de Constantinople avec soixante et dix grosses gallères pour venir trouver les ennemis que le roy a par deça et par ensemble adviser de courre sus à l'Empereur aux lieulx et endroicts qu'ils verront plus à propos pour plus l'endommaiger. Le roy d'Arger faict aussy en toute dilligence assembler son armée de mer qui est de quarante voilles, pour avecques les gallères que nous avons en Provence, courre la coste d'Espaigne et empescher, s'il est possible, le passaige du prince, ou bien que les forces de mer qui de présent sont au dict pays d'Espaigne ne se puissent aller joindre avec celles qui sont à Gennes, de quoy j'espère bien que icelluy prince se trouvera tellement empesché qu'il n'aura point d'envye et encores moins de moyen de vous demander riens. Toutesfoys, le roy n'a laissé de retenir six cappitaines pour lever gens par delà, si besoing est, oultre les bandes que pourront faire les gouverneurs de Vaurmes, d'Acqs et Mauléon de Saoulle, affaire survenant ; desquels cappitaines je vous envoye les noms, et n'ayant que vous dire davan-

---

1. Osman pacha.

taige pour cesté heure, je feray fin en priant Dieu, Monsieur le conte, qu'il vous donne ce que plus désirés.

De Sainct-Germain-en-Laye, ce 14ᵉ jour de may 1553.

Depuis la présente escripte, la royne est accouchée d'une fille, et vous puis assurer que la mère et l'enfant sont en bonne santé, Dieu mercy. — Votre bien bon amy, signé : MONTMORENCY.

Au dos est écrit : A Monsieur le conte du Ludde, etc.

---

49. — 9 juin 1553. — Lettre de Montmorency à M. du Lude.

Monsieur le conte, j'ay veu ce que par vos lettres du IIIᵉ de ce mois m'avez escript des nouvelles qu'avez eues de vos voisins, et suis bien d'opinion que le prince d'Espaigne passera plustôt par la mer de Ponant en Flandre que par celle du Levant en Itallie, tant pour ce que nous en avons advertissemens de plusieurs endroits et mesmes par les lettres interceptées dont je vous ay puis nasguères envoyé les extraits, que pour ce qu'il ne se fait aucuns préparatifs à Barcellonne ; et si ainsy est, je ne puis penser, comme je vous ay escript, que ledit prince soit pour s'adviser à Bellisle ny ailleurs en chemin, mais diligentera le plus qu'il pourra de faire son voiage, veu que l'on tient l'Empereur pour mort. Toutesfois le roy n'a voulu laisser de mander à monsieur d'Estampes qu'il donnast ordre que l'on se tiegne sur ses gardes audit Bellisle, comme il l'asseure que vous et le sieur d'Estissac ferez de vos pars ; et quant à la grande quantité de bleds que dictes estre à Saint-Jean de Luz et qu'il y en va encorres venans de la rivière de Bordeaulx, c'est chose à quoy vous pouvez pourvoir, veu la charge et pouvoir que vous en avez en ce quartier-là, par quoy regarderez de ce faire selon et ainsi que verrez estre pour le service dudit seigneur. Au regard de ce que m'escripvez du différend d'entre le viconte d'Orthe et le maire de Baionne pour raison de leurs préhéminances, ledit viconte ne m'en a encores rien escript, mais il est raisonnable que ung maire de ville précedde un capitaine et gouverneur d'icelle et ne le voyez jamais faire en lieu qui soit ; au moyen de quoy regarderez pour l'advenir de dire au dit maire et à son lieutenant qu'ils ayent à se déporter de telles entreprises, car c'est chose que le roy auquel je l'ay faict entendre, veult et entend ainsi.

Au demourant, où nos gens continuent de faire très-bien leur debvoir et diligentons le plus que nous pouvons l'assemblée de l'armée pour les aller secourir. Quant au Piedmond, mon cousin le maréchal de Brissac est en campagne et croy que de ceste heure il ait assiégé Foussan du costé de Sienne. Les impériaux sont encores davant Montalcino aussy empeschez que le premier jour qu'ils y arrivèrent, qui est tout ce que pour le présent je vous puis dire, après avoir pryé Dieu, Monsieur le conte, qu'il vous doint ce que vous désirez.

De Fontainebleau, ce ixe jour de juin 1553. — Vostre bien bon amy. Signé : MONTMORENCY.

Au dos est écrit : A Monsieur le conte du Ludde, etc.

---

50. — Juin 1553. — Lettre non signée adressée à M. du Lude.

Depuys l'assault donné à Thérouennes[1], monsieur de Vandosme se délibère envoyer dans ladite ville quelque renfort de gens et pour estre la chose dont il estimoit qu'ils avoient plus de besoing et pour ceste cause despescha les cappitaines Le Breul et Saint-Aroman avec 200 harquebuziers et cinquante corsellects de leurs plus braves soldats,

---

1. L'assaut donné par les impériaux à la ville de Thérouanne eut lieu le 12 juin 1553. André de Montalembert, s^r d'Essé et d'Epanvilliers, originaire du Poitou, gouverneur de la place, fut tué ce jour-là sur la brèche. (Bouchet, *Annales d'Aquitaine*, p. 645, 646.)

choisy parmy leurs deux trouppes, pour s'aller jecter dedans, ce qu'ils ont faict si dextrement avec de trente à quarante gentilshommes qui y sont allés quant et eulx et y ont tous esté si bien guydés par leurs guydes, qu'ils sont entrés dans ladite ville la nuict d'entre le 16 et le 17 de ce moys, sans avoir faict perte d'ung seul homme, ny avoir faict rencontre que de 20 ou 25 ennemys faisant les sentinelles qu'ils ont tous tués. Les gens de cheval qui les ont acompaignés sont retournés le mesme chemin qu'ils y estoient allés, sans sorture, ny avoir rencontre que de quelques chevaulx espaignols qu'ils mirent en roupte en ayant tué une partye. Les gentilshommes qui sont entrés en ladite ville de Thérouennes, oultre les 300 hommes susdits, sont le marquis de Baugé avec deux gentilshommes des siens, les sieurs de Dampierre et deux gentilshommes des siens, de la Rover et un gentilhomme de. . . . et un gentilhomme de Bailler et deux gentilshommes de Vieulx Maisons, Dampierre fils du sieur de Rambure et ung gentilhomme le frère du baron de Serny que le roy a nourry paige et 12 ou 15 aultres gentilshommes. Les ennemys, depuis l'assault donné n'ont point faict de batterye, cependant et dès le jour mesme dudit assault, monsieur de Montmorancy [1] a faict faire si bonne diligence à remparer la bresche que aujourd'huy elle ne s'estime moings forte qu'elle estoit lors du commencement de la batterye. Il est bruict qu'ils veulent remuer leur batterye pour aller battre la ville en ung autre endroict ; mais s'ils ne l'ont peu forcez au plus foible, il est bien aysé à croire que moings seront-ils aux aultres endroicts qui sont beaucoup plus forts [2].

---

1. M. de Montmorency fut élu gouverneur de Thérouanne après la mort de d'Essé. (Bouchet, 646.)
2. Il résulte du contenu de la lettre suivante que celle-ci émane du roi Henri II.

51. — 22 juin 1553. — Lettre du roi Henri II à M. du Lude.

Mon cousin, je vous ay ordinairement faict sçavoir et mesme par ma dernière dépesche comme les choses ont passé à Thérouenne et le bon et grand debvoir que y ont faict les gens de bien que j'avoys dedans; depuis, mon cousin le duc de Boullon m'a envoyé le déchiffrement d'une lettre que mon cousin de Montmorency lui avoit escripte du 16e de ce mois dont la coppie sera avec la présente, afin que vous voyés en quelle nécessité il se trouvoit lors d'hommes, de chirurgiens, drogues et autres choses et ce qu'il en mandoit à mon cousin le duc de Boullon [1]. La nuict du dict 16e entra dedans la dicte ville le secours dont je vous ay adverty qui estoit bien petit en une telle extrémité. Le 20 mes ennemys qui estoient maîtres du fossé et qui avoyent jà employé de dix à unze sepmaines au siège de la dicte place, ayant faict trois mynées en trois endroicts du rampart, et levé avec une grande et furieuse batterye tout ce que mes gens y avoient rabillé et remparé depuis le premier assault, donnèrent le feu aux dictes mynées qui emportèrent tout le dict rampart, de sorte que l'on y pouvoit entrer à cheval; et sur les dix ou unze heures donnèrent un assault auquel ils forcèrent si peu de gens de bien qui me restoient en icelle place, sans que jamais pas ung d'eulx ayt pour tel et si inévitable danger aulcunement parlé de la rendre ou composer. Sur cela je vous laisse penser auquel ennuy et desplaisir me revient une telle perte et le contentement et satisfaction que d'aultre costé je doys avoir de m'y estre veu si bien vertueusement et vaillamment servy, dont j'ay bien voullu vous advertir, afin que vous entendés à la vérité comme la chose est passée et croyés que je suis bien délibéré de m'en ressentir si vivement envers mes

---

1. Robert de la Marck, duc de Bouillon.

ennemys que je ne tarderay guères à le leur rendre en meilleur endroict [1].

Au demourant, Mon cousin, ce que m'avés escript de la nouvelle qu'avés entendue de la mort du prince d'Espaigne et de la façon d'icelle que je trouve si estrange que je ne la puis aysément croire; mais il m'asseure bien que sitost qu'en aurez aucun advertissement, vous ne fauldrez de me le faire sçavoir. Quant à la disposition de l'Empereur, il se dict qu'elle continue d'estre aussi mauvaise qu'elle a point esté et que les troubles croissent de jour en jour en Allemaigne, davantaige que les affaires du marquis Albert [2] commencent à se très-mal porter, ayant le duc Morice [3] et plusieurs aultres princes et évesques assemblez leurs forces pour luy courir sus; qui est tout ce que je vous diray pour le présent, après avoir pryé Dieu, Mon cousin, qu'il vous aict en sa saincte garde.

Escript à Saint-Germain-en-Laye, le 22ᵉ jour de juin 1553. Signé : HENRY. Et plus bas : CLAUSSE, avec paraphe. — Au dos est écrit : A mon cousin le conte du Ludde, etc.

---

52. — 11 juillet 1553. — Lettre de Montmorency à M. du Lude.

Monsieur le conte, depuis la dernière despesche qui vous a esté faicte, le roy a reçeu vos lettres du xxᵉ du passé et moy celles que m'avez escriptes tant dudit jour que du xxiᵉ, ensemble celle du vice-roy de Navarre audit sieur, lequel, sans avoir esgard à la guerre qui est entre luy et l'Empereur, a voullu que j'aye envoyé ladite lettre à mon fils qui est prisonnier à Saint-Omer entre les mains du sieur de Bugnicourt, pour la faire tenir audit Empereur afin qu'il puisse entendre le contraire de la nouvelle qui a

---

1. La prise de Thérouanne par les impériaux est du 20 juin 1553.
2. Albert, marquis de Brandebourg.
3. Maurice, électeur de Saxe.

couru que la mort de son fils le prince d'Espaigne, ce que pourez faire entendre audict vice-roy à ce qu'il connoisse la grand honnesteté dont Sa Majesté a voulu y user en cela.

Au demourant, Monsieur le conte, nous eusmes hier nouvelles par courrier exprès dépesché par messieurs les cardinal de Ferrare et de Lanssac, ambassadeurs du roy résident auprès de notre saint père le pape, comme les impériaulx s'estoient levez de devant Montcaleine[1] pour se retirer au royaume de Naples, sans attendre la résolution des articles mis en avant par Sa Sainteté pour la pacification des affaires de Siene[2], pour lequel effect elle estoit venue à Viterbe et n'a voullu bailler auxdits impériaulx passaige par ses terres, de façon que maintenant les gens dudit seigneur sont par delà sans aucune résistance ne empeschement et les Senoys en liberté, qui n'est moins d'honneur et contentement audit sieur que de honte et deffaveur à l'Empereur, les affaires duquel ne vont pas mieulx au Piedmont, car mon cousin monsieur le maréchal de Brissac y est en campagne qui jà a prins et réduict en l'obéissance de Sa Majesté aucunes places d'importance, comme j'espère qu'il fera encores de brief celle de Cene et autres en ses quartiers-là, avant que domp Ferrand[3] ayct moyen d'y pouvoir résister. Quant à l'Allemaigne, les troubles y sont plus grands qu'ils ne feurent oncques, comme vous verrez par l'extrait que le roy vous envoye, lequel part demain d'icy pour s'en aller en délibération d'avoir de bref son armée preste pour se revancher de la perte de Thérouenne, priant sur ce notre Seigneur, Monsieur le conte, qu'il vous doint ce que vous désirés.

---

1. Montalcino, assiégé par don Garsie de Tolède.
2. La ville de Sienne s'était soustraite à la domination de Charles-Quint et avait été secourue par la France. (Voir, pour ces événements, la *Vie de Charles-Quint*, par Léti, t. IV, 81-108.)
3. Don Ferrand de Gonzague, gouverneur de Milan pour Charles-Quint et son lieutenant en Italie.

Escript à Saint-Germain-en-Laye, le 11ᵉ jour de juillet 1553.

J'ay retenu la présente jusques à aujourd'huy. Vostre bien bon amy. Signé : MONTMORANCY.

Au dos est écrit : A Monsieur le conte du Ludde, etc.

---

53. — 18 juillet 1553. — Lettre du sʳ de Tays à M. du Lude.

Monseigneur, je reçeu les lectres qu'il vous a pleu m'escrire du 12ᵉ de ce moys, vous merciant bien humblement qu'il vous a plu commander me faire part des nouvelles ; quant à celles de par deça, je me suys tousjours remis à la suffisance de monseigneur de la Marcousse qui vous aura peu faire entendre tout ce qui y est advenu depuis vostre partement, estant asseuré que en cela, comme il faict très-bien en toutes aultres choses, aura faict son debvoir. J'estime qu'il vous a escript l'ordre qui a esté donné par ceste court ses jours passés pour dépayser et chasser d'yci, oultre le gré et vouloir du peuple, ung quidam qui se disoit estre sainct Jehan l'évangéliste résuscité et envoié de Dieu pour prescher le peuple, homme fort scandaleux, dangereux et pernicieux, tenant plusieurs propos tendants à faire une commotion et élévation de peuple ; aussi que les prohibitions de ne semer nouvelles et tenir propos des afferes du roy et du roy (de Navarre) et de ne faire assemblées et conventicules ont esté réitérées ; pour les grands occasions qui se sont offertes depuys peu de temps, ledict sieur de la Marcousse a esté tousjours appellé en toulx actes et choses concernant le service du roy, comme vous représentant.

Monseigneur, quant au faict des marchants Bretons dont m'escripvez, vous plaira entendre que la cause qui a retardé l'expédition de l'affaire a esté pour ce que le procès n'estoit et n'est encores instruict, ce qui seroit requis avant que d'asseoir le jugement ny vous pouvoir donner bons advis. Sitost que le procès sera en estat, que ne tardera, monsieur le président de Largebaston [1] et moy, toutes choses postposées, y vacquerons pour satisfaire à ce qu'il vous a pleu nous commander. Monseigneur, ayant entendu qu'avez mandé ledit seigneur de la Marcousse aller devers vous, cognoisçant que sa demeure icy en vostre abscence est requise et nécessaire pour le service du roy, m'a semblé vous debvoir escrire et supplier le renvoier par deçà le plus tost pour le service dudit seigneur.

Monseigneur, après m'estre recommandé très-humblement à vostre bonne grâce, je prie le Créateur vous donner en parfaicte santé très-longue et heureuse vie.

De Bordeaulx ce xviij° juillet 1553. Vostre très-humble et obéissant affectionné serviteur. Signé : DE TAYS.

Et la suscription : A Monseigneur, Monseigneur le comte du Lude, chevalier de l'ordre et lieutenant général du roy en Guyenne en l'abscence du roy de Navarre, à Bayonne.

---

54. — 11 septembre 1553. — Lettre du roi Henri II à M. du Lude.

Mon cousin, j'ay ce jourd'huy receu vos lettres du 4e de ce mois avecques les avis que m'avez envoyez, par où j'ay veu que vos voisins ne sont pour exécutter l'entreprinse dont m'avez cy-devant adverty, de laquelle aussy je n'avoys guères de crainte, car sans autre force que des gens de leur nation, ils n'ont jamais faict entreprinse sur mes pays, si ce n'est pour piller et brusler quelques lieux non deffensables; mais je me doubte que craignant la revanche, c'est chose qu'ils n'entreprendront pas voluntiers. Toutes fois, ne fauldrés de vous tenir toujours sur vos gardes pour éviter à tout inconvénient, et quant au propos de neutrallité ont

---

1. Premier président du parlement de Bordeaux.

dicts qu'ils veullent rentrer, je suis bien content que vous y entendés, s'ils le mectent en avant, sans que aucunnement rechercher, pourveu que le vice-roy de Navarre parle et que dès à part je en baille seureté pour les raisons et considérations contenues en vos dictes lettres, lesquelles j'ay trouvé très-bonnes. Au regard des bleds qui estoient à Sainct Jehan de Laez [1], lesquels avés fait apporter en ma ville de Baionne, affin que mes ennemys ne s'en puissent prévalloir et ayder, c'est chose que j'ay aussi trouvé très-bonne, ainsi que je vous ay jà escript. Au demourant, je vous envoye la responce que je fais aux lettres que m'avés envoyées de la seignore Donne Marmés de Porrés avecques le sauf-conduict qu'elle demande pour luy faire tenir le tout, vous advisant que je veulx et entends qu'il luy soit faict bon traictement par tous les lieulx de mon royaume où son chemin s'addonnera, ce que lui ferés entendre de ma part à son arrivée en ma dicte ville de Bayonne, oultre ce que je luy en escript. Je ne veulx au reste oublier à vous advertir, mon cousin, comme après avoir par diverses fois, depuis que je suis en ce lieu, faict recongnoistre les villes et citadelles de Cambray, sçachant qu'il y a dedans vingt et six enseignes de gens de pied, deux régimens de gens de cheval et les principaulx chefs et cappitaines de l'armée de l'Empereur et que le reste de ladicte armée est campé près Vallentiennes, de là la rivière de l'Esco, où ledict Empereur dict qu'il se veult faire apporter en littière accompaigné de quelques aultres forces, j'ay, par l'advis des gens de bien qui sont icy avecques moy, dellibéré d'aller demain loger à Château en Cambrésis, pour delà marcher droict où est icelle armée pour la combattre, si elle ne s'en retire, comme elle a faict ordinairement de tous les aultres logeys qu'elle a faict depuis mon partement d'Amyens, à mesure qu'elle m'a senty approcher d'elle ; et

---

1. Saint-Jean-de-Luz.

cela faict, je regarderay à ce qu'il sera plus à propos d'entreprendre, tant pour ma repputation, que pour le bien de mes affaires, qui, Dieu mercy, vont très-bien de tous costés, mesmes en Piedmont où dom Ferrand et mon cousin le maréchal de Brissac ont accordé une tresve d'ung moys sous mon bon plaisir, durant lequel temps j'auray loisir et commodité de faire réparer et fortiffier les places que j'y ay nouvellement conquises, et après, selon les occurrences, ordonner par delà ce que je verray estre à faire pour le mieulx. Quant au marquis Albert, tant s'en fault qu'il ayt moien de croistre ses forces que de jour en jour elles vont diminuans et s'en va presque habandonné de tous ceulx qui cy-devant le favorisoient davantaige, se renouvellent en Allemaigne des ligues et practiques contre l'Empereur, telles qu'il doibt plus tost espérer troubles et accroissemens d'affaires et empeschemens de ce costé-là que aucun ayde et secours. Faisant sur ce fin, je prieray Dieu, mon cousin, qu'il vous ayt en sa saincte garde. Escript du camp de Crévecueur le 11e jour de septembre 1553. Signé : Henry. Et plus bas : Clausse, avec paraphe.

Au dos est escrit : A mon cousin le conte du Ludde, etc.

55. — 21 septembre 1553. — Lettre de la reine Catherine de Médicis à M. du Lude.

Mon cousin, sçachant le plaisir que vous recevez d'entendre souvent nouvelles du roy et de son armée, je vous envoye celles que j'ay dernièrement eues, par où vous verrez la honte que ledit seigneur a faicte à ses ennemys ausquels il a esté jusques à leur nez présenter la bataille, mais, quelque chose qu'il y ait, ils n'ont jamais ousé sortir de leur fort [1] ; il est vray qu'il a pris sa revenche sur le dommaige

---

1. Il s'agit ici de la marche de l'armée de Henri II poursuivant celle de Charles-Quint en Flandre, près de Cambrai et du Quesnoy.

qu'ils ont cy devant faict en son royaume, tel que de long temps ils en auront souvenance; priant Dieu, mon cousin, qu'il vous ayt en sa saincte garde.

Escript à Saint-Germain-en-Laye le 21ᵉ jour de septembre 1553. Signé : CATERINE. Et plus bas: BOCHETEL.

A mon cousin le conte du Lude, etc.

---

56. — 23 septembre 1553. — Lettre du roi Henri II à M. du Lude.

Mon cousin, suivant ce que je vous ay escript par mes dernières lettres de l'unzième de ce moys, je m'en vins le landemain avecques mon armée à Château à Cambrésis, où je séjournay deux jours pour faire faire les monstrées des bandes des françoys et lansquenets que j'avoye en icelle; et cella faict, je m'en allay loger à troys lieues de Vallentiennes, et ayant entendu que mes ennemys s'estoient retirez et fortifiez à demye lieue de ladicte ville, je me résolu de les y aller trouver pour essayer de les attirer à la bataille de laquelle l'empereur m'avoit tant menassé par tout le monde; et pour ce faire je me mis aux champs, il y a aujourd'huy huit jours, avecques ma dicte armée, autant délibérée de bien combattre qu'il en fut oncques, marchant mon cousin le connestable devant avecques mon avant garde qui approcha à la portée du canon le camp desdits ennemys, lesquels avoyent mis hors d'icelluy un grant nombre de gens de cheval et de pied que mes chevaulx légers avoyent jà assez longuement escarmouchez. Mais y estant arrivé, mon dict cousin le connestable avecques la gendarmerye de ma dicte avant garde et une bonne trouppe de harquebuziers que y mena mon cousin l'admiral, ils furrent si vivement chargés qu'ils fusrent repoulsés jusques dedans les fossez et tranchées de leur dict camp qu'ils avoient faict faire fort grandes et où ils se retirent en très-grand désordre, n'espérant autre seureté pour eulx que ladicte fortification, qui est bien loing de ce que ledict empereur avoit tant bravoye, ayant promis à tous les princes et potentats de toute la chrestienté que, en quelque lieu que je comparoisterois avecques mon armée, il se feroit plus tost porter en lictière en son camp qu'il ne me combatist; et au lieu de cella, je les puis asseurer à ceste heure qu'il n'eut jamais armée qui tournast mieulx ses insolentes menasses et braveryes en une honteuse fuitte et qui ayt receu un si grand deshonneur que fit lors la sienne. S'estant ainsy retirés dedans leur fort, ils nous tirèrent quelques canonades, mais de sortir ne faire sortir de leurs gens, il n'en fut oncques nouvelles, tant ils estoient inthimidés et esperdus. Voyant cela, je m'en retournay d'où j'estois party, demeurant mon dict cousin le connestable derrière sur la queue avec une partye de ma cavallerye; et encores que la coustume des gens de guerre soit de geiter à ceste heure là quelques gens dehors pour aller recongnoistre les ennemys ou leur donner quelque allarme, néantmoins il n'en sortit un seul homme des leurs. Le landemain je séjournay où j'estoys, et voyant qu'il n'estoit aucune nouvelle d'iceulx ennemys, non plus que si ils eussent tous estés mors et que j'estois hors d'espérance pour ceste année de parvenir à ce que j'avoys tant recherché et désiré, qui estoit de luy donner la bataille, je me suis contenté de ce que j'en ay faict et me suis retiré en ceste ville, après avoir donné congé aux Suisses et Grisons, lesquels s'en sont retournés en leurs pays avecques fort grand contentement, ayant départy le reste de mon armée. Reste les arrière-bans ausquels j'ay aussi donné congé pour se retirer en leurs maisons; c'est asçavoir mil hommes d'armes pour toute la frontière du pays de Piccardye et tous les lansquenets et françois, réservé vingt bandes des nouvelles levées que j'ay faict casser. Oultre cella, je y laisse tous les chevaulx légers, excepté cinq cens que j'ay envoyé en Champaigne avecques six cens hommes d'armes, oultre les compaignies qui y estoient, encores que j'aye nouvelles que lesdits ennemys se soient tous retirez par faulte de payement et de vivres, de quoy j'espère qu'ils ne seront de ceste année guères bien fournys, veu le dommage que je leur ay faict qui est quasi inestimable, et davantaige donneray ordre qu'ils ne sémeront guères le long de ceste ditte frontière, affin de leur oster le moyen de pouvoir assembler et nourrir armée l'année prochaine.

Je ne veult au reste oublyer de vous advertir, mon cousin, comme mon cousin le sieur de Gyé et l'évesque d'Orléans sont de retour d'Angleterre, lesquels m'ont asseurés d'avoir laissé la royne et tous ceulx de son conseil en autant bonne vollunté qu'il est possible d'entretenir la bonne paix et amytié qui est entre nous, nos royaumes, pais et subjects. Au regard du marquis Albert, son cas va si mal que pys ne pourroit, et au contraire mes affaires si bien en Allemaigne, que je sçauroye myeulx désirer pour le présent, ainsy que vous verrés plus au long par l'extraict que je vous envoye deçà qui m'en est venu. Quant à l'armée de mer du grand seigneur, elle s'en est retournée après avoir aydé à la myenne à recouvrer sous mon obéissance la pluspart des principaulx ports et places fortes de l'isle de Corse où est mon cousin le sieur de Termes avecques quelques gens de guerre que j'avoye sur ma dicte armée de mer et quelques autres bandes tant de Françoys que Itàlliens que j'avoys en Savoye; et affin de se renforcer pour la conservation desdicts ports et places conquises et davantage pour le recouvrement d'icelles qui restent à conquérir, je y renvoye avecques toutes mes gallères et sur icelles encore quelques bandes de gens de pied, le sieur de la Garde [1] qui estoit venu devers moy pour me rendre compte du voyage qu'il a faict et de l'importance

---

[1]. Antoine Escalin des Aimars, baron de la Garde, dit le capitaine Paulin, général des galères depuis le 23 avril 1544.

dont m'est ladiote conqueste, avec lequel j'espère que les vaisseaulx du roy d'Arger iront, que sera force suffisante pour garder André Dorye d'entreprendre d'empescher l'exécution de mon entreprinse.

Au demourant, mon cousin, j'ay reçeu les lettres que m'avez escriptes par la Trousse, l'un de mes vallets de chambre, que j'avois envoyé par dellà, et oultre le contenu d'icelles, entendu ce qu'il m'a dict de vostre part et mesmement de l'estat où est ma ville de Bayonne, et avecques quelle diligence vous faictes besongner aux réparations d'icelle, ensemble les avis qu'avés eu de vos voysins, lesquels, comme je le pense, ne seront pour faire de cette année entreprinse d'importance, estant jà la saison advancée et n'ayant avec eulx aucuns étrangers, et croy qu'ils se contenteront de ce qu'ils ont essayés de faire à Saint-Jehan de Laez, où à ce que j'ay vu par une lettre qu'avés escripte à mon cousin le connestable, du quinziesme de ce moys, ils ont estés très-bien reçeus moyennant le bon et prompt ordre que vous y avés donné et le bon et grand devoir que y fisrent les bailly de Labour et sieur Dalsatte et ses enfants, de quoy je leur sçay fort bon gré, ce que leur ferés entendre et aussy leur ferés part du discours que je vous faits cy-dessus de l'estat de mes affaires, et pareillement au viconte d'Orthe et autres mes bons serviteurs de pardellà, pour l'aise que je sçay que ce leur fera de sçavoir que mes dictes affaires aillent si bien comme ils vont. Et affin que vos dicts voisins perdent l'envie qu'ils ont de se saisir des bleds que dictes qui sont en si grande abondance audict Saint-Jehan de Laez, vous continuerés de les faire apporter en ma dicte ville de Bayonne et contraindrés à ce faire tous ceulx qu'il appartiendra par toutes les voyes et manières que verrés estre affaire; de façon que mes voulloir et intention soient en cella ensuyvies, vous advertissant que je mandray en Bretaigne que deffenses soient faictes, de par moy, que nuls de mes subjects, ny autres, ayent plus à porter, ny faire porter d'icelluy pays audict Saint-Jehan-de-Laez aucuns grains, sous peyne de confiscation d'iceulx; mais que, s'ils en veullent envoyer en ces quartiers-là, suivant les permissions que j'en ay donnés et pourray donner cy-après, ils le facent décharger en ma dicte ville de Bayonne, comme il a esté faict puis naguères en Xaintonge, Poictou et la Rochelle, ainsi que m'a escript le sieur d'Estissac. Faisant sur ce fin, je prieray Dieu, Mon cousin, qu'il vous ayt en sa saincte garde.

Escript à Sainct-Quentin, le 23ᵉ jour de septembre 1553. Signé : HENRY. Et plus bas : CLAUSSE, avec paraphe.

57. — 27 décembre 1553. — Lettre du roi de Navarre au comte du Lude.

Mon cousin, j'ay receu vos lettres du xxiijᵉ de ce moys, par lesquelles m'escripvez que le roy vous a mandé que, si vous voyez que la cherté du bestial fut par trop grande, vous m'en advertissiez, affin de faire resserrer la traicte dudit bestiail. Vous ferez très-bien, estant par dellà, faire reguarder quelle cherté il y en a, et si le peuple s'en plainct. Et du costé de deça j'ay mandé au visconte d'Orthe s'en informer pareillement et m'advertir de ce qu'il en trouvera, comme je vous prye aussi faire de vostre part, pour après, ayant veu ce que m'en escriprez, y pourveoir. Et quant à ce que ledit sieur vous a escript de l'argent qui peult estre deu à cause de la forayne, vous ne sçauriez mieulx faire que d'en user suyvant l'intention dudit seigneur et qu'il vous le commande. Vous pryant, au demeurant, Mon cousin, entendre, si tost qu'il vous sera possible, à l'affaire des cloches; et mettant fin à la présente, je prieray le Créateur vous tenir en sa saincte grâce.

A Pau, ce xxvijᵉ jour de décembre 1553. Vostre bon cousin : HENRY.

L'adresse est : A mon cousin, Monsieur le comte du Ludde.

58. — 11 juillet 1554. — Lettre de la reine Catherine de Médicis à M. du Lude.

Mon cousin, affin que soyés ordinairement adverty de ce que me viendra du roy monseigneur et de son armée en la poursuicte de l'entreprinse qu'il a commencée, je vous envoye les nouvelles qu'il m'envoya hier au soir. Il y a eu pour quatre ou cinq jours quelque peu de retardement en son entreprise depuis la prise de Mariebourg [1], au moyen de quelque difficulté de vivres; mais depuis il a esté donné si bon ordre que les vivres y sont de présent en très-grande abondance et y continueront encores de bien en mieulx. De ce qui en viendra cy-après, je ne fauldray de vous donner continuel advis, priant Dieu, Mon cousin, qu'il vous ayt en sa garde.

Escript à Reims, le xj^e jour de juillet 1554. Signé: CATERINE. Et plus bas : BOCHETEL.

La suscription : A mon cousin le conte du Ludde, etc.

---

59. — 7 mars 1555. — Lettre de Montmorency à M. du Lude.

Monsieur du Lude, j'ay receu deux de vos lettres des 11 et 14 du passé, et suivant le contenu d'icelles, je vous envoye une commission que le roy a commandé pour les procédeures et jugemens donnés par ses officiers à d'Acqs contre les sorciers et sorcières estans audit pays, et aussi pour la saisie faicte sur les fruicts, revenu et biens, tant de l'évesque d'Acqs, que des curés et autres bénefficiers estans audit pays ne faisant la résidence qu'ils doibvent, qui me gardera de vous en faire autre discours en la présente que de vous prier faire mectre à exécution le

---

1. La ville de Marienbourg fut assiégée et prise par le maréchal de Saint-André.

contenu en ladite commission, suivant ce que ledit seigneur vous en escript. Quant à la requeste que les oficiers d'icelluy seigneur à Bayonne vous ont présentée pour les rebellions, désobéissance et excès commis par Martin de Harambure, soy-disant lieutenant du bailly de Labourt, j'en ay parlé audit seigneur, lequel veult et entend que justice en soit faicte et que pour cest effect vous y procédez de vostre part, comme vous verrez qu'il sera besoing, en sorte que l'obéissance luy en demeure et la punition en soit faicte telle que l'on verra estre à faire par raison. Et sur ce, M. du Lude, je prieray le Créateur qu'il vous ayt en sa saincte garde.

D'Amboise, le 7ᵉ jour de mars 1555. Vostre bien bon amy. Signé : MONTMORENCY.

La suscription : A Monsieur le conte du Lude, etc.

---

60. — 10 juin 1555. — Lettre du roi Henri II à M. du Lude.

Mon cousin, pour ce qu'il n'advient guères que je touche les mallades des escrouelles, sinon la sepmaine saincte et ez festes de Penthecouste, Nostre-Dame de my-aoust, la Toussains et Noël, d'aultant que quelques foys je suis à la guerre, ou bien que pour aultre occasion je séjourne un peu en ung lieu à ceste cause et que journellement il vient en ma court plusieurs Espaignols, Espaignolles et aultres estrangers mallades desdites escrouelles, lesquels pour l'occasion susdite sont contraincts d'attendre longuement à estre touchés, qui leur est grand peine et travail ; désirant les en relever, je veulx et entends que vous faites publier de par moy sur la frontière de mes pays et duché de Guyenne, ez lieux et endroicts que verrez estre requis, que nuls desdits mallades estrangers ayent plus à venir en mon royaulme pour se trouver là part que je seray, affin d'estre touchés de moy pour obtenir guarison desdites escrouelles, si ce n'est ez temps susdits de la sepmaine saincte et festes de Penthecouste, Nostre-Dame de my-aoust, la Toussains et Noël, faisant par mesme moyen publier et deffendre que l'on n'ayt plus à prendre d'eulx pour les laisser entrer en mondict pays de Guyenne aucun argent ne aultre chose quelconque, comme l'on dit avoir esté cy-devant faict, dont je suis très-mal content, mais les laisser passer seurement, sauvement et sans aucun empeschement, soit en venant ou retournant et leur bailler et administrer vivres, logeys et aultres choses nécessaires en payant raisonnablement, soubs peine à ceulx qui feront le contraire d'estre punis et chastiés exemplairement; à quoy vous tiendrez la main et vous me ferez en ce faisant très-agréable service, priant Dieu, Mon cousin, qu'il vous ayt en sa saincte garde.

Escript à Fontainebleau, le 10ᵉ jour de juing 1555. Signé : Henry. Et plus bas : Clausse.

La suscription : A mon cousin le conte du Ludde, chevalier de mon ordre et mon lieutenant au gouvernement de Guyenne en l'absence de mon cousin le roy de Navarre [1].

---

61. — 12 juin 1555. — Lettre du roi Henri II à M. du Lude.

Mon cousin, la présente sera seullement pour vous advertir que mes depputés que j'avois envoyés à Ardres, comme vous sçavez, pour la paix et pacification d'entre l'Empereur et moy, se sont départis sans nul effect de paix ny de tresve, de sorte qu'il est nécessaire que tous mes serviteurs et ministres, et mesmes ceulx qui ont telle charge que vous, aient l'œuil plus ouvert que jamais, et que

---

1. Henry d'Albret, roi de Navarre, venait de mourir le 29 mai 1555. Antoine de Bourbon, son gendre, l'avait remplacé dans le gouvernement de la Guyenne, Angoumois, Saintonge, Aunis et Poitou, le 6 juin 1555.

s'ils ont bien faict cy-devant, ils facent encore mieulx cy-après, pour ne donner lieu à mon ennemy de pouvoir regaigner l'advantaige que Dieu m'a donné sur luy, estant asseuré de l'affection que portez au bien de mon service et de l'ordre que sçavez bien donner en tout ce qui deppend du faict de vostre charge, selon le besoin que verrez qu'il en sera, qu'il ne fault poinct que je vous en sollicite aultrement, bien vous diray-je que me ferez très-agréable service de mectre peyne d'apprendre des nouvelles de vos voisins pour m'en advertir, ensemble de toute aultre chose qui le méritera, priant Dieu, mon cousin, qu'il vous ayt en sa saincte garde.

Escript de Fontainebleau le 12e jour de juin 1555. Signé : HENRY. Et plus bas : CLAUSSE.

La suscription est : A Mon cousin le conte du Lude, chevalier de mon ordre et mon lieutenant en Guyenne en l'absence de mon oncle le roy de Navarre[1].

62. — 20 octobre 1555. — Lettre du roi Henri II à M. du Lude.

Mon cousin, mon cousin le connestable m'a dit comme il vous a envoyé un extraict de l'advertissement que j'avoys eu de la résolution prinse par l'Empereur de se démettre de tous ses royaumes et estats à son fils le roy d'Angleterre[2] et des affaires de l'Empire à son frère le roy des Romains, et cela fait, s'en aller par mer en Espaigne, et avecques luy les deux roynes, ses sœurs, pour en vye contemplative y vivre le reste de ses jours, chose qui m'a été confirmée par aultre advis que je reçeu hier, lequel dit que pour certain ledit Empereur se doibt embarquer

---

1. Antoine de Bourbon, époux de Jeanne d'Albret.
2. Le prince Philippe, fils de Charles-Quint, avait épousé la reine Marie d'Angleterre.

environ le viijᵉ au xᵉ du moys prochain, en délibération de ne passer par Angleterre, et pour ce que nous sommes en saison que les vents et tourmentes régnent fort, lesquels pourront estre tels que les navires et aultres vaisseaulx qui accompaigneront ledit Empereur seront contraints se séparer et escarter çà et là et peut estre donner le long de mes maritimes, mesmes celluy où ledit Empereur et ses dites sœurs seront; à ceste cause, Mon cousin, je vous prye et ordonne bien expressément sur tant que me désirez faire service, que vous donnez ordre et faictes en sorte que toutes les costes, hâvres et ports des gouvernemens de Guyenne et de Poictou, chacun fasse bon guet et se tienne préparé, pour oudist cas arrester et saisir tous ceulx desdits vaisseaulx et autres quelz qu'ils soient qui, par fortune de temps ou aultrement, pourront donner éz dictes costes, ports et hâvres, pour visiter ce qu'il y aura dedans et retenir ce qui sera à retenir, soit personnes, papiers ou autres choses quelconques appartenans audit Empereur ou aux siens, m'advertissant de ce qu'en aurez faict et des nouvelles qu'en renderez du passaige d'icelluy Empereur; et vous me ferez en ce faisant très-agréable service, priant Dieu, Mon cousin, qu'il vous ayt en sa sainte garde.

Escript à Villiers-Costretz, le xxᵉ jour d'octobre 1555. Signé : Henry. Et plus bas : Clausse, avec paraphe.

Au dos est escrit : A mon cousin le conte du Ludde, etc.

---

63. — 2 septembre 1556. — Lettre de Montmorency à M. du Lude.

Monsieur le conte, par ce que le roy vous escript présentement et par l'extraict que je vous envoye, vous entenderez le partement de l'Empereur et des deux reynes, ses sœurs, pour s'embarquer et passer en Espaigne, et comme actendu la tresve qui est entre leurs deux majestés, ledit seigneur veult et entend que, si par fortune de temps ou aultrement, il advenoit que les navires qui porteront ledit Empereur ou lesdictes roynes donnâssent ès costes maritimes ou ports et havres tant de la Guyenne que autres provinces de son royaume, il soit donné ordre qu'ils soient bien recueillis et secourus de vivres et aultres choses qui leur seront requises pour leur passaige, à quoy il s'asseure bien que ne fauldrez de vostre part de satisfaire selon son intention ez lieux et endroicts dont vous avez charge. Au demourant, Monsieur le conte, vous verrez aussi par ledit extraict les propos que icelluy Empereur teint à son dit partement aux ambassadeurs résidens près de luy, la nécessité d'argent en laquelle il a laissé le roy d'Angleterre, son fils, et le peu d'affection que ses subgects de ses Pays-Bas ont de l'en secourir, qui me gardera de vous en dire aultre chose, si ce n'est qu'il me semble que, puisque avisé est, il n'est pas croiable qu'il soit pour voulloir d'entreprendre d'entrer en la guerre. Sur ce, faisant fin, je prieray Dieu, Monsieur le conte, qu'il vous donne ce que plus désirez.

De Vallery, ce 2ᵉ jour de septembre 1556. Vostre byen bon amy. Signé : MONTMORENCY.

La suscription est : A Monsieur le conte du Lude, etc.

---

64. — 7 juin 1557. — Lettre du roi Henri II à M. du Lude.

Mon cousin, j'ay présentement eu nouvelles que je tiens pour certaines que les Anglois se sont déclairez mes ennemys et que la publication s'en debvoit faire en Angleterre ce jourd'huy vij^e de ce mois, au moyen de quoy vous ferez doulcement et soubs quelque aultre occasion que vous feindrez, arrester tous les navires appartenans ausdits Anglois qui se trouveront ez ports et hâvres de mon duché de Guyenne et aultres endroicts qui sont soubs vostre pouvoir, jusques à ce que l'on y voye plus clair, dont vous serez incontinant adverty ; et au surplus donnerez ordre que chacun ayt à se tenir sur ses gardes, de façon qu'ils ne puissent estre surprins, m'advertissant de ce qu'en aurez faict, et vous me ferez en ce faisant très-agréable service, priant Dieu, Mon cousin, qu'il vous ayt en sa saincte garde.

Escript à Reyms ce vij^e jour de juing 1557. Signé : HENRY.

Et au-dessous est escrit : Depuis la présente escripte et signée, il est icy arrivé ung hérault d'Angleterre qui m'est venu signiffier la guerre ; par quoy, s'il se trouve ez lieux qui sont soubs vostre charge aucuns Anglois ou chose à eulx appartenant, vous ferez le tout arrester et prandre comme appartenant à mes ennemys. Et plus bas : CLAUSSE.

La suscription : A mon cousin le conte du Ludde, chevalier de mon ordre et mon lieutenant en Guyenne en l'absence de mon frère le roy de Navarre.

II

LETTRES

ADRESSÉES A GUY DE DAILLON COMTE DU LUDE

GOUVERNEUR DU POITOU DE 1557 A 1585.

---

65. — 30 août 1557. — Lettres patentes du roi Henri II, accordant l'office de sénéchal d'Anjou à Guy de Daillon, comte du Lude [1].

Henry, par la grâce de Dieu, roy de France, à tous ceulx qui ces présentes lettres verront, salut. Sçavoir faisons que nous, ayans esgards aux bons, grands et recommandables services que feu nostre cousin le comte du Ludde, en son vivant chevalier de nostre ordre, gouverneur et nostre lieutenant général en Poictou et nostre lieutenant au gouvernement de Guienne en l'absence de nostre très-cher et très-amé frère le roy de Navarre, nous a de son vivant faicts au faict de nos guerres, et à ceulx que nostre amé et féal Guy de Daillon, son fils aisné, à présent comte du

---

1. Jean de Daillon, comte du Lude, gouverneur du Poitou, de la Rochelle et Aunis, et lieutenant général en Guyenne, étant mort à Bordeaux le 21 août 1557, son fils Guy lui succéda dans ces diverses charges, aussi bien que dans celle de sénéchal d'Anjou. Cependant les lettres de commission de lieutenant général au gouvernement de Poitou ne furent données par le roi à Guy de Daillon que le 10 août 1560. Le 10 juin précédent, le roi avait donné des lettres de gouverneur du Poitou au roi de Navarre, Antoine de Bourbon (Papier rouge du greffe du présidial de Poitiers, 1559-1573, manuscrit de la bibliothèque de la Cour de cassation). Le Poitou, uni d'abord au gouvernement général de Guyenne, fut donc érigé en 1560 en gouvernement particulier, et les pouvoirs du comte du Lude se trouvèrent restreints à cette province.

Ludde nous a pareillement, à l'imitation de son dit père, faicts au faict de nos dites guerres et aultrement et espérons qu'il fera et continuera de bien en myeulx cy-après à icelluy; pour ces causes et pour la bonne et entière confiance que nous avons de sa personne et de ses sens, suffisance, loyauté, preudhommie et bonne dilligence, avons donné et octroyé, donnons et octroyons par ces présentes l'office de nostre séneschal d'Anjou que soulloit par cy-devant tenir et exercer nostre dit cousin le conte du Ludde, son père, vacant à présent par son trespas, pour ledit estat et office avoir, tenir dores en avant, exercer et en joyr et user par ledit comte du Ludde aux honneurs, auctoritez, prérogatives, prééminences, franchises, libertés, pouvoirs, gaiges, droits et offices et esmolumens acoustumés et qui y appartiennent, et tels et semblables que les avoit et prenoit de son vivant nostre dit cousin le conte du Ludde, son père, tant qu'il nous plaira. Si donnons en mandement par ces dites présentes à nos amés et féaulx conseillers les gens tenans nostre court de Parlement de Paris que, prins et reçeu dudit comte du Ludde le serment en tel cas requis et accoustumé, icelluy reçoivent, mectent et instituent de par nous en possession et saisine dudit estat et office et d'icelluy des honneurs, auctorités, prérogatives, gaiges, prééminances, franchises, libertés, pouvoirs, droits, profficts et esmolumens dessus dits, le facent, souffrent et laissent joyr et user plainement, paisiblement et à luy obéir et entendre de tous ceulx et ainsi qu'il appartiendra ez choses touchans et concernans ledit estat et office. Mandons en oultre à nostre amé et féal conseiller trésorier de France et général de nos finances en la charge et généralité de Touraine, que, par celluy ou ceulx de mes receveurs qui les gaiges et droits audit estat et office apartenant a accoustumé de payer, il face iceulx audit comte du Ludde paier, bailler, délivrer comptant doresnavant par chacun an, aux termes et en la manière accoustumée et par raportant ces dites présentes ou vidimus d'icelles faict soubs le scel royal pour une fois seullement et quittance d'icelluy conte du Ludde sur ce suffisante. Nous voulons les dis gaiges et droicts et tout ce que payé, baillé et délivré luy aura esté à ceste cause estre passé et alloué ez comptes et rabatu de la recette de celluy ou ceulx de nos receveurs qui paiés les auront par nos amés et féaulx les gens de nos comptes ausquels nous mandons ainsi le faire sans difficulté, car tel est nostre plaisir. En tesmoing de ce, nous avons faict mectre nostre scel à ces dites présentes.

Donné à Paris le xxxe jour d'aoust, l'an de grâce mil cinq cens cinquante-sept, et de nostre règne le unzième. Par le roy, signé : CLAUSSE.

Et à côté : *Guydo de Daillon receptus fuit ad officium de quo in alto cavetur et solitum prestitit juramentum Parisius in parlamento xxvj^e februarii, anno Domini millesimo quingentesimo quinquagesimo septimo.* DU TILLET. — Et encore : Aujourd'huy lundi ij^e jour de mars 1557, les présentes lettres de don ont estés leues et publiées en jugement, la court et jurisdiction présidialle, plects et assises royaulx de la séneschaussée d'Anjou à Angers tenans, et avons enjoinct à nostre greffier les enregistrer ès. . . . . de la court de cans, pour y avoir recours. Donné au siège présidial d'Angers par devant nous les gens tenans le siége présidial et establis par le roy, nostre sire, et prononcé par nous, Guillaume Lesrat, président, soubs le seing de nostre greffier, les dis jour et an. Signé : DE VENIER.

---

66. — 6 octobre 1560. — Lettre du roi François II à M. du Lude [1].

Monsieur du Ludde, pour ce que je suis adverty qu'il se doibt faire une grande assemblée de séditieulx et rebelles

---

1. Il y a, comme on le voit, une lacune dans la correspondance, de 1557 à 1560. Signalons, pour essayer de la combler, quelques lettres

à Poictiers et ez environs où ils doibvent faire la masse des gens qu'ils veullent mettre ensemble, j'ay commandé à mon cousin le mareschal de Termes de marcher droict là avec toutes les forces qu'il a et telles qu'il assemblera encores pour leur rompre leurs desseings; et pour ce je vous prye d'advertir toute la noblesse du païs que vous congnoissez m'estre fidelle et l'assembler, pour avec icelle vous en venir trouver ledit mareschal[1] et luy obéir en ce qu'il vous ordonnera pour mon service, ainsi que je me promects de vostre fidélité et bonne voulunté, et surtout je vous prye de donner ordre d'estre bien adverty de ce qui se faict par eulx pour en donner avis d'heure à aultre audit mareschal, affin qu'il soit d'aultant mieulx adverty de ce qu'il aura à faire, priant Dieu, Monsieur du Ludde, vous avoir en sa saincte et digne garde.

De Saint-Germain-en-Laye, le 6e jour d'octobre 1560. Signé : FRANÇOYS. Et plus bas : ROBERTET.

---

concernant les premiers mouvements du protestantisme en Poitou : 1º Lettre de la ville de Poitiers au connétable, au sujet des prédicateurs protestants, qui sont tous étrangers, et du trouble qu'ils viennent de causer à Poitiers, du 31 mars 1559 (*Arch. hist. de la Saintonge et de l'Aunis*, IV, 309); 2º Lettre du roi Henri II à la ville de Poitiers, du 3 avril 1559; 3º Réponse de la ville de Poitiers au roi, du 8 avril 1559; 4º Lettre de Henri II à la ville de Poitiers, du 8 avril 1559; 5º Lettre d'Antoine de Bourbon, roi de Navarre, gouverneur de Guyenne, à la ville de Poitiers, datée de Lusignan le 12 mai 1559; 6º Lettre du roi François II à la ville de Poitiers, du 17 mars 1560 (*Arch. hist. du Poitou*, t. IV, 320-324); 7º Lettre du comte du Lude au roi, en faveur de la ville de Poitiers, qui a eu à souffrir des guerres civiles, Poitiers, 17 août 1560 (*Arch. hist. de la Saintonge et de l'Aunis*, IV, 288). Au mois de novembre 1559, le roi François II, la reine sa mère et la cour, firent un voyage à Châtellerault, dont il n'est parlé nulle part, et qui fut motivé sans doute par les premières agitations du protestantisme en ce pays. Une députation de la ville de Poitiers, conduite par le président du présidial, Aubert, vint y trouver le roi, et en obtint, le 22 novembre, le pardon de ceux qui avaient pris part à la sédition de Poitiers dont il est question dans les lettres citées dans cette note. Cependant le pardon fut refusé aux prédicants huguenots. Quelques jours après, le 26 novembre, vingt-sept prisonniers furent élargis à Poitiers, en vertu de cette mesure. (Journal manuscrit de J. de Brilhac, collect. de la Soc. des Arch. du Poitou.)

1. Le maréchal de Termes était à Poitiers le 19 octobre et en repartit pour Limoges le 24 novembre avec son armée. (Journal de J. de Brilhac.)

La suscription : A Monsieur le conte du Ludde, capitaine de cinquante hommes de mes ordonnances et mon lieutenant en mes païs et conté de Poictou en l'absence de mon oncle le roy de Navarre[1].

---

1. Cette lettre a été publiée par le *Cabinet historique*, t. XIX, première partie, p. 49. Il est utile de rapprocher de cette lettre trois autres pièces publiées par le même recueil (t. XIX, p. 54) : 1° Requête du 23 octobre 1560, présentée au roi par ceux de la religion prétendue réformée de Châtellerault, pour avoir libre exercice de leur religion et n'être pas persécutés ; signé : Maroteau ; 2° Lettre de M. de Montpezat, gouverneur de Châtellerault, au cardinal de Lorraine, lui envoyant la précédente requête, datée du Fou, le 23 octobre 1560 ; 3° Réponse de la reine, mère du roi, à la lettre de M. de Montpezat. Il y a aussi une autre lettre de M. de Montpezat au cardinal de Lorraine, du 12 octobre 1560, relative à l'affaire de Châtellerault (*Lettres de Catherine de Médicis*, t. I, p. 151, dans les *Doc. inéd.*). Le 19 octobre 1560, M. du Lude se trouvait à Poitiers lors du passage du roi de Navarre, du prince de Condé, du maréchal de Thermes et du cardinal d'Armagnac, qui se rendaient aux Etats généraux d'Orléans. (*Hist. du Poitou*, par Thibaudeau, éd. 1840, t. II, p. 310.) La veille, 18 octobre, le roi de Navarre, par une lettre datée de Lusignan et adressée à la reine-mère, protestait de sa fidélité. En effet, la cour se défiait beaucoup des princes de Bourbon, protecteurs des huguenots, et elle avait envoyé à Poitiers Montpezat et le maréchal de Thermes, pour observer leurs mouvements et les arrêter en cas de révolte ouverte. Montpezat, outrepassant maladroitement ses instructions, leur ferma les portes de Poitiers, mais le maréchal de Thermes y accourut pour les recevoir avec honneur, le 19 octobre, et leur permettre de poursuivre leur route vers Orléans, où ils étaient arrivés le 27 octobre. (*Hist. des ducs de Guise*, par de Bouillé, t. II, 96, 98, 102. — *Hist. des princes de Condé*, par le duc d'Aumale, t. I, 83, 87.) Après leur départ, le sr de Montpezat (Melchior des Prez, sr du Fou) prit possession solennelle de son office de sénéchal de Poitou au palais de Poitiers, le 26 octobre 1560. Deux jours après, le 28, les trois ordres de la province se réunissaient au même lieu, pour nommer des députés aux Etats généraux. (*Journal de J. de Brilhac.*) Les huguenots continuèrent leurs manœuvres et leur propagande avec d'autant plus d'activité qu'elles demeuraient souvent impunies. Coucy de Burie, commandant pour le roi à Bordeaux, avertissait la reine-mère en 1560, vers l'époque où François II écrivait au cte du Lude la lettre transcrite ci-dessus, « que Théodore de Bèze et un nommé Campaigne, fort savant, avoient été trouvés à une journée par deçà de Poictiers ». De son côté, le cte du Lude, écrivant au duc de Guise à la même époque, « *ne veult faillir à l'avertir du mauvais ordre de la justice de Nyort, lesquelz ont un homme en leurs prisons qui vendoit publiquement des placards diffamatoires contre le roy et ceux qui sont le plus près de sa personne, et n'en font aucune justice, dont le mayre se plaint fort* ». (*Hist. des ducs de Guise*, par de Bouillé, II, 96, 98.)

67. — 5 décembre 1560. — Lettre de Louis de Bourbon,
duc de Montpensier, à M. le comte du Lude.

Monsieur du Lude, ayant receu commandement du roy de faire desloger la compaignye de Monsieur de Gonnor[1] de mon gouvernement où elle est en garnison pour la faire tirer là part où vous serez, j'ai incontinent donné ordre à l'y faire achemyner et commis à M. de la Chevrelière la charge de prendre garde et soing de la faire vivre par les chemins et lieux où elle passera, doulcement, sans foulle ny oppression du pauvre peuple et en payant, selon les ordonnances dudit seigneur et m'asseurant que vous aurez receu son commandement pour recevoir ladicte compaignie et ledit sieur de la Chevrelière s'acquitera si bien de la charge que je luy ay commise en la conduicte de la dicte compaignie que la majesté dudit seigneur s'en contentera, je voys en cest endroit me recommander bien fort à vostre bonne grâce, suppliant Nostre Seigneur vous donner, Monsieur du Lude, bien bonne vye.

D'Angiers, le v° jour de décembre 1560. Vostre plus affectionné meilleur amy. Signé : Loys de Bourbon.

La suscription : A Monsieur le conte du Lude, gouverneur et lieutenant général pour le roy en Poictou.

---

68. — 14 février 1561. — Lettre du roi Charles IX à M. du Lude.

Monsieur du Ludde, je suis adverty que le roy de Portugal[2] mon bon frère envoye devers moy le grand commandeur de Crist, qui est son parant et personnage de telle qualité que je désire qu'il soit bien receu et honoré par

---

1. Artus de Cossé, sr de Gonnord et de Secondigny, lieutenant de cent hommes d'armes en 1550, maréchal de France en 1567.
2. Sébastien, roi de Portugal de 1557 à 1578.

les lieux de mon royaume où il passera, qui me fait vous prier donner ordre passant par vostre gouvernement, de luy faire et faire faire le meilleur recuilly, bonne chère et gratieux traictement que vous pourrés, le faisant et sa suitte recepriser et accommoder de logis dignes de luy et visiter de toutes les honnestetés et gratieuzetés que vous pourrés, en manière qu'il ayt occasion de croire que ce qui vient du roy son maître m'est chèrement recommandé, priant Dieu, Monsieur du Ludde, vous avoyr en sa garde.

Escript à Saint-Germain-en-Laye, le xiiij^e jour de febvrier 1561. Signé : CHARLES. Et plus bas : DE LOBESPINE.

---

69. — 29 juin 1561. — Lettre du roi Charles IX à M. du Lude.

Monsieur du Ludde, pour ce que j'ay esté adverty que, tant en ma ville de Poictiers qu'és environs, il se faict de grandes émotions pour le faict de la relligion, estans les ungs si divisés des aultres et tellement aliennés et oppiniastres qu'il ne s'en attend qu'une prochaine élévation, il m'a semblé qu'il estoit très-requis et nécessaire pour le bien de mon service et pour y donner l'ordre qui est requis et nécessaire, de vous y en aller incontinant, d'aultant que tenant le lieu que vous faictes et estant assisté comme vous serez de beaucoup de la noblesse, vous y pourriés mieulx pourveoir que nul aultre ; et pour ce je vous prye estant sur les lieux, de parler aux ungs et aux aultres et les prier pour le bien de mon service, de vivre en paix sans me forcer et contraindre d'user de rigueur envers eulx, leur faisant bien entendre que, si ils persévèrent en cette obstination, je seray contrainct d'y mettre la main à bon essient et les chastier si rigoureusement, qu'ils se repentiront de m'en avoir donné occasion ; et si estant sur les lieulx, vous voyez les choses si éloignées de raison que, ny votre présence, ny votre parolle n'y puisse proffitter, et qu'ils feust besoing pour les réprimer d'avoir des forces pour chastier les séditieux et coulpables, vous avez deux ou trois compaignyes de gensdarmerye en vostre gouvernement que vous ferés incontinant approcher de vous, affin qu'avec cela et les gens de bien qui vous assisteront, vous puissiés avoir moyen de faire pugnir indifféremment de quelque relligion qu'ils soient tous ceulx qui apporteront sédition et voudront troubler le repos publique; et d'aultant que j'ay entendu que le curé de Chirez [1] continue les sermons à Poictiers, maulgré l'évesque dudict Poictiers, d'où sort et procède une partye de tous ces troubles, je veulx et entends que vous luy faciés faire commandement et deffenses expresses de par moy de ne plus prescher, à peyne de la vie, l'asseurant que, si après ceste deffense faicte, il continue, je l'envoyeray chercher en quelque lieu qu'il soit pour le faire pugnir comme rebelle et désobéissant à mes commandemens et ordonnances; le surplus est remys à vostre prudence et discrétion pour donner tel ordre que vous jugerés (estant sur les lieulx) estre bon et utille pour le bien de mon service, dont je vous prie m'advertir quand vous serés sur les lieulx, et je prieray Dieu, Monsieur du Ludde, vous avoir en sa saincte et digne garde.

Escript à Saint-Germain-des-Préz lez Paris, le 29 juin 1561. Signé : CHARLES. Et plus bas : ROBERTET, avec paraphe.

Au dos est écrit : A Monsieur le conte du Ludde, cappitaine de cinquante lances de mes ordonnances, et mon lieutenant général au gouvernement de Poictou en l'absence du roy de Navarre [2].

---

1. Pierre Després, s^r de la Cour de Chiré, curé de Chiré, se fit ministre protestant. Il fut tué plus tard en 1570, à Mouzeuil en bas Poitou, lors de la prise de cette bourgade par Puygaillard. (*Hist. des protestants du Poitou*, par M. Lièvre, I, 90; III, 311. — *Hist. des troubles*, par la Popelinière, p. 443.)

2. Il est utile de rapprocher de cette lettre : 1° une lettre du c^{te} du Lude à la reine, datée de Poitiers le 19 avril 1561, relative aux gens de guerre qu'il doit garder; 2° une autre lettre du c^{te} du Lude à la reine, de Poitiers le 11 mai 1561, relative au prêche de Chiré, où se tient une grande assemblée au grand scandale du peuple qui en murmure fort. (*Arch. hist. de la Saintonge et de l'Aunis*, IV, 290.)

70. — 29 juin 1561. — Lettre de la reine Catherine de Médicis à M. du Lude[1].

Monsieur du Ludde, le roy Monsieur mon fils vous escript l'advis qu'il a des émotions qui adviennent journellement à Poictiers et ez environs pour le faict de la relligion, où il est requis et nécessaire pour le bien de son service que vous rendiez le plus tost que vous pourrez[2], affin que pour le lieu que vous tenez, estant sur les lieulx, vous advisiez d'y donner l'ordre et provision qu'il sera de besoing. Je m'asseure que pour la fidellité que vous portez au service du roy mon dit fils, et pour la nécessité et importance dont vous congnoissez estre telles choses, vous y employerez de façon qu'il ne tiendra pas à vous que le tout n'aille à vostre contentement et satisfaction, dont je vous prye, comme je faicts Nostre Seigneur, vous avoir, Monsieur du Ludde, en sa saincte et digne garde.

De Saint-Germain-des-Prés-lés Paris, ce 29e jour de juing 1561. Signé : CATERINE. Et plus bas : ROBERTET.

La suscription : A Monsieur le conte du Ludde, cappitaine de cinquante lances des ordonnances du roy Monsieur mon fils et son lieutenant au gouvernement de Poictou, en l'absence de mon frère le roy de Navarre[3].

---

1. Cette lettre a été publiée dans la collection des lettres de Catherine de Médicis, imprimées dans les *Documents inédits sur l'histoire de France*, p. 208.

2. M. du Lude ne se rendit à Poitiers pour y faire sa résidence qu'à la fin de décembre 1561 (Reg. des délib. de l'ancien corps de ville de Poitiers. Reg. 38, séance du 29 décembre 1561). Cependant nous avons vu qu'il était à Poitiers aux mois d'avril et mai 1561 (voir la lettre précédente, note).

3. Peu de temps après, le 22 septembre 1561, le maréchal de Cossé-Brissac écrivait de Tours au roi Charles IX que, suivant ses ordres, il se dirigeait à Poitiers avec son régiment (*Arch. historiques de la Saintonge et de l'Aunis*, IV, 290). — Il y a une autre lettre de Catherine de Médicis, qui est curieuse pour l'histoire de Poitiers. Elle est adressée à François Aubert, sr d'Aventon, président du présidial de Poitiers, et datée de Saint-Germain-en-Laye, du 2 septembre 1561. La reine,

répondant à une lettre du susdit président, en date du 13 août 1561, par laquelle il lui faisait connaître le vif mécontentement des protestants de la ville contre l'édit de juillet 1561, lui recommande de se borner à lire l'édit en séance, sans le faire publier à son de trompe, et de ne pas être trop sévère sur son observation. (*Lettres de Catherine de Médicis*, dans les *Doc. inéd. sur l'hist. de France*, p. 233.) Voici la lettre du président du présidial :

« Madame, vous avez peu entendre par cy devant, tant par monsieur de Montpezat, seneschal de Poictou, que par ce que vous ay escript, avec les autres officiers, l'estat onquel estoit ceste ville et les entreprinses que ceulx de la nouvelle religion ont faicte pour les presches qui se font troys foys la sepmaine depuys la feste de Panthecouste, et jusques à présent autre ne s'est faicte contre l'auctorité du roy. Depuys, Madame, ces jours le ministre de ceste ville m'est venu remonstrer qu'il avoit entendu que j'avoys délibéré au premier jour, faire publyer l'esdict dernier touchant le faict de la religion, que les fidelles se mescontentoyent fort du contenu en icelluy, qu'ilz n'entendoient le garder et entretenir, et me admonestoit sur toute chose de ne le faire publier, aultrement il ne pourroit empescher les fidelles de faire une sédition et folle entreprinse comme gens désespérez. Disoit oultre, Madame, que je excederoys le commandement du roy de faire la dite publication parce qu'il n'est mandé de ce faire, sinon aux cours de parlement et que en faisant la lecture et publication en la dite court elle n'a ordonné d'office ou à la requeste de monsieur le procureur général du roy que la dite publication se feroit aux sièges royaulx des provinces, comme véritablement il n'est aussy mandé. Davantaige disoit le dit ministre qu'il estoit asseuré que le dit esdict n'avoit esté et ne seroit publié en aucune ville d'entre cy et Paris et autres pays. Sur ce, Madame, je luy ay faict response que je adviseroys de faire mon debvoir pour conserver l'auctorité du roy et garder ses édicts ausquelx il doibt obéyr, sans luy faire autre responpe. Touteffoys, Madame, voyant que par plusieurs de ceste ville, gens de bien et de bonne vye, je estoys pressé de faire la dicte publication pour n'entreprandre chose qui tumbast au préjudice du roy et du publicq, craignant qu'il advint quelque sédition qui seroit difficile à pacifier, j'ay assemblé des plus notables de la dicte ville et gens de tous estatz, par l'advis desquelx j'ay différé la publication du dit édict et trouvé qu'il estoit expédient pour la conséquence de cest affaire de vous en escripre et au roi de Navarre, afin, Madame, qu'il plaise au roy et à Votre Majesté commander si le dict édict sera publyé ou non, tenant pour chose asseurée que la dicte publication faicte ilz ne laisseront à continuer leur entreprinse, et se doubte fort que si tost qu'ilz verront que l'yver s'approchera ils se saisiront d'ung temple. Je scay, Madame, que le mieulx que les officiers du roy et les gens de bien peuvent faire pour le service de Sa Majesté c'est de contenir le peuple en toute obeissance, sans user de force et rigueur, de peur de sédition, et s'il n'y a force ès villes capitales de ce royaulme à peine les édicts seront gardez, vous suppliant très humblement, Madame, faire entendre aux officiers du roy et à moy votre volunté et ce qu'il vous plaira y estre faict le plus tost que possible sera, craignant que la longueur de cest affaire engendrast division et chose de plus grand conséquence entre les subjectz du roy.

« Madame, je prye Dieu vous donner en sancté très bonne, longue et heureuse vye. A Poictiers ce xiij° jour d'aougst 1561.

« Votre très humble et très obeissant serviteur, Françoys Aubert, président à Poictiers. A la royne. (F. Français 15,875, f° 124.)

71. — 4 avril 1562. — Lettre de Charles IX à M. d'Estissac[1].

Monsieur Destissac, ayant esté adverty qu'aucuns de mes subjects s'estant assemblés en grande trouppe en armes, se sont allés saisir de ma ville d'Orléans; ne poulvant penser à quelle intention sy ce n'est pour quelque grande entreprinse contre le bien de mon service et le repos de tous mes subjects et que du costé de Guyenne ils se ventent debvoir estre secourus d'une grande force, j'escripts présentement à Monsieur de Burye[2], mon lieutenant général en Guyenne en l'absence de mon oncle le roy de Navarre, de lever quelque noumbre d'enseignes de gens de pied, et avec icelles et les forces qu'il a jà assemblées tant de gens de pied que de cheval, empesche le secours qui de ce costé-là leur pourroit venir. Le semblable fay-je au sieur du Ludde, mon lieutenant général en Poictou en l'absence de mondit oncle le roy de Navarre; et pour ceste cause, s'il avoyt besoing de l'ayde de tous mes bons subjects et serviteurs, assembler le plus de la noblesse qu'il pourra, et d'aultant que je say et cognois la dévotion, fidellité et bonne vollonté que vous avés au bien de mon service, je vous en ay bien voullu escripre pour vous prier, Monsieur d'Estissac, pour l'importance que cela est à mon dit service, de l'aller trouver et luy voulloir assister en cela de tout ce que vous pourrés et luy donner toute l'ayde et secours qui sera en vostre puissance et vous asseurer que je recognoistray ce service faict en mon grand besoing envers vous, selon vostre mérite, et je prieray Dieu, Monsieur Destissac, vous avoir en sa saincte et digne garde.

---

1. Louis d'Estissac, chev., s^r d'Estissac, de Coulonges-les-Royaux et Benet, gouverneur de la Rochelle et de l'Aunis.
2. Charles de Coucis, comte de Burie, d'une ancienne famille de Saintonge.

De Melun, ce 4ᵉ jour d'avril 1562. Signé : CHARLES. Et plus bas : ROBERTET, avec paraphe.

Au dos est escript : A Monsieur Destissac, gentilhomme de ma chambre.

---

72. — 16 avril 1562. — Lettre de Charles IX à M. du Lude.

Monsieur du Ludde, je vous escrivis du iiij^e de ce mois que pour les troubles qui se présentoient vous en vinssiez à Poictiers avecques vostre compaignye, affin d'y contenir la ville en mon obbéissance et empescher les désordres qui y pouroient survenir. Depuys, voyant croistre le mal de jour en jour et l'audace de ceulx qui se sont emparez d'aucunes de mes villes augmenter, je ne doubte point qu'ils ne tentent tous les moiens qu'ils pourront pour venir à bout de leurs desseings ; et pour cest effect, sçachant combien il est dangereulx qu'ils se saisissent de mes deniers qui sont en ma recette générale, il me semble qu'il estoit nécessaire de les faire mener et conduire en quelque lieu de seureté, comme est le chasteau de Chauvigny, lequel est fort, et y ayant quelques nombres d'hommes comme vous pouvés y mettre, il ne leur sera pas aysé de le forcer. Vous en advertirez doncq le receveur général, affin qu'il y face mener les deniers qui seront en ses mains et que luy-mesmes ou son commis y aille pour en faire la garde. Il sera bon aussy que vous faciez advertir tous les receveurs particulliers qu'ils n'ayent, pendant que ces follyes dureront, à envoyer à leur dite recepte générale sans vous en advertir et avoir quelque bonne escorte, de peur qu'ils ne soient destroussez par les chemins ; et quand il y aura une bonne somme ensemble, vous m'en advertirés, ensemble du moyen qu'il y aura de le faire conduire jusques en lieu de seureté, affin que, selon ce que vous me manderés et que je résouldray, je vous face sur cela entendre ce que vous aurés à faire, qui sera fin, priant Dieu, Monsieur du Ludde, vous avoir en sa sainte et digne garde.

De Paris, ce xvj° jour d'avril 1562. Signé : CHARLES. Et plus bas : ROBERTET, avec paraphe.

Au dos est écrit : A Monsieur du Ludde, gentilhomme ordinaire de ma chambre, capitaine de cinquante hommes d'armes de mes ordonnances et mon lieutenant général en Poictou en l'absence de mon oncle le roy de Navarre [1].

---

73. — 22 avril 1562. — Lettre de des Granges à Madame du Lude [2].

Madame, depuis ma lettre dernièrement escrite, Monseigneur [3] a avisé dépescher à la cour Cadaillet pour avertir le roy des troubles qu'il a trouvés à Poictiers qu'il a avecques grande peine ung peu composées, et d'autent, Madame, qu'il n'a voulu, puisque sa présence les metoit en ses troubles et crainte, fère plus long sebjour audit Poictiers, a avisé se retirer à Maigné [4] atendant d'amasser sa compaignée et autres forces, selon qu'il ara commandement du roy, pour tenir le païs en sûreté qui n'est moins

---

1. Voir une autre lettre de Charles IX à la ville de Poitiers, en date du 26 avril 1562, relative à la conservation des deniers royaux étant entre les mains du receveur général de la province, ainsi qu'une lettre du s^r d'Esprunes, général des finances, à la ville de Poitiers, remise au conseil avant le 12 mai 1562, dans laquelle il expose comment il a fait porter les deniers royaux au château de Poitiers, pour les préserver de toute atteinte. (*Arch. hist. du Poitou*, t. IV, p. 327-333.)

2. Jacqueline de la Fayette avait épousé en 1559 Guy de Daillon, c^{te} du Lude. (*Add. aux Mém. de Castelnau*, par le Laboureur, t. II, p. 756.)

3. Il s'agit là de Monseigneur le c^{te} du Lude.

4. Le c^{te} du Lude était s^r de Magné et de Saint-Maxire, et baron de Villiers, localités situées près de Niort (*Hist. de Niort*, par Briquet, t. I, p. 204). Son père, Jean de Daillon, avait hérité en 1538 d'Antoine de Chourses, s^r de Magné, Sainte-Pezenne, Saint-Maxire, Echiré et le Breuil d'Aigonnay.

troublé que celuy de Touraine et d'Anjou sans toutes fois avoir encores rien entreprins sur les églises. Monsieur de Belleville [1] avecques presque tous les gentilshommes du bas Poictou passèrent hier par Poictiers pour se retirer à Orléans et Mᵣ du Vigen y arriva après disner avecques autre nombre, et tous sont venus veoir mondit seigneur qui a fait ce qu'il a peu pour les divertir de leurs entreprises, mais ils ont la prison du roy en telle oreur que remonstrances du monde ne leur peult entrer aux oreilles, et ne veulent croire à deux lettres patentes qui furent hier publiées, les premières pour maintenir la religion selon l'édit de janvier, l'autre pour assembler l'arrière-ban [2]. Je m'assure qu'il y en a en leurs trouppes qui vouldroient estre en leurs maisons. Madame, ne voulant toute ma vie faillir d'obéir à vostre commandement, j'ay bonne dévotion vous fère savoir souvent des nouvelles de Monseigneur, et pour y satisfaire, j'ay prins ung lacquais que je feray dépescher sitost que orez fait savoier de vos nouvelles à Monseigneur, atendant lesquelles, feray fin à la présente, par mes très-humbles recommandations à vostre bonne grâce, suppliant le Créateur, Madame, vous donner en très-bonne santé très-heureuse et très-longue vie.

De Vouillé, ce xxijᵉ avril 1562, vostre très-humble et très-obéissant serviteur. Signé : Les Granges.

Et la suscription est : « A Madame, Madame du Ludde. »

---

74. — 2 mai 1562. — Lettre de Louis de Bourbon, duc de Montpensier, à M. du Lude.

Mon cousin, j'ay eu advertissement que ceulx de la Rochelle ont aydé et envoyé à monsieur le prince de Condé

---

1. Charles Harpedanne, sᵣ de Belleville, en bas Poitou. (*Dict. des familles de l'anc. Poitou*, t. II, p. 207.)
2. En effet, le cᵗᵉ du Lude était au mois de mai à Niort, où il rassembla l'arrière-ban de Poitou. (*Journal de Michel le Riche*, p. 85.)

les deniers des tailles du roy et qu'ils les amassent encores pour l'en secourir. S'il estoit vray, je seroys bien d'advis que l'on se saisisse des dits deniers que les particulliers doibvent à la dite Majesté, premier que d'estre portés à la dite Rochelle et les mettre en lieu seur pour les garder à sa dite Majesté ; et m'asseurant que vous userez en cella d'une telle dextérité et dilligence pour le service du roy que vous avez accoustumé faire en ce qui se présente à vous pour le bien de ses affaires, je ne vous en diray aultre chose. Bien vous veulx-je prier me faire tousjours sçavoir les advertissements qui vous viendront de ceulx qui ont pris les armes du cousté de dellà pour défendre et s'aler joindre à sa trouppe doresnavant [1]. Vous me ferez aussy, s'il vous plaist, entendre le temps que vous penserez que monsieur de Montluc [2] pourra estre de par deçà. Je désire que se soit bientost et que nous mections nos forces ensemble pour faire quelque bon service au roy. Ce sera l'endroict où je prye Dieu vous donner, mon cousin, ce que plus désirez.

De Champigny [3], ce 2ᵉ jour de may 1562. Voustre bon cousin et meilleur amy. Signé : LOYS DE BOURBON.

La suscription : A mon cousin, Monsieur du Lude, chevalier de l'ordre du roy, gouverneur et son lieutenant général en Poictou.

---

75. — 3 mai 1562. — Lettre de Charles IX à M. du Lude.

Monsieur le conte, je n'adjouteray aucune chose pour

---

1. Il y a une lettre de Catherine de Médicis et une instruction du roi Charles IX, du 8 mai 1562, à MM. de Burie et de Montluc, leur recommandant également d'empêcher tout secours de venir de Guyenne rejoindre l'armée protestante de Condé, à Orléans. (*Lettres de Catherine de Médicis*, p. 307.)
2. Le célèbre Blaise de Montluc, lieutenant général du roi en Guyenne, était alors à Toulouse, que les protestants avaient tenté d'occuper. (*Comment. et lettres de Montluc*, publiés par M. de Ruble, t. IV.)
3. Champigny-sur-Veude (Indre-et-Loire).

ceste heure à la lettre que la royne, madame ma mère, vous escript présentement [1], synon que je vous envoye la commission nécessaire pour la levée des deniers du payement et soulde des gens de guerre ordonnez pour la conservation des villes, chasteaulx et plat pays de Poictou; je vous prye prendre garde que les rebelles ne exécute quelque chose de mauvais et que le peuple ne s'eslève, vous advisant quant à la continuation pour ceste année du don cy-devant faict aux habitans de Poictiers des deniers provenans de l'assiette de six deniers pour livre qui se lève en la généralité de Poictou, c'est chose que j'ay esté bien contant leur octroyer et dont envoyant par deçà les pièces de leur premier don, il leur sera expédyé les lettres de la continuation d'icelluy pour ceste dite année; et en tant que touche la commission que vous estes d'advis estre adressée à celluy qui vous semblera à propos pour ouyr les comptes de ceulx qui ont mangé les deniers de la levée et ont faict cy-devant le payement des garnisons, je vous déclare qu'il fault qu'ils apportent leurs comptes par deçà devers les intendans de mes finances qui les en auront bientost dépeschez, et dont pour ceste cause vous advertirez les comptables des dits deniers pour en dresser sommairement leurs comptes et s'en venir avec iceulx devers lesdits intendans des finances pour en estre expédiez, priant Dieu, Monsieur le conte....., ce que désirez.

Escript à Bloys, le iije jour de may 1562. Signé : CHARLES. Et plus bas : ROBERTET, avec paraphe.

Au dos est écrit : A Monsieur le conte du Lude, chevallier de mon ordre, gouverneur et mon lieutenant général en Poictou.

---

[1]. La lettre à laquelle il est fait ici allusion ne figure pas dans la collection des lettres de Catherine de Médicis, publiées dans les *Doc. inéd. sur l'hist. de France*.

76. — 6 mai 1562. — Lettre de Louis de Bourbon, duc de Montpensier, à M. du Lude.

Mon cousin, je suys bien ayse du bon debvoir que font ceulx des villes de vostre gouvernement et demourer en l'obéyssance du roy, et marry que ceulx du plat pays n'ont pris exemple là-dessus. Toutesfoys, je ne fais point de doubte que vous n'y ayez pourveu de ceste heure et que ladite Majesté ne vous ayt instruict de la façon dont vous vous y debvez conduyre; elle me commande empescher et rompre les trouppes qui passeront par mon gouvernement pour aller à Orléans et essayer à faire réduire les villes qui se sont révoltées, par toutes les voyes et manières que le pourray. Aussi suys-je bien dellibéré, s'en présentant l'occasion, de n'y rien oblier et vous faire plaisir en tout où je pourray d'aussi bon cueur que je me vois recommander à vostre bonne grâce et supplier Nostre Seigneur vous donner, mon cousin, ce que désirez.

De Chinon, ce 6e jour de may 1562. Voustre bon cousin et meilleur amy. Signé : Loys de Bourbon.

La suscription : A mon cousin, Monsieur le comte du Lude, capitaine de cinquante hommes d'armes et gouverneur de Poictou.

---

77. — 13 mai 1562. — Lettre de l'église réformée de Poitiers à M. du Lude.

Monseigneur, par la lectre que avez rescripte au sire Beaucé[1], qu'il nous a communicquée, et encores par ce que monsieur de la Frézellière vostre lieutenant pour recepvoir l'arrière-ban nous a remonstré de vostre part, nous avons

---

1. Jean Beaussé, l'un des soixante-quinze bourgeois du corps de ville de Poitiers, était un des principaux adhérents de la prétendue réforme.

congneu que n'avez trouvé bon dont les portes se sont redressées en ceste ville, jugeant que c'estoit pour remectre les armes entre les mains du populaire, chose dangereuse ou temps qui s'offre, ce qui nous a donné la hardiesse de vous faire entendre la forme qui y a esté tenue et la cause pour laquelle cella a esté faict, c'est que des gens d'ordonnance vivans sans paier et faisans excès au pauvre peuple tournoient par les villaiges prochains de ceste ville à si petites journées que on heust plustot jugé leur desseing estre d'entrer en ceste ville pour faire telles oppressions en icelle, que d'aller au service du roy et parce que tout le peuple commençoit à en murmurer, disant oultre qu'il s'étoit droissé quelques compaignyes de gens de pied qui les suyvoient, l'on heust craincte que cella feust ou servist de prétexte au commung pour faire ung desbauchement, lequel sans difficulté feust advenu si le dit peuple heust rescenty sur soy telles incommodités. Et pour ad ce obvier, on s'addroissa aux magistrats par l'auctorité desqueulx ont esté ordonnées les dites portes [1], et des depputés commis qui ont tousjours mis à chascune porte gens de la maison commune et autres de quallité pour tenir en bride le peuple, ce qui a tant bien succédé, grâces à Dieu, qu'il n'y a heu, n'a et n'y aura, aydant Dieu, aulcune sédition ne mescontentement. Ains le peuple jusques à présent s'est mainctenu en paix et amityé et fera cy-après, s'il vous plaist tant nous favoriser qu'il ne vienne forces en ceste dicte ville auxquelles nostre peuple rude n'est accoustumé, par ce . . . . Monseigneur, nous vous supplions très-humblement faire par vostre auctorité que nous ne soyons chargés de gendarmerie, affin que nostre. . . . . soit gouverné par son magistrat ordinaire, et soubs icelluy

---

1. La garde des portes de Poitiers par les échevins et bourgeois avait été ordonnée et réorganisée en vertu de la délibération du Mois et Cent, du 5 mai 1562 (reg. 38).

vivre en paix sans sédition ne esmutte, et que jusques à la fin nous soions trouvés tels que nous sommes jusques icy, sçavoir est très-humbles et obéissants subjects du roy en la crainte de nostre Dieu lequel à cest endroict nous supplions, Monseigneur, vous donner en bonne santé et longue vie sa grâce, présentans aux vostres nos très-humbles et affectionnées recommendations et tout le service que verrez estre en nostre pouvoir pour l'honneur de Dieu, du roy nostre naturel seigneur et du roïaume.

A Poictiers, ce xiij° may 1562. Vos très-humbles et affectionnés serviteurs, Ceulx de l'Eglise refformée de Poictiers [1].

Et la suscription : « A Monseigneur, Monseigneur le conte du Lude, à Meigné [2]. »

---

78. — 22 juin 1562. — Lettre de Louis de Bourbon, duc de Montpensier, à M. du Lude.

Mon cousin, vous verrez, par le double d'une lettre que j'ay reçeue à ce matin que je vous envoye, l'estat auquel sont les affaires de nostre armée et entendrez de vostre gentilhomme présent porteur la délibération où je suys de partir bientost de ceste ville si vous voulez me venir

---

1. Il faut rapprocher de cette lettre : 1° la lettre du prince de Condé à la ville de Poitiers, du 20 mai 1562, annonçant aux habitants qu'il leur envoie le sr de Sainte-Gemme pour y commander ; 2° la lettre de Charles IX à la ville de Poitiers, du 23 mai 1562, relative à la garde et conservation du château de Poitiers ; 3° la lettre des maire et échevins de Poitiers au comte du Lude, du 24 mai 1562, concernant l'arrivée du sr de Sainte-Gemme (Arch. hist. du Poitou, t. IV, p. 334-337) ; 4° la lettre du prince de Condé aux habitants de Poitiers, du 28 mai 1562, leur recommandant d'obéir au sr de Sainte-Gemme (Id. 337).

2. Le comte du Lude, intimidé par les violences des séditieux qui conspiraient pour livrer Poitiers aux huguenots, ce qui eut lieu en effet le 26 mai, avait abandonné cette ville pour se retirer à Magné, près Niort, qui lui appartenait, puis à Niort, où il rassembla l'arrière-ban de Poitou. (Journal de Michel le Riche, p. 85. — Dom Fonteneau, t. II. Déposition des témoins, etc., en 1562.)

attendre à Monstreulbellay. Oultre que c'est une belle ville bien logeable et de grande commodité, vous n'y serez pas trois jours sans me veoir, et si vous mettray en lieu où nous ferons quelque chose dont le roy aura occasion de contantement. L'affection que j'ay d'estre aydé de vous en si saincte querelle me faict vous tenir ce langage, et aussi que je ne veoy pas occasion de demourer à Bressuyre, puysque le chasteau n'est en vostre puissance et que vous n'avez artillerye, pour le forcer; j'ay quelques canons que je fais marcher où ce dit porteur vous dira, qui vous doibt bien assurer que je ne seray pas longuement sans le suyvre[1]. Cependant, je me veois bien fort recommander à vostre bonne grâce et supplier Nostre Seigneur vous donner, Mon cousin, ce que désirez.

D'Angers, ce lundy 22ᵉ jour de juing 1562. Voustre affectionné cousin et meilleur amy. Signé : LOYS DE BOURBON.

La suscription : « A Monsieur le comte du Ludde, mon cousin, chevalier de l'ordre du roy Monseigneur. »

---

79. — 13 juillet 1562. — Lettre du duc de Montpensier à M. du Lude.

Mon cousin, le roy de Navarre[2] m'a despesché ung courrier qui me veint trouver hier avec une lectre qu'il m'a escripte; il en avoyt aussi une à vous que je lui avois commandé vous porter, mais, ad ce que j'ay entendu, il n'a pas pris ce chemyn, c'en est allé ailleurs. A ceste cause, je vous ay bien voullu envoier par ce porteur ladicte lettre

---

1. Le 25 juin 1562, Catherine de Médicis écrivit à M. le duc de Montpensier de marcher sur Tours, occupé par les protestants. (*Lettres de Cath. de Médicis*, p. 341.)

2. Antoine de Bourbon était alors à l'armée royale, à Blois. (*Lettres d'Antoine de Bourbon*, publiées par M. de Rochambeau.)

dudit seigneur roy de Navarre qu'il m'escript, où vous trouverez la substance de tout ce que vous mandoys, ne voullant aussy vous celler que je viends d'estre adverty que ceulx qui estoient dedans la ville et chasteau de Chinon s'en sont ceste nuiget fouis[1]. Dieu monstre bien en cella qu'il luy plaist se mectre de nostre partye pour défendre sa cause à la confusion et dommaige de ceulx qui voulloient ronger et diminuer sa gloire et honneur; je le supplie, après m'estre recommandé bien fort à vostre bonne grâce, vous donner, Mon cousin, ce que plus désirez.

De Saumur, ce 13e jour de juillet 1562. Voustre plus affectionné et meilleur amy. Signé : LOYS DE BOURBON.

La suscription : « A mon cousin Monsieur le conte du Lude. »

---

80. — 13 juillet 1562. — Lettre de l'Église réformée de Saumur à celle de Poitiers.

Messieurs, nous avons entendu par monsieur de Marconnay[2] que vous debvez faire descendre partie de vos forces vers ceste ville pour aller assembler les forces des Eglises là part où il seroit advisé; toutes foys, nous avons entendu que Monseigneur de la Rochefoucault[3] descend à vous à Poictiers pour y dresser les dites les forces, et doubtant que ce ne soit chose asseurée, nous avons rechargé le porteur de donner vers vous pour entendre la vérité du faict, et, s'il est besoing que nous vous aillons trouver audit lieu, mandez le nous, s'il vous plaist,

---

1. Chassés de Tours le 10 juillet 1562, les calvinistes, ralliés à leurs coreligionnaires de Chinon et de Châtellerault, battaient en retraite vers Poitiers. (Hist. de Touraine, par Chalmel, t. II, p. 361.)

2. Lancelot ou Jean de Marconnay, d'une famille du Mirebalais. (Dict. des familles de l'ancien Poitou, par Filleau, Beauchet-Filleau et de Chergé, t. II, p. 358, 362.)

3. François, cte de la Rochefoucauld, prince de Marcillac, beau-frère du prince de Condé.

pour incontinant partir. Si nous pouvons joindre avecques nous les forces de Chinon, Chastellerault et Thours [1], nous serons tousjours les plus forts, nous vous prions au nom de Dieu de nous en advertir, lequel nous supplions par Jésus-Christ, son fils, Nostre Seigneur, qu'il nous veuille tous assister et conserver en ses saincte grâce et bénediction.

De Lodun, ce xiij[e] juillet 1562. Vos humbles frères, les fidèles de l'Eglise de Saumur. Signé : MAURICE, au nom de tous.

Et la suscription : « A Messieurs, Messieurs de l'Eglise de Poictiers, à Poictiers. »

---

81. — 13 juillet 1562. — Lettre d'un certain Jeanneau à M. de Sainte-Gemme.

Monsieur mon frère, je vous ay par cy devant escript que le desseing de monseigneur le prince de Condé estoit de dresser ung camp. Je suis en cette ville, attendant de vos nouvelles ; je vous prye bien fort m'escripre le lieu où avez délibéré que nous assemblons ; il me sembleroit fort bon estre entre cy et Chastellerault. Mon nombre est de cinq enseignes de gens de pied et de cent cinquante hommes de cheval et de cinq pièces de campaigne ; nos ennemys sont forts en ce pays, et desjà les avons combattus entre icy et Saumur et nous sommes bien frottés. Nous aurions grand besoing de gens de cheval et vous supplye bien fort de nous envoyer pour nous favoriser entre cy et Poictiers, ou aultrement nous aurons bien des affaires, car le nombre de leur cavallerye est grand, et ce faict mérite une bien grande diligence que je vous supplye y faire mectre. Fai-

---

[1]. Ces forces calvinistes furent battues quelques jours plus tard, à Saint-Genest d'Amberre, près Vendeuvre, par le c[te] de Villars et le s[r] de Touffou et la Roche-Pozay (Roch Chasteigner). (*Hist. du Poitou*, par Thibaudeau, éd. 1840, t. II, p. 310.)

sant fin en cest endroict, par mes humbles recommendations à vostre bonne grâce, priant le Créateur, Monsieur mon frère, qu'il vous donne en bonne santé longuement heureuse vie.

De Lodun, ce xiij[e] juillet 1562. Vostre humble frère et asseuré amy à jamais. Signé : DEL JEANNEAU [1].

La suscription : « A Monsieur mon frère, Monsieur de Sainte-Jemme, gouverneur et lieutenant pour le roy à Poictiers [2], à Poictiers. »

---

82. — 14 juillet 1562. — Lettre du duc de Montpensier à M. du Lude.

Mon cousin, j'ay congneu par la lettre que vous m'avez escripte par ce porteur, que vous avez veu par celle que je vous ay envoyée du roy de Navarre, le commandement qu'il vous faict de vous retirer en vostre gouvernement, et la volunté que vous avez d'y satisfaire, qui est pour me faire espérer que vous vous emploierez bien voluntiers à rompre les desseings de nos rebelles et adversaires, à quoy aussi de ma part je n'espargneray vye ne biens pour cest effect, vous priant, mon cousin, laisser avant vostre partement dudit Monstrebellay les prisonniers que vous y avez soubs quelque bonne et seure garde, attendant que je vous y envoyray des soldats pour les mettre dedans le chasteau dudit Monstrebellay, qui se chargeront desdits prisonniers, fors de la femme de l'esleu Bourneau, à laquelle je parmects de venir en ce lieu retrouver sa mère. Je me deslibère de partir demain matin pour aller à Chinon, et de là,

---

1. Nous ignorons quel est ce personnage qui, d'après la lettre, était le chef militaire des calvinistes à Loudun. C'est peut-être Jean de Marconnay, qui aurait pris un pseudonyme.
2. Lancelot du Bouchet, s[r] de Sainte-Gemme, s'était emparé de Poitiers le 25 mai 1562, au nom du prince de Condé.

suyvre le droict chemyn de Tours [1] et Bloys, où estant, je n'oublieray à dire au roy de Navarre le bien que je sçais de vous. Si je vous puys ailleurs faire quelque plaisir, vous congnoistrez comme de bon cueur je désire faire pour vous et les vostres ; de ceste volunté je prye Dieu vous donner, mon cousin, ce que plus souhaitez.

De Saulmur, le 14ᵉ jour de juillet 1562. Voustre plus affectionné cousin et meilleur amy. Signé: Loys de Bourbon.

La suscription est : « A mon cousin, Monsieur le comte du Lude ».

---

83. — 17 août 1562. — Lettre du duc de Guise à M. du Lude.

Monsieur du Ludde, j'ay esté très-aise d'avoir entendu par vos lectres le bon ordre que vous donnez à contenir ceulx de Poictiers [2] en l'obéissance qu'ils doivent au roy et m'asseure que vous n'y oblirez de vostre costé... qui s'y doibve désirer. Je croy que vous verrez assez par la dépesche que Sa Majesté vous fait présentement le contentement que l'on en reçoit, qui me gardera de vous faire plus longue lettre que pour vous advertir seullement comme nous sommes en chemin pour aller à Bourges, espérans que le siège n'y sera long, pour incontinent après nous en aller trouver Orléans, nous confiant bien que cependant vous tiendrez tousjours la main ad ce que toutes choses se conduisent au lieu où vous estes, selon qu'il est requis pour le service de sa dite Majesté et y demourans les choses bien composées, si le jeu par deçà tire en longueur, ce ne sera pas que vous n'y puissiez avoir vostre part du passe temps, suivant les nouvelles que vous en aurez ; je prye Dieu

---

1. Le duc de Montpensier arriva à Tours le 18 juillet. (Chalmel, t. II, p. 362.)

2. La ville de Poitiers avait été reprise sur les huguenots le 1ᵉʳ août 1562, par le maréchal de Saint-André et M. de Villars.

cependant vous donner, Monsieur du Lude, très-bonne et longue vie.

Escript au camp de Romorantin, ce xvij° jour d'aoust 1562. Vostre bien affectionné amy. Signé : FRANÇOIS DE LORRAINE.

Et la suscription : « A Monsieur du Ludde, chevalier de l'ordre et gouverneur pour le roy à Poitiers ».

---

84. — 1ᵉʳ septembre 1562. — Lettre du roi Charles IX à M. du Lude.

Monsieur du Ludde, j'escripts présentement au sieur de la Grossetière me faire incontinant tenir là part où je seray, la meilleure somme de deniers qu'il pourra assembler de mes finances de Poictou, pour satisfaire à partie du payement de l'armée que j'ay de présent en campagne avec moy, et pour ce qu'il sera besoing que les dits deniers soient apportés avec bonne seuretté, je vous prye, Monsieur du Ludde, faire bailler pour la conduicte d'iceulx telle escorte que verrez estre nécessaire, priant sur ce point Notre Seigneur vous tenir en sa saincte garde.

Escript au camp de Lazenay, près Bourges, ce premier jour de septembre 1562. Signé : CHARLES. Et plus bas : FIZEZ, avec paraphe.

Au dos est escrit : « A Monsieur du Lude, chevallier de mon ordre et mon lieutenant général en Poictou ».

---

85. — 2 septembre 1562. — Lettre de Catherine de Médicis à M. du Lude [1].

Monsieur du Ludde, j'ay reçeu les lettres que vous m'avés escriptes et par le lieutenant général du siège pré-

---

1. Cette lettre a été publiée dans la correspondance de Catherine de Médicis par M. de la Ferrière, p. 391. (*Doc. inédits sur l'histoire de France.*)

sidial¹ et depuys du xxixᵉ du passé; et quant audit lieutenant, je l'ay fait satisfaire sur tout ce qu'il demandoyt, de façon que retournant par delà, il vous en rendra bon compte. Et quant à ce que me mandez de ce qu'il y a plusieurs gentilshommes qui désirent retourner en leurs maisons s'ils avoient seureté, vous ne sçauriez faire plus de service au roy monsieur mon fils que de le leur permettre de sa part, pareille à celle qui fut baillée aux sieurs de Piènes², du Vigen³ et infinis autres depuys, dont je vous envoye un double pour leur monstrer, les poulvant asseurer que s'estant retirés de ceste façon et ayans seureté de nous, il ne leur sera fait aucun desplaysir, non plus que aux aultres, et ne le permettrons jamais. Et pour ce il sera besoing m'en envoyer les noms, affin de leur faire dépescher des brevets qu'ils garderont, et n'y aura faulte qu'ils ne vous soyent envoyés. Quant à l'argent que vous avés, vous ne sçauriez mieulx faire que de l'envoyer avec bonne seureté et d'advertir le sieur de Clervaulx⁴ qui est à Tours afin qu'il envoye au-devant pour. . . . . et faire conduyre et me donner avis du tems qu'il partira, pour leur mander le lieu où ils le feront tenir.

Au demeurant, je vous advise que nous avons reprins Bourges par composition, ayant esté donné seureté de leurs vyes et de leurs biens à ceulx qui estoient dedans, ce que j'ay fait pour saulver cette belle ville du sac et du pillaige dont elle estoyt fort près, si l'on y feust entré de force, comme l'on eust fait s'ils ne se feussent renduz, ayant aymé trop mieulx l'avoir de cette façon et la conserver en

---

1. Jean de la Haye, sʳ de Jarzé, baron des Couteaux, lieutenant général de la sénéchaussée de Poitou depuis le 24 avril 1560, et maire de Poitiers depuis l'exécution de Jacques Herbert (7 août 1562), à la condamnation duquel il avait concouru.
2. Claude de Halluin, sʳ de Piennes, qui avait abandonné le parti de Condé.
3. François du Fou, sʳ du Vigean.
4. Paul Chabot, sʳ de Clervaulx.

son entier que aultrement, qui est tout ce que je vous diray, priant Dieu, Monsieur le conte, vous avoir en sa sainte et digne garde.

De Bourges, ce ij^e jour de septembre mil cinq cent soixante-deux. Signé : CATERINE. Et plus bas : ROBERTET.

Au dos est escrit : « A Monsieur du Ludde, etc. »

---

86. — 4 septembre 1562. — Lettre d'Antoine de Bourbon, roi de Navarre, à M. du Lude.

Monsieur du Ludde, vous entenderez comme, Dieu mercy, nous avons reprins Bourges qui nous a tenu longuement plus que nous ne pensions, pour se estre trouvé l'assiette plus difficille que nous n'avions espéré. Toutesfois, nous avons usé de telle diligence que mes gens estoient dedans le fossé sy près d'eulx que je vous puis assurer, s'ils ne se fussent hastez de parler, ils estoient en danger d'estre bien malades en peu de jour ; toutesfois, le désir que la royne a heu de saulver ceste ville du sac et du pillaige a esté cause que nous avons myeulx aymé la recepvoir à composition que de les avoir de forces, comme nous pouvions faire ; de maintenant, ceste ville estant assurée et tout ce pays réduict, il n'y aura riens en tout ce quartier, que la seulle ville d'Orléans, où le roy ne soit obéi et qui puisse tenir ung quart d'heure. De vostre cousté, il fauldra continuer comme les choses y sont en très-bons termes, de façon que j'espère que par là toutes choses seront réduictes en pareille transquillité qu'elles estoient auparavant, qui sera fin, pryant Dieu, Monsieur du Ludde, vous avoir en sa saincte et digne garde.

De Bourges, ce iiij^e jour de septembre 1562. Vostre bon amy. Signé : ANTOINE.

La suscription : « A Monsieur du Ludde, etc. »

87. — 7 septembre 1562. — Lettre du connétable de Montmorency à M. du Lude.

Monsieur le conte, l'abbé de Saint-Michel-en-l'air [1] m'a faict entendre que les huguenots avoyent assiégé et battu d'artillerye son abbaye du dit Saint-Michel, mais que par le bon ordre qu'il y avoit faict mettre, ses gens ont très-bien résisté pour ceste foys [2]; et d'aultant qu'il est adverty qu'ils sont en délibération d'y retourner pour tascher d'exécuter ce qu'ils ont failly la première fois, je vous ay voullu faire la présente pour vous prier de donner ordre que la dicte abbaye ne puisse estre surprinse, qui est, comme j'entends, en lieu de conséquence, luy aidant pour la garder sellon que vous jugerez estre nécessaire; et oultre que vous ferez chose qui sera pour le service du roy, vous me ferez en particullier grant plaisir, pour ce que j'ay faict donner ladite abbaye au dit abbé qui est de mes parens, que je recongnoistray en tous endroicts que me voulderez employer d'aussy bon cueur que je prye Dieu vous en donner, Monsieur le conte, ce que plus désirez.

De Bourges, ce 7ᵉ jour de septembre 1562. Vostre bien bon amy. Signé : Montmorency.

La suscription : « A Monsieur le conte du Lude, cappitaine de cinquante hommes d'armes des ordonnances du roy ».

---

88. — 26 septembre 1562. — Lettre de François de Lorraine à M. du Lude.

Monsieur du Ludde, j'ay reçeu vostre lettre par le

---

1. Jacques de Billy, abbé de Saint-Michel-en-l'Herm. (Notes de Ap. Briquet, p. 321 du t. III de *l'Hist. du Poitou*, éd. 1840.)
2. L'abbaye de Saint-Michel-en-l'Herm en bas Poitou fut assiégée le 20 juillet 1562 par les huguenots de Luçon et par un capitaine de mer, de la Rochelle, nommé Mesmin. Le siège avait duré quinze jours sans succès. (*Chronique du Langon*, publiée par M. de la Fontenelle, p. 63.)

seigneur de Fontaines, et bien esté d'advys qu'il aille devers le roy, ayant trouvé très-bon le vostre pour faire l'assemblée à Chasteauneuf là où j'espère qu'elle se fera; et au demeurant, les lansquenets qui sont bien près d'icy ayant faict huict et neuf lieues par jour, m'ont requis de leur donner une journée en ceste ville, tant pour leur reppos que pour avoir ce qui leur est nécessaire, et je le leur ay accordé et donné ordre pour leurs estappes d'icy à Poictiers là où ils seront le 2ᵉ de novembre; et de Poictiers en là, je vous prye de pourveoir à leurs dites estappes, en sorte que aucun désordre n'y puisse estre, ce que je me tiens bien asseuré que vous ferez; et en actendant que je vous voye, que j'espère estre de brief, je priray sur ce le Créateur, Monsieur du Ludde, vous donner sa saincte et digne grâce.

De Tours, le xxvjᵉ jour de septembre......

Monsieur du Ludde, la fourniture qu'il fauldra pour chacune estappe est de six mil pains et de douze muycts de vin. Votre entièrement et parfaict amy. Signé : FRANÇOYS[1].

Et la suscription est : « A Monsieur le conte du Ludde ».

---

89. — 25 octobre 1562. — Lettre de Charles IX à M. du Lude.

Monsieur du Ludde, voyant les Anglois entrés d'un costé dans mon royaume et les Allemans prests à y entrer de l'autre, j'ay faict despescher lettres à tous les baillyfs et sénéchaux d'icelluy, à ce qu'ils ayent à faire publier chacun en leurs ressorts et jurisdictions, que, si il y a aulcuns de la nouvelle relligion de qui les biens ayent esté saisis et qui n'ozent retourner en leurs maisons de peur d'estre reprins de la justice, que venans me trouver pour me servir en l'armée que j'ay présentement contre les

---

1. François de Lorraine, duc de Guise.

Anglois ou allant en celle que j'ay en Champaigne contre les Allemans, mon vouloir et intention est de leur remettre toute la faulte qu'ils pourroient avoir faicte du passé d'avoir prins et portés les armes contre mon auctorité, sans que pour ceste heure ny pour l'advenir ils puissent aulcunnement estre recherchés ne inquiétés ; et quant à leurs biens, entière main levée leur en soit faicte et la saisie ostée, sans qu'il leur puisse estre faict, mis ou donné aucun trouble ou empeschement, selon qu'il est porté par les dictes lettres dont je vous envoye celles qui s'addressent à tous les baillifs et séneschaux de vostre gouvernement, pour les leur envoyer incontinent, vous priant tenir la main que la publication en soit faicte le plus tost qu'il sera possible, et le contenu en icelle faict et observé selon la parfaicte fiance que j'en ay en vous, qui est une chose qui importe grandement à mon service ; et sur ce, je prieray Dieu, Monsieur du Ludde, vous avoir en sa saincte et digne garde.

Du camp près Rouen, le xxv° jour d'octobre 1562. Signé : CHARLES. Et plus bas : ROBERTET, avec paraphe.

Au dos est écrit : « A Monsieur du Ludde, gentilhomme ordinaire de ma chambre et mon lieutenant général au gouvernement du Poictou en l'absence de mon oncle le roy de Navarre. »

---

90. — 1er janvier 1563. — Lettre de la reine Catherine de Médicis à M. du Lude.

Monsieur le conte, après la bataille donnée et l'heureuse victoire [1] qu'il a pleu à Dieu en envoyer au roy monsieur mon fils, ceulx d'Orléans se sont retirés, ont

---

1. Bataille de Dreux, gagnée le 19 décembre 1562 par l'armée royale et catholique commandée par le connétable de Montmorency et le duc de Guise, sur l'armée protestante, commandée par le prince de Condé et l'amiral Coligny.

ramassé ce qu'ils ont peu de cavallerye, et, comme nous avons sçeu, passé la rivière de Loyre, dont l'occasion et intention n'est point encores descouverte, et toutes fois y a il apparence que ce pourroit estre pour cheminer de vostre costé et manger le pays et faire quelque désordre, car de prendre villes sans intelligence il ne leur est pas possible, n'ayant aucunes gens de pied ne artillerye que quelque pièce légière, s'ils en ont; de quoy je n'ay voulu faillir à vous advertir, vous priant donner, le plus tost que vous pourés, ordre d'advertir les villes de vostre gouvernement de se tenir sur leurs gardes et leurs villes bien fermées, se mectans en armes pour les conserver et deffendre, et aux peuples de rompre les ports et passages, ainsy qu'ils entendront qu'ils s'achemyneront, affin de les incommoder de tout ce qu'il sera possible. Et quant à vous, mectre ensemble les forces que vous avés, ou bien les départir aux villes et lieux importans qui en auront besoing pour empescher qu'il n'y adviennne aucun inconvénient et surtout avoir l'œil ouvert sur les factieux et sédicieux desquels l'intelligence pourroit estre préjudiciable et sur laquelle il est croyable que ceulx-là fondent une partie de leur entreprise, priant Dieu, Monsieur le conte, vous avoir en sa garde.

Escript à Chartres, le premier jour de janvier 1562 (1563, n. s.). Signé : CATERINE. Et plus bas : DE LAUBESPINE, avec paraphe.

Au dos est écrit : « A Monsieur le comte du Lude, gouverneur de Poictou [1] ».

---

1. Il y a des lettres de cachet du roi du 4 janvier 1563, concernant un personnage du Poitou assez notable. Par ces lettres le roi ordonne au sénéchal de Poitou ou à son lieutenant de faire publier qu'aucun de ses sujets n'ait, sous peine de crime de lèse-majesté, à recevoir et recéler le s^r du Chastelier-Portau, mais que chacun se mette en demeure de le prendre pour le remettre au plus prochain juge royal, faisant don à celui qui l'aura pris de mille écus. C'était à cause du meurtre fait à Paris du sieur de Charry, maître de camp des bandes françaises près Sa Majesté pour la sûreté de sa personne. (Papier rouge du greffe du présidial de Poitiers (1559-1573), manuscrit de la bibliothèque de la Cour de cassation.)

91. 10 janvier 1563. — Lettre du cardinal de Lorraine à M. du Lude

Monsieur du Lude, j'ay esté bien ayse d'avoir entendu par les lettres que m'avez escriptes, comme vous ayez si bien publié et faict rendre par delà grâces à Dieu du bien qu'il nous a faict de la victoire de ceste bataille. Je m'asseure que vous sçaurez bien continuer les bons offices desquels avez tousjours usé pour le service du roy, et donner ordre que ceulx de delà ne facent les fols, vous pryant de tenir la main et veiller de si près, pendant que les ennemys sont ès environs de Montrichard, qu'ils ne puissent entreprendre chose qui nous soit dommaigeable. Ce porteur vous dira nos nouvelles, qui me gardera vous en discourir aulcune chose; seullement pourrez estre asseuré que n'auray jamais meilleur amy que moy ne qui de meilleur cueur je veuille employer pour vostre bien..... priant.... vous donner, Monsieur du Lude, ce que désirez.

Du camp de Mersan, ce 10ᵉ janvier 1562 (1563, n. s.).

Voustre bien affectionné amy. Signé : FRANÇOYS, cardinal de Lorraine.

La suscription : « A Monsieur le comte du Lude, chevalier de l'ordre ».

---

92. — 17 février 1563. — Lettre de Catherine de Médicis à M. du Lude.

Monsieur le comte, j'entends que le roy d'Espaigne, monsieur mon beau-fils, envoye icy, devers le roy monsieur mon fils, le sieur Ernand fils du duc d'Albe[1], personnaige de quallité pour le visiter; et pour ce que je désire bien que

---

1. Dom Hernando de Toledo, grand prieur de Castille, fils du duc d'Albe, envoyé au roi Charles IX pour le complimenter sur la victoire de Dreux.

par les lieux où il passera, il soyt favorablement receu et recueilly, je vous prye y donner de vostre part l'ordre qu'il appartient, luy faisant et faisant faire le plus honneste recueil que vous pourrez et m'advertyr en toute dilligence du jour qu'il sera arrivé, les traictes qu'il fera et quant il pourra estre icy, affin que je donne ordre d'envoyer quelcun au devant de luy pour luy faire l'honneur qu'il mérite venant de ce lieu-là, priant Dieu, Monsieur le comte, vous donner ce que vous désirez.

De Bloys, le 17ᵉ jour de février 1562 (1563, n. s.). Signé : CATERINE. Et plus bas : DE L'AUBESPINE.

Et la suscription : « A Monsieur le conte du Ludde, chevalier de l'ordre du roy monsieur mon fils et gouverneur de Poictou [1] ».

---

93. — 23 février 1563. — Lettre de Catherine de Médicis à M. du Lude.

Monsieur du Ludde, je croy que vous ne serez point à avoir entendu de ceste heure la malheureuse nouvelle de la blessure de mon cousin Mʳ de Guyse [2] et la meschanceté de l'acte qui se peult dire des plus malheureux qui se connust jamais en France, tant y a qu'il a pleu à Dieu en faire sa volonté sans avoir jamais eu moien de le saulver pour le grand coup de pistollet qu'il avoit dans l'espaulle droicte, duquel il est mort dans six jours ; et pour ce que je crains que cela ayt peu donner occasion à ceulx qui ont mauvaise volonté de la faire paroistre et s'esmouvoir, je vous en ay bien voullu en toute diligence advertir, affin que vous y pourvoyez et regardiez qu'il ne

---

1. Cette lettre a été publiée dans la correspondance de Catherine de Médicis, p. 508. (*Doc. inéd. sur l'hist. de France.*)

2. Le duc de Guise avait été assassiné par Poltrot de Méré, devant Orléans.

s'entrepreigne riens dans vostre gouvernement pour ceste occasion qui puisse desfavoriser les affaires du roy monsieur mon fils, car je vous asseure que, encore qu'il ayt perdu l'ung des plus grands et des plus dignes ministres qu'il sçauroit jamais avoir, qu'il n'a pour cella perdu riens de sa première résolution ny de la volonté qu'il a tousjours eue de conserver son auctorité et obéissance par tout son royaulme et faire pugnir et chastier ceux qui la luy vouldroient oster ou diminuer; et de ma part, j'espère que Dieu luy fera la grâce de se le conserver avec l'ayde de tant de bons et grands serviteurs qui luy sont encores demeurés, vous priant de nostre part, en la charge que vous avez, contenir tout le monde en bonne volonté et n'obmectre ung seul debvoir de ce qui sera nécessaire pour la conservation et manutention de la province qui vous est commise, selon la parfaicte fiance qu'il en a en vous, priant Dieu, Monsieur du Ludde, qu'il vous ayt en sa saincte et digne garde.

Du camp de Saint-Mesmin, le xxiij^e jour de février 1562 (1563). Signé : Caterine. Et plus bas : Robertet.

Et la suscription est : A Monsieur du Ludde, chevalier de l'ordre du roy monsieur mon fils et son lieutenant général en Poictou en l'absence de mon fils le prince de Navarre [1].

---

94. — 24 février 1563. — Lettre de Catherine de Médicis à M. du Lude.

Monsieur du Ludde, j'ay entendu par une lettre que le sieur de Montpezat [2] a escript à mon cousin monsieur le duc de Guyse, comme il a quelques advis qu'il se faict

---

1. Le jeune Henri de Navarre, fils d'Antoine de Bourbon, mort de la blessure qu'il reçut au siège de Rouen.
2. Melchior de Lette, s^r des Prez, de Montpezat et du Fou, sénéchal de Poitou et gouverneur de Châtellerault.

quelques assemblées au bas Poictou[1] dont vous ayant luy donné advertissement, je ne doubte poinct que n'y ayez pourveu en tout événement. Je n'ay voullu faillir de vous faire ce mot pour vous en reffreschir la mémoire, affin que, s'il est vray, vous regardiez avec vostre compaignye celle dudit sieur de Montpezat à qui j'escripts d'en adviser avec vous, si cela continue, quel remedde il y fauldra tenir, ne doubtant poinct quand vos deux compaignyes et les autres forces qui sont en Poictou, vous n'ayez bien le moyen de les rompre quand ils seroient encores plus forts, ce qu'il faut faire tousjours avant qu'ils soient forts, à ce qu'ils n'ayent moyen de se remectre ensembles ; et pour l'asseurance que j'ay que vous n'y obmectrez rien, je pryeray Dieu, Monsieur du Ludde, vous avoir en sa saincte et digne garde.

Du camp devant Orléans, ce 24ᵉ jour de février 1562 (1563). Signé : CATERINE. Et plus bas : ROBERTET.

Et la suscription : A Monsieur du Ludde, etc.

---

95. — 3 mars 1563.— Lettre de Charles IX à M. du Lude.

Monsieur le conte, je n'adjoutteray aucune chose pour ceste heure à la lettre que la royne, madame ma mère, vous escript présentement, synon que je vous envoye la commission nécessaire pour la levée des deniers du payement et soulde des gens de guerre ordonnés pour la conservation des villes, chasteaulx et plat pays de Poictou où je vous prye prendre garde que les rebelles ne exécute quelque chose de mauvais et que le peuple ne s'eslève, vous advisant quant à la contignuation pour ceste année du don cy-devant fait aux habitans de Poictiers des de-

---

1. Voir, dans la *Chronique du Langon*, le récit des ravages des huguenots en bas Poitou.

niers provenans de l'assiette de six deniers pour livre qui se lève en la généralité de Poictou, c'est chose que j'ay esté bien contant leur octroyer, et dont envoyant par deçà les pièces de leur premier don, il leur sera expédié les lectres de la contynuation d'icelluy pour ceste dite année, et en tant que touche la commission que vous estes d'advis estre addressée à celuy qui vous semblera à propos pour ouyr les comptes de ceulx qui ont manyé les deniers de la levée et ont faict cy-devant le payement des garnisons, je vous déclaire qu'il faut qu'ils apportent leurs comptes par deçà, devers les intendans de mes finances qui les en auront bientost dépeschés et dont, pour cette cause, vous advertirez les comptables desdits deniers pour en dresser sommairement leurs comptes et s'en venir avec iceulx devers lesdicts intendans des finances pour en estre expédiés, priant Dieu vous donner, Monsieur le comte, ce que désirez.

Escript à Bloys, le iij° jour de mars 1562 (1563). Signé : CHARLES. Et plus bas : ROBERTET.

La suscription est : A Monsieur le comte du Lude, etc.

---

96. — 14 mars 1563. — Lettre de Catherine de Médicis à M. du Lude.

Monsieur du Ludde, il a pleu à Dieu faire tant pour nous de nous donner une paix[1], je le prie qu'elle soit bonne et durable, dont je vous ay bien voulu advertir affin qué, au lieu où vous estes, vous regarderez de contenir toutes choses en paix et en repos, en attendant que nous facions sçavoir partout le contenu en icelle pour la faire observer, comme mon cousin le prince fera de mesmes partout, affin qu'il ne survienne ny s'entrepreigne plus

---

1. La paix d'Amboise.

riens qui puisse troubler le repos et la tranquillité publicque, priant Dieu, Monsieur du Ludde, vous avoir en sa saincte et digne garde.

Du camp de Saint-Mesmin, ce xive jour de mars 1562 (1563). Signé : CATHERINE. Et plus bas : ROBERTET.

La suscription : A Monsieur du Ludde, etc.

---

97. — 17 mars 1563. — Lettre de Catherine de Médicis à M. du Lude.

Monsieur du Ludde, pour ce que par la paix que nous avons faicte, nous avons résolu de mectre tous prisonniers en liberté qui ont esté prins durant ceste guerre, et que desjà à Orléans ils ont relaschés tous ceulx qu'ils avoient prisonniers, je désire que de nostre part il en soit faict de mesmes, et pour ceste cause vous ferez sortir tous les prisonniers qui sont ez prisons de Poictou, tant pour le faict de la religion que pour avoir porté les armes, sans souffrir que par la commune il leur soit faict aucun mal ny desplaisir, sur peine là où ils la feroient de leur envoyer une grosse garnison et les faire bien et seurement chastier ; ausquels prisonniers vous ferez bien entendre la grâce que le roy monsieur mon fils leur fait, affin qu'ils regardent de vivre et se conduyre dores en avant si modestement qu'ils ne luy donnent occasion de leur faire mal, priant Dieu, Monsieur du Ludde, vous avoir en sa saincte et digne garde.

Du camp de Saint-Mesmin, ce 17e jour de mars 1562 (1563). Signé : CATERINE. Et plus bas : ROBERTET.

La suscription : A Monsieur du Ludde, etc. [1].

---

1. Cette lettre a été publiée dans la correspondance de Catherine de Médicis, t. I, p. 530. *(Doc. inéd. sur l'histoire de France.)*

98. — 28 mars 1563. — Lettre de Catherine de Médicis
à M. du Lude.

Monsieur du Ludde, j'ai veu par vos deux lettres la publication que vous avez fait faire de l'abstinence de guerre [1], dont j'ay esté fort ayse, espérant qu'elle servira à contenir tout le monde et empescher les voyes de fait ; et pour ce que vous me mandés qu'il y a quelques chevaulx en Poictou, qui font mille insolences, pillent et saccaigent [2], j'en ay incontinent adverty mon cousin le prince de Condé qui y envoye présentement gens pour sçavoir qui ils sont et les faire séparer, et s'ils ne le sont, tascher à en faire faire justice, ne doubtant point qu'après son commandement et avoir entendu la conclusion de la paix, ils ne se retirent. Autrement, d'un commun consentement, il leur fauldra courir sus, auquel cas, ils seront bien foibles et mal pourveuz de moyens pour continuer ce mestier, de quoy je vous ai bien voulu advertir, affin que vous soyez bien adverty de leur déportement et que vous m'en advertissiez à la vérité, pour s'y conduyre selon ce besoing qu'il en sera, bien vous prieray-je en cas pareil de contenir tout le monde en vostre gouvernement en paix et en repos les ungs avec les aultres sans troubler le repos public, qui sera chose que le roy monsieur mon fils aura fort agréable et en quoy vous luy pourrés plus faire de service que en aultre chose quelconque, priant Dieu, Monsieur du Ludde, vous avoir en sa saincte et digne garde.

---

1. La paix d'Amboise fut publiée à Poitiers, le 26 mars 1563. (*Chronique du Langon*, p. 78.)

2. Durant tout le mois de mars et même après jusqu'à la Quasimodo, les huguenots du bas Poitou, commandés par Sainte-Gemme et du Landreau, commirent toutes sortes de violences vers Pouzauges, l'Hermenault, Luçon, Sainte-Hermine, les Moutiers-sur-le-Lay. (*Chronique du Langon*, p. 77.)

Du camp de Saint-Mesmin, ce xxviij⁰ jour de mars 1562 (1563). Signé : CATERINE. Et plus bas : ROBERTET, avec paraphe.

Au dos est écrit : A Monsieur du Ludde, etc.[1].

---

99. — 29 mars 1563. — Lettre de Catherine de Médicis à M. du Lude.

Monsieur du Ludde, je vous ay escript comme la paix a esté faite et le roy monsieur mon fils a envoyé la publication de l'abstinance de guerre pour la faire publier partout le pays, comme je m'asseure que vous aurez faict, et hier j'envoyay encores une lettre à mon cousin le prince de Condé pour envoyer à ceulx qui se sont assemblés en Poictou de la part de ceulx de la religion pour se séparer et retirer en leurs maisons, lequel pour cest effect a envoyé devers eulx. Et pour ce que j'ay entendu qu'il se faict une assemblée pour aller à la maison du sieur de la Rochefoucault où s'est retiré Chavigny et que vous avez entendu par la Roche Esnard [2] que mondit cousin le prince y a envoié la charge qu'il avoit, je vous prie, si de votre costé vous assemblez les forces de Poictou pour cest effect, supercedder le tout ; car j'espère que ceste compaigny se dissouldra sans qu'il soit besoing de venir aux armes. Cependant, faictes hardiment publier la paix, car elle est faicte, passée et omologuée en la court de Parlement de Paris, qui sera dans peu de jours envoyée par tous les gouvernemens affin de la faire observer et entretenir, priant Dieu, Monsieur du Ludde, vous avoir en sa sainte et digne garde.

---

1. Lettre publiée dans la correspondance de Catherine de Médicis, t. I, p. 547.
2. René Hélyes, sʳ de la Roche-Esnard et de Fougery.

Du camp de Saint-Mesmyn, ce xxixe jour de mars 1562 (1563). Signé : Caterine. Et plus bas : Robertet.

La suscription : A Monsieur du Ludde, etc...[1].

---

100. — 1er avril 1563. — Lettre de Catherine de Médicis à M. du Lude.

Monsieur du Ludde, j'ay veu cejourd'huy par la lettre que m'avez escripte, la peyne en quoy vous estes de sçavoir comme vous avés à vous gouverner touchant les prisonniers qui ont des partyes civiles pour les pilleryes et volleryes qu'ils ont faictes durant ceste guerre, lesquelles quand elles seroient encores plus grandes, par le traicté sont remises, comme vous verrez par le double d'icelluy que je vous envoye ; et pour ceste cause, il les fault faire eslargir sans y faire difficulté, car il n'est plus tems de les pugnir, ny aussy empescher que les officiers du roy monsieur mon fils retournent, car il est dit qu'ils rentreront tous en leurs estats. En quoy le dict traicté vous réglera de façon qu'après l'avoir leu, vous n'en demeurerez plus en scrupule ; et pour ce qu'il y en a plusieurs qui sont de Poictou qui veullent retourner en leurs maisons, tant de la noblesse que autres, vous le ferés publier partout et observer comme il est nécessaire, en faisant vivre ung chacun en paix, union et concorde. Et d'aultant qu'estant la paix faicte, il n'est raisonnable d'entretenir à la foulle du peuple les gens de guerre que le pays nourrit, après que ceulx qui estoient assemblés ces jours passés se sont retirés, vous regarderés de licentier les compaignies qui sont par les villes, et les faire retirer chacun en leurs maisons, sans piller ne saccaiger le peuple. Retiendrés seullement vostre compaignye de gens d'armes et ce que vous

---

1. Lettre publiée dans la correspondance de Catherine de Médicis, t. I, p. 548.

advisérés nécessaire pour entretenir la paix et le repos et faire observer la présente ordonnance. Je seray dans peu de jours à Amboyse, d'où l'on vous fera plus amplement entendre ce que vous aurés à faire; cependant, je prieray Dieu, Monsieur du Ludde, vous avoir en sa sainte et digne garde.

D'Orléans, ce premier jour d'avril 1562 (1563). Signé : CATERINE. Et plus bas : ROBERTET, avec paraphe.

Au dos est écrit : A Monsieur du Ludde, etc...

---

101. — 7 avril 1563. — Lettre de Catherine de Médicis à M. du Lude.

Monsieur du Ludde, je vous ay par le sieur de Saint-Colombe envoyé la patente de la paix, affin que la faciez publier par tout, après la publication de laquelle je ne doubte pas que tous les gens de guerrre que ceulx de la nouvelle religion ont euz ensemble ne se retirent en leurs maisons et que faisant vous en ferez de mesmes de la plus part de toutes ces garnisons qui sont par les villes et ne servent que de ruyner et manger le peuple. Vous retiendrés seullement ce que vous jugerés nécessaire pour establir à ce commencement la paix, l'union et la concorde et empescher que tous ceulx qui sont demeurez, que ceulx qui retournent en leurs maisons ne s'injurient, querellent et viennent aux armes par les villes où il fault que faciez faire bien expresses deffences à tous les officiers du roy monsieur mon fils à ce qu'ils ayent à entretenir la dite ordonnance et suivant icelle conserver les ungs et les autres et faire faire bonne et sévère perquisition des premiers mutins qui la vouldront rompre, qui sera chose dont l'exemple servira infiniment, et à tant je prieray Dieu, Monsieur du Ludde, vous avoir en sa sainte et digne garde.

D'Amboise, ce 7ᵉ jour d'avril 1563. Signé : CATERINE. Et plus bas : ROBERTET, avec paraphe.

Au dos est écrit : A Monsieur le conte du Ludde, etc...

102. — 12 avril 1563. — Lettre de Charles IX à M. du Lude.

Monsieur du Lude, puisqu'il a pleu à Dieu de nous envoyer une bonne paix par le moyen de laquelle il fault que les estrangers s'en retournent en leur païs, et que je renvoye présentement les Espaignols ; à ceste cause, je vous prie que passant par vostre gouvernement il leur soit faict le meilleur traittement qu'il sera possible, et vous donnez ordre de leur faire si bien adresser et fournir les estappes, qu'ils n'ayent occasion de faire mal sur les champs, prenant garde qu'il ne leur soit par mesdits subjects faict ny mesdit en aucune manière, mais au contraire, que les ponts leur soient racoustrez sur les rivières où ils passeront, et ce sera chose qui me sera très-agréable, priant Dieu, Monsieur du Lude, vous avoir en sa sainte et digne garde.

D'Amboise, le xij^e jour d'avril 1563. Signé : CHARLES. Et plus bas : ROBERTET, avec paraphe.

Au dos est écrit : A Monsieur du Ludde, etc...

---

103. — 19 avril 1563. — Lettre de Charles IX à M. du Lude.

MONSIEUR DU LUDDE,

Je vous ay par cy-devant envoyé l'édict dernier que nous avons faict avec un règlement pour les villes et lieux où les presches sont permis en Poictou, estimant que vous dussiez le faire publier en ensuivant le règlement; mais à ce que j'ay entendu, l'édict n'a point esté publié à Poictiers et n'y a eu que le dit règlement, et pour ceste cause, j'ay donné charge au sieur de Sansac, chevalier de mon ordre et mon lieutenant général en Angoulesme [1] en allant en son

---

1. Louis Prévost, s^r de Sansac, capitaine de 50 hommes d'armes, chev. de l'ordre du Roi, lieutenant pour le roi en Picardie, puis gouverneur et lieutenant général d'Angoumois, homme de guerre remarquable dont François Ier disait : « Nous sommes quatre gentilshommes de la Guyenne qui combattons en lice et courons la bague contre tous allants et venants, Moi, Sansac, d'Essé et la Châtaigneraye ». (*Dict. des familles de l'ancien Poitou*, t. II, p. 559.)

dit gouvernement, de passer par Poictiers, et estant là, si le dit édict n'a esté publyé audit Poictiers, de le faire faire, affin que la paix l'observe et qu'il ne soit en la liberté du peuple de dire : je ne veulx pas cela. Je vous prie doncques faire observer et le édict et le règlement par les villes, sans permettre qu'il y soit riens changé ny innové, faire délivrer tous les prisonniers qui ont esté prins pour les armes et pour le soubçon de la religion, faire rentrer les habitans ès dites villes et mesmes à Poictiers, leur faire rendre et restituer leurs biens et estats comme ils estoient auparavant, sans permectre qu'il soit faict tort à aucun, ny qu'il y ait particullarité que mon service ; et ce faisant, vous ferez chose que j'auray bien fort agréable, priant Dieu, Monsieur du Ludde, vous avoir en sa saincte et digne garde.

De Chenonceaulx, ce xixe jour d'avril 1563. Signé : CHARLES. Et plus bas : ROBERTET.

Et la suscription est : « A Monsieur le conte du Ludde, etc... »

---

104. — 12 mai 1563. — Lettre de Charles IX à M. du Lude.

Monsieur du Lude, j'ay veu par la dernière lettre que vous m'avez escripte, comme vous estiez après à licentier vos gens de guerre, mais qu'il vous sembloit qu'il estoit nécessaire d'en retenir cent hommes de pied et cinquante chevaulx encores pour quelques moys, jusques à ce que les choses fussent bien paciffiées par vostre gouvernement, pour n'y estre au bas Poictou l'obéissance telle que la désireriez, ce que j'ay trouvé raisonnable pour ung mois ou deux, ensemble l'argent qui sera nécessaire pour leur solde et la façon qu'il faudra tenir pour les lever, dont je vous envoyeray la commission après que vous aurez licentié toutes les aultres forces qui sont par ledit pays, comme de grande despence au peuple et nullement utiles en ceste saison. Et pour ce que vous dictes ne les pouvoir contanter d'un mois en leur donnant argent, elles seront encores mieulx traictées qu'elles n'ont esté en la pluspart des lieux de ce royaume dont les gens de guerre ont esté licentiés sans leur bailler riens en beaucoup de lieux, attendu qu'ils ont vescu à discrétion et qu'il ne leur a rien cousté aultre ce qu'ils ont gaigné; à ceste cause, il faut qu'il se contantent d'un moys s'il est possible, sinon et que l'argent fut receu comme le me mandez et la pluspart distribué, que vous les licentiez incontinant leur argent receu et renvoyez avec commandement de ne piller ny saccaiger, retenant seullement le nombre susdit de cent hommes de pied et cinquante chevaulx pour quelque temps, jusques à ce que nous voyons toutes choses en toute seureté et paciffication. Et quant à ce que me mandez qu'il y a des curez qui font des assemblées, c'est leur mestier s'ils font leur devoir de prescher, et ne les en sçauroit-t-on reprendre, pourveu qu'ils ne preschent chose qui ne soit bonne, et ne fault point qu'ils en abusent ; aussi quant aux abbés tout de mesmes, et ne les sçauroit-t-on empescher de prescher et faire prescher ayant toute justice haulte, moyenne et basse. Mais il n'est pas dict aussi qu'ils puissent empescher que continuant ce mestier-là, qu'on ne pourveoie à leurs abbayes, attendu que cela n'est pas selon l'édict, et en cela je ne vous sçaurois dire aultre chose, si n'est vous prier tenir la main bien roidde à l'entière observation dudict édict, sans fléchir ny favoriser aucune chose qui sera au contraire, attendu que de là deppend le repos de ce royaume, qui sera fin, priant Dieu, Monsieur du Ludde, vous avoir en sa saincte et digne garde.

De Saint-Germain-en-Laye, le xij^e jour de may 1563.
Signé : Charles. Et plus bas : Robertet.

Et la suscription est : A Monsieur du Ludde, etc........

105. — 21 mai 1563. — Lettre de Charles IX à M. du Lude.

Monsieur du Ludde, j'ay veu ce que vous m'avés mandé du curé de Chiré [1], ce que ayant bien considéré, j'ay trouvé qu'il est entièrement contre l'édict qui a esté dernièrement faict, d'aultant qu'il n'y a qu'un seul lieu en chaculne sénéchaulcée où il soit permis de faire les presches à ceulx de la nouvelle relligion ; et pour ceste cause, si le dict curé de Chiré veult prescher, il le pourra faire au lieu qui est ordonné en la séneschaulcée de Poictou, où allant preschant et faisant tous exercices de sa relligion, il n'y a personne qui l'en puisse reprendre ; mais ayant ung aultre lieu destiné pour les dictes presches et continuant en sa cure est chose qui estant directement contre l'édict, ne sera nullement trouvée bonne, ce que vous luy ferez très-bien entendre, affin qu'il sçache en cela quelle est mon intention et qu'il n'y contrevienne, car y contrevenant, je ne veulx pas que vous les souffriez, d'aultant que je veulx que l'édict s'observe et que d'une part ny d'aultre, vous ne souffriés qu'il y soit contrevenu, priant Dieu, Monsieur du Ludde, vous avoir en sa saincte et digne garde,

De Paris, le 21ᵉ jour de may 1563. Signé : CHARLES. Et plus bas : ROBERTET, avec paraphe.

Au dos est écrit : A Monsieur du Ludde, etc......

---

106. — 17 juin 1563. — Lettres patentes de Charles IX nommant des commissaires pour l'exécution de l'édit de pacification en Poitou, Saintonge et Aunis.

Charles, par la grâce de Diéu, roy de France, à nos amés et féaulx maistres René de Bourneuf, sieur de Cussé, maistre

---

1. Il a été question de ce curé de Chiré dans une lettre antérieure de Charles IX à M. du Lude, du 29 juin 1561.

des requestes ordinaire de nostre hostel, et Pierre de Masparrault, conseiller en nostre court de parlement à Paris, sallut et dillection. Après les grandes calamités, ruynes, désolations et dommages que cestuy nostre royaume a souffert par l'injure de la guerre passée, et les lamentables afflictions que tous nos pauvres subjects en ont ressentyes, il a pleu à Dieu nous consoller d'une paix et pacification, laquelle nous avons mis peyne de faire publier et establyr par tous les lieux et provinces de nostre dit royaulme et pays, et de la faire tellement observer que tous nos peuples en demeurassent en repos et tranquilité ; mais ayant veu que les choses sont demeurées imparfaites en beaucoup d'endroicts, tant par la dureté et passion de diverses personnes que pour la deffiance que aucuns de nos peuples s'y sont imprimés les ungs aux autres, qui les garde et empesche de s'y accommoder, et ayant d'autre part esté adverty qu'il y en a beaucoup qui abusent de la licence qu'ils se sont données durant les dicts troubles, font beaucoup de pilleryes et fouagement à l'entière ruyne de nos dicts subjects, nous avons advisé d'envoier ez dit lieux et provinces aucuns de nos amés et féaulx conseillers de nos cours souveraines pour, en allant de lieu en autre, pour veoir à l'establissement de ladite paix et à la pugnition des délinquans, selon le département que nous en avons faict présentement par l'advis de la royne nostre très-honorée dame et mère, princes de nostre sang et gens de nostre conseil privé. Et ayant esté ordonné pour vostre part dudit département la province du Poictou, Xaintonge, la Rochelle et pays d'Aulnis, nous vous avons commis, ordonnés et députés, commectons, ordonnons et depputons par ces présentes, pour vous transporter incontinent et le plus dilligemment qu'il vous sera possible en toutes et chacunes les villes, lieulx et endroicts de la dicte province que besoing sera où nous vous donnons pouvoir, puissance, auctorité et commission espécial et à ung chacun de vous en l'absence, maladye et légitime empeschement de l'autre, de convoquer et assembler les officiers, capitaines, mayeurs, eschevins et autre nombre des principaulx habitans que verrés bon estre, pour par leur moyen et autre que vous estimerez estre nécessaire pour attaindre la vérité de la chose, vous enquérir et informer du devoir qu'ilz auront faict en l'exécution du traicté de ladite paix et pacification; et s'il est resté aucune chose à faire, le faire exécuter de poinct en poinct, réaulment et de faict, selon la forme et teneur et la faire inviolablement observer et entretenir, et du bénéfice d'icelle jouyr tous ceux qu'il apartiendra et besoing sera, sans aucune contradiction ne difficulté, pour lequel effect vous ferez ouvrir les prisons à tous prisonniers condamnés ou non condamnés qui seront détenus pour les cas remys et abolis par ledict traicté; et s'il se trouve quelque opposant, nostre procureur ou partye intéressée, verrez sommairement les procès, et s'il vous appert qu'il ne soict question que du faict de la religion, port d'armes ou autres cas commis durant les guerres dernières abolis par ledict traicté de paix, passerez oultre à l'exécution que dessus, nonobstant récusations, oppositions ou appellations quélconques, desquelles nous avons retenu à nous et à nostre conseil privé la congnoissance; et si par la visitation sur main dudit procès, il vous appert que, oultre les faicts susdits abolis par ledict traicté, il y ait charge d'autre crime, ferez pour ce regard d'icelle autre charge instruyre et juger le procès par les gens tenants les cours de Parlement ou sièges présidiaulx, et assisterez au rapport et jugement qui s'en fera, si bon vous semble; et parce que plusieurs pourront tomber en difficulté et exécution en une clause portée par ledict édict contenant exception des meurtres et voleryes, soubs couleur de laquelle l'on voudroit excepter de la grâce et abolition susdite tous meurtres, volleryes et saccagemens, encores qu'ils eussent été commis au faict de la guerre, qui seroit directement contre notre intention et des seigneurs qui assistèrent à faire ledict traicté et que pour le bien de la paix trouvèrent bon et nécessaire abolir les crimes mentionnés audict édict ; en la mémoire d'iceulx, nous avons déclairé et déclairons que en la grâce et abolition portée par ledit édict ne sont comprises les personnes qui ont commis meurtres et volleryes hors camp ou assemblée de guerre par gens non advoués d'une part ne d'autre et qui auroient faict et commis le susdit cas exerçant leurs haynes et veangeances privées ou meus d'avarice, ce qui se peult déclarer, par exemple comme si quelqun n'allant ne portant armes en ung party ne l'autre eut tué et saccagé aultres de quelque religion que ce feust pour quelque hayne contre luy conceue ou pour avoir son bien. Nous n'entendons aussi estre comprins en la dicte grâce et abolition générale ceulx qui auroient commis crimes et délicts pugnissables par ceulx mesmes qui commanderoient en leur party, comme si par exemple, quelqu'un avoit forcé une femme, tué un petit enffant ou ung de leurs compagnons de leur part, un tel crime eust esté ou deu estre pugny par ceulx mesmes soubs la charge desquels estoient les dicts coupables. Vous ferez aussy remettre et restablir chascun en sa maison qui luy auroit appartenu en propriété ou louage dont il auroit été expulsé pour le faict de la religion ou autres cas contenus audit traicté, ou bien les vesve ou héritiers des expulsés qui seroient depuys deceddés, et où les dictes maisons auroient esté baillées à autres par louage par auctorité de justice seront remis dedans. Seront aussy restablis les dessus dicts en leurs autres immeubles et rentes constituées que nous tenons et réputons pour immeubles, le tout soit qu'il y ait jugement ou non et ores qu'il y ait eu confiscation ou autre adjudication d'iceulx à nous faicte ou que lesdits immeubles se trouvâssent vendus à tierces personnes pour paiement des multes, amendes ou réparations à nous adjugés par justice ; ne sera toutesfois, soubs couleur ou prétexte dudit remboursement, faict, différé ledit restablissement. Le semblable sera gardé et observé pour les fruicts des dis immeubles et autres meubles desdicts expulsés, lesquels leur seront rendus, s'ils sont en nature, ou les deniers proceddés de la vente d'iceulx, s'ils estoient consommés, par ceulx qui ont receu lesdits deniers, soit nos recepveurs ou ceulx à qui ils auront esté adjugés par justice. N'entendons toutesfois en ce comprandre les meubles ou fruicts d'immeubles qui auroient esté prins durant les guerres et courses et entreprinses, prinses et assaults des villes et chasteaulx et autres lieux, passaiges d'armées et autres actes de guerre, faicts en forme d'utilité, desquels ne de la valleur d'iceulx ne sera faict aucune restitution ou restablissement ; et quant à leurs biens, meubles ou immeubles prins ou vendus depuis le dit traicté de paix, vous ferez rendre iceulx biens ensemble lesdicts fruicts, encores qu'il y eust jugement précédant, parce que les acquéreurs seroient audict cas de mauvaise foy, et oultre seront par vous condannés les ordonnateurs de telles ventes et les vendeurs aussy en telles amendes que la quotité du cas le requiert. Ferez aussy rentrer chacun officier en son estat et office, non obstant les charges, procédures et jugemens contre eulx faicts et donnés pour raison desdis cas abolis comme dessus, sans les gréver ou charger d'aucune chose non accoustumée, ne les rechercher du faict de leurs consciences, ne exiger d'eulx autre déclaration, profession ou serment que celluy qu'ils ont faict en leur réception ; et pour ce que depuys ledict traicté, ont esté faictes plusieurs procédures et donnés plusieurs jugemens et arrests contraires à icelluy traicté et à nostre intention, nous voulons et entendons que vous n'y ayez aucun esgard non plus que s'ils avoient esté donnés auparavant ledict traicté, ains que vous suyvez l'ordre et teneur de ces présentes, non obstant lesdicts jugemens et arrests. Et d'aultant que vous pourriez en quelque cas particullier tomber en doubte et difficulté si aucuns des cas occurrans sont exceptés ou non, nous entendons aussy que le cas s'offrant, vous en faciez renvoy à nous et à nostre conseil privé pour le juger et décidder. Voullons néantmoings que tout ce qui sera par vous ordonné soit exécuté par provision, nonobstant récusations, oppositions ou appellations quelsconques, desquelles nous avons retenu et retenons à nous et à nostre conseil la congnoissance ; et à ceste fin, avons évocqué et évocquons à nous et à nostre dit conseil lesdicts faicts, différends et procès deppendant dudit traicté et exécution d'icelluy, et iceulx renvoyés par devant nous pour estre par nous jugés ou à nous renvoyés, si voyez que soyt bon, ou les faire juger par les juges présidiaulx en vostre présence ou absence, le tout ainsy que mieulx verrez estre à faire ; et d'aultant que par ledict traicté est dit que en chacun bailliage et seneschaucées sera par nous nommé une ville és faulxbourgs de laquelle ceulx de la religion qu'on dict refformée pourront faire l'exercice de leur religion, suyvant lequel traicté nous avons faite ladite nomination en la pluspart desdicts bailliages et séneschaussées, en aucunes non, parce que n'estions bien certainnés si les villes lesquels on demandoit ledict exercice estoient érigés en nom et tittre de bailliages et séneschaussées ou non, ou que aurions différé ladicte nomination pour ne sçavoir la commodité ou incommodité des lieux, ou jusques ad ce que fussions requis par ceulx de la dite religion à leur bailler et assigner lieu, ou pour quelque autre raison qui soit, nous voulons que de ce communiquez et conférez avec nos gouverneurs et lieutenans, et ensemblement advisez de pourvoir à l'establissement des lieux par nous nommés ; et au cas qu'il n'y auroit eu aucune nomination de nous, procédez à cette nomination en accommodant doulcement et amyablement et les ungs et les autres de sorte et manière qu'ils n'ayent occasion de cy après nous repryer. Vous enjoignons aussy de vous enquérir de la vye, meurs et conversation de tous nos officiers des lieux et comme ils se sont portés au faict et exécution dudit traicté et informer et faire le procès à ceulx de nos dits officiers qui auroient commis ou commectront rebellion, désobéissance ou contravention au contenu dudit édict et de nostre voulloir, intention et commandement et de susprendre ceulx que vous trouverez coulpables, et en leur lieu commectre autres plus anciens officiers ou praticiens et renvoier lesdits coulpables avec leur procès par devers nous et nostre dit conseil privé, pour, le tout veu et vous ouys, estre faict pugnition des maulvais et récompense à nos bons et fidelles serviteurs, et génerallement ferez, en ce que appartient à nostre obéissance et l'observation de ces présentes, tout ce que verrez estre requis et nécessaire pour le bien de nostre service et repos général et universel de nostre royaume, selon qu'il est dict cy-dessus, en mandant à tous gouverneurs des provinces, pays, terres et seigneuries de nostre obéissance, leurs lieutenans, gens tenans nos cours de Parlement, baillifs, séneschaulx, prévost, juges, magistrats, présidiaulx, prévost des mareschaulx et autres nos justiciers et officiers, que, pour l'exécution des choses susdites, ils vous aydent, servent, prestent et donnent tout ayde, force, conseil, assistance et faveur dont vous les requerrerez, sans y désobéir ne y contrevenir en quelque sorte que ce soit, vous ayans de ce faire ce que dessus donné, comme encores nous vous donnons plain pouvoir, puissance, auctorité, commission, mandement spécial.

Donné au bois de Vincennes, le dix-septiesme juing l'an de grâce mil cinq cent soixante-troys et de nostre règne le troisième. Signé : CHARLES. Et plus bas : par le roy estant en son conseil, ROBERTET, et scellé.

Pris sur une copie faite dans le 16ᵉ siècle et du temps des lettres patentes.

107. — 24 juin 1563. — Lettre de Charles IX à M. du Lude.

Monsieur du Lude,

Considérant combien importe au bien et observation de l'édict de la pacification des troubles que l'on face poser et mectre bas les armes à toutes personnes, tant de l'une que de l'aultre relligion dans les villes et dehors, sans qu'elles demeurent plus ez mains de mes subjects, affin de plus aysément leur lever et oster toute craincte, soubçon et deffiance qu'ils y ont conceu les ungs des aultres par la malice desdicts troubles et viennent plus librement à se réunir et réconcillier les ungs avec les aultres, oublyans toutes injures, querelles et inimitiés passées et jouissant réciprocquement du bénéfice de ceste paix, ainsy que est mon intention, j'ay faict sur ce expédier mes lettres d'ordonnances et deffenses très-expresses que je vous envoye présentement, affin que vous les faictes cryer et publyer par tout vostre gouvernement, et tenés la main à l'estroite observation et exécution d'icelle, faisant pugnir exemplairement ceulx qui contreviendront par les peines et selon qu'il est porté par mes dictes lettres, ce que je vous prie et ordonne faire, de sorte que je sois obéy et satisfaict en cest endroict sans aulcune difficulté, et vous me ferez service très-agréable, priant Dieu qu'il vous ayt, Monsieur du Lude, en sa saincte et digne garde.

Escript au boys de Vincennes, le 24ᵉ jour de juin 1563. Signé : CHARLES. Et plus bas : ROBERTET, avec paraphe.

Au dos est écrit : A Monsieur du Ludde, etc.

---

108. — 30 juillet 1563. — Lettre de Catherine de Médicis à M. du Lude.

Monsieur du Lude, vous verrés par la lettre que le roy monsieur mon fils vous escript, la grâce qu'il a pleu à Dieu luy faire de luy remettre entre les mains en sy peu de tems et avec perte de sy peu de gens, une place jugée imprenable de tout le monde [1]. Ils ont esté sy vivement pressez et sy continuellement sollicitez, qu'à la fin ils ont pensé qu'il vailloit mieulx se rendre que endurer l'extrémité d'ung assault qui leur estoit préparé où ils eussent peu recevoir beaucoup de dommaige. Ils sont encore forts de quatre à cinq mille hommes du reste de la mortalité, en estant mort aultant ou peu s'en fault, et s'embarque pour s'en retourner en Angleterre, estimant que entre cy et deux jours ils en seront tous dehors. Ils ont esté sy maltraictez pour ung coup que je ne pense pas qu'il leur preigne jamais envye d'y revenir. C'est les nouvelles que je m'asseure vous aurés sy agréables que je vous l'ay bien voullu faire sçavoir incontinent, priant Dieu, Monsieur du Ludde, vous avoir en sa saincte et digne garde.

Du camp du Havre, le xxxe jour de juillet 1563. Signé : CATERINE. Et plus bas : ROBERTET, avec paraphe.

Au dos est escript : A Monsieur du Ludde, etc.

---

109. — 30 juillet 1563. — Lettre du roi Charles IX à M. du Lude.

Monsieur du Ludde, vous avés entendu comme après avoir tenté tous les moyens possibles pour avoir raison de la royne d'Angleterre et luy avoir fait proposer toutes les plus raisonnables conditions que j'ai peu pour ravoir ma place du Havre qu'elle me détenoit, elle n'en a voullu accepter aucune, mais a persisté en sa violente détention tant qu'elle a peu. Quoy voyant et qu'il ne me falloit rien espérer de sa bonne volunté que ce que

---

1. Le Havre-de-Grâce, enlevé aux Anglais alliés des calvinistes français.

la force me donneroit, je y envoyay mon armée sous la conduite de mon cousin le maréchal de Brissac, il y a quelque tems, lequel, après avoir fait conduire les tranchées jusques auprès de la ville, finallement je m'en suis approché moy-mesmes, et y estant venu mon cousin le connestable avec une infinité de princes, seigneurs, chevalliers de mon ordre et autre noblesse, il les a tellement pressés du coté du Havre, qu'après avoir gaigné pied à pied tantost la palliss.... qu'ils tenoient et la tour qui deffend l'embouchement du Havre, et depuis s'estant approché de la grosse tour et commencé à se loger si près d'eulx qu'ils estoient prestz, après une batterie de trente canons qu'on leur préparoit, de leur faire donner un brave assault, ils se sont tellement estonnez qu'ils ont mieulx aymé se rendre que d'endurer l'extrémité où ils voyoient bien qu'il n'alloit rien moings que de leur vye; et aussy a-t-on mieulx aymé les recevoir sans perte d'hommes que hazarder la vye de tant de gens de bien qui me pourront en quelque autre bonne occasion faire ung grand service. Ils s'en vont tous en Angleterre; la ville m'est rendue en l'estat qu'elle est avec toute l'artillerye, munitions et autres choses y estans, ensemble tous les navires étans dans le port, qui sont en grand nombre. Mes forces sont jà dans la ville en trois lieux, c'est asçavoir dans la tour du Havre, dans le fort qu'ils ont fait et dans le bastion Sainte-Adresse que mes gens avoient bastu; et eulx commencent à s'embarquer, ce qu'ils ne peuvent avoir fait de troys jours, d'aultant qu'ils sont plus de quatre mille hommes de guerre du reste de la mortallité, vous pouvant asseurer qu'ils ne repasseront jamais la mer qu'ils n'en ayent quasi perdu autant; de quoy je vous ay bien voulu advertir affin que vous le faciez entendre à tous mes subiects, estans par delà, pour estre la nouvelle si heureuse pour moy et pour le bien de mes affaires qu'elle ne confirme point seullement la paix dernièrement faicte et asseure le repos de mon royaume, mais me délivre de toutes les querelles que la royne d'Angleterre me sçauroit jamais faire, et ce, pour la justice de Dieu qui luy faict porter la peyne du mal qu'elle me fait et de ce que trop légiérement elle a voullu rompre la paix qui avoit esté si solennellement jurée entre nous; priant Dieu, Monsieur du Ludde, nous avoir en sa saincte et digne garde.

Du camp du Hâvre, ce xxxe juillet 1563. Signé : Charles. Et plus bas : Robertet, avec paraphe.

Au dos est escript : A Monsieur du Ludde, etc.

---

110. — 18 août 1563. — Lettre de Charles IX à M. du Lude.

Monsieur du Lude, ayant pleu à Dieu me faire la grâce de parvenir en l'aage auquel tous mes preddécesseurs ont esté majeurs, et considérant les troubles et calamités advenus en mon royaume durant ma minorité, j'ay voullu joir du bénéfice de mon aage, affin de pouvoir par là rendre la paix que Dieu m'a envoyée plus ferme, plus stable et plus asseurée à mon peuple et coupper la racine à tous les troubles et divisions qui pourroient ci-après se renouveler; pour lequel effect, la journée d'hier, je me transportay en ma court de Parlement de Rouen, où tenant mon lict de justice, je me déclairay majeur, et comme tel me fut faict hommaige par la Royne, madame ma mère, qui en cela voulut monstrer la première l'exemple, par mon frère, monsieur d'Orléans, et génerallement tous les princes de mon sang et principaulx officiers de ma couronne, auquel lieu, pour donner commencement à ma majorité par quelque acte qui fût pour l'entier establissement de la paix, je feys lire, publier et enregistrer l'ordonnance que je vous envoye, laquelle a esté si bien et meurement considérée et trouvée si nécessaire pour le bien et conservation de tout ce royaume, seureté et repos de tous mes subgects, que je la veulx inviolablement observer ; et pour ce que je sçay combien vous m'estiez fidelle et utille serviteur et observateur de mes ordonnances, voulloir et commandement que vous estes, et le moyen et pouvoir que vous avez de me faire obéyr par delà, je m'asseure que vous tiendrez si bonne main et donnerez tel ordre à faire garder et entretenir la dicte ordonnance, estant comme elle est confirmative du dernier édict de la paix, que je congnoistray maintenant que Dieu m'a rendu capable de gouverner, que ce que je commande pour le bien de mon royaume et le repos de tous mes subgects par le sage et prudent advys de tout mon conseil est observé, je la vous ay bien voulu envoyer, affin que vous la faictes incontinant publyer, exécuter, entretenir et observer inviolablement par tous les lieux et endroicts où vous avez immédiatement povoir soubs mon autorité ; car je vous puys asseurer, Monsieur du Lude, que je ne veulx plus qu'on n'use de toutes ces difficultés, longueurs et dissimulations dont jusques icy en beaucoup de lieux l'on a usé, lesquelles je ne suis plus dellibéré de tollérer, souffrir ne endurer en façon quelconque, et pour ce, vous ne me sçauriez faire service plus agréable que de procéder à l'entière observation dudict édict de paix par tout vostre gouvernement, faisant pugnir indifféremment tous ceulx qui y contreviendront. Et d'autant que ayant pleu à Dieu nous donner une paix si nécessaire à tout mon royaume et me faire la grâce d'en chasser les Anglois qui pourroient donner quelque coulleur de retenir les armes dans mon dit royaume, elles n'y sont plus nécessaires, vous les ferez à ceste cause oster indifféremment à tous, suivant la présente ordonnance, tenant la main à ce que chacun retourne en son premier estat et que les choses soient comme elles estoient auparavant ces troubles et du vivant du feu roy mon seigneur et père, auquel temps la noblesse vivoyt en repos et le marchant faisoyt le trafficq de sa marchandise, l'artisant besoignoyt et le laboureur travailloyt sans se mesler plus avant de ce qui estoit de sa profession ; et lors il se peult dire que l'on vivoit heureusement, et ce royaume estoit si opulent et si florissant qu'il estoit à tous ses voisins formidable. Je sçay bien que les troubles ont engendré une grande désobéissance, et toutes choses se sont par icelle tellement desbordées qu'il est malaisé de les réduire en leur premier estat; mais je n'ignore pas aussi combien peult la prudence, dextérité et bonne conduicte d'ung saige, prudent et advisé gouverneur tel que vous estes pour remédier à ung grand mal. La reigle que vous avez en cela est d'avoir tousjours devant les yeulx de suivre mes ordonnances, porter esgallement mes subgects en l'observation d'iceulx, pugnir indifféramment tous les perturbateurs du repos publicq, sans acception de religion ni de condition de personne, exhortant la noblesse, le peuple et tous mes subgects à la réconciliation les ungs avec les autres, tenant aussy la main à la seureté de mes dits subgects et à la liberté de leur trafficq et commerce et faisant pugnir tous ceulx qui les vouldront contraindre, fouller, travailler, en maintenant pareillement les gens d'église en leurs biens, dixmes et possessions et les faisant, suivant mon édict et mon intention, joyr non-seulement d'iceulx en toute liberté et seureté, mais leur restituant tout ce qui leur a esté prins depuis l'édict de la paix ; en quoy faisant, vous devez croire que mes subgects seront heureux vous avoir pour gouverneur et moy encores d'avoir ung tel ministre de ma bonne et saincte intention qui n'est que pour le bien, repos et conservation universelle. . . . . laquelle saichant, je vous prye, pour la fiance que j'ay en vous, faire si bien et si exactement observer, que des choses qui deppendent de cela mes subgects n'ayent plus d'occasion de recourir à moy, si n'est pour me remercier de la bonne justice que par mon commandement et vostre bonne conduicte leur est administrée, vous advisant que puisque vous avez si claire et notoire congnoissance de mes dites voluntés et intention, je me suis plus délibéré, des choses qui surviendront contraires à celles par faute d'y pourveoir, de n'en addresser qu'à vous, comme je feray en semblable à tous mes autres gouverneurs auxquels il ayt aultant mandé ; et s'il y en a de si téméraires qui reffusent de vous obéyr et suyvre mes édicts et ordonnances, faites-les si bien chastier qu'il en soyt mémoire, car si vous n'en avez le moyen et que vous m'en advertissez, je vous pourvoirray de si bonnes forces qu'il n'y en a point de si fols que vous ne faciez devenir saiges, ny de si désobéyssans que vous ne faciez obéyr, priant Dieu, Monsieur du Lude, vous avoir en sa saincte et digne garde.

Escript à Rouen, le xviij^e jour d'aoust 1563. Signé : CHARLES. Et plus bas : ROBERTET.

Et la suscription est : A Monsieur le conte du Lude, etc.

---

111. — 13 octobre 1563. — Lettres patentes de Charles IX au sénéchal de Poitou.

Charles, par la grâce de Dieu, roy de France, au séneschal de Poictiers ou son lieutenant, salut. Nous avons estés advertis que en nostre dit pays de Poictou se tienne grand nombre de séditieux et mutins qui font infinis excès et violences à nos subjects et aultres actes tendans aux troubles et sédition, contrevenans en ce faisant à nos édicts et ordonnances faictes sur la pacification des troubles passés, en sorte que, si bientost n'y estoit remédié, il y auroit danger que le mal ne vint plus avant ; au moyen de quoy, pour nous faire rendre l'obéissance qui nous est deue et à ce que cy après nos subjects puissent vivre en paix, union et concorde, selon et en ensuyvant nos édicts et ordonnances, nous avons advisé pour les réformer et leur oster tout moyen de plus faire les maulvois, faire lever en nostre dit pays de Poictou le nombre de cent harquebuziers à cheval qui seront payés et soldoyés par les habitans de nostre dit pays et séneschaussée, en sorte qu'il ne reste maintenant que à en faire expédier nos lettres nécessaires pour l'assiette, cotisation et département de ce à quoy montera la solde et entretenement. Nous, à ces causes, vous mandons, commectons et expréssement enjoignons par ces présentes que, appelé nostre procureur et aultres qui pour ce seront à appeller, vous ayez à assoir, cottiser et imposer sur tous et chacuns les manans et habitans de nostre dit pays et séneschaussée de Poictou, le fort portant le foible, le plus justement et esgallement que faire ce pourra, et sans retardation de nos deniers, toutes et chacunes les sommes de deniers qu'il conviendra fournir, tant pour la solde et entretenement desdits cent harquebuziers à cheval, que pour les frais de la levée, et ce tant et si longuement qu'il sera besoing les retenir audit pays, et les dites impositions et cottisations faites contraignez et faictes contraindre tous ceulx qui y auroient estés assis, cottisés et imposés à en payer leurs costes, pars et portions par toutes voyes et manières deues et raisonnables, ainsi qu'il est accoustumé de faire pour nos propres deniers et affaires, nonobstant appellations, oppositions quelsconques et sans préjudice d'icelles, pour lesquelles ne voullons estre defferré. Voullons que lesdicts deniers soient mys ès mains de nos amés et féaulx conseillers les trésoriers de l'extraordinaire ou leurs commis, pour après estre par eulx baillés et délivrés au payement des dicts cent harquebuziers à cheval [1], selon les monstres qui s'en feront et ce que en ordonnera nostre amé et féal le conte du Lude,

---

1. C'est probablement cette compagnie de cent harquebusiers que le c[te] du Lude envoya sous les ordres du capitaine La Vergne en bas Poitou, au mois de janvier suivant, 1564. (*Chronique du Langon*, p. 82.)

capitaine de cinquante hommes d'armes de nos ordonnances et nostre lieutenant général en nostre dit pays de Poictou en l'absence de nostre très-cher et très-amé frère le prince de Navarre, à la charge d'en rendre compte et reliqua quand et à qui il appartiendra, car tel est nostre plaisir. De ce faire, vous avons donné et donnons plain pouvoir, auctorité, commission et mandement spécial, mandons et commandons à tous nos justiciers, officiers et subjects que à vous en ce faisant soit obéy.

Donné à Paris, le xiij⁰ jour d'octobre l'an 1563 et de nostre règne le troisième. Par le roy en son conseil. Signé : ROBERTET.

Etat de ce que monte le paiement pour un moys de cent harquebuziers à cheval estant sous la charge de. . . . . . et premièrement. . . . ausdit cent harquebusiers, la somme de 1400 livres qui est à raison de 14 £ pour chacun des dis harquebusiers.

Au capitaine, la somme de 100 £ tournois ; à son lieutenant, 50 £ ; à un commissaire et controlleur qui en feront la monstre, 70 £. Total : 1620 £.

Fait au conseil privé du roy, le xx⁰ jour d'octobre 1563. Signé : CHARLES. Et plus bas : ROBERTET.

Pris sur un copie de l'âge de l'original.

---

112. — 15 décembre 1563. — Lettre de Catherine de Médicis à M. du Lude.

Monsieur le conte, pour ce que le roy monsieur mon filz et moy avons entendu plusieurs plainctes des insolences et ports d'armes que faict au païs de Poictou et ès environs ung nommé Charles Mauléon, jusques à s'estre emparé de la maison et seigneurie de Massougnes [1] appar-

---

1. Massogne, dit aussi la tour de Massogne, était un fief relevant de la baronnie de Mirebeau. Il appartenait aux de Montléon depuis le

tenant à Pierre Aubert [1] et icelluy mis dehors la tenant encores pour le jourd'huy par force. Je vous ay bien voulu escripre la présente et prier d'y tenir la main, de sorte que le roy mondit s[r] et filz et justice soient obéys. Et pour cest effect, envoyés en ladicte maison et seigneurie de Massougnes, affin de sçavoir dudit Mauléon les causes qui l'ont meu de s'emparer par force d'icelle maison. Le faisant, en sorte que, s'il y prétend quelque droict, de s'y pourvoir par la voye de justice qui est ouverte à ung chacun et non par les dits ports d'armes. Autrement que l'on en fera faire telle punition qu'elle sera exemplaire à tous autour. Priant Dieu, Monsieur le conte, qu'il vous aict en sa saincte garde. Escript à Paris le xve jour de décembre 1563.

CATHERINE.

FIZES.

A Monsieur le conte du Lude, etc. [2].

---

113. — 9 janvier 1564. — Lettre de Henri, roi de Navarre, à M. du Lude.

Mon cousin, ayant entendu l'affection et bonne volonté que les manans et habitans de la ville de Poictiers qui sont de la religion réformée ont de vivre en paix avecque les autres et avoir aux faulxbourgs d'icelle exercice de ladite religion, suivant l'édict du roy monseigneur pour la paciffication des troubles et la déclaration et interprétation

---

XIVe siècle, et un Antoine de Montléon le possédait encore en 1534. Une autre branche des Montléon possédait à la même époque, en 1534, la tour d'Abain relevant de Massognes. (*La baronnie de Mirebeau*, par M. de Fouchier, dans les *Mém. des antiq. de l'Ouest*, 2° série, t. I, p. 205.)

1. Pierre Aubert était, en effet, seig. de Massognes en 1563. (*Dict. des familles de l'ancien Poitou*, t. I.) Comme les de Montléon possédaient cette terre en 1534, il faut croire que Charles de Montléon élevait des prétentions plus ou moins justifiées à sa propriété qui le portèrent à l'acte violent dont il est ici question.

2. Collection de M. Alfred Morrison. Copie faite sur l'original par M. Thibaudeau, de Londres.

d'icelluy, ensemble les lectres patentes qu'ils ont obtenues dudit seigneur à vous addresentes, je vous ay bien voullu escripre la présente en leur faveur et vous prier bien fort par icelle que, suivant ledict édict et lettres dessus dites, vous ne faciez aulcune difficulté de les accommoder d'ung lieu dedans lesdits fauxbourgs, tel que adviserez et verrez estre propre pour le soullaigement et bien de tous ceulx de ladite religion réformée qui sont demeurans en ladite ville, et leur faire en cella et toute aultre chose, congnoistre par effect combien leur aura servy en vostre endroict la prière que je vous en fais encores un bon coup pour eulx, qui le recongnoistra en tout ce que me voulderez employer d'aussi bon cueur que je prie Dieu, mon cousin, vous avoir en sa très-saincte et digne garde.

De Paris, le ix° janvier 1563 (1564). Vostre bon cousin et amy. Signé : Henry.

Et la suscription est : A mon cousin Monsieur le conte du Lude, chevalier de l'ordre du Roy, gouverneur et lieutenant de Sa Majesté en mon absence en sa comté de Poictou.

114. — 16 janvier 1564. — Lettre de Catherine de Médicis à M. du Lude.

Monsieur du Ludde, vous verrés par la lettre que le roy monsieur fils vous escript, comme il a fait ceste grâce aux principaulx chefs de maison de sa ville de Paris de leur rendre les armes pour la garde de leurs maisons, sans toutes foys qu'ils puissent avoyr harquebustes ny pistollets ; et pour ce qu'il seroit à craindre que ceste coulleur conviast ou les catholicques des autres villes à en voulloir demander aultant, ou ceulx de la nouvelle religion à prétendre avoyr occasion de s'armer, puisqu'on rend les armes à ceulx de Paris ; à ceste cause, je vous prye y avoyr l'œil ouvert et faire plus exactement que jamais observer l'ordonnance de la majorité du roy, mon dit sieur et fils, par laquelle il est enjoint de désarmer tout le monde, car nous ne voulons plus d'armes et fault par nécessité que tous obéissent à ladite ordonnance et quelles choses demeurent en l'obéissance, repos et tranquilité telle que nous cherchons d'establir par tout, n'ayant voullu faillir de vous donner ce petit advis, affin que vous sçachiez que c'est et qu'il ne vous fault entendre une chose pour l'autre, priant Dieu, Monsieur du Ludde, vous avoir en sa sainte et digne garde.

De Paris, le 16ᵉ jour de janvier 1563 (1564). Signé : CATERINE. Et plus bas : ROBERTET, avec paraphe.

Au dos est escrit : A Monsieur du Ludde, etc…

---

115. — 16 janvier 1564. — Lettre de Charles IX à M. du Lude.

Monsieur du Ludde, ayant délibéré de partir bientost de ceste ville pour visiter les aultres pays et endroicts de mon royaume, j'ay advisé, affin de contenir ma ville de Paris en plus de repos et seureté, et aussy en recongnoissance des services que ladicte ville m'a faict et aux roys mes prédécesseurs, de luy accorder pour les principaulx chefs des maisons, qu'ils puissent retenir des armes comme corcellets, picques et hallebardes, pourveu toutes foys qu'ils n'ayent ny harquebuses ny pistollets. Et pour ce que, soubs cette couleur-là, on pourroit peult-estre prétendre que en rendant les armes à ceulx de Paris, cela debveroit aussi avoir lieu pour les aultres villes, et ceulx de la nouvelle relligion en voudroient demander aultant, ou bien penser avoir occasion de les prendre, je vous advise qu'estant mon intention en cela toute telle que vous l'avés veue par l'ordonnance de ma majorité, qui est d'oster les armes à tout le monde, je veulx et entends que vous le faciés plus exactement observer que jamais ; d'aultant que ce que j'ay faict en cela a esté une particullière faveur à ma ville capitalle pour particullier service, que je ne veulx estre tiré à conséquance, ny rendre en ce point icy les aultres villes de mon royaulme semblables à elle, mais que toutes et mesmes celles de vostre gouvernement se désarment entièrement et suivent en cest endroict ma volonté et intention plus au long déclairée et spéciffiée par ledict édict de ma majorité; à quoy et à l'entier repos de tout vostre gouvernement je m'asseure que vous aurés tousjours l'œil ouvert et à empescher que ceste couleur et excuse n'y puisse engendrer aulcun trouble ou remuement. Et sur ce je prye Dieu, Monsieur du Ludde, vous avoir en sa saincte et digne garde.

De Paris, le 16ᵉ jour de janvier 1563 (1564). Signé: CHARLES. Et plus bas : ROBERTET, avec paraphe.

Au dos est escrit : A Monsieur du Ludde, etc...

116. — 17 février 1564. — Mandement de Charles IX à un personnage de Châtellerault.

DE PAR LE ROY,

Nostre amé et féal, pour ce que durant les troubles derniers sur quelque advertissement que l'on donna à nostre amé et féal le comte du Lude, chevalier de nostre ordre et nostre lieutenant au gouvernement de Poictou en l'absence de nostre très-cher et très-amé frère le prince de Navarre, il auroit mandé au lieutenant général de Chastellerault [1] se saisir vos papiers estans en ladite ville dans la maison d'un nommé Caloyn et les luy envoyer en toute dilligence, ce qui fut faict et iceulx apportés par l'un de vos serviteurs audit sieur conte, lequel conte luy en bailla descharge selon

---

1. On trouve un Gaultier Rasseteau lieutenant général de la sénéchaussée de Châtellerault en 1557. C'est probablement celui dont il est ici question. (Hist. de Châtell., par l'abbé Lalanne, t. II, p. 413.)

l'inventaire qui en fut faict par le greffier de nostre ville de Poictiers. Toutesfoys, nous avons entendu que vous poursuivez vivement ledit lieutenant pour la restitution de vos dits papiers, combien que vous ayez esté assez adverty que ce qu'il en faict n'a esté que par le commandement et ordonnance dudit sieur conte du Lude, nostre dit lieutenant général, lequel, comme il nous a certené, vous a plusieurs foys semond et admonesté de cesser la poursuite que vous faictes contre ledit lieutenant de Chastelleraut, mays que eussiez à vous retirer par devers luy, et qu'il les vous feroit rendre entièrement, chose qui nous a semblé que deussiez avoir faict, sans en venir plus avant, et passer cela par l'amiable plus tost que d'entrer plus avant en contention, d'autant que ce qui en a esté faict a esté pour notre service et suyvant le commandement que icelluy sieur conte en avoit de nous. A ceste cause, désirant cette poursuite demeurer soubs le pied et à ce qu'il n'en soit plus parlé, nous vous mandons et ordonnons très-expressément que vous ayez à cesser ladite poursuite contre ledit lieutenant de Chastellerault, et le laisser en patience pour raison de vos dits papiers pour lesquels recouvrer, selon l'inventaire qui en a esté faict, vous vous retirerez ou envoyerez devers ledit sieur conte, lequel ne fauldra de les vous bailler et délivrer ou à celuy que luy envoirez portant descharge de vous, à quoy vous ne ferez aucune faute, car tel est nostre plaisir.

Donné à Fontainebleau, le 17e jour de février 1563 (1564). Signé : CHARLES. Et plus bas : ROBERTET.

---

117. — 28 février 1564. — Lettre de Charles IX à M. du Lude.

Monsieur du Ludde, je viens d'estre adverty que sous prétexte d'un certain remuement qu'on prétend se devoir faire par la fin du concile, toute la noblesse de Poictou se mect en arme, faict provision de chevaulx, et semble qu'ils ayent envie de s'esmouvoir, de quoy je ne puys estre qu'en peine et désirer d'en sçavoir la vérité ; et pour ceste cause, je vous prie ne faillir d'envoyer incontinent partout pour sçavoir ce qui en est, quelle est leur délibération et ce qui les meut, affin que, s'ils ont quelque crainte du concile, qu'ils croyent et s'asseurent que mon intention est que mon édict soit inviolablement observé, sans que je souffre qu'en chose quelconques il y soit faict aulcune violence ou innovation, et d'une part et d'autre, tous se contiennent doulcement sans riens entreprendre qui puisse troubler le repos public. Au demeurant, vous sçavez l'ordonnance qui a été faicte aux gouverneurs de ne laisser sortir de leur gouvernement hommes avecques armes sans sçavoir où ils vont et que c'est qu'ils deviennent, et que vous fault pratiquer en cecy si vous voyés qu'ils voulsissent partir de vostre gouvernement avecques leurs armes, vous priant ne faillir de m'advertir incontinent de ce que vous en aurés trouvé, et je prieray Dieu, Monsieur du Ludde, vous avoir en sa sainte et digne garde.

De Fontaynebleau, le xxviij° jour de février 1564. Signé : CHARLES. Et plus bas : ROBERTET, avec paraphe.

Au dos est écrit : A Monsieur du Ludde, etc...

---

118. — 28 février 1564. — Lettre de Catherine de Médicis à M. du Lude.

Monsieur du Ludde, vous verrez que le roy monsieur mon fils vous escript d'ung advis qu'il a d'ung remuement qui se faict par la noblesse de Poictou qui se pourvoyent d'armes et chevaulx, ce qui ne peult estre bon, d'aultant que cela ne tend à rien de bien ; et pour ce qu'il est besoing sçavoir ce qui en est, je vous prie ne faillir de m'en donner incontinant adviz et ce que vous en aurez peu descouvrir, ne craignant d'envoyer deça et delà que pour sçavoir ce qui en est et en estre si bien adverty qu'il n'en puisse arriver inconvénient, et m'asseurant que y aurez l'œil, comme le requiert l'importance du faict, je ne vous en diray autre chose, sinon que je prie Dieu, Monsieur du Ludde, vous avoir en sa sainte et digne garde.

De Fontaynebleau, le xxviij^e jour de février 1564. Signé : CATERINE. Et plus bas : ROBERTET, avec paraphe.

Au dos est écrit : A Monsieur le conte du Ludde, etc...

---

119. — 12 mars 1564. — Lettre de Charles IX à M. du Lude.

Monsieur du Ludde, l'expériance des choses passées nous doibt faire sages, ce que je vous dicts pour ce que je veoy aujourd'huy ung remuement par tout mon royaume, qui provient d'aulcuns esprits ennemys du repos, dont les ungs estiment leur estre permis par la fin du concile de prandre les armes et s'eslever, les aultres craignent qu'on veuil entreprandre contre eulx. Comme que ceste deffiance engendre je ne sçay quelle rumeur, de laquelle il pourroit (s'il n'y estoit pourveu), advenir quelque grand inconvéniant, et pour ceste cause, je vous prie en remédiant aux volleries qui se font, donner aussy ordre en vostre gouvernement que toutes choses y soient paisibles, et qu'il ne se entrepeigne riens dont vous ne soyez adverty, faisant entendre à tout le monde que mon intention est de conserver l'édict et ne souffrir que, d'une part ny d'autre, il y soit faict aulcune violance, tenant la main plus roide que jamais à l'observation et entretenement dudict édict, comme à la chose du monde que j'ay le plus à cœur et en quoy vous me pouvés plus faire de service, vous priant après avoir soin soigneusement envoyer partout vostre gouvernement pour veoir comme toutes choses y sont disposées et advertyr partout de mon intention et du commandement que vous avés de moy de tenir le tout en paix et observer icelluy édict, et aussy me donner avis de l'estat en quoy est vostre dict gouvernement, et cela plus tost que vous pourrés, priant Dieu, Monsieur du Ludde, vous avoir en sa saincte et digne garde.

Escript à Fontainebleau, le 12e jour de mars 1563 (1564). Signé : CHARLES. Et plus bas : ROBERTET, avec paraphe.

Au dos est écrit : A Monsieur du Ludde, etc...

---

120. — 12 mars 1564. — Lettre de Charles IX à M. du Lude

Monsieur du Ludde, j'ay faict dépescher une ordonnance pour faire résider tous les baillifs et séneschaux en leurs bailliages et séneschaulcées, afin de courir sus aux voleurs, brigands et meurtriers qui tiennent les champs par tout ce royaume et dont j'ay ordinairement une infinité de plaintes ; et pour ceste cause, je vous prie que, s'ils avoient besoing de forces, leur en bailler le plus que vous pourrés affin d'appréhander tels malheureulx qui troublent le repos publicq, pour les pugnir selon leurs démérites, en sorte que bientost je puisse veoir ce royaulme nectoyé et les chemyns seurs et libres, comme je le désire, priant Dieu, Monsieur du Ludde, qu'il vous ayt en sa sainte et digne garde.

De Fontainebleau, le 12e jour de mars 1563 (1564). Signé : CHARLES. Et plus bas : ROBERTET.

Au dos est escrit : A Monsieur du Ludde, etc...

---

121. — 27 mars 1564. — Lettre de Charles IX à M. du Lude.

Monsieur le conte, j'ay veu ce que vous avés escript à la royne madame ma mère, tant sur les assemblées de ceulx de la noblesse estant de la relligion prétendue refformée avec armes, que pour le regard de ce qui est advenu avec l'un des frères du sieur de Vérat [1] et le cappitaine des arquebuziers de vostre garde ; à quoy je vous diray, pour ce qui touche les dictes assemblées, que j'espère que en visitant vostre gouvernement, comme vous mandés devoyr bientost faire [2], et ayant plus amplement vériffié ce qui est des dictes assemblées, vous y saurés si bien pourveoir que j'en auray contentement. Mais quant au cappitaine de vos harquebuziers, je veulx et entends que, suivant ce que je vous en ay naguières bien expressément escript, qu'il s'en vienne sans aucune excuse me trouver là part que je seray pour se justiffier de ce dont l'on le charge, et ne fault pas qu'il y face faulte, car aultrement je m'en prendroys à vous. Parquoy, donnés-y si bon ordre que je n'en tumbe en autre malcontentement, priant Dieu vous donner, Monsieur le conte, ce que désirés.

Escript à Troyes, le 27° jour de mars 1563 (1564). Signé : CHARLES. Et plus bas : ROBERTET, avec paraphe.

Au dos est escrit : A Monsieur le conte du Ludde, etc...

---

122. — 15 avril 1564. — Lettre de Charles IX à M. du Lude.

Monsieur le conte, après que nous avons longuement travaillé au faict de la négociation de la paix qui s'estoit encommancée par delà entre mes députez et ceulx de la royne d'Angleterre ma bonne sœur [3], Dieu a voullu par sa grâce nous envoyer les moyens de parvenir à une bonne,

---

1. Gabriel de Saint-Georges, s^r de Vérac et de Couhé, qui appartenait à la religion protestante, avait deux frères : 1° Pontus, abbé de Valence, l'un des plus fougueux partisans des novateurs et l'un des pillards de Poitiers, au mois de mai 1562 ; 2° André, s^r du Petit-Couhé. (Dict. des familles de l'ancien Poitou, t. II.)
2. Le c^{te} du Lude alla, vers Pâques 1564, à Fontenay, où il fit cesser le prêche du ministre Dumoulin. (Chronique du Langon, p. 83.)
3. Elisabeth, reine d'Angleterre.

seure et certaine réconciliation qui a esté accordée dès le unzième de ce moys, mais pour ce qu'il faut du temps aux députez d'Angleterre pour en envoyer la nouvelle à ladite royne leur maîtresse et en faire la publication en leur pays, il a été accordé que ladite publication ne se fera plustost que xxiij^e de ce moys d'avril, et que toutes les prinses et déprédations qui se feront depuis ledit jour et les autres, tant par mer que autrement, sont déclarées nulles et à la restitution d'icelles seront contraincts les déprédateurs par emprisonnement de leurs personnes et saysye de leurs biens; au moyen de quoy il est nécessaire que, incontinent que vous aurés receu ceste lettre, vous en advertissiez tous les capitaines qui se seront d'eux-mesmes mis sur la mer pour faire la guerre aux Anglois, et leur mandés bien expressément de ma part qu'ils se gardent après le xxiij^e de ce dit mois de faire aucune prinse sur eulx ne autre chose qui contrevienne à ladite paix, et que, sur leur vye, ils n'offensent en quelque sorte que ce soit les Flamens, Espaignols, Allemans, Écossois et autres mes amys, alliés et bien veillans, pour la mauvaise réputation qu'ils me donneroient envers eux et les offenses qu'ils dient leur avoir jà esté faictes dont ils se plaignent infiniment et me demandent justice que je ne leur pourray desnyer, ne refuser; mais pource qu'il advient ordinairement que, sur la terminaison d'une guerre et le commencement d'une paix, les pirates s'efforcent de faire le pys qu'ils peuvent et que je considère qu'il sera bien mal aisé de se garder que mes subjects ayant eu nouvelle de ceste paix ne se mettent incontinant en mer pour les navigations de leurs marchandises pour lesquelles la plus grande partye d'eulx se tenoient jà préparés, je veulx et entendz que les vaisseaux que j'entretiens à ma soulde tiennent la mer pour cinq ou six semaines, affin de servir d'escorte et seureté à mes pauvres subgects, jusques à ce que les dits pirates se soyent retirés dedans les ports, commandant et deffendant aux capitaines, sur la vye, que cependant ils facent chose qui puisse altérer la bonne paix et amytié que je me voy ce jourd'huy avec tous les princes mes voysins. Et més que le xxiij^e de ce dit moys soit passé, vous ferez faire ladite publication en vostre gouvernement de Poictou, suyvant l'acte que je vous en envoye, et advertirés tous mes subjects qu'ils se gardent bien de passer en Angleterre pour ledit traficq de marchandise; que ledit jour ne soyt passé; encores quant ils attendront que la publication de ladite paix aye esté faicte en leurs ports, ils ne feront que plus seurement; qui est, Monsieur le conte, ce que je vous sçaurois mander pour cest heure, pryant Dieu qu'il vous ayt en sa saincte et digne garde.

Escript à Troyes, le xve jour d'avril 1564. Signé : CHARLES. Et plus bas : ROBERTET, avec paraphe.

Au dos est écrit : A Monsieur le conte du Lude, etc...

---

123. — 14 août 1564. — Lettre de Charles IX à M. du Lude.

MONSIEUR LE CONTE,

Veoyant que en l'observation et entretenement de mes édicts de pacification et lettres de déclaration sur icelluy, plusieurs de mes juges et officiers se sont trouvés en doubte pour l'indiction des peynes à l'encontre des contrevenans, n'ayans, comme l'on prétend, esté assez appartement déclarées par mesdicts édicts et déclaration, dont il advient que, par faulte d'entendre en cest endroict plus clairement mon intention, iceulx édicts et lettres de déclaration ne sont exécuttés bien souvent, ny les contrevenans à iceulx pugnis et chastiés. A ceste cause, désirant y pourvoir, j'ay advisé par le conseil de la royne, madame ma mère, princes et seigneurs de mon conseil, de faire expédier là-dessus mes lettres patentes d'ordonnance et déclaration pour l'indiction des dittes peynes et explication d'aucuns poincts deppendants de l'exécution et observation de mes dicts édicts et déclaration, selon que vous pourrez veoir par le contenu d'icelles, lesquelles je vous ay bien voullu particulièrement adresser affin que vous les faictes incontinent lire, publyer et enregistrer par tous les siéges, lieux et endroicts de vostre gouvernement que verrez estre besoing, et tenez la main à les y faire garder, observer et pratiquer en l'exécution et entrectenement d'iceulx mes dicts édits et déclaration et contre les y contrevenans, selon leur propre forme et teneur, sans qu'il y soit usé par mes dits juges et officiers d'aucune longueur, connivence, dissimulation ne difficulté, et vous me ferés service très-agréable, priant Dieu qu'il vous ayt, Monsieur le conte, en sa saincte et digne garde.

Escript à Roussillon, le xiiij^e jour de aoust 1564. Signé : CHARLES. Et plus bas : ROBERTET, avec paraphe.

Au dos est écrit : « A Monsieur le conte du Lude, etc...... [1].

---

[1]. Deux mois auparavant, le 11 juin 1564, M. du Lude, rentré dans son gouvernement par ordre du roi, déclarait qu'il avait saisi les bénéfices de ceux qui, au lieu de faire continuer le culte catholique, ont installé des prêches « et mesme les abbayes de Valence, Bonnevaux et la Réau, esquelles je vous puis asseurer qu'il n'y a ni religieux ni prestre qui n'aye renoncé à sa profession ; et si ne s'i faict service divin sinon à la mode de Genefve, par des ministres qui y sont entretenus par les abbés ». Il se plaint de la désobéissance du peuple de ce pays aux édits du roi ; de ce que le général des finances, des Prunes, empêcha la levée des deniers nécessaires pour payer la compagnie de ce pays, et demande à la reine de lever cette défense, afin que ses hommes ne soient pas forcés de vendre leurs chevaux. D'Amailloux, 11 juin 1564 (*Arch. hist. de la Saintonge et de l'Aunis*, IV, 291). On retrouve plus tard le s^r des Prunes comme général des finances du prince de Condé, envoyé par lui à Blois, le 18 février 1568, après la prise de cette ville par les huguenots, le 7 février précédent, pour demander des subsides aux habitants. (*Revue des Sociétés sav.*, 5e série, t. V, p. 74 et s.)

124. — 25 août 1564. — Lettre de Charles IX à M. du Lude.

Monsieur du Ludde, pour l'advertissement que j'ay de tant de meurtres, de ports d'armes et aultres contraventions à mes édicts, qui se commectent tous les jours, il m'a semblé qu'il ne s'y pouvoit trouver meilleur remède que faire que vous qui estes gouverneur de Poictou, preniez avecques vous les forces que vous jugerez nécessaires, et qu'avecques icelles vous faciez une promenade par vostre gouvernement aux lieux que vous congnoistrez en avoir plus de besoing [1], et que en passant, si les officiers sont mal soigneux ou peu forts pour faire faire punition de telle désobeyssance, que vous les en sollicitiez et teniez la main à l'exécution de la justice, de façon que je puisse veoir une punition et ung exemple de quelcun qui contrevienne à mes édicts, en quoy je veulx que vous gouvernez sans passion et que indifféremment vous faciez punir tous ceulx qui seront contrevenans à mes édicts et ordonnances, car, à ce que je puys entendre, il y en a prou qui detiennent le bien des ecclésiastiques et les occupent par force et ne font nul compte de les rendre, quelque commandement qu'ils en ayent, chose de si maulvois exemple que cela ameyne une infinité de troubles ; et pour ceste cause, je vous prye encores un coup exécuter ce que dessus au premier jour et donner ordre d'aller si bien accompaigné que vous me faciez obéyr. Vous ménerez ung prévost des mareschaulx avecques vous pour faire capture et punition de ceulx qui sont de son gibier, qui mériteront punition, priant Dieu, Monsieur du Ludde, vous avoir en sa saincte et digne garde.

---

1. Le bas Poitou était surtout le théâtre de pillages et de violences de toutes sortes de la part des calvinistes contre les églises et le clergé. Voir à ce sujet les remontrances faites au roi par l'évêque de Luçon, vers le 10 septembre 1565, sur la ruine des églises, les outrages sanglants contre les prêtres et la suppression violente du culte dans beaucoup de paroisses, durant les années 1564 et 1565. (*Dom Fonteneau*, t. XIV, p. 501.)

De Vallence, le xxv° jour d'aoust 1564[1]. [Et le roi ajouta de sa propre main] : Vous voyez ce que je vous mande, ne faillez de le faire, aultrement je m'an prandrés à vous; car j'ay quinze ans et veux estre obéi. Vous guarderez ceste lettre pour me la monstrer, més que je vous voie, affin de voir si aurez exécuté ce que je vous commande. Signé : CHARLES. (Elle n'est pas contresignée.)

Et la suscription est : A Monsieur le conte du Ludde, etc...

---

125. — 25 août 1564. — Lettre de Catherine de Médicis à M. du Lude.

Monsieur du Ludde, vous entenderez l'occasion de la despesche que vous faict le roy, monsieur mon fils, pour les advis qu'il a continuellement des meurtres, ports d'armes, vollereyes, contraventions à ses édicts et aultres tels actes qui se commectent journellement en une infinité d'endroicts de ce royaume, ausquels l'on ne sçauroit trop tost pourveoir ny trop roidement tenir la main; et pour ceste cause, il est besoing, ainsi qu'il le mande aux aultres gouverneurs, de faire que vous alliez vous promener par le pays, ez lieux que verrez en avoir plus de besoing, avecques les forces que vous estimerez estre nécessaires pour faire obéyr le roy, monsieur mon fils, et faire entretenir ses édicts, vous asseurant que ne luy sçauriez faire service plus agréable que cestuy-là, et n'ayant de quoy vous faire la présente plus longue, je prieray Dieu, Monsieur du Ludde, vous avoir en sa saincte et digne garde.

De Vallence, ce xxv° jour d'aoust 1564.

---

1. M. du Lude se trouvait alors à Poitiers, car, le lendemain 26 août 1564, il y assista à l'entrée solennelle du nouvel évêque, Charles Pérusse des Cars, nommé depuis 1560. Ses deux frères, l'abbé de Charroux et le sr de Briançon, l'accompagnaient. (*Journal de J. de Brilhac.*)

En marge (ce qui suit est écrit de la main de la reine) : Le roy mon fils vous commande de luy mender où est sieur. . . . . . et si set rendu à la justice, come lui avest aysté comendé, et yncontinant ne fallé à l'enmener icy et vous sesir de lui pour lui en répondre, car set sa volonté. Signé : CATERINE. (Cette lettre n'est point contresignée.)

La suscription : A Monsieur le conte du Ludde, etc......

---

126. — 16 octobre 1564. — Lettre de Catherine de Médicis à M. du Lude.

MONSIEUR LE CONTE,

Je m'estonne grandement que ayant eu advertissement de bien grandes assemblées qui se font en vostre gouvernement, vous ne nous en ayez aulcune chose mandé, ne moings donné ordre de les faire cesser; et pour ce que ce sont choses qui méritent bien que l'on y pourvoye soudainement, affin d'empescher que plus grands désordres ne puissent advenir, je vous prie que, tout aussitost que vous aurez receu ceste despesche, vous regardez à faire cesser toutes les dites assemblées et à vous enquérir des occasions qui les meuvent d'ainsi prandre les armes. Et, s'ils se veullent couvrir que les édicts et ordonnances du roy, monsieur mon fils, n'ont esté observés, je vous prie de les satisfaire en cela, car vous sçavez que c'est nostre intention, ne souhaittant rien plus que la justice et correction des délinquans et contrevenans à iceulx, d'aultant que c'est le seul moyen de faire contenir ung chacun en son devoir; et n'ayant rien à vous dire davantaige, je prie Dieu, Monsieur le conte, qu'il vous ait en sa saincte et digne garde.

Escript à Hyères, le 16e jour d'octobre 1564. Signé : CATERINE. Et plus bas : ROBERTET.

La suscription : A Monsieur le conte du Ludde, etc...

127. — 31 octobre 1564. — Lettre de Charles IX à M. du Lude.

Monsieur le conte, je vous ay assés souvent fait entendre, et par lettre et de bouche, combien je désire que mes subjects vivent en repos et pacification, et comme pour les y maintenir, je veulx et entends que mes édits et ordonnances soient entretenus, sans permettre qu'ils soient en façon que ce soit enfraints ne corrompus, ny que aucuns de mes subjects facent chose qui puisse altérer le repos public ; et maintenant ayant esté adverty que en vostre gouvernement de Poictou il y a bien jusques à douze ou quinze cents gentilshommes armez et prests à s'eslever, je me suis grandement estonné, ou que vous n'avez du commancement regardé le moyen de les empescher et destourner telles assemblées et ports d'armes, ou bien que vous ne m'en avez adverty et de l'occasion pour laquelle ils se sont soubdain eslevés et mis ensemble, vous en ayant bien voullu incontinent faire ceste dépesche, affin que vous doniez ordre de faire cesser tout cela, et que vous vous enqueriez de l'occasion qui les incite de prendre ainsy les armes ; et si d'avanture ils la voulloient regecter sur ce que mes édicts et ordonnances n'auroient esté entretenuz comme ils devoient et que aucuns d'eulx eussent esté offencez, dont il n'eust esté faict pugnition, vous ne fauldrez tout aussytost à leur en faire faire raison et à leur faire congnoistre par cella que vous n'avez tant devant les yeulx que l'observation de mes dicts édicts et ordonnances, ainsy que vous sçavez que mon intention est telle ; et quoy qu'il en soit, je vous prie de faire en sorte que toutes les dites assemblées, monopolles et ports d'armes puissent bientost cesser et de tenir en repos et paciffication tout vostre gouvernement le plus qu'il vous sera possible, actendant que nous y puissions estre, comme nous espérons bientost, d'aultant qu'estant sorty de la Provence, où nous sommes à présent, nous n'aurons plus que à traverser le Languedoc pour nous rendre jusques à vous. Cependant vous nous advertirés de tout ce qui en est et du remedde que vous aurés donné pour appaiser tout cela, affin de n'en estre plus en peyne ; et en cest endroict je prieray Dieu, Monsieur le Conte, qu'il vous ait en sa sainte et digne garde.

Escript à Hyers, le dernier jour d'octobre 1564. Signé : CHARLES. Et plus bas : ROBERTET.

Au dos est écrit : A Monsieur le comte du Ludde, etc...

---

128. — 17 décembre 1564. — Lettre de Renée de France à M. du Lude.

MONSIEUR DU LUDE,

Ce m'eust esté grand plaisir de vous veoir passant par Poictiers, et ne vous aiant veu, je vous fais entendre de mes nouvelles, et depuis je suis advertie que, à cause des presches que j'ay faict faire audict Poictiers, les magistrats et officiers recherchent ceulx de la rellignion, chose qui me seroit à grand déplaisir si à cause de moy ce pauvre peuple en recevoit détriment et fâcherie ; je n'ay rien fait que je ne l'aye peu et deu faire, ce que le roy monseigneur et nepveu et la royne ne me l'ayent permis. Je sçay que vous y pourrez bien donner ordre et empescher que nul ne soit molesté, chose de quoy je vous prie, dont avisant que s'il y a poursuite, je m'en ressentiray et prendray la cause et deffence pour eux, et vous prie m'advertir de ce qui en aura esté fait et procedder en cecy comme pour cause mienne ; et ce faisant, je vous feray plaisir de bien bon cueur en ce que je pourray, priant Dieu, Monsieur du Lude, vous avoir en sa saincte et digne garde.

De Montargis, ce 17e décembre 1564. Signé : La bien vôtre, RENÉE DE FRANCE [1].

Au dos est écrit : A Monsieur du Lude, chevalier de l'ordre, lieutenant général pour le roy, en Poictou.

---

129. — 19 décembre 1564. — Mandement du comte du Lude aux juges et officiers de Luçon.

Guy de Daillon, comte du Lude, chevalier de l'ordre du roy, gouverneur et lieutenant général pour Sa Majesté en ses pays et conté de Poictou, cappitaine de cinquante hommes d'armes des ordonnances dudit seigneur, et séneschal d'Anjou, aux juges et officiers de Lusson, salut. Sur les plaintes et remonstrances qui nous ont esté faictes, estant en ce lieu de Lusson, de la contravention faicte aux édits du roy, tant par le seigneur de Sainte-Gemme [2] qu'autres dudit lieu de Lusson et d'ailleurs du pays d'autour, en l'exercice de la religion prétendue refformée ; sur quoy et après nous estre deuement informés des dites contraventions, nous avons ordonné et ordonnons par ces présentes que le dit sieur de Sainte-Jame comparoistra le 20e janvier prochain en la ville de Poictiers, par-devant nous, ou en nostre absence, par devant les gens tenans le siège présidial audit lieu, ausquels la cognoissance des contraventions faictes aux édits du roy est attribuée, pour apporter son fiefs et adveus par escript avec les noms et surnoms de ses subjects coucheans et levans en son dit fief, icelly veoir déclarer confisqué et acquis au roy, si faire ce doibt, et au surplus estre reiglé, ainsi qu'il appartiendra ; luy avons faict et faisons cependant deffenses de tout exercice de ladite religion prétendue refformée, sinon

---

1. Renée de France, 2e fille de Louis XII, épouse d'Hercule II, duc de Ferrare, veuve depuis 1560, possédait les duchés de Chartres et de Montargis. Elle protégeait hautement le calvinisme.
2. Lancelot du Bouchet, sr de Sainte-Gemme, qui avait commandé à Poitiers en 1562, pour le parti calviniste.

en tant qu'il lui est permis, sur peyne d'estre privé du béneffice des édicts par lesquels il prétend le dit exercice lui estre permys, et de plus grande peyne, si elle y eschet; pour ce est-il que nous vous mandons et commectons par ces présentes icelles faire signifier au dit seigneur de Saint-Jame par le premier sergent royal sur ce requis, auquel mandons luy donner l'assignation et faire les deffenses susdites dont vous nous certifierez audit jour, sur peine de nous en prendre à vous en vos privés noms; ensemble vous mandons informer bien dilligemment et secrètement des dites contraventions qui se sont faictes et aultres qui se pourront faire cy-après contre lesdits édits du roy, et l'information faicte, l'apporter ou l'envoyer closes et scellées par devers nous ou lesdits gens tenans ledit siège présidial audit Poictiers, pour icelles veües et communiquées au procureur du roy, y estre pourveu comme de raison. De ce faire vous avons, en vertu du pouvoir à nous donné par le dit seigneur, donné et donnons plain pouvoir, puissance, commission et mandement spécial par ces présentes ausquelles avons faict mettre nostre scel et signées de nostre main.

Donné à Lusson, le dix-neufiesme jour de décembre 1564, (avec le sceau des armes dudit seigneur comte du Lude [1]).

---

130. — 1565. — Remontrances pour le pays de Poictou faictes au roy par le sieur comte du Lude, gouverneur et son lieutenant général au dit pays, en l'absence de Monseigneur le prince de Navarre.

Plusieurs au pays de Poictou, soubs umbre des jugements contre eux donnés par les juges du dit pays pour les

---

1. Le 11 décembre précédent, c'est-à-dire peu de jours auparavant, le c[te] du Lude était à Saint-Maixent avec ses cent arquebusiers à cheval et sa gendarmerie, le lieutenant général de la sénéchaussée, le procureur du roi et le prévôt des maréchaux. Il y fit le procès des séditieux. (*Journal de Michel le Riche*, p. 89, 90.) Ainsi il exécutait l'ordre que lui avait donné Charles IX par sa lettre du 25 août précédent. Le 7 janvier 1565, M. du Lude était de retour à Poitiers et faisait condamner au bannissement le ministre d'Azay, près Saint-Maixent, pour avoir contrevenu au dernier édit. (*Michel le Riche*, p. 90.)

séditions par eux commises et depuys remises par l'édict de pacification, font et s'efforcent chacun jour faire des plainctes contre les dicts juges, taschant rabaisser leur autorité et réputation pour les intimider et par tel moyen parvenir à leurs fins qui sont de pernicieuse conséquence. A ceste cause, plaira au roy ne recepvoir sans grande congnoissance de cause telles plainctes et icelles renvoyer au dict gouverneur ou l'en advertir pour rendre Sa Majesté certaine de la vérité du faict.

Qu'il est bien nécessaire avoir et entretenir dans le chasteau de Poictiers, ville capitalle du pays, le cappitaine qui y est de présent estably par le sieur de Montpezat[1], avec dix soldats pour le moins, pour tousjours; et, attendant que le temps sera plus pacificque et paisible, contenir en craincte ceulx qui se vouldroyent esmouvoyr. Plaira au roy sur ce adviser, donner moyen au dit capitayne se entretenir, et à ceste fin soit mandé au recepveur ordinaire pour recepvoir les six deniers pour livre, levés sur le pays, desquels le dit cappitaine et ses soldats ont tousjours depuis ces troubles esté payés, leur continuer le payement à la raison, sçavoir, le dit cappitaine de 30 liv., et chacun des dicts soldats dix livres tournois par moys, soubs l'ordonnance du dit sieur conte du Lude; et à ceste fin en estre expédiées lettres à ce nécessaires addressantes au dit recepveur estant à présent et qui sera cy après en charge.

Et d'aultant qu'au dit pays de Poictou y a fort grand nombre de prestres, religieux, mesmes des abbés, prieurs et curés qui se sont mariés et renoncé à la profession de leur religion,

Plaira au roy commander ce qu'il luy plaist que l'on face du revenu des bénéfices, si gens de telle qualité sont tolé-

---

1. Melchior des Préz, sr de Montpezat et du Fou, sénéchal de Poitou, fils de Antoine des Prez, sr de Montpezat, sénéchal de Poitou, et de Lyete du Fou. Il avait épousé, en 1560, Henriette de Savoie.

rables au pays et s'il trouvera bon qu'on les face pugnir du supplice de mort ou envoyer aux gallères et faire régir leurs biens soubs la main du roy, par commissayre.

Au pays, y a plusieurs gentilshommes qui d'eulx mesmes s'auctorisent faire faire dans les églises de leur paroisse exercice de la religion réformée, quelque ordonnance qu'il y ait au contraire, et mesmes sont si impudents qu'ils osent bien en faire des déclarations et protestations en plein jugement et en demandent acte aux juges et greffiers.

Plaira au roy sur ce commander au dit gouverneur quelle punition il fera sentir à ceulx qu'il trouvera estre de ceste qualité, et s'il trouvera bon les menacer de razer leurs maisons, s'ils ne se déportent de telle façon de vivre; et s'ils ne s'en déportent et laissent les ecclésiastiques en paix et jouir de leurs biens sans aulcun trouble, après les en avoir advertis, de quelle rigueur il plaist à Sa Majesté que l'on use en leurs endroicts, et en bailler au dit sieur gouverneur son intention par écrit.

En la sénéchaucée de Fontenay le Comte a esté ordonné ung lieu ès faulxbourgs de la dicte ville pour faire exercice de la religion nouvelle, depuys l'establissement duquel lieu le sénéchal du dit lieu seroit décedé[1], par le moyen duquel la dite séneschaucée et état de séneschal sont demeurés supprimés, en considération de laquelle séneschaucée le dit establissement avoit esté fait, et que n'y ayant plus séneschaucée ny séneschal, par conséquent qu'il n'y devoit plus avoir establissement ny lieu ouvert pour les presches, ce que plusieurs des habitans tant de la ville que du pays ont remonstré au dit gouverneur, sur quoy avant que leur avoir faict autre response, leur a promis en faire remonstrance au Roy et sçavoir sur ce son intention, laquelle il plaira à sa Majesté lui faire entendre.

---

1. Michel Tiraqueau, sénéchal de Fontenay, fils du célèbre jurisconsulte André Tiraqueau; mourut en 1565. (*Dict. des familles de l'ancien Poitou*, t. II.)

Aussy il plaira à sa dite Majesté avoir esgard que la dite ville de Fontenay luy est de grande importance, tant pour les foires ordinaires dont l'esmolument luy est de grand revenu, que de la recepte des dits deniers des tailles principalles du pays et l'ung des plus beaux sièges de Poictou ; pour ceste raison qu'il est bien nécessaire d'y pourvoir d'ung homme pour y exercer la jurisdiction au lieu du dit feu séneschal et qui soit de grave et grande auctorité, versé et entendu en lettres et qui ne soyt du païs, d'autant que le peuple de là autour est fort peu respectueux aux officiers et gens de leur nation [1].

---

131. — 15 septembre 1565. — Lettre de Charles IX à M. du Lude.

Monsieur du Lude, pour ce que j'ay affaire de vous en chose qui importe à mon service, ne faillez, incontinant la présente receue, de monter à cheval pour me venir trouver lundy prochain à Mozay où j'arriveray, le mesme jour, et m'asseurant que vous m'aymés trop pour y faire faulte, je ne vous feray ceste-cy plus longue que pour prier Dieu, Monsieur du Lude, qu'il vous ayt en sa saincte garde.

Escript à la Rochelle, le xv° jour de septembre 1565. Signé : CHARLES. Et plus bas : ROBERTET, avec paraphe.

Au dos est escrit : A Monsieur du Ludde, etc..... [2].

---

1. L'office de sénéchal de Fontenay demeura supprimé après la mort de Michel Tiraqueau jusqu'en 1576. (*Hist. du Poitou*, t. II, p. 249.) M. du Lude avait placé comme gouverneur à Fontenay le s^r de la Marcousse, lieutenant de sa compagnie. Celui-ci y passa un marché le 3 mars 1565, pour l'équipement de 1,000 hommes de pied et 200 cavaliers. (*Poitou et Vendée*, par M. Fillon, et *Hist. de Fontenay*, par le même.)

2. Du 19 décembre 1564 au 15 septembre 1565, si l'on en excepte les demandes d'instructions envoyées au roi par M. du Lude, pièce importante qui doit se placer entre ces deux dates, il y a une lacune dans la correspondance. Signalons, pour essayer de la combler, une instruction du comte du Lude, au sujet du meurtre du capitaine Gittonnyère en Poitou, de l'instruction criminelle envoyée au roi,

132. — 8 septembre 1567. — Lettre du prince de Condé à M. du Lude.

Monsieur du Lude, ceulx de la ville de Poitiers se sont retirés par devers le roy et ont présenté requeste à son conseil, affin que, suivant l'édict de la paix, ils puissent avoir ung lieu pour faire l'exercice de la religion réformée qu'ils tiennent, et pour ce qu'ils ont esté renvoiés par devers les commissaires ordonnés pour donner reiglement à tels affaires et exécuter sur ce l'intention de Sa Majesté, ausquels il est enjoinct de communiquer avecques le gouverneur ou lieutenant général du païs, je vous en ay bien voulu en leur faveur escrire ceste lettre, et par icelle bien affectueusement vous prier moienner de tout vostre pouvoir le soulaigement de ce pauvre peuple, et puisqu'il n'y a ville en toute la séneschaussée de Poictou que Poictiers seule, accommoder aux faulxbourgs d'icelle, en sorte qu'ils puissent aysément et en seureté joir d'ung tel bénéfice, actendu que Sa Majesté leur en permect la liberté, et par mesme moien leur faire cognoistre combien ma juste prière aura eu de pouvoir en vostre endroict, qui me fera, je vous asseure, ung tel plaisir que pour le recongnoistre en ung autre quant l'occasion s'en présentera, je m'y emploieray tousjours aussi voluntiers que de bon cueur je prie le Créateur vous donner, Monsieur du Lude, avecques sa très-saincte grâce, ce que plus désirez.

Escript à Gaillon, le 8ᵉ jour de septembre 1567. Vostre entièrement bien bon amy. Signé : Loys de Bourbon.

La suscription : A Monsieur du Lude, etc.....

---

et de la mort du capitaine la Motte, tué en allant, par ordre dudit cᵗᵉ du Lude, arrêter La Rocheboulongne et ses complices à Poitiers. -Champchévrier, 2 avril 1565. (*Arch. de la Saintonge et de l'Aunis*, IV, 292.) — Peu de jours après cette lettre du 15 septembre 1565, le 19 du même mois, le roi venant de la Rochelle arriva à Mauzé, passa à Fontenay, Niort, et traversa tout le centre du Poitou. (*Hist. du Poitou*, t. II.)

133. — 28 septembre 1567. — Lettre de Charles IX à M. du Lude.

Mon cousin, la présente despesche sera pour vous advertir d'une malheureuse conspiration et entreprinse que aucuns de mes subjects ont dressée de présent contre moy et mon estat, s'estant eslevés en armes et assemblez en plusieurs lieux et endroicts de mon royaume et s'estant saisis d'aucunes de mes villes et mesmement de Montereau Faultyonne, de sorte que continuant en tels et si malheureux desportemens, il est tout certain que en plusieurs et divers endroicts de mon royaume où ils n'ont pas faulte de moyens et d'intelligence, ce feu courra incontinant et s'essayeront d'en faire de mesmes [1]. Et d'autant que j'ay assés congneu par expériance durant les derniers troubles combien la prinse de beaucoup de mes bonnes villes m'a apporté de dommage; à ceste cause et pour évitter que à ceste seconde fois le mesmes n'advienne, je vous prie bien fort, mon cousin, que incontinant la présente reçeue, vous donniez ordre et pourveoyés au mieulx qu'il vous sera possible à la seureté et conservation des places de votre gouvernement et de sorte qu'il n'en puisse advenir aucun inconvénient, leur faisant pour cest effect reprendre les armes et faire garde aux portes de leurs dittes villes; et au demourant, affin de rompre tout à ung coup les dessus dits desseings et que je puisse (comme la raison le veult), estre le plus fort par tout, je vous prie, mon cousin, que au mesmes instants, vous

---

1. Les calvinistes du Poitou se soulevèrent, en effet, et se réunirent près de Poitiers, aux mois de septembre et d'octobre. Plusieurs se dirigèrent vers Paris. Les Grands Jours convoqués à Poitiers pour le 9 septembre 1567 furent interrompus. (*Chronique du Langon*, p. 93.) Le c[te] du Lude, qui était à Poitiers, écrivit, le 7 octobre 1567, à M. de la Trimouille pour l'avertir que les calvinistes se réunissaient à Lusignan et aux environs, et pour lui ordonner, en vertu des ordres du roi, de combattre tous ceux qui avaient pris les armes. (*Lettres missives du XVIe siècle*, tirées des arch. du duc de la Trémouille, par MM. Marchegay et Imbert, dans les *Mém. de la Soc. de statist. des Deux-Sèvres*, t. XIX, 1881, p. 205.)

faciez par tous les lieux et endroicts de vostre gouvernement assembler les arrière bans [1] et tous mes bons et loyaulx subjects gentilshommes et autres, pour vous assister et estre auprès de vous, affin de rompre avecq iceulx et telles autres forces que vous pourrez mettre ensemble de ma gendarmerye estant de présent en garnison en vostre dict gouvernement, tous ceulx que vous sçaurez et entendrez s'estre armez et eslevés de leur auctorité et sans avoir eu commandement de moy ou de vous de ce faire et qui seront participans de laditte conspiration et entreprinse, pourvoyant par vous tant à la conservation desdittes villes que à celle de la campaigne, de sorte que vous en demouriés le maistre et que je puisse estre par tout vostre dit gouvernement recogneu et obéy, comme je doy et que je m'asseure vous sçaurez très-bien faire, qui me gardera vous en dire aultre chose, priant Dieu, mon cousin, vous avoir en sa saincte garde.

Escript à Meaulx, le 28e jour de septembre 1567.

P.-S. — Mon cousin, depuis vous avoir faict escripre la présente, et comme je la voullois signer, j'ay esté adverty que ceulx qui se sont eslevés marchoient droict contre moy pour me venir enfermer dans Meaulx où avecques moy estoient logés mes Suisses. Ce que voyant, je me suis résolu de monter à cheval et emmener avecques moy les dits Suisses pour me mettre dans ceste ville de Paris, chose qui m'a si bien et heureusement succédé que, Dieu mercy, je y suis de présent comme aussy sont les dits Suisses, lesquels aussi ils ont essayés d'entamer et les combattre; mais

---

1. M. du Lude fit, en effet, réunir l'arrière-ban à Poitiers, par ordre du 28 septembre; mais les gentilshommes calvinistes qui faisaient la guerre au roi ne s'y rendirent point. (*Chronique du Langon*, p. 94.) Le roi, par lettres du 17 novembre 1567, octroya à René de Sanzay, chev., sr dudit lieu et de Saint-Marsault, la charge de colonel et capitaine général des bans et arrière-bans de France, que tenait le feu sr de la Jaille, aux gages de 2,400 liv. par an. (Papier rouge du greffe du présidial de Poitiers.)

ils se sont si mal trouvés qu'ils n'en ont rapportés que la honte, dont je vous ay bien voullu advertir, affin que, si suivant leur coustume, ils faisoient courir leurs bruits accoutumés de y avoir eu quelque advantaige, vous puissiés certiffier à tous mes bons et loyaulx subjects qu'il n'en est riens. C'est de Paris, le dit 28ᵉ jour de septembre 1567. Signé : CHARLES. Et plus bas : ROBERTET.

Au dos est escrit : A mon cousin, le conte du Lude, etc...

---

134. — 25 octobre 1567. — Lettre de Charles IX à M. du Lude.

Mon cousin, le désir que j'ay que toutes choses marchent en leur ordre et que celuy qui a accoustumé d'estre tenu et observé en mes services ne soit aucunnement immué ou perverty, a faict que j'ay ordonné au trésorier de l'extraordinaire de mes guerres, maître Nicolas Molé, de tenir le compte général et faire manyement des receptes et despences qu'ils feront par les provinces et gouvernemens de mon royaulme à l'occasion des troubles suscités en iceluy en ce qui deppend du faict de la guerre, et qu'en ce faisant il eust à dépescher et envoier ses commis et clercs par devers chacun de mes lieutenans généraulx pour se tenir auprès d'eulx et faire l'exercice de telle charge et maniment, affin que par ce moien le tout soit mieulx conduict et que je sois à toutes heures et occasions adverty, par ledict trésorier qui est à ma suite, de tout ce qui se présentera en sa charge, pour y pourveoir ainsi et à mesure que je verray le besoing le requérir. Pour ceste cause, envoyant à présent ledit Molé, maître André de Baugy l'ung de ses commis par devers vous, je vous prye, mon cousin, faire en sorte que les paiements des gens de guerre, tant à cheval que à pied qui ont estés et seront levés en mon païs de Poictou pour mon service pour les occasions qui se pourront présenter, soit pour la garde de ma ville et chasteau de Poictiers, ou aultrement et des aultres despenses qu'il a convenu et conviendra faire par cy-après pour le faict de la guerre, soit par ledit trésorier ou son dict commis et les clercs qui seront employés soubs luy, maniés ainsi que de tout temps a esté accoustumé, voullant et entendant que tous et chacuns les deniers jà levés et qui se léveront pour lesdictes occasions, tant sur les ecclésiastiques, villes closes que plat païs, pour emprunct, cottisation et en quelque aultre sorte que ce soit, soient remis par iceluy Molé ou son dict commis et par luy employez suivant vos ordonnances à l'effect pour lequel les levées et collectes en auront estés faictes, ainsy et en la forme et manière qu'il a accoustumé de manier les aultres deniers de sa charge ; et où il y auroit quelqu'autre qui se seroit entremys d'en faire le manyement, vous ferés incontinant remettre entre les mains de son dict commis tous les deniers, paspiers et acquicts concernant cest affaire, pour en estre l'expédition faicte soubs son nom et à sa descharge. Et m'asseurant que vous satisferés à ce que dessus, pour estre chose grandement importante à mon service et que donnant audict commis toute ayde, faveur et assistance, (comme je le veulx et l'entends), je ne vous feray la présente plus longue, sinon pour prier Dieu, mon cousin, vous avoir en sa saincte et digne garde.

De Paris, le 25 octobre 1567. Signé : CHARLES. Et plus bas : ROBERTET, avec paraphe.

Au dos est écrit : A mon cousin, le comte du Lude, etc...

---

135. — 2 novembre 1567. — Lettre de Charles IX à M. du Lude.

Monsieur le conte, la présente dépesche sera pour vous advertir comme aiant hier matin faict sortir hors ceste ville les forces que j'ay depuis six sepmaines en ça mises ensemble, je les fis marcher droict contre mes ennemys qui estoient à Sainct-Denys, lesquels se mestant de leur costé en bataille, assés près toutes foys de leurs logis dudit Sainct-Denys, Sainct-Ouyn et Haubervilliers, les nostres après les avoir salués de quelques vollées d'artillerye pour les attaquer, les contraignyrent enfin sur les quatre heures du soir de venir aux mains, où Dieu me favorisa tant que, après ung grant combat qui dura plus de deux heures, la victoire demoura de mon costé, les ayant mys en routte et deffaicts, estans demourés sur la place plusieurs des leurs tuez et ung bon nombre de prisonniers amenés en ceste ville, sans perte de mon costé que de bien peu de gens. Il est vray que le malheur est tombé sur mon compère monsieur le connestable, lequel combatant vigoureusement et extrêmement bien avec sa trouppe, fut grandement blessé en deux ou trois endroicts [1]; mais à la fin par sa vertu et de mes aultres bons serviteurs, le champ où s'est donné la bataille m'est demouré, y ayant couché ceste nuict nos gens de pied. Nous ne sçavons point encores quels chefs des leurs sont demourés sur la place, mais ce jourd'huy l'on se recognoystera et s'il reste quelque chose à faire on n'y oublyera rien, faisant cependant avancer de toutes parts mes forces; qu'est tout ce que je vous escripray pour le présent que de prier le Créateur, Monsieur le conte, qu'il vous ait en sa saincte et digne garde.

Escript à Paris, ce ij^e jour de novembre 1567. Signé : CHARLES. Et plus bas : FISSE, avec paraphe.

Au dos est écrit : A Monsieur le conte du Ludde, etc...

---

136. — 4 novembre 1567. — Lettre de Charles IX à M. du Lude.

Monsieur le conte, j'ay présentement reçeu vostre lettre

---

1. Le connétable Anne de Montmorency mourut des blessures reçues à la bataille de Saint-Denis.

du xxvijᵉ du passé, par laquelle vous m'advertissés des compagnyes, tant de cheval, que de pied que ceux qui portent les armes contre moy ont assamblé et le chemin qu'ils tiennent, et aussy les grands maulx, pilleries, bruslemens et saccaigemens qu'ils ont faict à mes bons et fidèles subiects; à ceste cause, suyvant ce que desjà vous en avés advisé, je vous prye que à tous ceulx que vous trouverés portans les armes, vous leur courés sus et traictés de mesmes comme ils ont fait à mes dits bons subjects; et pour le regard des ministres, veu ce qu'ils preschent qui ne tend que à sédition et qu'ils ont intelligence avec eulx, vous les férés sortir hors dudit pays, faisant toutes fois entendre aux gentilshommes et autres de la religion prétendue réformée que je veulx et entendz qu'ils vivent avec liberté de leur conscience, demeurans en leurs maisons, sans porter les armes, ny faire aucun acte tendant à sédition. Au demeurant, pour ce que j'ay esté présentement adverty que à la Rochelle ils se battent pour l'effort que veullent faire mes ennemys à surprendre ma ville [1], je vous prie que incontinant et avec la plus grand diligence que vous pourrés, vous faictes lever et assembler le plus grand nombre, tant de cheval, que de pied, pour envoyer secourir ma dite ville de la Rochelle, en quoy vous emploierés tous les gentilshommes et autres que vous cognoistrés m'estre bons subjects et advertirés incontinant le sieur de Jarnac [2] du secours que vous luy envoierés avec la lettre que je luy escripts présentement. Et d'aultant que vous sçavés de quelle importance m'est ladite ville, je vous prie de rechef faire en sorte qu'elle soyt promptement secoureue, priant le Créateur, Monsieur le conte, qu'il vous ayt en sa sainte garde.

---

1. Voir dans l'*Histoire de la Rochelle*, par le P. Arcère, t. I, p. 353-355, les intrigues du maire Pontard pour soustraire cette ville à l'autorité royale et au catholicisme.
2. Gui Chabot, baron de Jarnac, gouverneur de la Rochelle.

Escript à Paris, le iiij° jour de novembre 1567. Signé : Charles. Et plus bas : Fizes.

Au dos est escrit : A Monsieur le conte du Lude, etc...

---

137. — 6 novembre 1567. — Lettre de Charles IX à M. du Lude.

Monsieur le Conte, je vous envoye une ordonnance et des lettres patentes que j'ai faict ce jourd'huy publier en ceste ville de Paris, et envoyé tout aussitost les présentes et signiffier par l'un de mes héraults à ceux qui ont prins les armes contre moy estant à Saint Denys, et d'aultant que je désire que tous mes subjects, tant d'une religion que d'aultre, aient cognoissance du contenu en icelles, afin que ceulx qui voudront joyr de la grâce qui leur est présentée ils y soient receus, satisfaisant à ce qui est ordonné, et les aultres déclerés rebelles et procédé contre eulx par les poynes et punytion qu'ils méritent, je vous prye de les faire publier par tout vostre gouvernement, qu'est tout ce que je vous escripray pour le présent que de prier le Créateur, Monsieur le conte, qu'il vous ayt en sa saincte garde.

Escript à Paris, le vj° jour de novembre [1567]. Signé : Charles. Et plus bas : Fizes.

La suscription : A Monsieur le conte du Lude, etc...

---

138. — 26 novembre 1567. — Lettre de Charles IX à M. du Lude.

Monsieur du Lude, par les dernières que je vous ay escriptes, vous aurés entendu la victoire que Dieu m'avoyt donnée sur ceulx qui ont prins les armes contre moy, et que sans la nuict qui nous sépara, que j'en avoys la fin telle que j'eusse sceu désirer. Depuis, ce qui est resté d'eux est deslogé de Saint Denys en grand effroy, de crainete que je les renvoyasse visiter; tellement que s'étans esloignés, j'ay été contrainct d'envoyer après eulx mon frère le duc d'Anjou que j'ay créé mon lieutenant général, avecques toutes les forces que j'avoys icy près de moy qui font une bien belle et grande armée, estant demeuré icy pour pourveoir à ce qui sera de besoing aux autres choses, soit pour advertir les gouverneurs de mes pays et provinces à continuer de faire leur debvoir et pour donner ordre à ce qui sera nécessaire de deçà. Et pourtant, je vous prie, Monsieur du Lude, de ne vous endormir de vostre costé et mettre peyne, employant ce qui sera de vostre moyen et puissance pour chastier et courir sus à ce qui se présentera par delà, qui portera les armes contre mon Estat et pillera et sacaigera mon païs et pauvre peuple, l'aiant entendu qu'il y a grande quantité de coureurs et volleurs à l'entour de ma ville de Poictiers, qui ruynent tous les gens de bien, pillent et sacaigent mes bons et loyaux subjects, de sorte qu'il n'y a personne qui puisse demeurer en sa maison en seureté, aller et venir par ledit païs, qui ne soit en danger de sa vie; et à ceste cause je vous prie, si ainsi est, de regarder à faire le plus de forces qu'il vous sera possible avecques tous vos bons amys et mes vrays serviteurs pour vous gecter en campaigne, résister et pourveoir ausdits coureurs, les mectans en pièces, s'il vous est possible, et de telle sorte que mon païs en puisse estre dellivré. Et pour ce faire, je trouveroys à propos et désire que l'évesque de Poictiers[1] demeure dedans ladite ville pendant que vous irez dehors, pour la maintenir et garder en vostre absence, affin qu'il n'en advienne aucun inconvénient, laissant auprès de luy le sieur de la Messelière[2], qui est homme

---

1. Charles de Pérusse des Cars, évêque de Poitiers depuis 1564.
2. François Frottier, s^r de la Messelière et de Melzéart, capitaine de l'arrière-ban de Poitou, suivit le c^{te} du Lude dans son expédition en bas Poitou, à la fin de novembre 1567.

expérimenté et d'entendement, pour luy aider et de conseil et toute autre chose pour la conservation de ladite ville de Poictiers, vous assurant que vous ne me sçauriez faire service plus à propos maintenant, ne qui me soit plus agréable que de nectoyer mon pauvre pays et mes bons subjects de telle vermyne et que en temps si malheureux ils soient soulaigés et gardez au mieulx que l'on poura des opressions des malveillans. Et sur l'espérance que j'ay que vous n'oublyrez à me contenter et satisfaire de ce que je désire que vous exécuterez, je ne la vous feray plus longue, priant Dieu, monsieur du Lude, qu'il vous ayt en sa garde.

Escript à Paris, le xxvj° jour de novembre 1567. Signé : CHARLES. Et plus bas : DENEUFVILLE, avec paraphe.

Au dos est écrit : A Monsieur le conte du Ludde, etc. [1].

---

139. — 22 décembre 1567. — Lettre de Charles IX à M. du Lude.

Monsieur le conte, scaichant le bon ordre que l'évesque de Cisteron a ordinairement faict durant les premiers troubles et les présents à contenir son abbaye de Saint-Savyn avec la ville de Saint-Savyn en nostre obéissance, sans qu'il y soit advenu aucun désordre, ne aultre insolance, ne qu'il ait esté besoing que j'y aye faict aucune despence pour la garder, ne y envoyer aucunnes garnisons, j'ay accordé et continué à laditte abbaye, ville et chastellenye

---

1. Le c^{te} du Lude, en exécution des ordres du roi, se mit à la poursuite des séditieux qui couraient en armes la province. A la fin de novembre et au commencement de décembre 1567, il poursuivit à Mareuil et à Talmont une troupe de calvinistes commandés par Cacaudière, qui s'enfuirent à Marans. (*Chronique du Langon*, p. 95, 96. — *Journal de Denis Généroux*, p. 12.) Du 20 décembre 1567 au 3 janvier 1568, le c^{te} du Lude fut à Parthenay avec une partie de ses troupes. (*Généroux*, p. 13.) Pendant ce temps-là, une de ses compagnies était à Fontenay. (*Chronique du Langon*, p. 96.)

du dit Saint-Savyn mes lettres de sauvegarde et exemption de loger en icelles aucuns gens de guerre, soit pour passaige ou garnison, dont je vous ay bien voullu advertir par la présente, affin que les faisant de vostre costé joyr du béneffice de la ditte exemption, vous n'y envoyés ne souffrés aller ou passer aulcuns d'iceulx gens de guerre en quelque sorte que ce soyt, et vous ferés en cela chose qui me sera très-agréable, priant Dieu qu'il vous ayt, Monsieur le conte, en sa saincte et digne garde.

Escript à Paris, le 22e jour de décembre 1567. Signé : CHARLES. Et plus bas : ROBERTET, avec paraphe.

Au dos est écrit : A Monsieur le conte du Ludde, etc...

---

140. — 1er janvier 1568. — Mémoire de M. du Lude au roi sur les affaires du Poitou, et réponses du roi.

S'ensuict ce qui sembleroit estre bon et requis pour la conservation et estat du pays de Poictou dont le sieur conte du Ludde a adverty les Majestés pour y parvenir.

Premièrement, que les forces extraordinairement ordonnées pour la conservation et estat du dit pays, dont la commission n'estoit que pour deulx mois, soient continuées; pour ce faire, envoyer commission.

Envoyera le dit sieur conte estat au vray des dittes forces et à quelle somme monte le payement d'icelles par moys, et puis luy sera envoyée la ditte commission.

Et parce aussy que les trois moys du service de l'arrière ban expirés, soient envoiées lettres de continuation de la compagnye du dit arrière ban en estat de chevaulx légiers, et plaise aus dites Majestés adviser et donner des deniers pour leur solde ailleurs que sur le peuple qui ne sçauroit encores porter ceste dépense avecques les dittes extraordinaires des aultres gens de guerre, tant de cheval que de pied.

Le roy estant chargé de tant d'autres despenses forcées ne peult envoyer commission pour continuer le dit arrière ban en estat de chevaulx légiers, ny ordonner aulcuns deniers pour leur payement. Et fault que le sieur conte du Ludde employe envers les gentils hommes et génerallement et particuliairement touttes les bonnes et doulces remonstrances et parolles dont il se pourra adviser pour les retenir au service de Sa Majesté, tant que l'occasion durera.

Et parce que la ville de Nyort et aultres se veullent exempter de la contribution dudit extraordinaire, plaise ausdites Majestés ne faire telle descharge, parce que les deniers ne se pourroient lever sur le reste du peuple ; et si sur ce on faict quelque remonstrance, les renvoyer par devant celluy qui a faict la taxe pour faire rapport de la vérité de leurs remonstrances.

Le roy entend que toutes les villes et lieulx qui sont en son pays de Poictou soient contribuables au payement des forces qui y sont pour la conservation d'icelle.

D'envoyer commission particullière et expresse audit sieur conte pour aller oster et rompre les forces qui sont à Couhé appartenants aux sieurs de Varac[1], passaige de la Guyenne de grande importance.

Estant le dit Couhé au dedans et en l'estendue du gouvernement du dit sieur conte du Ludde, semble n'estre besoing de commission particullière, mais que sans icelle il y peult aller et ès aultres lieux dudit gouvernement et rompre les forces qui se trouveront, ce que Sa Majesté luy enjoint et commande.

Plaira aussy aus dittes Majestés commander que l'on aille à Marans, isle forte qui est du gouvernement de la Rochelle, où se sont retirés partye des sedditieux de Poictou,

Trouve bon Sa Majesté et commande au dit sieur conte aller audit Marans pour là y faire randre l'obéissance qui luy est deue, mais non sans en advertir premièrement le sieur de

---

1. Joachim de Saint-Georges, sr de Couhé et Vérac, fils de Gabriel.

Jarnac, gouverneur de la Rochelle, pour ce que la ditte isle est en l'estendue de sa charge, avec lequel sa ditte Majesté veult qu'il ayt en ceste entreprinse la bonne intelligence que doibvent avoir par ensemble tous bons serviteurs de cette couronne.

Plaise aussy aus dittes Majestés adviser des emprisonnements et prinses des catholiques sur les grands chemins, allans et venans pour leurs affaires, et pour empescher et retarder l'effect de cette prinse, faire édict portant permission à tous juges et gouverneurs que, si il se trouve plus que aulcun catholique soit pris et arresté prisonnier à Orléans ou aultre part, que l'on s'en puisse revancher sur aultres huguenots.

Sa ditte Majesté trouve très bon que, si quelques ungs, marchans ou aultres, catholicques, soient prins et arrestés prisonniers, soit à Orléans ou aultres endroicts, que l'on puisse user de représailles et en revanche en arrester et prendre de ceulx de la relligion nouvelle qui se trouveront porter les armes contre sa dicte Majesté.

Plaira aussy pourveoir à l'estat de la justice, d'aultant que la pluspart des juges du pays de Poictou sont de la relligion nouvelle, la dissimulation de connivance des quels ont donnés jusques icy le principal lieu aulx eslévations et troubles qui sont aujourd'huy, ainsy qu'il est advenu à Fontenay où les juges ont interdict et deffendu les armes aulx catholiques, les mectant entre les mains de ceulx qui sont de la ditte relligion nouvelle, qui est cause que l'obéissance n'y est pas rendue à sa ditte Majesté, ainsy qu'il appartient.

Le roy, considérant le mal que peult apporter la sinistre et mauvaise administration de la justice et que les offices de judicateure soient maniées par juges estans de la ditte relligion nouvelle, a déclaré qu'il veult et ordonne que ses officiers préposés en la justice soient de sa relligion catholicque et que ceulx qui y seront contraires et d'icelle relligion nouvelle, résignent et se défacent de leurs estats et offices dedans Pasques pro-

chainnés pour tout délay, entre les mains de personnes capables de l'exercice d'iceulx qui soient gens de bien catholicques et que la quarte partye de l'argent qui proviendra de la vente ou composition des dits offices soit et appartienne à sa ditte Majesté.

Plaira aussy adviser à l'estat de soliciteur en Poictou dont le dit sieur conte a escript et envoyé mémoire particulier à la royne.

Le roy ne peult corriger ny commettre à l'exercice de cest estat aucun personnaige, deppendant cella de la charge des advocats et procureurs de Sa Majesté estans ès sièges du dit pays, les quels il veult estre adverty de leur debvoir.

Faict à Paris, le premier jour de janvier 1568. Signé : CHARLES. Et plus bas : DE NEUFVILLE, avec paraphe [1].

---

141. — 9 avril 1568. — Lettre de Charles IX à M. du Lude.

Monsieur le conte, d'autant que mon cousin le prince de Condé me doit fournir promptement la somme de douze mil escus pour estre employée en mes affaires, lesquels il m'a fait entendre qu'ils sont dedans ma ville de la Rochelle, j'envoye ce présent porteur qui est clerc du trésorier de l'extraordinaire expressément pour les recouvrer, affin de les me faire aporter incontinant, estant nécessaire que je les aye bientost pour la commodité de mon service. A ceste cause, je vous prie luy faire donner toute l'ayde, faveur et assistance qui luy sera nécessaire pour exécuter ce qui luy est commandé et que les dits

---

1. On connaît une lettre du c^{te} du Lude, datée de Niort le 14 janvier 1568, exemptant les Herbiers du paiement des contributions pour la garnison de Tiffauges. (*Affiches du Poitou*, 1781, n° 46, p. 181.) Voir aussi une autre lettre du c^{te} du Lude à la ville de Poitiers, relative à la défense de cette ville et aux craintes éprouvées par ses habitants, en date de Niort le 20 janvier 1568. (*Arch. hist. du Poitou*, t. IV, p. 338.)

deniers puissent venir seurement jusques à moy, luy faisant donner escorte, si besoin est, et tout ce dont il vous requérera pour plus promptement effectuer son dit voyage. Priant Dieu, Monsieur le conte, vous avoir en garde.

Escript à Paris, le ixe jour d'avril 1568. Signé : CHARLES. Et plus bas : DE NEUFVILLE, avec paraphe.

Au dos est écrit : A Monsieur du Ludde, etc. [1].

---

142. — 4 juin 1568. — Lettre de Catherine de Médicis à M. du Lude.

Monsieur le conte du Lude, le roy, monsieur mon fils, désirant sur toutes choses veoir vivre ses subjects en bonne paix, unyon et tranquillité soubs la protection de ses édicts et mesmes le dernier de pacifification qu'il entend sortir effect et estre exécuté en tous et chacuns ses poincts, et à ceste fin faire expédier ses lettres patentes à ses cours de parlement, entretenir, garder et observer, comme vous verrez par le double des dites lettres qui vous sont présentement envoiées, de l'exécution desquelles et debvoir que chacun fera en l'observation du dit édict il désire estre souvent adverty, comme il vous escript par ses lettres que j'ay bien voullu accompagner de la présente pour vous prier de le satisfaire en cella et tenir main que son intention soit entretenue et acomplye, qui est ung

---

1. Le c^{te} du Lude, qui avait attaqué Marans sans succès vers la mi-mars 1568 (*Chronique du Langon*, p. 106), avait eu, quelques jours après, une entrevue avec Montluc entre Niort et Saint-Jean-d'Angély, et il en avait obtenu quelques secours, deux compagnies de cavalerie, afin de tenter une nouvelle attaque. C'est ce que nous apprend une lettre de Montluc au roi, datée de Saint-Jean-d'Angély, le 2 avril 1568. (*Commentaires et lettres de Montluc*, par M. de Ruble, t. V, p. 115.) Le c^{te} du Lude attaqua, en effet, Marans dans les premiers jours d'avril, mais encore en vain. La paix de Longjumeau du 27 mars 1568 vint interrompre un moment les hostilités. (*Chron. du Langon*, p. 108.)

des meilleurs services que luy sçaurez faire, d'aultant que le bien de son royaulme et repos de ses subjects en deppend, comme vous le pouvez assez considérer, qui me gardera de vous en tenir plus long propos pour prier Dieu, Monsieur le conte du Lude, qu'il vous ayt en sa saincte et digne garde.

Escript à Paris le 4ᵉ jour de juing 1568. Signé : CATERINE. Et plus bas : DE NEUFVILLE.

La suscription : A Monsieur le conte du Lude, etc...

---

143. — 14 juin 1568. — Instruction du roi pour M. le comte du Lude.

Encores que bien souvent par les despesches ordinaires que Sa Majesté faict en Poictou, monsieur le conte du Ludde, chevallier de l'ordre et lieutenant général pour le roy audict pays en l'absence de Monsieur le prince de Navarre, soit adverty de l'intention de sadite Majesté, si est ce que pour l'en rendre toujours plus cappable, il luy a semblé qu'il ne seroit que très à propos de l'esclaircir et advertir de ce qu'il a à faire par le contenu en ce présent mémoire et instruction.

Or, sçaichant ledit sieur conte du Ludde combien sa dite Majesté désire et entends que ses subjects vivent en repos et puissent joyr du bénéfice de l'édict de pacification, elle s'asseure qu'il y tient de son costé la main, suivant plusieurs lettres et dépesches à luy pour cest effect adressées depuis deux mois en çà, dont et de l'ordre qu'il y a donné, sadicte Majesté désire que ledict sieur conte du Lude l'avertisse souvent. Et comme l'un des moyens qui ait semblé pouvoir aultant servir à faire cesser tous troubles et remuements par les provinces, soit de laisser rentrer ceulx de la religion prétendue refformée dans leurs maisons, biens et possessions, leur levant par ce moyen toute couleur, argument et excuse de tenir les champs et s'assembler, sadicte Majesté ne faict doubte que ledict sieur conte du Lude n'ait en cest endroict entièrement satisfaict à son intention assés déclarée et exprimée par ledict édict de pacification et par les dictes dépesches sur ce faictes, en quoy, si il y restoit aucune chose à faire, sadicte Majesté désire y estre par ledict sieur conte du Lude pourveu, faisant, comme dit est, rentrer ceulx de ladicte relligion en leurs dictes maisons avecques toutes fois la prévoyance requise en tel cas, tant pour se rendre icelluy sieur conte du Lude bien asseuré qu'ils ne pourront rien attempter ny entreprendre, que pour les rendre semblablement asseurés de pouvoir en toute seureté et soubs l'observation des édicts de sa ditte Majesté vivre et demeurer paisiblement en leurs dictes maisons.

Et pour le regard de ce dernier poinct, estant l'intention de sa dicte Majesté, très-bonne et très-seincère, bien congnue à tous ses lieutenants généraulx et gouverneurs des provinces qui la sçauront très-bien ensuivre, suivant le commandement qu'ils en ont de sadite Majesté, elle veult croire que ceulx de ladicte relligion se confians du tout en icelle et en la naturelle clémance et bonté de leur prince assez tesmoignée et déclarée par infinis effects et par le devoir et dilligence dont useront ses lieutenants généraulx et gouverneurs à les faire joyr du bénéfice de l'édict, n'auront aucunement différé à se retirer en leurs dictes maisons avec intention d'y demourer et se contenir en toute modestie et repos, et comme dict est, ils seront en ce faisant gardez et maintenus.

Mais quant à l'autre poinct, y ayant beaucoup plus à craindre pour les estranges effects cy-devant advenus, il fault que ledict sieur conte du Lude y regarde de près, empeschant de tout son pouvoir par tout ledict gouvernement de Poictou les soudaines eslévations, reprinses d'armes, saisissements des villes et places fortes que l'on a veu par cy-devant faire à ceulx de ladite relligion avec telle dextérité et soudainneté qu'il a été malaysé de s'en pouvoir garder; et c'est à quoy maintenant il fault obvier et pourveoir.

Et pour faire entendre audict sieur conte du Lude les choses qui ont semblé à sa dicte Majesté les plus nécessaires à faire en cest endroict, et qu'elle veult et entend que le dict sieur conte face et exécutte, c'est tout ainsy comme il fera entretenir et observer ledict édict de pacification; aussi fera-il exactement exécutter le désarmement de ceulx qui rentrent dans les villes que sa dicte Majesté luy en a cy-devant escript et mandé de faire par le règlement dressé pour ce faict, et regardera souvent de descouvrir et apprandre ce que ceulx de ladicte relligion traicteront par ensemble, empeschant de tout son pouvoir toutes les allées et venues par les champs qu'ils font ordinairement avec armes, les advertissans de s'en abstenir et se contenir à vivre doulcement, mesmement ceulx de la noblesse dudict pays, leur faisant entendre la charge qu'il a de les conserver, pourveu qu'ils vivent doulcement et n'entreprennent telles choses; voulant semblablement et entendant sa dicte Majesté que ledit sieur conte du Lude leur face de sa part très-exprès commandement et deffence de ne s'armer, ny partir dudict pays, ny s'assembler en icelluy par quelque commandement que ce puisse estre, si ce n'est par l'exprès commandement du roy qu'ils recevront de luy ou de son lieutenant général qui leur fera apparoistre par les lettres de sa dicte Majesté, sur peine à ceulx qui y contreviendront d'estre déclarés rebelles et de la confiscation de leurs biens.

Et s'il advenoit d'aventure cy-après que aucuns de la dicte relligion se voulsissent tant oublier que de reprandre les armes et pour cest effect s'assembler en ung instant, comme ils ont faicts autres fois, ledit sieur conte du Lude regardera promptement de l'empescher avec toutes les forces, tant de cheval, que de pied qu'il mettra soudainnement ensemble ; et pour ce que peult estre il ne pourroit lors si promptement qu'il seroit besoing assembler la gendarmerye, sa dicte Majesté désire que dès à présent il face la description par le menu de toute la noblesse du pays et gouvernement de Poictou, et pour cest effect se pourra ayder des roolles qui sont és bailliaiges et séneschaucées pour sçavoir ceulx qui seront subjects au ban et arrière-ban, et fera le semblable de tous les aultres bons subjects du dict païs dont il se pourra servir et prévalloir pour empescher que ceulx de la dicte relligion ne puissent reprandre les armes, ny sortir hors dudict pays pour se joindre avec leurs chefs ; et soudain que ledict sieur du Lude en verroit aulcuns assemblés en armes pour cest effect, sa dicte Majesté entend qu'il leur courre sus, en quelque petit nombre qu'ils soient et puissent estre et les taille en pièces, sans leur donner le loisir de se fortifier aucunnement, s'aydant à ceste fin de tous moyens, soit du son de tocqsaint, assemblées de communes et aultres bonnes provisions et remèdes dont sa dicte Majesté s'asseure que ledict sieur conte du Ludde sçaura très-bien user et sera prévoyant à tenir net le plat pays de son dict gouvernement ; aussy pour le regard des villes et places fortes d'icelluy, se gardera de toute surprise, et après avoir faict la dicte description en advertira sa dicte Majesté, affin qu'elle voye et congnoisse de quelles forces dudict pays, oultre celles qui sont à sa soulde en icelluy, pourroit faire estat en ung besoin.

Faict à Paris, le 14ᵉ jour de juin, l'an mil cinq cent soixante-huit. Signé : CHARLES. Et plus bas : FIZES, avec paraphe.

Au dos est escrit : Mémoire et instruction pour Monsieur le conte du Lude.

144. — 27 juin 1568. — Lettre du roi Charles IX à M. du Lude.

Monsieur le conte, je vous escripvis dernièrement et vous feiz bien au long entendre, par l'instruction que je vous envoyay, mon intention et ce que je désiroys que vous feissiez principallement en vostre charge au temps où nous sommes, mesmement touchant l'entreténement de mon dernier édit de paciffication et l'ordre que je voullois que vous tinssiez, tant à laisser rentrer ceulx de la religion prétendue refformée dans les villes, que en y entrant les faire désarmer, suivant le reiglement que je vous en ay cy-devant envoyé, et que vous eussiés à prendre dilligemment garde à ce que les dits de la religion prétendue refformée traicteront et négotieront par ensemble, donnant ordre d'empescher leurs allées et venues, et qu'ils ne s'armassent, ne partissent du pays sinon par mon commandement, et que, s'ilz le voulloient faire, que vous les eussiez à empescher avec les forces de gens de guerre que vous avés, mesmes de la noblesse du pays et autres que vous verriés y pouvoir estre employés et dont vous en feriez une description pour les garder de se joingdre avec leurs chefs, et, avant qu'ils fussent grosses troupes, les combatre et leur courir sus ; et à présent désirant sçavoir si aucune des dites choses sera advenue en vostre gouvernement et en quel estat y sont mes affaires, je vous ay bien voullu faire ce mot de lettre pour vous prier que ne failliez à m'advertir incontinent de tout ce qui y est survenu depuis mes dites lettres, ce que font ceulx de la dite religion prétendue refformée, s'ilz s'arment et assemblent, quels sont leurs desseings, ce qu'ils négotient, et l'ordre que vous aurez donné pour y obvier et les empescher; mais estant les choses ès termes où elles sont à présent, il est besoing que vous faictes toute dilligence pour m'advertyr bien au long de leurs depportemens, pour après y mettre tel ordre et provision qu'il sera nécessaire, en quoy vous n'obmectrés aucune chose de vostre part de tout ce que vous verrés y pouvoir et debvoir estre fait pour conserver l'auctorité et obéyssance qui m'est deue, priant Dieu, Monsieur le conte, vous tenir en sa saincte garde.

Escript au chasteau de Bouloigne, le xxvij^e de juin 1568. Signé : CHARLES. Et plus bas : FIZES, avec paraphe.

Au dos est écrit : A Monsieur le conte du Ludde, etc.....

145. — 5 juillet 1568. — Lettre du roi Charles IX à M. du Lude.

Monsieur le conte, j'ay esté adverty par une lettre qui a esté prinse que l'on escrivoit au sieur de Sanzay [1], que au bas païs de Poictou se font ordinairement sinodes et assemblées en armes, et que le dit païs s'est tellement remply de gens de cheval que l'on ne trouve que trouppes de cinquante et soixante qui, courant le plat païs, vont bruslant les églises et exercent sur mes pauvres subjects tant de maulz et insollances, mesmes à l'endroit des prestres, que l'exercice de la religion catholicque cesse, ou bien, s'il s'y en faict, est en cachette, la voullant du tout anéantir et semer la leur par infiniz presches qu'ils y ont establyz [2], et ès environs de Montaigu, ville qu'ils ont réduite à leur dévotion, et que mesmes le sieur de Vieille-Vigne [3] que l'on dit estre un des chefs, en a estably par toutes ses terres, en-

---

1. René de Sanzay, colonel général de l'arrière-ban de France.
2. Voir l'attestation des ravages des huguenots dans le diocèse de Luçon, donnée par le c^{te} du Lude, à Niort, le 10 mars 1568, à Baptiste Tiercelin de la Roche-du-Maine, évêque de Luçon, qui s'était enfui. (Dom Fonteneau, t. XIV, p. 605, et *Hist. du Poitou*, par Thibaudeau, 1840, t. III, p. 520.) Le roi permit, le 15 août 1568, à cet évêque de se retirer à Poitiers avec son chapitre, par suite des dévastations des protestants à Luçon. Le 18 octobre, l'évêque de Poitiers lui permit de célébrer l'office dans l'église des Carmes de Poitiers. (Papier rouge du greffe du présidial.)
3. Un des chefs calvinistes du bas Poitou, qui se signala le plus par ses violences et ses persécutions contre les catholiques.

cores qu'il n'y ayt haulte justice ; aussi qu'ilz s'emparent des biens des ecclésiastiques, comme de prieurez et cures dont ils veullent faire les récoltes, commançant à faire abattre des boys qu'ils contraignent les marchans d'achepter ; brief qu'ils ont telle audace et auctorités par delà qu'ils ont entreprins d'exterminer ceulx de la noblesse et autres qu'ils congnoissent estre affectionnés au bien de mon service, ainsi qu'ils ont commancé à l'endroit du capitaine Signac qu'ilz ont tué et failly à en faire de mesme au cappitaine Baigne [1] ; et que la désobéissance y est si grande qu'elle n'y a encores telles. De quoy je vous ay bien voullu advertyr, affin que vous mectiez peyne d'en descouvrir la vérité, pour aussi tost le me faire entendre, affin que, si les choses vont de ceste façon par delà, l'on y puisse donner ordre de bonne heure avant qu'elles empirent davantaige. Au demeurant, Monsieur le conte, je vous ramentevray tousjours de tenir la main à l'observation de mon édit de pacification et à faire faire à bon essient la pugnition des contrevenans à iceluy, de sorte que mes subjects par force ou par amytyé puissent vivre les ungs avecques les autres en paix et amytyé. Priant Dieu, Monsieur le conte, vous avoir en sa garde.

De Boullongne, le cinquième jour de juillet 1568. Signé : CHARLES. Et plus bas : DE NEUFVILLE, avec paraphe.

Et au dos est écrit : A Monsieur le conte du Ludde, etc.

---

146. — 5 juillet 1568. — Lettre du roi Charles IX à M. du Lude.

Monsieur le conte, sur les remonstrances qui m'ont estés faictes par ceulx de mon pays de Poictou, que estant la plus

---

1. Capitaine d'une des compagnies qui opéraient en Poitou sous M. du Lude. Au mois de mai 1568, cette compagnie était en garnison à Parthenay. (*Journal de Généroux*, p. 24.)

part de la noblesse du dit païs de la relligion a attiré à soy une grande partye du commung peuple qui semble chacun jour par leurs actions avoir envye de remuer quelque chose, se munissant d'armes et faisant plusieurs assemblées de ministres où ils ont faict dresser certains règlemens de police et estat des chefs; de quoy m'estant tousjours reposé de cela sur vous, je vous prie d'y prendre de si près garde qu'ils n'aient moyen de lever la teste et de faire renaistre nouveaulx maulx, aussy tenir la main que, suivant mes édicts, que les ministres de ma justice qui sont ordinairement par eulx empeschés et excedés en l'exercice de leurs charges ne le soient à l'advenir, et faire pugnir et chastier à bon essient ceulz qui en seront trouvés chargés, tant que l'exemple serve à nourrir les aultres en telle crainte; et pour le regard des forces que le dit païs désire estre entretenu ès chateaux de Poictiers, villes de Partenay, Fontenay, Saint-Maixent, Niort, Meslay, Chauvigny, Montagu, Thiffauges et Bresseuyre, j'ay remis cela à vous qui estans sur les lieux, vous pouvez mieulx considérer et juger ce qui est nécessaire que moy qui ne veulx néantmoings, veu les grandes charges qu'ont supportés mes pauvres subjects durant ces derniers troubles, qu'il se face aucunne despense superflue, ains seullement où se verra la nécessité apparente et le bien de mon service grandement le requérir. Quant au restablissement du presche à Luzignan, après avoir bien considéré leurs dittes resmontrances[1], que quant bien je l'aurois transféré du dit Luzignan en un autre lieu, telle exercice ne s'y en tindra, y ayant de longue main prins sa raigne, ce seroit en ce faisant le leur multiplier et

---

1. Ces remontrances sont très probablement celles que Boyceau, au nom des protestants de Poitiers, adressa, à cette époque, à la reine Catherine de Médicis. Ils se plaignent de ce que Lusignan soit le seul lieu où il leur soit permis de célébrer leur culte et demandent qu'un autre lieu leur soit assigné dans ce but à Saint-Sernin de Poitiers, ou à Biart, ou à Buxerolle. (*Arch. hist. de la Saintonge et de l'Aunis*, IV, 309.)

d'un en faire deulx; j'ay ordonné qu'il se continuera au dit Luzignan, pourquoy doncques qu'ils n'y soient empeschés, et regardés pourveoir tousjours à la seureté et conservation du chasteau en mon obéissance. Au demeurant, Monsieur le conte, j'ay à vous prier que, suivant ce que m'avez dernièrement escript, vous vueilliez ambrasser et vous employer de cueur et affection à faire entièrement observer mon dernier édict de paciffication, affin d'oster le cours à tant de misères dont le pauvre peuple n'est encores du tout deslivré, à cause des esprits turbullans qui sont en vos quartiers, les quels il fault mettre peyne de congnoistre et les faire esclairer tousjours de près, mesmes en leurs assemblées, à ce qu'il ne se passe riens par deçà au préjudice de mon dit service et me mander des nouvelles de tout ce qu'en apprendray et le plus souvent que pourrés. Priant Dieu, Monsieur le conte, vous avoir en sa saincte et digne garde.

Escript à Boullogne, le 5ᵉ jour de juillet 1568. Signé : CHARLES. Et plus bas : DE NEUFVILLE, avec paraphe.

Au dos est écrit : A Monsieur le conte du Ludde, etc.....

147. — 31 juillet 1568. — Lettre de Catherine de Médicis à M. du Lude.

Monsieur le conte, s'en allant le sieur de Briansson vostre frère[1] vous trouver, le roy monsieur mon fils et moy luy avons donné charge de vous faire entendre aucunes choses de nostre part, dont je vous prie le croire comme si c'estoyt moy-mesmes qui désire avoir souvent de vos nouvelles et comme toutes choses passeront de vostre cousté. Priant Dieu, Monsieur le conte, qu'il vous ayt en sa saincte garde.

---

1. François de Daillon, sʳ de Briançon, frère du gouverneur de Poitou, fut tué plus tard au siège de Poitiers, le 16 août 1569.

De Boullongne, le 31ᵉ jour de juillet 1568. Signé : Caterine. Et plus bas : de Neufville.

La suscription : A Monsieur le conte du Ludde, etc....

---

148. — 31 juillet 1568. — Lettre de Charles IX à M. du Lude.

Monsieur le conte, je vous ay naguères escrit et bien au long déclaré mon intention sur ce qu'il estoit besoing et que je désirois estre par vous faict pour mon service, l'entretènement et observation de mon dernier édict de paciffication, repos et tranquillité de mes subjects, par l'instruction que je vous en ay cy-devant envoyée, par laquelle je vous ay nommément mandé que vous eussiez à faire description au vray, par vostre gouvernement et par chacun des bailliages estans en iceluy, de tous les gentilshommes et autres mes bons et loyaux serviteurs et subjects, desquels je puisse faire estat de me pouvoir servir, tant de cheval que de pied, et les employer promptement si l'occasion se présentoit. Toutesfois, pour ce que vous ne m'avés encores faict entendre comme il y a esté par vous pourveu et que, pour l'importance dont cela est pour mon service, je désire qu'il y soit par vous satisfaict au plutost que faire ce pourra, je vous ay faict cette recharge pour vous dire que vous faictes en toute diligence ladite description par tous les bailliages de vostre dit gouvernement et de l'estendue d'iceluy, selon et en ensuivant le contenu en ladite instruction, et me l'envoier et faire tenir là part que je seray le plus tost qu'il vous sera possible. Et d'aultant que je suis adverty que en plusieurs endroicts de mon royaume il se parle de traicter une association entre mes subjects lesquels s'incitent les ungs les autres à y entrer, je vous prye donner ordre et empescher qu'il ne s'en face aulcune, pour quelque cause que ce soit; mais tenés le plus qu'il vous sera possible tous mes dits subjects unis en désir et affection de me rendre le devoir et obéissance dont ils me sont tenus naturellement et par l'exprès commandement qu'ils en ont de Dieu; car je ne veulx point de lien plus estroict ou plus grande et expresse obligation que celle qui est de luy ordonnée. Et pour ce que plusieurs de mes subjects estans de la rellligion prétendue refformée, tant nobles que aultres, se plaignent ordinairement qu'on ne les veult pas laisser rentrer en leurs maisons, ne joir de leurs biens et du bénéfice dudit édict, voullant pour le faire congnoistre comme je veulx et entends les prandre tous soubs ma protection, espérant qu'ils ne vouldront oublier aucune chose de leur devoir envers moy et m'en rendre l'obéissance qu'ils me doivent, je vous envoye deux formes du serment que je veulx que vous leur faictes faire et signer, dont l'une servira pour les dits gentilshommes et l'autre pour ceulx qui sont de plus basse qualité, habitans des villes et autres lieux en vostre dit gouvernement, voullant qu'il me soit par vous envoié incontinent le roolle de ceulx qui auront faict ledit serment et signé, et par mesme moien vous m'advertirez de ceulx qui auront estés reffusant de ce faire, affin que je congnoisse par là ceulx qui me seront les plus affectionnés et dont je pourray tirer service; et pour ce que je désire sçavoir comme vous aurez satisfaict à mon voulloir en cest endroict, je vous prie m'advertir le plus tost que vous pourrez de tout ce qui aura esté par vous satisfait pour le regard dudit service, du nombre et de la qualité de ceulx qui l'auront presté et signé; priant Dieu, Monsieur le conte, vous avoir en sa saincte garde.

Escript au château de Boullongne, le dernier jour de juillet 1568. Signé : CHARLES. Et plus bas : FIZES, avec paraphe.

Au dos est écrit : A Monsieur le conte du Ludde, etc....[1].

---

[1]. Quelques jours auparavant, le 26 juillet 1568, le c^{te} du Lude avait écrit au roi Charles IX pour lui rendre compte de la prise de Taillebourg par les protestants et de leur tentative manquée sur Saint-Jean-d'Angély. La lettre est datée de Niort, 26 juillet 1568. (*Arch. hist. de la Saintonge et de l'Aunis*, IV, 295.)

149. — 2 août 1568. — Lettre de Charles IX à M. du Lude.

Monsieur le conte, par vos lettres du 28ᵉ du passé [1], j'ay veu les nouvelles que vous avés aprinses de vos voisins, et mesme les maulvais desportemens desquels au lieu de se contenir comme ils debvoient, ils continuent d'user sans occasion, s'estans saisys du chasteau de Taillebourg et faict en icelluy les actes barbares et étranges que vous m'escrivés, chose que je ne puys trouver que très-maulvaise et pernicieuse, vous priant, Monsieur le conte, faire tout ce que vous pourrez pour leur coupper chemyn, en sorte qu'ils ne puissent passer oultre ne riens entreprandre au préjudice de mon service, à tout le moins si vous ne les pouvés faire rentrer en leurs limites, à quoy je vous prie employer tous moyens et à cest effect mander toutes les compaignies de mes ordonnances qui sont par dellà et mettre ensemble aultant de gens de guerre à pied avecques ceulx que vous avés desjà delà que vous pourrés, et cella faict, aller trouver ou attendre par dellà, ainsi que vous adviserez pour le mieulx, mon cousin le mareschal de Vielleville [2], pour l'assister en la charge pour laquelle il y va, vous advisant que quant à ce que vous désirés que vostre compaignie vous soit entièrement entretenue, estant cella d'importance pour les aultres cappitaines, gens d'armes, desquels leur compaignye a été réduicte, comme vous sçavez, je désire que la réduction de la vostre soit faicte, ainsy qu'il vous a esté mandé, qui est tout ce que je vous puys dire pour le présent, priant Dieu, Monsieur le conte, qu'il vous ayt en sa garde.

---

1. C'est la lettre analysée ci-dessus.
2. François de Scépeaux, sʳ de Vieilleville et de Duretal, avait été envoyé pour tâcher de remettre la Rochelle sous l'obéissance du roi. (*Hist. de la Rochelle*, par Arcère, t. I, p. 366) Il ne vint que jusqu'à Poitiers, et sa mission se passa en négociations. (*Hist. de la Saintonge*, par Massiou, t. IV, 123, 124.)

Escript au chasteau de Boullongne, le 2ᵉ jour d'aoust 1568. Signé : CHARLES. Et plus bas : DE NEUFVILLE, avec paraphe.

Au dos est écrit : A Monsieur le conte du Ludde, etc.....

---

150. — 11 août 1568. — Lettre de Charles IX à M. du Lude.

Monsieur le conte, par vostre lettre du iij ͤ de ce moys que j'ay ce jourd'huy receue, j'ay bien au long entendu les dessaings et préparatifs que font vos voysins et ne doubte point qu'ils ne facent du pis qu'ils pourront si on les laisse faire ; à quoy, Monsieur le conte, il fault que mes bons et fidelles serviteurs, du nombre desquels vous estes, s'évertuent d'y remédier par tous les moyens dont ils se pourront adviser; et d'aultant que j'ay puis naguères escript à mon cousin le mareschal de Vieilleville m'advertir à la vérité du temps qu'il se pourra mectre en chemin pour achever le voyage qu'il a commencé, je ne puis me résouldre sur ce que vous m'escripvez, jusques à ce que je sache sa réponse là-dessus. Mais cependant je vous prye, Monsieur le conte, suivant ce que je vous ay cy-devant escript, ne perdez poinct de tems à ramasser et mettre ensemble autant de forces que vous pourrez, soit de ma gendarmerye ou autres, affin que lorsque l'occasion sera venue de mettre à exécution ce qui est en termes, l'on le puisse aussy tost faire que projecter. Et pour le regard des deux courriers que vous me faictes entendre par vostre dite lettre avoir esté tués par dellà, j'en avois jà esté adverty, vous advisant que je ne puis aucunement gouster ses façons de faire et fault que je vous prye, Monsieur le conte, faire ce que vous pourrez pour esclairer ceulx qui ont fait ce coup, et s'il est possible de les trouver et de les prendre, c'est bien le plus grand plaisir que je peusse recevoir, et que la justice et pugnition en soit faicte si exemplaire que ceulx qui auroient vollonté d'en faire autant par cy-après, la perdent et que par ce moyen les chemins se puissent nettoyer de ceste ordure et la seureté se restablir telle que autresfois elle a esté. Et pour cest effect, si voyez que autrement ne se puisse faire, je vous prye plustost establir et deppartir le long des chemins quelque nombre de ma gendarmerye, à ce que par cy après il n'y advienne plus semblable inconvénient, et si vous n'avez jà recouvert les pacquets dont ces pauvres gens estoient chargés, mettez peyne de ce faire pour me les envoyer tout aussitost, ayant tousjours l'œil ouvert et esclairant vos voisins de si près qu'ilz ne vous puissent non plus offenser qu'ils ont faict jusques icy, pryant Dieu, Monsieur le conte, vous avoir en sa garde.

Escript au chasteau de Boullongne, le xj° jour d'aoust 1568. Signé : CHARLES. Et plus bas : DENEUFVILLE, avec paraphe.

Au dos est écrit : A Monsieur le conte du Ludde, etc...

---

151. — 15 août 1568. — Lettre de Charles IX à M. du Lude.

Monsieur le conte, d'aultant que plusieurs des catholiques mes subjects ont opinion qu'ils estoient pour demeurer en grand repos et seureté par le moien de l'association qu'ils avoient délibéré de faire entre eulx, et que à présent qu'elle est rompue il est besoing leur donner meilleur ou plus grande asseurance de leur repos, de pourveoir à ce qui leur est de plus grand interrest, les satisfaisant ez choses qu'ils craignent leur pouvoir advenir, j'ay faict dresser une forme de serment que je vous envoye, lequel je désire estre faict par tous les catholiques, par laquelle forme de serment sont touchés les points qui les affectionnent et qui estoient desduicts par ladicte association, et leurs interrests tellement conjoincts avec le mien qu'ils pourront juger que la description que j'ay ordonnée estre faicte en la forme de serment que je veulx qu'ils facent ne tend qu'à l'effect de leur repos, seureté et tranquilité et pour avoir meilleur, plus grand et plus prompt moien de me servir d'eulx quand l'occasion s'en présentera ; et pour le regard de ceulx de la relligion prétendue refformée qui voudront prester le serment de m'estre fidelles et obéissans selon la forme que vous en ay desjà envoyée, je veulx et entends que vous le receviez, suivant ce que je vous en ay desjà cy-devant escript, m'asseurant que vous sçaurés bien, en tout ce que dessus, suivre mon intention, je ne vous feray plus longue lettre que de prier Dieu, Monsieur le conte, vous avoir en sa saincte garde.

Escript au chasteau de Boloigne, le 15e jour d'aoust 1568. Signé : CHARLES. Et plus bas : FIZE, avec paraphe.

Au dos est escrit : A Monsieur le conte du Lude, etc...

---

152. — 20 août 1568. — Lettre de Charles IX à M. du Lude.

Monsieur le conte, j'ay reçeu vos lettres des 8e et 11e de ce mois, dont y en a troys du dit 11e. Avecques celles du dit 8e, j'ay reçeu les pacquets dont estoient saisis ces pauvres gens, qui ont esté tués venant d'Espaigne ; mais quelque quantité qu'il y en ayt, aucuns néantmoings sont demourés derrière, estans mesmement ceulx qui m'estoient addressés, vollés et emportés et d'autres qui ne se retrouvent poinct les quels je vous prye mectre peyne de recouvrer ; et s'il estoit possible d'attrapper ceulx qui ont commis ce malheureux acte, ce seroit bien le plus grand plaisir que je puisse recevoir, ne doubtant poinct que, comme vous dictes, les postes ne soient de la partye ; pour à quoy pourveoir et remédier, aussi est allé sur les lieux le conterolleur du Mas ; mais, d'aultant qu'il est menassé, à ce que j'entends, il est besoing que vous l'assistiez en ce que vous pourrez et luy donner main forte pour mettre à exécution ce qu'il en aura faict, deppartant le long des chemins pour la seureté d'iceulx (ainsi que je vous ay cy devant escript) quelques forces, en sorte que semblables inconvéniens se puissent doresnavant éviter par là. Par celles du 11° j'ay veu que vous avez receu la forme des sermens que je désire que facent tant les gentilshommes que autres de la religion prétendue refformée, ce que je vous prye d'advancer au plustost, et aussi la description que je vous ay mandé faire de personnes propres à porter armes, le roolle des quelles sitost que vous l'aurez faict, je vous prye de m'envoyer, tenant mes subjects de là en la plus grande union et meilleure intelligence par ensemble que vous pourrez ; mais comme vous dictes, la saison ne le peult quasi pas permectre, en quoy je sçay bien que la sincère administration de justice seroit bien requise et que pour l'exercice d'icelle feussent commis personnaiges gens de bien et non affectionnés à party quelconque ; mais puisque jà les officiers y sont establis, ils ne s'en peuvent oster sinon par forfaicture, et pour ce, Monsieur le conte, je vous prye les advertir de leur devoir ; et, s'ils ne le font à l'heure, je y pourvoiray de sorte qu'ils recongnoistront leur faulte ; et pour le regard de la Rochelle, je suis bien marry du retardement qu'il y a et encores plus de la cause d'icelluy ; mais à ceste heure, que mon cousin le maréchal de Vieilleville est guarry, j'espère que bientost l'on leur fera recongnoistre leur faulte à bon escient. Cependant, Monsieur le conte, je vous prye, suivant ce que vous ay escript, mettre autant de forces ensemble que vous pourrez, soient de ma gendarmerie ou autres et avecques icelles courir sus à ceulx qui en sortiront et vouldront faire les mauvais, comme jà ils ont commancé de faire et avons depuis peu de temps eu advis qu'ils veulent continuer, de façon que, si on ne les a par force, encores moings les pourrons-nous avoir par amytyé; et d'aultant qu'ils se vantent partout à haulte voix qu'ils ne redoutent chose quelconque, pour veu qu'ils facent leurs vandanges, il s'en fault approcher au plustost que l'on pourra et les faire pour eulx, si faire se peult, sans qu'ils s'en mectent en peine et entrent en ceste despense de laquelle je seray bien ayse de les soullager.

Par autre lettre du 11, j'ay sceu l'arrivée près de vous du sieur de Bateresse [1] et comme il y a amené une partye de sa compaignye et l'autre partye qu'il faict assembler, de quoy il est besoing que vous le solicitiez, et pour le regard du payement de ce qui luy est deu, il y sera dans peu de temps comme aux autres satisfaits entièrement, estant jà l'argent prest; et quant à l'advis que vous me donnez pour faire congnoistre à ceulx qui seront pour secourir la Rochelle, leurs faultes et oubliances, je le trouve très bon; vous advisant que, lorsqu'ils se seront déclarés, je ne me deslibéreré pas d'en moings faire; et pour ce, fault serrer les dis Rochellois de plus près que l'on pourra et les matter de sorte que je puisse estre le maistre. Or, comme je vous ay dit cy devant, estant mon dit cousin le maréchal de Vieilleville en santé, il s'acheminera incontinant de delà, et d'aultant que je luy faict entendre sur toutes choses mon intention, vous l'apprendrez plus avant de luy, l'assistant et aydant en ce que vous pourez et qu'il aura besoing de vous pour le bien de mon dit service et l'exécution de cest affaire. Et au surplus, pour ce que j'ay infinis advis de plusieurs assemblées, allées et venues, amas et ports d'armes qui se font ordinairement sans mon sceu et commandement en plusieurs endroicts de mon royaume par aucuns de mes subjects mal affectionnés à mon dit service, chose qui (comme il faut croire) ne tend pas à la conservation du repos que je désire veoir fermement estably par tout mon estat, mais plus tost pour l'interrompre et empescher, j'ay

---

1. René de Neuchèze, s^r de Baptresse.

faict une despèche générale à tous les gouverneurs de mes provinces et pays et spécialement au dit maréchal de Vieilleville, au sieur de Montluc, conte des Cars, marquis de Maizières, de Jarnac, de Pons et évesque de Poictiers pour les en advertir, en les priant d'avoir l'œil ouvert et se donner garde en l'estendue de leurs pouvoirs qu'il ne s'y puisse faire aucunes surprises à mon préjudice et pour rompre et tailler en pièces ceulx qui seront pour s'eslever et qui s'assembleront en armes en plus grand nombre que celluy qui est porté par mes ordonnances, leur mandant et ordonnant qu'ils ayent par ensemble et avecques vous, ainsi que je vous prye aussi de vostre part en avoir avecques eulx, pour tant mieulx obvier aux inconvéniens qui en peuvent advenir, dont le vray moyen est de se jecter sur les dictes assemblées et tailler en pièces (si faire se peult) ceulx qui les feront, toute la bonne et parfaite intelligence qu'il vous sera possible, affin que par le moyen d'icelle il ne se puisse aucune chose remuer en leurs dites charges, ny en la vostre, de laquelle vous ne soyez aussitost advertis pour y pourvoir et remeddier, ainsi que je vous prye, de sorte que ceulx qui auront envye de se remuer n'ayent loisir de se recongnoistre et résouldre de ce qu'ils auront affaire, soit pour faire masse et assemblée, surprendre aucunes villes, faire desgats, ny semblablement sortir d'aucuns de vos dis pouvoirs pour exécutter autres dessaings, qu'ils ne soient mis et taillés en pièces ; et, s'il estoit besoing pour cest effect de vous joindre et assembler avecques vos forces, de ce faire, en la prévoyance toutes fois que pendant cella il ne se puisse rien entreprandre au préjudice de mon service en aucunes de vos charges ; à quoy bien advisez et prudens que vous estes tous, je m'asseure que vous n'y ferez que ce que vous congnoistrez estre pour le bien d'icelluy, chose que je ne vous veulx autrement recommander, saichant l'affection que vous y portez ; mais je désire bien par ceste mesme despesche vous tenir adverty que, tout ainsi que je veulx et entends que vous couriez sus et taillez en pièces tels remueurs de mesnaige, aussy que mon intention est que ceulx qui se contiendront en leurs maisons modestement, y vivront soubs la liberté permise par mes dits édicts sans aucune chose entreprendre ny attempter au contraire, soient maintenus, conservés et gardés sans qu'il leur soit faict, mis ne donné aucun trouble, moleste ny empeschement ; et affin de leur lever toute excuse et deffiance en laquelle ils seroient ou pourroient estre tombés que l'on les voulsist priver de ceste liberté, je vous prye leur faire souvent et particullièrement entendre la charge que vous avez de moy de faire exactement observer mes dits édicts ; et parce que je m'asseure que à toutes choses cy dessus, d'autant que vous les pouvez juger importantes à cest estat et couronne, vous y donnerez l'ordre nécessaire, je ne vous en feray plus longue lettre à ceste occasion, pryant Dieu, Monsieur le conte, vous avoir en sa sainte et digne garde.

Escript au chasteau de Boullongne, le xx° jour d'aoust 1568. Je vous ay ci-devant envoié une forme des sermens que je désirois que vous feissiez faire aux gentilshommes et autres mes subjects, tant catholiques que de la religion prétendue refformée, et de crainte que vous ne l'ayez receue, je vous en envoie encores autant, vous advisant que je veulx et entends que aux ungs et aux autres de mes dicts subgects vous faictes faire le dit serment, selon les dessus dites formes ; et affin que vous recevez plus seurement ceste despesche et que au long me faictes entendre de vos nouvelles, je vous envoye ce gentilhomme présent porteur au quel j'ay donné ceste charge et de vous dire autres choses de ma part concernant mon service, dont je vous prye le croire comme moy mesme. Signé : CHARLES. Et plus bas : ROBERTET.

Et la suscription est : A Monsieur le conte du Ludde, chevalier de mon ordre et mon lieutenant général au gouvernement de Poictou.

153. — 30 août 1568. — Lettre de Charles IX à M. du Lude.

Monsieur le conte, pour ce que j'ay présentement esté adverty que les principaux chefs de la relligion nouvelle se sont eslevés en armes descouvertes avecques grandes trouppes et assemblées contre mes édicts [1], chose que je ne puis estimer estre que à très mauvaise fin et intention, actendu l'asseurance que je leur en ay tousjours donnée par mes édicts ; par quoy, voulant donner ordre de résister à leurs entreprinses, j'ay donné charge à mon frère le duc d'Anjou mon lieutenant général, de s'acheminer avec les forces que je luy en ay ordonnées, tant de gens de cheval que de pied, pour les aller trouver là part qu'ils en seront, et pour ce faire, d'assembler mon armée en ma ville d'Orléans où vous ne faudrés, incontinant la présente receue, de faire prendre le chemin à la compaignie de mes ordonnances dont vous avés la charge et faire si bonne dilligence de vous y rendre avec la dicte compagnie, que vous y soiés précisément au dixième du mois de septembre prochain en armes et en équippaiges pour marcher là part qu'il vous sera ordonné par mon dict frère, auquel lieu il n'y aura faulte que vous serez payés de ce qui vous est deu pour les deux quartiers dont vous aurez fait monstre ; mais aussy d'aultant que vous désirés me faire service, je vous prye que ne failliés d'y estre audict jour avec vostre compaignie, priant Dieu, Monsieur le conte, vous tenir en sa saincte et digne garde.

Escript à la Rocquette-lès-Paris, le 30ᵉ jour d'aoust 1568.

A costé est écrit : Monsieur le conte, vous regarderés d'assembler et tenir preste vostre compaignie pour aller

---

1. En Poitou, le sʳ de Puyviault, l'un des principaux chefs calvinistes, s'empara, à la fin d'août 1568, de la ville de Fontenay. (*Chronique du Langon*, p. 111.)

trouver mon dict frère le duc d'Anjou, lorsqu'il approchera près des quartiers où vous estes, et ne sera besoing que vous l'alliés trouver plus tost, s'il ne vous estoit mandé par moy ou par mon dict frère. Signé : CHARLES. Et plus bas : FISSE, avec paraphe.

Au dos est écrit : A Monsieur le conte du Ludde, etc...

---

154. — 30 août 1568. — Lettre de Charles IX à M. du Lude.

Monsieur le conte, vous aurés assez entendu par plusieurs et diverses dépesches que je vous ay faictes, et mesme la dernière par ung gentilhomme que j'ay envoyé exprès devers vous, quelle est mon intention pour faire vivre tous mes subjects en bonne unyon, repos et tranquillité ; et pour ce que ceulx de la relligion prétendue refformée se plaignent ordinairement des meurtres, volleries et autres torts et injures qu'ils prétendent leur estre faicts, je vous envoye une ordonnance, laquelle vous ferés tenir à tous les bailliz et séneschaux estans en vostre gouvernement pour icelle faire publier à son de trompe et cry publicq, leur enjoignant d'y satisfaire et mettre à exécution le contenu en icelle, à quoy je vous prie de vostre part tenir la main si roidde que l'on congnoisse combien je désire que la justice soit faicte et administrée sincèrement à tous mes subjects, et mes édicts gardés et entretenuz, me tenant adverty le plus souvent que vous pourriés de ce que par vous et mes dits officiers y aura été fait, priant Dieu, Monsieur le conte, qu'il vous ayt en sa sainte garde.

Escript à la Rocquette, le xxxe jour d'aoust 1568. Signé : CHARLES. Et plus bas : ROBERTET, avec paraphe.

Au dos est écrit : A Monsieur le conte du Ludde, etc...

155. — 1ᵉʳ septembre 1568. — Lettre de Charles IX à M. du Lude.

Monsieur le conte, les garnisons, tant de gensdarmerye que de gens de pied, qui sont entretenues en vostre gouvernement, les gardes qui sont establyes aux portz et passaiges de plusieurs villes, le désarmement que l'on a fait à ceulx de la nouvelle religion par toutes les villes, la description de mes bons subjects et serviteurs que je vous ay cy-devant ordonnée de faire, les formes de serment que je vous ay envoyées pour faire prester à mes subjects et finablement les commandemens que je vous ay cy-devant faicts et réitérez de tailler en pièces tous ceulx qui sans mon adveu et commandement exprès se vouldroient assembler et marcher par vostre dit gouvernement en armes, estoient, se me semble, provisions si suffisantes que, par le moyen d'icelles et de vostre bonne conduite et prévoyance, je me reposois et asseurois entièrement que ceulx de la dite nouvelle religion ne pouroient à l'advenir et pour la troisiesme foys reprendre les armes. Mais ayant veu depuis peu de jours ce que aucuns des chefs et principaulx de la dite religion ont entreprins, et l'eslévement par eulx en armes, voullans obvier et remeddier à ce que par tous les autres endroits de mon royaume ce feu ne s'estende et allume plus avant, j'ay pour ceste occasion, Monsieur le conte, bien voullu vous faire cette recharge, pour vous prier et ordonner que, suyvant le zelle et affection qu'avez à mon service, vous ayez à empescher par tous les meilleurs moyens qui vous seront possibles, que ceulx de la dite religion estans en vostre dit gouvernement ne se puissent aucunement eslever, reprendre les armes, surprendre aucunes de mes villes et places fortes, ny se joindre et assembler avecq les dits chefs, usant pour cest effect et pour leur en oster toute commodité, de toutes sortes de forces que vous pourez assembler et de tous autres moyens cy-dessus spéciffiés et touchés, mesmes de celluy de la dite description, du son de toquesaint, des assemblées de communes et telles et semblables choses, pour courre sus à toute force, à ceulx qui se vouldroient, comme dit est, eslever et marcher en armes, me voullant asseurer que, si vous employés bien toutes les dessus dites provisions et aultres desquelles étant sur les lieux, vous vous pourrés adviser, selon la fiance que j'ay en vous il vous sera fort aysé et facile de pourveoir et remédier à ce mal, veu mesmement que vous serez ordinairement assisté et fortiffié de l'intelligence et communication de forces que un chacun de mes aultres lieutenans généraux et gouverneurs de provinces voisines de vous doibvent réciproquement avoir avecq vous, suyvant ce que par cy-devant il vous a et à eulx esté mandé plusieurs fois; et tout ainsi, Monsieur le conte, comme à ceulx de la dite religion qui s'esléveront et reprendront les armes vous courrez sus de tout vostre pouvoir. Aussy pour le regard et allendroict de ceulx de la dite religion qui se contiendront soubs l'observation de mes édicts en leurs maisons sans s'armer et troubler et qui auront faict ou vouldront faire cy-après le serment qui vous a cy-devant esté envoyé pour leur faire prester, vous donnerez ordre qu'ils puissent estre entièrement conservez, mainctenus et gardés, tant en leurs personnes que biens, en toute seureté et repos, n'estant à présent mon intention autre que celle que j'ay tousjours eue de conserver génerallement tous mes subjects qui vouldront vivre soubs mon obéissance et s'abstiendront de reprendre et porter les armes, soubs les faulx prétextes que aucuns de leurs chefs leur incitent en avant pour se cuyder prévalloir et renforcer d'eux; et m'asseurant que vous sçaurez très bien pourveoir à tout ce que je vous mande cy-dessus, je ne vous diray davantaige, priant Dieu qu'il vous ayt, Monsieur le conte, en sa saincte garde.

Escript à Saint-Maur des Fossez, ce premier jour de septembre 1568. Signé : CHARLES. Et plus bas : ROBERTET, avec paraphe.

Au dos est escrit : A Monsieur le conte du Ludde, etc...

---

156. — 4 septembre 1568. — Instructions du roi à M. du Lude.

Premièrement, assemblera toutes les forces tant de gens de cheval que de pied que Sa Majesté a ordonnées en son gouvernement pour garder et conserver le pays, empescher qu'il n'y ayt aucune eslévation entre ses subjects et qu'ils puissent estre conservés en repos et sans injure.

S'informera si les gentishommes et autres personnes de qualité faisant leur habitation aux champs, qui sont de la religion nouvelle, sont en leur dites maisons, et où il trouverroit qu'ils en feussent despartis et eussent suivy ceulx qui s'i sont eslevés en armes contre Sa Majesté, fera saisir tous leurs biens meubles et immeubles et à iceulx establir commissaires, personnaiges recéans et responsables pour iceulx biens régir et administrer soubs la main du roy, à la charge d'en rendre compte et le relicqua toutesfois et quantes que par le dit seigneur en sera ordonné ; et commectra tel personnaige qu'il advisera selon l'importance de la dite maison, s'il veoit que faire ce doibve, pour la garde d'icelle et biens meubles qui y seront, lesquels luy seront baillés par inventaire en baillant telle provision pour la vie et nourriture de leurs femmes et enffans qu'il sera nécessaire, lesquels il fera retirer en la maison de quelcun de leurs parens et amys, où leur sera baillé ce qu'il sera arbitré pour le vivre.

Et pour le regard de ceulx qui se seroient absentés de leurs maisons par crainte ou aultre occasion que pour porter armes et suivre le party de ceulx de la dite religion, sera signiffié à cry publicq et par affiches, tant ez leurs maisons que ez parroisses d'icelles en parlant aux personnes de leurs domesticques, que en se venant consigner par devant le dit sieur conte du Lude, lieutenant général du roy audit pays de Poictou et faisant les submissions ordonnés par Sa Majesté, ils seront conservés soubs la protection dudit seigneur en leurs personnes et biens, et leur en baillera le dit seigneur du Lude telle déclaration et asseurance qu'il appartiendra, affin qu'ils n'ayent point d'occasion de doubter de l'intention du roy, et à faulte de ce faire, y sera pourveu par saisie de leurs biens, comme il est dict cy-dessus.

Et quant à ceulx qui seront demeurés en leurs maisons et déclaireront avoir intention d'y vivre paisiblement soubs l'obéissance du roy, sans suivre le party de ceulx de la dite religion, nous voulons, en faisant les dites submissions, que eulx, leurs femmes et familles soient maintenus et gardés en leurs personnes et biens sans offense; et néanmoins pour ce que, à cause des troubles, demeurans en leurs maisons ils pourroient engendrer suspicion et deffiance à nos subjects de la religion catholique et que aussi, soubs ce prétexte qu'ils sont de la religion nouvelle, aucuns, tant de nos gens de guerre que des communes, pourroient prendre occasion d'entrer en leurs maisons, les travailler et molester en leurs personnes et biens, Sa Majesté, désirant obvier à tels inconvéniens, veult et ordonne que les dits gentilshommes ayent à nommer audit sieur conte du Lude aucuns de leurs parens, voisins et amys de la religion catholicque et romaine, soit qu'ils ayent leur demeure à la ville ou aux champs, en la maison duquel ils se puissent retirer et là faire leur demeure et résidence jusques à ce qu'il ayt pleu à Dieu mectre fin aux troubles ou que par le roy en soit autrement ordonné; et néantmoings fera la dicte submission par devant le juge royal du ressort duquel est sa maison, et pourra le dit sieur conte du Lude commectre quelque personnaige catholicque pour la conservation de la maison, biens et familles des dessus dits, s'il veoit que faire ce doibve, affin que l'on ne puisse avoir aucun subçon et deffiance de ceulx qui yroient et fréquenteroient en la dicte maison.

Et quant à ceulx de la dicte religion qui seroient demeurans aux villes, le roy, pour bonnes causes et considéracions, a ordonné que ceulx qui tiennent offices royaulx s'abstiendront de l'exercice de leurs estats jusques à ce que par Sa Majesté en soit aultrement ordonné; et néanmoings veult et entend le roy que les dits officiers et tous aultres habitans des dictes villes estans de la religion, ensemble leurs femmes, enffans et familles soient conservés en leurs maisons et biens soubs sa protection, avec très expresses deffences, sur peine de la vie, à quelque personne que ce soit, de ne leur meffaire ny médire, en faisant les submissions qui ont esté cy devant ordonné, si desjà ne les ont faictes.

Et où il se trouveroit que aucuns des dits officiers ou aultres habitans des dictes villes s'en seroient despartis et auroient prins les armes et suivy ceulx qui se sont eslevez, Sa Majesté veult et ordonne que l'on face saisir tous leurs biens, tant meubles que immeubles, et à iceulx establir commissaires, personnaiges recéans et responsables pour iceulx biens régir et administrer soubs le nom du roy, à la charge d'en rendre compte et reliqua toutesfoys et quantes que par le dict seigneur en sera ordonné; et où leurs maisons seroient de telle importance qu'il feust besoing la garder, il commectra tel personnaige qu'il advisera pour la garde d'icelle et biens meubles qui y seront, auquel il les fera prendre par inventaire et fera bailler la provision nécessaire telle qu'il sera advisé pour la vie et nourriture de leurs femmes et enffans, lesquels il donnera ordre de faire retirer en la maison de quelcun de leurs parens et amys.

Et quant à ceulx des dictes villes qui s'en seroient allez par crainte ou aultre occasion que pour prendre les armes et suyvre ceulx qui se seroient eslevés, leur sera signiffié à cry publicq et aux carrefours des villes qu'ils ayent à retourner dedans les dictes villes, dedans le premier jour d'octobre, aultrement faire saisir leurs biens et y pourveoir, comme il est porté par le précédent article. Le roy veult et entend que le dict sieur conte du Lude baille à ceulx de la dicte religion qui seront demeurés en leurs maisons pour y vivre paisiblement et auront faict les submissions susdites, en garde, tant aux officiers de la justice que aux maires, eschevins, administrateurs des villes et autres y ayans charge, auctorité ou administration publicque, à ce qu'ils soient maintenus et conservés soubs la protection du dit seigneur, sur peine de s'en prendre à eulx et d'en respondre en leur propre et privé nom, s'il y a faulte de leur part.

Commandera aussi bien expressément aux susdits officiers, maires et eschevins de pourveoir qu'il n'advienne aucune émotion ou sédiction populaire, et où il adviendroit qu'il se commist aucun crime dedans la dicte ville, que les dits officiers ayent de leur office dilligemment sans aucune poursuite et interpellation à en faire la justice et pugnition exemplaire en toute seureté de justice telle que le cas le requérera.

N'entend toutesfois le dit seigneur au nombre de ceulx qui se seroient absentez de leurs maisons comprendre les gentilshommes ou aultre qui seroient actuellement au service de Sa Majesté, soit au camp, ou près des gouverneurs ou lieutenans généraulx ez dites provinces, pourveu toutesfois qu'ilz en facent apparoir par certiffications, savoir est, ceulx qui sont au camp, de monseigneur le duc d'Anjou son frère et lieutenant général, et les autres, des gouverneurs des provinces ou lieutenans généraulx de Sa Majesté estans ès dits pays.

Et pour ce que pour faire observer le contenu en ceste présente instruction par l'estendue et gouvernement du dit sieur comte du Lude il sera besoing de commectre en chacune ville d'icelle quelque saige et advisé gentilhomme qui y puisse pourveoir et donner l'ordre pour ce nécessaire, et sera enjoinct très expressément aux juges, officiers, maires et eschevins, manans et habitans de chacune d'icelle de le respecter et obeyr, et aux baillis et séneschaulx au ressort desquels seront situées et assises les dictes villes de le faire obéyr et tenir la main avec luy à l'exécution de ceste dite instruction.

Faict à Saint-Maur-des-Fossés, le iiij^e jour de septembre l'an 1568. Signé : CHARLES. Et plus bas : FIZES.

---

157. — 6 octobre 1568. — Lettre de Charles IX à M. du Lude.

Monsieur le conte, pour avoir par trop faict preuve, à mon grant regret, des misères et calamités que la division de relligion semée en mon royaume par la malice de ceulx qui s'en sont voullus prévalloir en leurs passions et ambitions particullières, y a engendrés, ayans par ung mespris trop grand de mon auctorité esté cause de tant de foulles et oppressions que mes pauvres subjects ont souffertes par cy devant et souffrent journellement [1], j'ay par le bon et meur conseil advisé que, pour délivrer mon dit royaume de tant d'afflictions, qu'il falloit le délivrer de l'occasion de tant de maulx, et pour tant j'ay faict l'édict que je vous envoye par lequel vous sçaurez que je veulx qu'il n'y ayt doresnavant que une relligion telle que tenoient mes prédécesseurs et que je tiens, comme plus particulièrement vous verrez par le contenu au dit édict ; et d'aultant, Monsieur le conte, que j'espère par le moyen d'icelluy estant bien observé, comme je veux croire qu'il soict, remettre toutes choses, avec l'ayde de Dieu, en leur premier

---

1. Il faut lire dans la *Chronique du Langon*, le *Journal de Michel le Riche*, le *Journal de Généroux*, les ravages, destructions, cruautés et excès de toutes sortes, commis par les protestants en Poitou, durant le mois de septembre 1568, à Fontenay, aux Moutiers, à Niort, Saint-Maixent, Parthenay, Argenton, Oiron, etc.

estat, je n'ay rien tant en recomendation que de le veoir bien gardé et suivy de poinct en poinct par tout mon royaume. A ceste cause, je vous prye qu'après que le dit édict aura esté publié en mon pays de Poictou, ainsi qu'il a esté en ma court de parlement de Paris, vous ayez à tenir main qu'il soict exécuté et mainctenu par tous mes subjects du dit pays, de façon qu'ung chacun puisse joyr librement de ce qui est porté par iceluy ; et pour ce faire, je veulx que vous en envoyez ung double particulièrement à tous les gouverneurs des villes et places de mon dict pays de Poictou, affin que chacun d'eux ayent en leurs charges à donner ordre qu'il y soit suivy et entretenu, admonestant aussi les baillifs, séneschaux et autres de mes officiers, chacun en son regard, de faire leur debvoir à l'observation d'icelluy et que ceulx qui y contreviendront soient pugnys et chastiés comme désobéissans à ma vollonté et intention et infracteurs de mes édicts et ordonnances ; et, encores que je sois très asseuré que par le bon ordre que vous y donnerez je seray obéy et ma dicte intention suivie et exécutée, néantmoings pour autant que je ne désire rien tant que de veoir le dit édict bien gardé de poinct en poinct, pour le bien que j'espère qui en proviendra, je vous prie ne faire faulte à m'advertyr tous les quinze jours du debvoir que feront les dis baillifs, séneschaux et autres officiers avecques les gouverneurs des villes de mon dit pays à l'entretenement de mon dict édict, ad ce que, s'il y a aucun qui n'y face son debvoir, j'en face faire la pugnition bien exemplaire. Priant Dieu, Monsieur le conte, vous avoir en sa saincte garde.

Escript à Paris, le vj^e jour d'octobre 1568. Signé : CHARLES. Et plus bas : DE NEUFVILLE.

(Cette lettre est commune à tous les gouverneurs et lieutenans généraulx. On remplissoit simplement leurs noms et celui de leurs gouvernements, comme il paroit par l'original de celle-cy.)

158. — 9 novembre 1568. — Lettre de Charles IX à M. du Lude.

Monsieur le conte, j'ay receu vostre lettre que le sieur de Ruffec m'a baillée et entendeu de luy particulièrement tout ce qu'il m'a dict et remonstré de vostre part. Sur quoy, je vous ay bien voulu advertir que, encores qu'il soyt très nécessaire de nettoyer tout ce pays de delà de ceulx qui y tiennent leurs malheureux desseings, pillent, saccagent et bruslent tout ce qu'ils peuvent, à la grande ruyne de mes bons et loiaulx subjects, il fault que je renforce mon armée le plutost que je pourray, tant des forces que j'attends du costé de la Guyenne, que de tous les aultres endroicts d'où il m'en doibt venir, affin que je puisse plus aisément et seurement rompre les forces de mes ennemys et en avoir la victoire, que j'espère, avec l'aide de Dieu, l'obtenir, à leur ruyne et confusion. Et pour pourveoir à ce qui touche vostre gouvernement, il fault que vous assembliez tout ce que vous pourrés ramasser d'un cousté et d'aultre pour leur résister et courre sus, y faisant du mieulx que vous pourrés que je m'asseure que vous sçaurez très bien faire. Et pour cest effect, vostre présence est bien requise et nécessaire par dellà, qui me faict vous prier de n'en bouger point, sçachant bien que le service que vous m'y ferés sera bien à propos et lequel j'auroys aussy agréable, comme si vous me veniez trouver, ainsy que le dit sieur de Ruffec m'a dict que vous le désiriez. Touchant le chasteau de Luzignan, j'ay faict despescher ung pouvoir au sieur de Guron [1] pour y commander, estimant qu'il y fera très bien son debvoir et s'en acquittera fidellement : qu'est tout ce que je vous escripray pour le présent, me reposant sur vous de tout ce qu'il y aura à faire et qu'il sera besoing de pourvoir pour la seureté, garde et conservation du dict

---

1. Gabriel de Rechignevoisin, sr de Guron.

pays en mon obéissance. Priant le Créateur, Monsieur le conte, qu'il vous ayt en sa saincte garde.

Escript à Paris, le 9ᵉ novembre (1568). Signé : CHARLES. Et plus bas : FIZES, avec paraphe.

Au dos est écrit : A Monsieur le conte du Ludde, etc...

---

159. — 23 novembre 1568. — Lettre de Charles IX à M. du Lude.

Monsieur le conte, pour ce que j'ay esté adverty que plusieurs gens d'armes et soldats des compaignyes se débandent de mon camp [1] sans congé et permission de leurs chefs et cappitaines, et qu'il en passe ordinairement par là où vous estes, je vous prye, si vous désirez me faire service agréable, de n'en laisser passer aucun sans passeport de mon frère le duc d'Anjou, des maréchaux de camp et de leurs capitaines, les admonestant, sy ce sont gentils-hommes, de les retourner trouver, ou sy ce ne sont que soldats des compaignies de gens de pied, les menasser de les faire punyr et chastier s'ils se retirent ainsy, et qu'il n'y aura point de faulte. Priant Dieu, Monsieur. . . . . . vous avoir en sa garde.

Escript à Orléans, le 23ᵉ jour de novembre 1568. Signé : CHARLES. Et plus bas : DE NEUFVILLE, avec paraphe.

Au dos est escript : A Monsieur le conte du Ludde, etc...

---

160. — 30 novembre 1568. — Lettre du duc d'Anjou à M. du Lude.

Monsieur le conte, je suis adverty que les ennemys sont à. . . . . . et disent aucuns paisans qu'ils veullent

---

1. L'armée royale, commandée par le duc d'Anjou, avait marché successivement de Châtellerault le 31 octobre, à Poitiers le 11 novembre, après avoir rencontré l'armée protestante au Vieux-Poitiers, à Montreuil-Bonnin le 15, à Pamproux, où il y eut une escarmouche le 16, à Jazeneuil, où se livra un combat plus sérieux le 17, puis revint à Poitiers. (*Journal de Denis Généroux*, p. 36-39.)

s'aprocher de Poictiers ¹, je vous en ay bien voullu advertir affin que vous envoyez quelques chevaulx dehors pour les recongnoistre et savoir de leurs nouvelles, dont vous m'advertirez incontinant de ce que vous en aurez apprins et s'ils tournent la teste de leur armée, pryant Dieu, Monsieur le conte, qu'il vous ayt en sa sainte et digne garde.

Escript au camp de Dissay, le xxxe jour de novembre 1568. Vostre bon amy. Signé : HENRY ².

Et la suscription est : A Monsieur le conte du Lude, etc...

---

161. — 9 décembre 1568. — Lettre du duc d'Anjou à M. du Lude.

Monsieur le conte, j'ay reçeu par le sieur de la Frézelière ³ les lettres que vous m'avez escriptes, et entendu tout ce qu'il m'a dict et le contenu au mémoire qu'il m'a porté de vostre part ; et pour ce que je seray bien ayse que vous soyez avec moy en ceste armée, affin que si nous trouvions nos ennemys à propos pour les combattre, vous soyez de la partye, je vous prye me venir trouver incontinent et regardez avant que partir avec le sieur de Boisegain ⁴ ce qui sera à faire pour la seureté et la défense

---

1. En effet, le 1er décembre, il y eut un combat assez sérieux à Auzances près Poitiers, entre le prince de Condé et le c^{te} de Brissac. (*Journal de Généroux*, p. 40.)

2 Henri, duc d'Anjou, frère du roi, commandait l'armée qui opérait alors en Poitou contre celle des protestants. Le 16 novembre précédent, il avait adressé, de son camp de Montreuil-Bonnin, un mandement à Jean de la Haye, lieutenant général de la sénéchaussée de Poitou et commissaire général des vivres de l'armée royale, ainsi qu'aux élus de l'élection de Poitiers, pour leur ordonner de lever 76 chevaux, 19 charrettes et 19 charretiers, destinés aux transports de l'armée. (*Revue d'Aunis, Saintonge et Poitou*, t. VII, p. 118.)

3. Philippe Frézeau, s^r de la Frézelière, lieutenant de la compagnie du c^{te} du Lude.

4. Jean Jay, s^r de Boisseguin, avait été jadis lieutenant de la compagnie d'Essé dans l'expédition d'Ecosse, en 1548, où il se distingua. (*Annales d'Aquitaine*, par Bouchet, p. 582.) Il fut longtemps gouverneur de Poitiers pendant les guerres de religion.

de la ville de Poictiers où il demeurera pour y commander en vostre absence, selon le pouvoir que je luy en ai donné et ce que je luy escripts présentement; et pour le regard des six enseignes de Bretons qui sont en la dicte ville, j'ay ordonné qu'elles y demeureront encores jusques à ce que l'Isle Bouchard soit hors de danger, et après, celles qui sont en ladite Isle Bouchard retourneront au dit Poictiers, auquel lieu estans arrivés, les dits Bretons s'en reviendront au camp me trouver; et pour le regard des sieurs de Puyviault, de Breil, Baudet, Fougeron et Brebine, je leur envoye la permission qui leur est nécessaire pour demeurer en leurs maisons avec seureté de leurs personnes vivantes soubs les édits du roy monseigneur et frère, pour le service duquel il sera bien à propos que vous faictes entendre à tous ceulx qui se voudront retirer qu'ils seront pareillement conservés en leurs biens, vivans dans leurs maisons, soubs les édicts dudit seigneur; priant Dieu, Monsieur le conte, vous tenir en sa saincte garde.

Escript au camp de Dissé, le ix° jour de décembre 1568. — M. le conte, avant que de me venir trouver, vous mectrez à exécution ce que je vous ay mandé à ce seoir par l'un de mes gentilshommes. Vostre bon amy. Signé : HENRY.

Et la suscription est : A Monsieur le conte du Lude, etc.

---

162. — 9 décembre 1568. — Lettre du duc d'Anjou à M. du Lude.

Monsieur le conte, j'envoie ce gentilhomme qui est à moy exprès devers vous pour vous faire entendre comme je désire que vous nous venyez aider et prendre avec vous toutes les forces qui sont à Poictiers, réservé une compaignye que vous laisserés dedans la ville pour la garder de surprise; et fault que vous prenyez aussy avec vous deux canons et tout l'équippaige nécessaire pour cest effect et employer tous les moyens que vous aurez pour recouvrer les chevaux et les charrettes qui sont nécessaires pour mener les dits canons, balles, poudres et munytions et aller prendre le chasteau de Mirebeau où il est demeuré quelques gens de nos ennemys[1], en quoy je vous prie de user de la plus grande dilligence que vous pourrez, et croyez ce gentilhomme de ce que je luy ay donné charge de vous dire, priant le Créateur, Monsieur le conte, que vous ayt en sa saincte garde.

Escript au camp de Dissay, le ixe jour de décembre (1568). Monsieur le conte, il ne faut pas craindre de faire exécution pour les ennemys, pour ce que je seray avec toute l'armée entre Poictiers et les ennemys; et pour ce, vous ménerez avec vous toutes les forces que vous avez, tant de cheval que de pied, fors quelque compaignye que vous laisserez dedans ladite ville pour la garder de surprise. Vostre bon amy. Signé HENRY.

Et la suscription est : A Monsieur le conte du Lude, etc...

---

163. — 19 décembre 1568. — Lettre du duc d'Anjou à M. du Lude.

Monsieur le conte, j'ai présentement receu votre lettre du jour d'hyer par laquelle vous me mandez que vous estes après de faire mettre l'artillerie dans le chasteau de Myrebeau, suyvant ce que je vous ay mandé, mais, si vous avez prins garde à ce que je vous escripvoys, je vous mandoys que, au prys que vous envoyerez ung ou deux canons à Poictiers, les autres vous les missiez dans le chasteau, mais toujours entends-je que vous les faictes aller le plustost que vous pourrez au dit Poictiers, et en cella il

---

[1]. Mirebeau fut, en effet, pris d'assaut peu de jours après, par le c^{te} du Lude et le c^{te} de Brissac, sur de Chouppes et Laborde, qui y commandaient pour le prince de Condé. (*Hist. des troubles*, par la Popelinière, p. 164.)

fault user de dilligence, d'aultant que je m'en voys loger à Saint-Marsolles [1] pour avoir des vivres du costé de Chinon, vous pouvez penser que les ennemys ne fauldront de battre le chemyn du dit Myrebeau, par quoy vous prendrez garde à vous et que les canons aillent seurement; et quant au pain que vous me mandez qui doibt venir, j'ay aujourduy envoyé au dit Saint-Marsolles prenant bien à la main droicte, et, s'il n'est party, fault le conduire par quelque bonne guyde au dit lieu, prenant le chemyn à droict, comme je vous mande; et au surplus mandez au sieur de Boisseguin qu'il ne laisse plus venir icy personne par ce chemin de peur qu'ils ne feussent prins; et ayant donné ordre que les dits canons soyent en seuretté au dit Poictiers, vous me viendrez incontinant trouver et plustost si vous pouvez et si vous voyez que les dits canons puissent aller en seuretté, si vous envyé de vous trouver au jeu qui se pourra jouer plustost que vous ne pensez. Priant Dieu, Monsieur le conte, qu'il vous ayt en sa saincte et digne garde.

Escript au camp de Puys d'Ardane [2], le xixe jour de décembre 1568. Après que vous aurez faict des chevaulx de l'artillerie, renvoyez les, car l'on en a bien affaire. Vostre bon amy. Signé : HENRY.

Et la suscription est : A Monsieur le conte du Ludde, etc.....

---

164. — 5 janvier 1569. — Lettre du duc d'Anjou à M. du Lude.

Monsieur le conte, d'aultant que je désire vous employer en quelque affaire pour le service du roy monseigneur et frère, je vous prie me venir trouver incontinent la présente

---

1. Sammarçolles en Loudunais.
2. Le Puy d'Ardanne, commune de Chalais en Loudunais.

receue, laquelle ne vous ayant faicte que pour cest effect, je n'estendray plus au long que pour prier Dieu, Monsieur le conte, vous tenir en sa saincte et digne garde.

Escript au camp de Chinon, le 5ᵉ jour de janvier 1569. (Ensuite de la propre main du prince) : Ne faillez incontinent de venir me trouver pour ce que je vous veux hanvoyer à Poictiers pour la seureté de la ville, et est très nécessaire que vous y alliez an toute dilligence et aprétez vous pour vous y han aller quant j'auray parlay à vous, et venez jour et nuict, car cecy requiert dilligence. Vostre bon amy. Signé : HENRY.

Et la suscription est : A Monsieur le conte du Lude, etc...

---

165. — 9 janvier 1569. — Mandement et commission du duc d'Anjou au bailli de Touraine.

Henri, fils et frère de roy, duc d'Anjou et de Bourbonnois et son lieutenant général représentant sa personne par tout son royaume et pays de son obéissance, au bailli de Touraine ou son lieutenant à Chinon, salut et dilection. Nostre cher et bien amé le sieur de Chavigny [1], chevalier de l'ordre du roy nostre dit seigneur et frère et capitaine de cinquante lances de ses ordonnances nous a remonstré et fait entendre comme aulcuns des subjects du roy nostre dit seigneur et frère estans de la nouvelle religion et portans les armes descouvertes contre le dit seigneur et tenans les champs avec armes, tant de gens de pied que de cheval et conduisans une bande d'artillerie, estoyent entrés par forme d'hostilité et voye de fait dans sa maison et chasteau de Chavigny après l'avoir tenu longtemps assiégé et (en blanc)

---

[1]. François le Roi, cᵗᵉ de Clinchamp, sʳ de Chavigny et de la Baussonnière, capitaine de 50 hommes d'armes des ordonnances, lieutenant général en Touraine, Anjou et Maine, sous le duc de Montpensier. (*Hist. de Touraine,* par Chalmel, t. III, p. 383.)

la dite artillerie et auroient en icelluy prins, pillé, enlevé et emporté par force et violence tous la plus grant part de ses meubles, ruyné et desmoli la plus grant partie dudict chasteau, rompu, deschiré, brulé plusieurs titres et papiers de grande importance, tant par le moyen de la dite artillerie que par le feu qu'ils auroient mis en divers endroicts d'icelluy, outre lesquels excès, ruynes, volleries et bruslemens, ils auroient perpétrés et commis plusieurs meurtres et cruels homicides en ses dite maison et chasteau, n'aiant pardonné à aucun sexe ne obmis aulcune acte de cruauté et inhumanité en tout ce qu'ils ont peu pour souler leur effrené désir et appetit de vengeance à l'endroit du dit sieur de Chavigny et ce qui lui appartenoit; en quoy il dit avoir reçu une perte et domaige inestimable et irréparable tant pour lui que pour ses successeurs, et pour ce qu'il désireroit faire informer de tout ce que dessus et de beaucoup d'autres torts que luy ont esté faicts par les dits de la religion nouvelle au dit lieu de Chavigny, tant pour avoir son recours contre qui il appartiendra, affin de luy servir et valloir à l'advenir à la conservation de ses droits et possessions, il nous a très humblement supplié et requis voulloir à ceste fin député quelque bon et notable personnaige pour informer des dits meurtres, volleries et autres excès commis par les dits de la religion en sa ditte maison, ses gens, serviteurs et biens et sur ce lui octroier nos lettres nécessaires de commission ; à ces causes, tant pour l'absence et empeschement des juge, lieutenant, conseillers, autres officiers au siége de Loudun détenus et usurpés par les dits de la nouvelle religion [1], que pour la confiance que nous avons en vostre loyauté, prudhommie et suffisance, vous

---

1. La châtellenie de Chavigny était, en effet, du ressort du bailliage de Loudun; mais cette ville était au pouvoir des calvinistes. Le 20 décembre précédent, les deux armées demeurèrent plusieurs jours en présence sous ses murs, sans pouvoir combattre, à cause de la rigueur de la saison.

avons commis et député, commettons et députons par ces présentes signées de nostre main, que, prins avec vous le procureur du roy nostre dit seigneur et frère aus dits siège et ressort de Chinon que nous vous avons ordonné et ordonnons pour adjoinct, ensemble tel personnaige que vous adviserés pour vostre greffier, vous ayés à vous transporter au dit chasteau et maison de Chavigny, et appellés ceux qui pour ce seront à appeler, veoir et visiter les dictes ruynnes et de ce faire bien ample procès verbal, et ce fait, informer bien deuement et dilligemment tant d'icelles ruines, démolitions, bruslemens, meurtres, homicides, volleries et pillaiges que du siège avec armes et artillerie devant la dicte place, pertes et bruslemens des dis papiers et enseignemens et de toutes autres choses quelsconques advenues en la dicte maison et chasteau de Chavigny, et mesmement de l'assistance, conduicte, confort et aide que aulcuns des subjects du dit sieur de Chavigny ont donné aux dits de la nouvelle religion pour l'exécution des choses dessus dites, pour, les dites informations et procès verbal ainsi faits, servir et valloir au dit sieur de Chavigny ce que de raison. De ce faire vous avons donné plain pouvoir, auctorité, commission et mandement spécial par ces dites présentes et au premier huissier et sergent royal sur ce requis faire tous les exploits et adjournemens nécessaires pour l'exécution et accomplissement d'icelle ; mandons et commandons à tous justiciers, officiers et subjects du roy nostre dit seigneur et frère et néantmoins leur commandons, en vertu de nostre pouvoir que à vous, au dit huissier ou sergent en ce faisant ils obéissent et entendent soigneusement et diligemment.

Donné au camp de Chinon, le neuvième jour de janvier mil cinq cens soixante-neuf. Signé : HENRY. Et plus bas : Par mon dit seigneur : FIZES, et scellée en queue.

166. — 11 janvier 1569. — Mandement du duc d'Anjou à M. du Lude.

Henry, fils et frère de roy, duc d'Anjou et de Bourbonnoys, pair de France, lieutenant général du dit seigneur, représentant sa personne par tout son royaume, païs, terres et seigneuries de son obéissance, à nostre très cher et bien amé Guy de Daillon, conte du Lude, chevalier de l'ordre du roy, nostre très honoré seigneur et frère, gouverneur et son lieutenant général en Poictou, salut et dilection. Saichans que l'une des principalles provisions qui sont les plus requises et nécessaires ès villes où nous faisons faire amas et magasins de bleds et farines, de munitions pour subvenir à la nourriture des gens de guerre du camp et armée du roy, est d'une bonne et grande quantité de boys de chauffaige pour spéciallement servir à la cuisson du pain de munition nécessaire pour la nourriture d'iceulx et entre aultres en la ville de Poictiers qui en est de présent fort mal munie et pourveue; pour à quoy pourveoir promptement, ainsi que le bien et service de Sa Majesté le requiert, vous mandons et néantmoings, en vertu du pouvoir à nous donné par nostre dit seigneur et frère, commandons et enjoignons très expressément que incontinent la présente receue, appellé avec vous M. Jehan de la Haye, lieutenant général en la séneschaulcée du dit pays de Poictou et l'ung des commissaires généraulx des vivres de ce camp et armée, vous ayez à veoir et visiter ou faire veoir et visiter par personnages à vous seurs et féables tous et chacuns les lieux et endroicts plus proches et commodes à en recouvrer et, si besoing est, faire coupper, soyt tant ez boys appartenans au roy nostre dit seigneur et frère que en ceulx de l'abbaïe de Bonnevaulx et ez terres, maisons, seigneuries et communautez à tels qu'ils puissent estre et appartenir, sans nul en excepter ne réserver soyent lais ou ecclésiastiques, pour faire cuire jusqu'au nombre de six cens cinquante mil pains, et néantmoings en lieulx les moins dommageables que faire se pourra, pour icelluy faire amener en la dicte ville et mectre en ung bon et grand magasin bien clos et fermé et à couvert, si faire se peult, qui sera à ceste fin par vous choisy, et lequel boys vous ferez recevoir par deux notables bourgeois de la dite ville, tant pour sçavoir les lieulx où il aura esté prins et couppé que pour en faire la recepte et distribution, ainsi qu'il leur sera par vous ordonné ou par l'ung des commissaires généraulx des dis vivres ou leurs commis, pour emploier à la cuisson du dit pain seullement et non ailleurs, et ce pour le rendre à chacun des propriétaires après l'affaire cessé ou bien ce qui en demourera de reste, advenant qu'il n'ayt esté entièrement bruslé et consommé pour la ditte cuisson, ausquels sera par les dis depputés baillé leurs récépissés pour par vertu d'iceulx leur en faire raison cy après, ainsi qu'il sera ordonné; pour la voicture et transport duquel vous ferez prendre les chevaulx de charroy ez lieux circonvoisins et si proches qu'ils puissent retourner au giste en leurs maisons, afin d'éviter que pour raison de ce ils ne se consomment en aulcuns frais ni deppens; mandans et enjoignant, en vertu de nostre dit pouvoir, à tous qu'il appartiendra que, pour l'exécution du contenu en la présente nostre commission, ils ayent à vous obéir et entendre diligemment sur peyne aux contrevenans de punigtion exemplaire, estant question d'une affaire importante pour le bien publicq et service de nostre dit sieur et frère; de ce faire vous avons donné et donnons plain pouvoir, puissance, authorité et mandement spécial par ces dites présentes et ce, non obstant oppositions ou appellations quelsconques, pour lesquelles et sans préjudicier à icelles ne voulons estre aulcunement différé.

Donné au camp à Chinon, le unzième jour du moys de janvier, l'an mil cinq cens soixante neuf. Signé : HENRY. Et plus bas : Par mon dit seigneur : FIZES.

---

167. — 14 janvier 1569. — Lettre du duc d'Anjou à M. du Lude.

Monsieur le conte, pour les mesmes considérations que je vous ay envoyé des compaignies à Poictiers, je suis d'avis que vous y mectez encores celle du cappitaine Boisvert. A ceste cause, vous luy manderez qu'il vous aille trouver avecques sa compaignie et luy ferez faire le mesme traictement des autres que vous avez en vostre ville, synon que vous congnoissez qu'il fust plus à propos pour le service du roy monseigneur et frère de la mectre dans Mirebeau, dont je me remects à vous, et sur ce je prye Dieu vous avoir en sa saincte garde.

Escrit au camp de Chinon, le xiiij^e jour de janvier 1569. Vostre bon amy. Signé : HENRY.

Et la suscription est : A Monsieur le conte du Lude, etc...

---

168. — Janvier 1569. — Lettre du duc d'Anjou à M. du Lude.

Monsieur le conte, j'ay receu vostre lettre du 13e de ce mois et seray bien ayse, après que vous aurez sceu au vray le nombre des forces qui sont à Poictiers, me le faictes entendre, et ay trouvé bon que vous ayez envoyé deux compaignies à Luzignan, comme vous m'escripvez, et que vous ayez pourveu de bonne heure sans actendre qu'il y eust difficulté de les y faire entrer. J'ay donné charge au commissaire général des vivres de faire response au lieutenant de Poictiers sur ce qui concerne le faict des dicts vivres ; et pour ce que vostre lettre faict particulièrement mention de quarante muys de bled que j'avois mandé à

Mirebeau donner à ung nommé Fontaine, il ne faut point prendre occasion d'excuse là dessus, car j'ay avecques ce que j'en avois accordé et mandé au sieur de Fervasques [1] et cappitaine la Marche, qui est chose que je ne puis ne veulx faire à présent, parce que nous avons affaire de bleds pour la munition de ceste armée; et quant à ce qui est contenu au mémoire que vous m'avez envoyé et dont vous parlastes à moy et monsieur de Tavannes [2], je vous prie en tenir la practique vive et continuer à faire comme vous avez bien commencé et mettre peyne d'estre bien adverty de ce que nos ennemis font et m'en faire sçavoir des nouvelles le plus souvent que vous pourrez et prendre dilligemment garde à la ville de Poictiers, car, par tous les advertissemens que j'ay, il se continue tousjours que nos ennemis tirent de ce costé là et qu'ils doivent passer par Mirebeau pour y aller, car ceste place leur donne beaucoup de peine ; priant Dieu, Monsieur le conte, vous tenir en sa saincte et digne garde.

Escript au camp de Chinon, le (en blanc) jour de janvier 1569. Vostre bon amy. Signé : HENRY. Et ensuite par *postscriptum* : Monsieur le conte, pour ce que le cappitaine la Marche m'a escript que le capitaine la Vacherie [3] que j'avois envoié avec sa compaignie à Mirebeau, y estoit arrivé, n'ayant que 28 hommes en toute la dite compaignie et que ès troys autres qui y estoient auparavant il n'y en a que 140, il m'a semblé qu'il estoit besoing d'y envoier encores d'une compaignie, ce que j'eusse faict d'icy, si le chemin eust été seur. A ceste cause, je vous prie, incontinent la présente receue, y en envoier une des mieulx complettes de

---

1. Guillaume de Hautemer, s[r] de Fervaques, originaire de Normandie.
2. Le maréchal de Saulx-Tavannes.
3. Il était d'origine picarde et capitaine dans le régiment de Sébastien de Luxembourg, c[te] de Martigues. Il fut tué glorieusement pendant le siège de Poitiers, le 5 août 1569. (Liberge.)

celles qui sont à Poictiers, au lieu de laquelle j'ay commandé au cappitaine la Barthe de vous en envoyer une autre et la faire partir dès aujourdhuy. Je vous envoie une lettre pour le sieur de Fervasques et une autre pour le cappitaine la Marche que je vous prie leur faire tenir.

Et la suscription est : A Monsieur le conte du Lude, etc...

---

169. — 17 janvier 1569. — Lettre du duc d'Anjou à M. du Lude.

Monsieur le conte, pour ce qu'il n'y a point de pouldre menue grene à Mirebeau, j'ay ordonné à monsieur de la Bourdaizière [1] d'en faire délivrer par le général de l'artillerie qui est à Poictiers deux cacques ; à ceste cause, je vous prie les y envoyer en toute dilligence et par mesme moien faire raporter la grosse pouldre et les boullets de canon qui y sont. Sur ce, je prie Dieu vous avoyr en sa saincte garde.

Escript au chasteau de Chinon, le xvij⁰ jour de janvier 1569. Je vous prie faictes lever quelque nombre de pioniers pour rabiller la bresche du dit Mirebeau. Votre bon amy. Signé : HENRY.

Et la suscription est : A Monsieur le conte du Lude, etc...

---

170. — 17 janvier 1569. — Lettre du duc d'Anjou à M. du Lude.

Monsieur le conte, pour ce que je suys adverty que nos ennemys font contenance de marcher et partir du lieu où ils sont, je vous ay bien voulu faire cette présente pour vous en advertir, affin que vous preniez diligemment garde à ce qui passera par ces costés de là et envoier à la guerre, pour en entendre la vérité, faisant battre les chemins du costé

---

1. Jean Babou, sr de la Bourdaisière, maître de l'artillerie.

de Nyort et Fontenay, et envoyez aussy quelques gens avisés en leur camp pour en descouvrir le plus avant que vous pourrez, et de ce que vous pourrez apprendre m'en advertir incontinent. Je vous ay ce matin escript que vous envoissiez une compaignie de celles qui sont à Poictiers, ce que je vous prie faire le plus diligemment que vous pourrez et qu'elle soit des mieulx armés et plus complette et qu'il y ait nombre suffisant de corcellets; priant Dieu, Monsieur le conte, vous tenir en sa saincte garde.

Escript au camp de Chinon, le xvij° jour de janvier 1569. Monsieur le conte, je vous prye ne faillez advertir aussi le sieur de Guron[1] du partement de nos ennemis, affin que de son costé il mecte point d'estre adverty et d'envoyer quelques gents à la guerre, et luy mandez qu'il me havoye ce qu'il en entendra. Vostre bon amy. Signé : HENRY.

Et la suscription comme dessus.

---

171. — 19 janvier 1569. — Lettre du duc d'Anjou à M. du Lude.

Monsieur le conte, d'aultant que je suis adverty que nos ennemis envoyent souvent gens de cheval et aultres à pied comme messaigiers et lacquais pour leurs affaires avec lettre et le plus souvent sans lettres, lesquels passent ordinairement par les villes et aultres lieulx de ce royaume, allans de lieu à autre, sans estre arrestés ne fouillés, je vous prie ne faillir à faire prandre dilligemment garde à tous ceulx qui passeront cy après sans passeport signé de moy et les arrestés et faictes fouiller sans espargner personne, mesmes les lacquais et garsons villageoys, et faictes soigneusement observer cela par toutes les gardes des portes et ponts qui sont soubs vostre charge, sans y faire aucune

---

1. Gabriel de Rechignevoisin, écuyer, s^r de Guron, gouverneur du château de Lusignan.

faulte, et ceulx que vous trouverez chargés de lettres qui seront souspeçonnées d'aller pour les affaires de nos dits ennemys vous les ferez garder jusques à ce que l'on puisse descouvrir la cause de leur voiage au vray, où ils vont et de qu'ils sont envoyés, en quoy vous ferez procedder avec toute la dilligence que vous pourrez, affin que par la dilligence et dextérité vous puissiez descouvrir la malice ou l'innocence de ceulx que vous aurez arrestés, et apres l'avoir congneu, les faire incontinant pugnir ou les laisser aller, selon qui sera raisonnable, priant Dieu, Monsieur le conte, qu'il vous ayt en sa saincte garde.

Escript au camp de Chinon, le xixe jour de janvier 1569. Vostre bon amy. Signé : HENRY.

Et la suscription est : A Monsieur le conte du Lude, etc...

---

172. — 19 janvier 1569. — Lettre du duc d'Anjou à M. du Lude.

Monsieur le conte, le cappitaine la Noue présent porteur m'a faict entendre qu'il avoyt quelque moyen de faire ung bon service au roy, monseigneur et frère, lequel je luy ay donné charge de vous communicquer, et pour ce que je désire que ce qu'il mect en avant puisse plus tost servir que nuyre, je vous prie, après avoyr entendu de luy les moyens de faire réussir son entreprinse, le faictes accompagner de quelque saige et advisé personnage jusques au sieur de Pont[1], quy vous puisse fidellement rapporter ce que l'on peust espérer de la dite entreprinse, affin que, après l'avoyr bien entendu, vous puissiez d'aultant mieulx juger sy elle peust servir ou nuyre l'advancement des autres affaires et desseings du roy, monseigneur et frère et de ses ministres ; et me ferez grand plaisir de m'advertir de ce que vous en aurez entendu, affin que, avant que passer plus oultre, je

---

1. Antoine de Pons, sire de Pons, en Saintonge.

puisse sçavoir le jugement que vous aurez faict et ordonner là dessus ce quy se debvra faire; vous me ferez pareillement entendre ce que vostre homme vous aura rapporté du faict particulier que sçaurez; et pour le regard de la nouvelle que vous me mandez avoyr eue de la surprinse de Bordeaulx, je reçus hyer au soyr nouvelles du sieur de Montluc, du xij^e de ce moys, quy n'en font aulcune mention, quy me faict croyre que c'est un faulx bruit fondé sur quelques desseings de nos ennemys; et pour ce que il y a assez long temps que je suys adverty qu'ils y ont quelque intelligence, j'ay faict présentement une dépesche au dit sieur de Montluc, affin qu'il s'aille mectre dedans. Je vous prie renvoyer le cappitaine la Marche à Mirebeau, parce que le sieur de Fervasques m'a mandé qu'il estoyt allé à Poictiers et s'il n'y avoit plus qu'ung ou deux cappitaines mallades en la dicte ville, qui est tout ce que je vous diray pour ceste heure. Sur ce, je prie Dieu, Monsieur le conte, vous donner sa sainte grâce.

Escript au camp de Chinon, le xixe jour de janvier 1569. J'escripts présentement au dit sieur de Fervasquez [1] que, s'il a affaire promptement de quelque chose pour la deffense et seureté de Mirebeau, qu'il s'en adresse à vous, et pour ce je vous prie le servir de ce, si vous pouvez. Vostre bon amy. Signé : HENRY.

Et la suscription est : A Monsieur le conte du Lude, etc...

---

173. — 20 janvier 1569. — Lettre du duc d'Anjou à M. du Lude.

Monsieur le conte, je receus hyer au soyr les lectres que vous m'avez escriptes du xviij^e de ce moys et ce matin j'ay eu advertissement que le prince de Condé estoit party et

---

[1]. Fervacques avait été nommé gouverneur de Mirebeau; mais, bientôt employé dans des postes plus importants, il y fut remplacé par Villaine. (*Hist. des troubles*, par la Popelinière, p. 165.)

prenoit le chemin de Bressuire [1]; mais d'aultant que par l'advis que vous avez eu que il avoit'esté veu plusieurs charettes chargées de munitions, il semble que ils veuillent faire remeuer leur artillerie à la Rochelle, il pourroyt estre que, nonobstant cela, ils fussent délibéré de tenter le passage pour aller au devant des viscomtes [2] et leurs Allemans. Je vous prie prendre diligemment garde au chemin qu'ils feront et de quel costé ils voudront tirer et m'en advertissez le plus diligemment que vous pourrez; priant Dieu, Monsieur le conte, vous tenir en sa saincté garde.

Ecript au camp de Chinon, le xx° jour de janvier 1569.

Monsieur le conte, pour ce que vous craignez ce paissage, je vous prie d'envoyer dans Luzignan le plus que vous pourrez de gens de cheval de vostre compaignie et de celle du sieur d'Ursé [3] et me mandez ce qu'estes d'advis que je vous envoye d'adventaige de gens de cheval et ce que vous en avez affaire. Votre très bon amy. Signé : HENRY.

Et la suscription est : A Monsieur le conte du Lude, etc...

---

174. — 21 janvier 1569. — Lettre du duc d'Anjou à M. du Lude.

Monsieur le conte, ayant entendu que nos ennemys ont habandonné Loudun, Montreuil-Bellé et Thouars et qu'ils tirent vers Fontenay et Nyort, je vous ay bien voullu faire la présente pour vous en advertir et vous dire que mectiez peine de descouvrir leurs desseings et envoyer gents à la

---

1. Le prince de Condé, qui était à Thouars, confia l'armée protestante à Coligny et prit le chemin de la Rochelle. Son passage à Bressuire, indiqué par cette lettre, est donc très justifié. Le 20 janvier environ, il arriva à Niort, où il fit un certain séjour. (*Chronique du Langon*, p. 122, 123.)

2. Les vicomtes de Bourniquet, Montclar, Paulin et Gordon, chefs des protestants de Guyenne. (La Popelinière, 179.)

3. Philippe de la Béraudière, sr d'Ursay, enseigne de la compagnie de M. du Lude, lors du siège de Poitiers. (Liberge, p. 125, 209.)

guerre et quelques personnes bien advisées en leur camp pour sçavoir de leurs nouvelles, le chemin qu'ils veullent tenir et ce qu'ils ont délibéré de faire, et ce que vous en pourez entendre me le ferez sçavoir le plus dilligemment qu'il vous sera possible ; priant Dieu, Monsieur le conte, vous tenir en sa saincte et digne garde.

Escript au camp de Chinon, le xxj° jour de janvier 1569. Vostre bon amy. Signé : HENRY.

Et la suscription est : A Monsieur le conte du Lude, etc...

---

175. — 23 janvier 1569. — Lettre du duc d'Anjou à M. du Lude.

Monsieur le conte, je vous prie à ceste heure que nos ennemys sont pour prendre quelque party, faire toute diligence de sçavoyr de leurs nouvelles et quelle route ils tiennent et ce qu'ils veullent faire, et de ce que vous entendrés m'en advertir le plus diligemment et le plus souvent que vous pourrés. Priant Dieu, Monsieur le conte, vous tenir en sa sainte garde.

Escript au camp de Chinon, le 23° jour de janvier 1569. Votre bon amy. Signé : HENRY.

Au dos est écript : A Monsieur le conte du Ludde, etc...

---

176. — 25 janvier 1569. — Lettre de Charles IX à M. du Lude.

Monsieur le conte, m'ayant mon frère, le duc d'Anjou et de Bourbonnois, mon lieutenant général, faict entendre le bon office que dernièrement vous avés faict pour mon service touchant l'emprunct de cinquante mille livres qu'il prent sur la ville de Tours, pour lequel vous avés esté contant de vous obliger en partie et en faire votre propre debte, je n'ay voullu faillir de vous en remercyer, vous asseurant que, oultre ce qu'il sera donné bon ordre que vous ne les autres qui ont respondu avecques vous n'y aurés aucune perte, je m'essayeray tousjours d'en faire la recongnoissance envers vous et les aultres, l'occasion se présentant ; suppliant cependant le Créateur vous avoir en sa très sainte garde.

Escript à Chaallons, le 25ᵉ jour de janvier 1569. Signé : CHARLES. Et plus bas : ROBERTET, avec paraphe.

Au dos est écrit : A Monsieur le conte du Ludde, etc...

---

177. — 28 janvier 1569. — Lettre du duc d'Anjou à M. du Lude.

Monsieur le conte, je viens de recepvoir vostre lectre du xxijᵉ de ce moys et ay bien considéré les advis que vous m'avez donné du costé de nos ennemys qui sont assez conformes à ceulx que j'ay eus d'ailleurs, et ay trouvé très bon que vous ayez envoyé les compaignies de gens de pied dedans Lusignan que vous me mandez. J'ay pareillement bien considéré que le lieu où sont à présent nos dis ennemys est à propos pour prendre le chemin de la Guienne, Xaintonge, la Rochelle ou Angoulesme ; et affin que vous me puissiez plus à propos advertir de ce qu'ils feront, je vous ay bien voulu mander ce que j'ay délibéré de faire, quelque chemin qu'ils puissent tenir et quelque parti qu'ils puissent prendre, car j'ay envoyé le sieur de Strossy [1] et les compaignies de Salavous [2] avec deux régiments de gens de cheval, à Chauvigny, pour tousjours en marchant favoriser Poictiers, s'il en est besoing, et garder les passaiges de la rivière de Vienne ; et ayant entendu qu'ils veulent aller trouver les vicomtes pour après estre unicts ensemble entreprendre de forcer le passaige de Limoges et puis

---

[1]. Philippe Strozzi, fils de Pierre, mestre de camp du régiment des gardes françaises, puis colonel général de l'infanterie.

[2]. Sarlabous le jeune, mestre de camp d'un régiment d'infanterie.

celluy de Loyre, j'ay faict partir mon armée pour leur aller coupper chemin, et pour faire meilleure dilligence et marcher plus souldain j'ay séparé mon armée et envoyé passer la gendarmerie au Blanc en Berry et l'artillerie, les Suisses, le régiment des Provençaux et le reste des Françoys à la Haye, et je m'en voye avec ma cornette passer à la Guierche pour après remettre ensemble toute la dite armée entre la Creuse et la Vienne, affin d'aller à Montmorillon et Confolans nous trouver au devant de nos dits ennemys, s'ils ne sont encores trop advancés ; et sy par fortune ils avoient desjà passé la Vienne parce qu'elle se passe à gué en plusieurs lieux, j'en pourroy avoyr nouvelles avant que les dites forces soient à la Haye, et feray lors couler la dite armée le long de la rivière de Creuse droict au Blanc et Argenton pour leur..... chemin et les devancer plus avant dans la suite que j'espère, s'ils entreprennent le chemin de Limoges pour aller trouver le bout de la rivière de Loyre, mesmement s'ils ne mènent artillerie, il est fort malaisé qu'ils passent sans estre rencontrés, dont je vous ay bien voulu advertir, affin que vous puissiez mieulx juger ce quy se debvra faire de vostre costé pour seconder mon intention et que vous vous teniez prest pour l'affaire que sçavez et pour toutes autres occurrences qui se pourront présenter ; et, sy vous avez affaire de quelque chose, advertissez à Chauvigny, affin que plus promptement il vous soyt pourveu de ce dont vous aurez besoing ; et ne monstrez la présente si à personne qu'au sieur d'Ursé. Je m'en vais demain coucher à Crissé et le lendemain à la Guierche, priant Dieu, Monsieur le conte, vous tenir en sa saincte garde.

Escript au camp de Chinon, le xxiij° jour de janvier 1569. Ne failliez me mander tous les jours de vos nouvelles et de celles de nos ennemys. Vostre bon amy. Signé : HENRY.

Et la suscription est : A Monsieur le conte du Lude, etc...

Monsieur le conte, le sieur de Pouilly présent porteur vous fera entendre des nouvelles de nos ennemis et vous dira ce qu'il en a aprins, ensemble ce que je luy ay donné charge de vous dire de ma part, dont vous le croyerez, comme moy mesmes, ce qui me gardera de vous dire autre chose par la présente que je finieray priant Dieu, Monsieur le conte, vous tenir en sa saincte et digne garde.

Escript au camp de Pressigny, le xxviij° jour de janvier 1569. Vostre bon amy. Signé : HENRY.

Et la suscription comme dessus.

---

178. — 28 janvier 1569. — Lettre du duc d'Anjou à M. du Lude.

Monsieur le conte, j'ay receu vostre lettre par ce porteur et ay esté bien ayse d'avoir entendu des nouvelles des ennemys et du lieu où ils sont, vous pryant de continuer et de m'advertir le plus souvent que vous pourrez, et envoyer des gens partout pour en aprandre, et des frais que vous ferez pour cest effect je vous en feray rembourser, qui est tout ce que je vous diray pour ceste heure, pryant Dieu, Monsieur le conte, qu'il vous ayt en sa sainte et digne garde.

Escript au camp de Presigny, le xxviij° jour de janvier 1569. Vostre bon amy. Signé : HENRY.

Et la suscription est : A Monsieur le conte du Lude, etc...

---

179. — 28 janvier 1569. — Lettre du duc d'Anjou à M. du Lude.

Monsieur le conte, je vous prye de faire bailler à ce porteur une charrette garnye de chevaulx pour mener et conduyre sa pouldre et munition qu'il va quérir à Poictiers pour icelle mener à Chauvigny où est le régiment de mon cousin le sieur Strozzy, d'aultant qu'il en a grand besoing, et à faulte de ce et que l'ennemy voulsist tenter quelque chose sur ce passaige, il seroyt à craindre qu'il en vint de l'inconvénient ; au moyen de quoy je vous prye de user dilligemment, pryant Dieu, Monsieur le conte, qu'il vous ayt en sa saincte et digne garde.

Escript au camp de la Guyerche, le xxviij° jour de janvier 1569. Vostre bon amy. Signé : HENRY.

Et la suscription est : A Monsieur le conte du Lude, etc...

---

180. — 3 février 1569. — Lettre du duc d'Anjou à M. du Lude.

Monsieur le conte, pour ce que j'ay présentement esté adverty que nos ennemis veullent aller assaillir Luzignan, je vous prie, incontinent la présente receue, y envoier le capitaine Bourg avecques sa compagnie pour y faire le service au roy, monseigneur et frère, que j'espère de luy en une telle place ; sur ce, je prie Notre Seigneur vous avoir en sa saincte garde.

Escript à la Roche-Pouzay, le 3 febvrier 1569. Votre bon amy. Signé : HENRY.

Au dos est écrit : A Monsieur le conte du Lude, etc....

---

181. — 14 février 1569. — Lettre d'Henri, duc d'Anjou, à M. du Lude.

Monsieur le conte, suyvant ce que je vous ay desjà mandé que les ennemis font provision d'eschelles, je vous prie vous bien tenir sur vos gardes, puisque Luzignan a esté si pauvrement perdu [1], et dès à ceste heure faictes

---

1. Lusignan ne fut pris par les protestants que le 20 juillet 1569, mais ils tentèrent de surprendre cette place par trahison, le lundi gras 1569. Ils échouèrent, grâce à la résistance de Guron et de d'Aunoux, au moment même où ils s'en croyaient maitres. (*Histoire du Poitou*, t. II, p. 322. — La Popelinière, p. 180.) Il faut lire les détails de cette dramatique affaire dans la *Relation de ce qui se passa au château de Lusignan en 1569, le lundi gras de ladite année*. (*Revue d'Aunis, Saintonge et Poitou*, t. V, p. 49, d'après la copie de dom Fonteneau.)

bonne provision de pionniers et de chevaulx pour, avecques les six canons et les quinze enseignes que vous avez, essayer de reprendre le dit chasteau de Luzignan, lors toutes fois que je vous advertiray de le faire, et envoiez, incontinent la présente receue, trente hommes au château de Chauvigny avecques un homme de bien pour les commander qui fera lever les planches du pont, de peur que les ennemis ne prennent ce passage là. Faictes aussy advertyr ceulx de Mirebeau et de Loudun qu'ils se tiennent aussy sur leurs gardes. Sur ce, Notre Seigneur vous ayt en la sienne.

Escrit au camp de Confolant, le 14 février 1569. Et plus bas : Votre bon amy. Signé : HENRY.

Et au dos est écrit : A Monsieur le conte du Lude, etc...

---

182. — 18 février 1569. — Lettre de Henri, duc d'Anjou, à M. du Lude.

Monsieur le comte, suivant l'avis que j'ay receu de vous, j'ay tout aussytôt dépêché tout le long de la rivière de Loire aux lieux que j'ay pensé estre plus nécessaire d'avertir ; mais pour ce que la malice des desloyaux subjets du roy mon seigneur et frère nous a fait beaucoup de preuves, tesmoin Luzignan [1], qu'il se faut tenir sur ses gardes en plus d'un lieu, je vous prie pourveoir à la sureté de votre ville de Poictiers, à Chastelleraut et par tous les autres lieux de votre gouvernement, de telle sorte qu'il n'en puisse advenir inconvénient, mesmement à Chatelleraux et à Chauvigny ; et me mandés d'heure à autre tout ce que vous pourez aprendre des actions et du remuement desdits ennemis. Sur ce, je prie Dieu vous avoir en sa sainte garde.

---

1. Le duc d'Anjou fait encore ici allusion à la tentative manquée des protestants sur Lusignan.

Ecrit au camp de Champagne, le 18 février 1569. Votre bon amy. Signé : HENRY.

Au dos est écrit : A Monsieur le conte du Ludde, etc...

---

183. — 19 février 1569. — Lettre du duc d'Anjou à M. du Lude.

Monsieur le conte, j'ay receu les lettres que vous m'avez écrittes du 17 de ce mois par ce gentil homme présent porteur et vu le mémoire que m'avés envoié des desseins et délibérations de nos ennemis; en quoy je vous prie de continuer et m'advertir le plus souvent que vous pourés de tout ce que vous apprendrés d'eulx, d'aultant que je n'en ay point de plus certaines et asseurées nouvelles que celles que j'ay de votre part qui me sont si agréables que vous ne me sçauriés faire plus grand et singulier plaisir que de me tenir adverty de ce que en entendrés à toutes heures, et n'espargnés rien à m'envoyer par hommes exprès vos advertissements, suyvant lesquels j'ay escript aux sieurs de Bouillé [1] et Puy-Galliart [2] et au cappitaine Pin qui est à Chinon, qu'ils eussent à se tenir sur leurs gardes et pourvoir tellement aux passages dont ils ont la charge que nos ennemys n'y puissent rien entreprendre à leur advantaige; et d'aultant que vous estes plus proche d'eulx que je ne le suis, je vous prie, sélon que verrés la nécessité et diligence le requérir, leur faire part de vos advertissements, affin que, tant par vos lettres que par celles que je leur écriray aussy, ils soient advertys de prendre garde à eulx. Au demeurant, parce que nous avons grande nécessité de souliers, tant pour les Suisses que l'infanterye françoyse, vous regarderés à en faire assembler à Poictiers

---

1. Le sr de Bouillé était gouverneur de Nantes. (La Popelinière, p. 193.)
2. Jean de Léaumont, sr de Puygaillard, gouverneur d'Angers.

la plus grande quantité qu'il sera possible et les envoyer en ce camp par les marchands ou autres auxquels je ne fauldray de les faire payer, priant Dieu, Monsieur le conte, vous tenir en sa sainte et digne garde.

Escript au camp de Champagne [1] le 19 febvrier 1569. Votre bon amy. Signé : HENRY.

Au dos est écrit : A Monsieur le conte du Lude, etc...

---

184. — 12 mars 1569. — Lettre du duc d'Anjou à M. du Lude.

Monsieur le conte, j'ay receu les lettres que vous m'avez escriptes par le sieur de la Frézelière et veu le mémoire que vous luy avez baillé contenant plusieurs articles ; et pour le regard de ce qui concerne la réduction des places en l'obéissance du roy monseigneur et frère dont il faict mention, vous verrez par ma première lectre comme je désire que vous ne faictes aucune entreprinse sur icelles que nos ennemis ne soint plus esloignés qu'ils ne sont à présent, ce que je vous veulx bien encores dire par la présente, mesmes pour la place et chasteau de Coué, lequel pour les grands maulx, pilleries, larcins et vollerges qui ont esté tousjours faictes par ceulx qui l'ont tenu, tant sur les subjects du roy mon dit seigneur que sur ceulx des autres princes, passants par la dite place, mesmes pour avoir par eulx en temps de paix et de guerre prins et tués plusieurs courriers et gentilshommes du dit seigneur, du roy catholicque et autres princes, je veulx et vous ordonne que vous ayez, incontinant que nos dits ennemys s'en seront esloignés, en sorte qu'il n'y ait plus occasion de craindre qu'ils y puissent ou veullent retourner et que je vous le feray entendre avant toutes autres choses, aller droict au dit Coué et y faire une si bonne bresche et du tout tellement

---

1. Champagne-Mouton, en Angoumois.

le desmanteller qu'ils ne s'en puissent plus servir, ne y retirer aucunes gents de guerre [1]. Cependant j'escripts au lieutenant général que, quand vous yrez faire l'exécution de l'entreprinse des places dessus dites, il vous assiste, suive et accompagne partout où vous yrez ; qui est tout ce que je vous diray pour ceste heure, sinon que sur les autres poincts de vostre dit mémoire vous entenderez par le dit sieur de la Frézelière mon intention, qui me gardera vous en dire autre chose en la présente. Il me vient une infinité de plainctes du cappitaine Boisvert que vous avez envoyé à Chauvigny, à cause des rançonnemens et pilleries qu'il faict sur les marchants et autres subjects du roy qui passent par le dit Chauvigny, à quoy je vous prie pourveoir et mectre tel ordre que je n'en oye plus parler, car c'est chose qui me desplaist grandement ; priant Dieu, Monsieur le conte, vous tenir en sa sainte et digne garde.

Escript au camp de Chasteauneuf, le xij° jour de mars 1569 [2]. Vostre bon amy. Signé : HENRY.

Et la suscription est : A Monsieur le conte du Lude, etc...

---

185. — 1ᵉʳ avril 1569. — Lettre du duc d'Anjou à M. du Lude.

Monsieur le conte, depuis vous avoir ce matin écrit de faire amener en ce lieu nostre artillerie, j'ay été averti que ceux qui sont dans Nyort sont tellement étonnés que, qui les solicitera tant soit peu, ils prendront aisément party. A ceste cause, je vous envoye ce trompète du roy monseigneur et

---

1. Couhé, qui appartenait au sʳ de Vérac, calviniste ardent, fut, en effet, repris par les catholiques, mais on ne sait à quelle date exacte. La Popelinière, racontant la prise de cette place par le sʳ de Vérac, à la fin de juillet 1569, constate seulement qu'elle avait été surprise par les catholiques, quelque temps auparavant. (*Histoire des troubles*, p. 242.)

2. Le lendemain, 13 mars, le duc d'Anjou remportait la victoire de Jarnac sur l'armée protestante de Condé et Coligny.

frère pour les sommer de ma part de se rendre, et que, s'ils me donnent la peine de les aprocher de plus prest, ils se peuvent assurer de recevoir le traitement que méritent gens qui veulent opiniastrer contre une telle armée une place qui n'est pas tenable. De votre part, favorisez en tout ce qui vous sera possible cette entreprise, comme si j'étois beaucoup plus près de vous que je ne suis, cependant que l'occasion se présente. Sur ce, Notre Seigneur vous ait en sa sainte garde.

Ecrit au camp de Aigre, le premier avril 1569.

Depuis ma lettre écrite, j'ay avisé qu'il suffira que telle sommation se fasse de par vous, et vous envoye la présente par un courrier et non par un trompette. Votre bon amy. Signé : HENRY.

Au dos est écrit : A Monsieur du Lude, etc. [1]...

---

186. — 21 mai 1569. — Lettre du duc d'Anjou à M. le comte du Lude [2].

Monsieur le conte, j'ay receu vos deux lettres du 18e jour de ce mois avec le mémoire que vous m'avez envoyé par le sieur de la Ferté auquel j'ay amplement répondu en la marge, comme vous pourez voir par ce que je vous en envoye ; et pour ce que je parts présentement pour m'acheminer aux meilleures journées qu'il me sera possible pour m'aller opposer au duc des Deux Ponts, lequel est devant la Charité [3], faisant tout ce qu'il peut pour la forcer, et qu'il est

---

1. Le comte du Lude était alors à Saint-Maixent, d'où il écrivait, le vendredi saint 1569, une lettre au corps de ville de Poitiers, l'invitant à hâter la levée de plusieurs impôts destinés aux besoins de la guerre. (*Arch. historiques du Poitou*, t. IV, p. 339.) Saint-Maixent avait été repris sur les huguenots le 27 mars 1569. (*Journal de Généroux*, p. 44. — *Journal de Michel le Riche*, p. 99.)

2. L'original de cette lettre est aujourd'hui au British Museum, add. mss. 24206. (Renseignement de M. Thibaudeau, de Londres.)

3. Wolfang de Bavière, duc de Deux-Ponts, mit le siège devant la Charité le 10 mai, et s'en empara quelques jours après.

besoing pour y aller le mieux accompagné qu'il sera possible, renforcer cette armée et rassembler toutes les forces qui en sont éloignées et qui sont destinées pour faire service en icelle, je mande au s^r de Batresse que incontinent qu'il aura mené l'artillerie à Poitiers, qu'il s'en vienne avec sa compagnie me trouver, laissant près de vous celle du marquis de Mayzière en sa place où j'ay pareillement ordonné que, outre les autres que vous avez, celle du sieur de Ponts demeurera pour y faire service au roy. Et quand je seray un peu avancé du côté de nos ennemis, je vous prie regarder de tenir la campaigne, si vous voyez qu'il soit à propos pour le service de Sa Majesté, et en faictes dès à cette heure le semblant pour empescher les forces de nos ennemis de partir le plus que vous pourés, sans toutes fois rien hazarder que vous ne voyez qu'il soit temps et que leurs garnisons soient dépourvues. J'écrits présentement aux sieurs de Montluc et d'Escars, que, quand les forces de nos dits ennemis seront parties de Poitou avec l'amiral, qu'ils vous renforcent et secourent pour tenir ladite campaigne, quand vous leur ferez entendre, afin que, s'il est besoing, vous assaillés les places que tiennent nos dits ennemis [1], si vous voyés ce pouvoir faire ; en quoy vous vous conduirés, selon les occasions qui se présenteront, avec votre bon jugement et prudence acoutumée. Toutes fois, pour ce que s'il advenoit une affaire au sieur de Puy Gaillard et qu'il soit besoin d'estre secouru de forces, je vous prie luy en envoyer, tant de cheval que de pied, ce que vous pourrés; priant Dieu, Monsieur le conte, qu'il vous ayt en sa sainte et digne garde.

Ecrit au camp de Confolant, le 21e jour de may 1569. Votre bon amy. Signé : HENRY.

A côté est écrit : Monsieur le conte, je viens de recevoir

---

1. Le c^{te} du Lude s'empara, à cette époque, de la ville de Melle sur les huguenots. (*Journal de Michel le Riche*, p. 99.)

votre lettre du 20e de ce mois; et quant aux pyonniers, pour ce que j'en ay à faire en ce camp, je vous prie les m'envoyer incontinent, et ne laissés pour cela de fortifier en la meilleure diligence que faire ce pourra la ville de Poitiers. Pour ce que à présent que les compaignies du sieur de Richelieu seront inutiles à Chatellerault, je vous prie regarder où vous les pourés mettre en votre gouvernement, car j'ay ordonné qu'elles demeureront près de vous pour vous en servir et ce quand vous en aurez besoin.

Au dos est aussy écrit : A Monsieur le conte du Lude, etc. [1]...

---

187. — 2 juin 1569. — État des compagnies de gens de guerre.

Estat des compaignies de gens de pied de 200 hommes chacune, tant vieilles que nouvelles, estans en Poictou près monsieur le conte de Ludde, gouverneur et lieutenant général pour le roy au dit pays, ausquelles compaignies monseigneur, frère et lieutenant général de Sa Majesté, a ordonné estre faict monstre et paiement, assavoir aux vieilles pour le moys de may dernier et le présent de juing 1569 et aux nouvelles pour le moys de juing tant seullement.

Premièrement :

— Vieilles compaignies estans du régiment de feu M. le comte de Brissac [2].

---

1. Le cte du Lude s'occupait avec activité des fortifications de Poitiers, dont le duc d'Anjou lui recommande la continuation dans la présente lettre. De Saint-Maixent où il était, il avait écrit, le 10 mai 1569, au corps de ville de Poitiers, le 18 mai à M. Moreau, receveur de Poitou, et au présidial, les invitant avec instance à pousser les travaux avec la plus grande diligence. (*Le siège de Poitiers par Liberge*, par Beauchet-Filleau, notes 206-208.)

2. Timoléon de Cossé, cte de Brissac, colonel-général de l'infanterie, venait de périr à la prise de Mucidan, le 30 avril 1569, à l'âge de 25 ans.

La colonnelle conduicte par le cappitaine la Rade. Hounox [1] mestre de camp.

Prunay. Haultefort. Camerac. Flozac. Frissamet. Corbon. Bourg.

— Compaignies nouvelles du dit régiment.
Pompadour. Cossart.

— Deux autres compaignies nouvelles du régiment de M. Sarlabourg.
Jehan Regnault. Craulx.

— Autres compaignies de gens de pied levées au dit pays.
La Salle. Bonneau.

— Autres compaignies de Bretons qui estoient du régiment de monsieur de Martigues [2].
La Barre. La Vacherie. Boullande.

— Autres levées par ordonnance de M. le maréchal de Vieille-Ville [3].
Lys. Beaulieu. Boisvert. La Marche. Herbiers.

— Autres compaignies entretenues par le dit pays de Poictou, levées par le sieur conte du Ludde et dont le paiement qui leur sera présentement faict des deniers de l'extraordinaire debvera estre remboursé de l'argent qui s'est deu lever ou se lèvera cy après au dit pays de Poictou pour l'entretènement des dites compaignies.
Passac. Arsac. La Prade. Allard. Jairye.

Total 28 compaignies dont IX vieilles et XIX nouvelles.

---

1. D'Aunoux.
2. Sébastien de Luxembourg, vicomte de Martigues, gouverneur de Bretagne.
3. François de Scépeaux, maréchal de Vieilleville, avait été envoyé en Poitou en septembre et octobre 1568, en qualité de lieutenant général du roi en Poitou, Touraine, Saintonge, Angoumois, Anjou.

— Harquebusiers à cheval ausquels semblablement sera faict monstre et payé pour les moys de juing seullement.

Bois de Chollet. Signac.

Nombre, deux compaignies d'harquebusiers à cheval.

— Compaignies de gendarmes estans près le sieur conte du Lude et ausquels sera faict monstre pour les quartiers de juillet et octobre 1568, et néantmoings ne seront présentement paiées que pour le dit quartier d'octobre, suivant l'ordonnance sur ce faicte par le roy.

Mondit sieur le conte du Ludde. Monsieur de Ruffec [1]. Monsieur de Boisy. Monsieur de la Trimouille. Monsieur de la Rivière, l'aisné. Monsieur de Clervaulx.

Nombre, six compaignies de gendarmes.

Faict au camp du Blanc en Berry, le 2ᵉ jour de juing 1569. Signé : HENRY. Et plus bas : SABRES.

---

188. — 27 juin 1569. — Lettre du duc d'Anjou à M. du Lude.

Monsieur le conte, les ennemys sont deslogés aujorduy de Saint Yriez et prenent le chemin de Périgueux et de Thivyez, qui est parti pour aller à vous et vous faire lever le siége de devant Nyort [2]; et y a danger que pour cest effect ils facent partyr de leur camp quelque bon nombre de leur cavallerye, dont je vous ay bien voullu advertyr en toute dilligence, affin que vous prenez garde à vous et que en ce temps de pluye ils ne surprinsent vostre artille-

---

1. Philippe de Volvire, baron de Ruffec, époux d'Anne de Daillon, sœur du cᵗᵉ du Lude.
2. Le cᵗᵉ du Lude avait mis le siège devant Niort le 21 juin. (*La vraie et entière histoire des troubles*, par la Popelinière, éd. 1572, p. 228 et s.) Le 20 juin, il était encore à Saint-Maixent, d'où il écrivait aux commissaires des vivres de Lusignan d'envoyer sans faute devant Niort beaucoup de pain de munition. (*Arch. des Deux-Sèvres.*)

rye pour les mauvais chemyns, de sorte qu'il est besoing que vous tenez tousjours vos chevaulx de la dite artillerye et tout l'équipage prest, sy vous estiez contrainct de lever le siége, pour la grande force qu'ils vous pourroyent envoyer sur les bras; et affin que vous ne soyez surprins, vous mectrez des gens au deçà d'Angolesme pour par eulx pouvoir entendre à la vérité qui va à vous et quelles forces ils y envoient, et nous advertissez de tout ce que vous aprendrez, pryant Dieu, Monsieur le conte, qu'il vous ayt en sa sainte garde.

Escript au camp de Roche la Bayllié [1], le xxvij° jour de juing 1569. J'ay entendu la desroute que vous avez faict sur Pluvau [2]. Vostre bon amy. Signé : HENRY.

Et la suscription est : A Monsieur le conte du Lude, etc.

---

189. — 28 juin 1569. — Lettre du duc d'Anjou à M. du Lude.

Monsieur le conte, sur l'advertissement que j'eus hier que les ennemys prenoyent le chemyn du costé du Poictou, je vous despeschay au mesmes instant ung courrier voullant pour vous en advertir, affin que vous prinssiez garde à vous et que vous envoyassiez des gens au devant du chemyn d'Angolesme pour congnoistre ce qu'ils envoyeront à vous pour vous faire lever le siége [3], sy tant estoyt que

---

1. La Roche-Abeille, près Saint-Yrieix, où le duc d'Anjou essuya un échec le 24 juin.
2. Christophe Claveau, sr de Puyviault (par. de Saint-Sulpice en Pareds, baronnie de Vouvent), l'un des principaux chefs protestants. Il s'est élevé un doute tout récemment sur le véritable nom de famille du sr de Puyviault. On trouve, en effet, Pierre Partenay, écuyer, sr d'Availles, qualifié aussi du nom de sr de Puyviault, dans un acte authentique du 26 août 1569, daté d'Availles. (Note de M. Bardonnet, dans les *Bull. de la Soc. de statistique des Deux-Sèvres*, 1880, p. 181.) La déroute de Puyviault, dont il est question dans la lettre du duc d'Anjou, n'est qu'un échec assez peu important qu'il éprouva, le 21 juin, à Pied-de-Fond, aux portes de Niort, ce qui ne l'empêcha pas de pénétrer avec un secours dans cette ville, assiégée par le cte du Lude. (La Popelinière. — *Journal de Généroux.*)
3. Le siège de Niort.

vostre entreprinse ne feust exécutée ; ce matin m'est venu trouver ce porteur qui m'a apporté les quatre enseignes que vous avez faict deffaire par monsieur de Rufec qui s'en alloient à Nyort [1], qui n'est pas peu osté de moyen à l'ennemy de renforcer la dite ville, vous ayant bien voullu renvoyer incontinant ce dit porteur pour vous advertyr de tout de ce que dessus, affin que, sy vous n'avez à son arrivée exécutée vostre entreprinse, vous regardiez à vous et faire en sorte que vous ne soyez surprins ne vostre artillerie, mesmement en ce temps de pluye que les chemins sont mauvais ; et si vous avés prins la ditte ville, vous la pourvoyerez de ce que vous verrez y estre nécessaire, et par mesme moyen fault pourvoir Poictiers, sy tant est que les dits ennemys prennent et continuent le chemyn qu'ils ont commancé, et se verra aujorduy plus amplement leurs desseings ; et quant à l'argent de Chastellerault pour les frais de vostre artillerye, il y a icy des depputés du dit Chastellerault qui sont venus faire des remonstrances là dessus ; je les renvoieray ceste après-dinée avec commandement exprès de fournir la somme de deux mil cinq cens livres à laquelle ils ont esté modérés et laquelle fauldra faire mectre en mains du trésorier de l'artillerye et suyvant l'ordonnance du sieur de la Bourdeziere ; au surplus, je ne puis que grandement louer vostre entreprinse et encores plus la fin de l'effect d'icelle, comme vous l'espérez ; mais surtout donnez vous garde qu'ils ne vous desbandent jour et nuyct deux ou trois mil hommes de cheval pour vous en prester une ; je m'asseure que vous y sçaurez bien pourveoir et à tout ce qui dépend de vostre charge ; et sur ce, je prye à Dieu, Monsieur le conte, qu'il vous ayt en sa saincte et digne garde.

---

4. Il s'agit là encore de l'échec subi par Puyviault à Pied-de-Fond, le 21 juin. M. de Ruffec, capitaine d'une compagnie de gens d'armes, joua le principal rôle dans cette rencontre. (*Journal de Généroux*, p. 49.)

Escript au camp de Roche l'Abeille, le xxviij° jour de juing 1569. Vostre bon amy. Signé : HENRY.

La suscription : A Monsieur le conte du Lude, etc...

---

190. — 30 juin 1569. — Lettre du duc d'Anjou à M. du Lude.

Monsieur le conte, je vous aye desjà par deux fois adverty comme les ennemis s'estoient tenus du costé de leur conqueste et que pour secourir Nyort ils pourroient avoir desbandé deux ou trois mil chevaulx pour vous bailler une estraicte; au moyen de quoy vous prendrez garde à vous et envoyerez, si jà faict ne l'avez, des gens batre le chemin d'Angoulesme pour recongnoistre ce qu'il viendra à vous et selon cella vous gouverner; et, sy toute l'armée y va, il ne faut pas faillir de pourvoir Poictiers, Luzignan, Myrebeau et aultres places de votre gouvernement que vous congnoistrez qui en auront besoing, de sorte que les ennemys ne les puissent surprendre; en quoy vous favorisera le sieur de Puy Gaillard qui doibt estre de présent avec vous [1], comme je luy écris présentement, et vous ferez le semblable envers luy si tant estoit que les ennemys prinsent le costé de Saulmur ou ailleurs du costé de la rivière de Loyre; et, sy vous avez d'avanture prins Nyort, je m'asseure que vous ne défaudrez pas de le pourvoir aussy de ce qu'il y sera nécessaire pour le conserver en l'obéissance du roy monseigneur et frère, faisant bien mon compte que vous aurez reçu mes dites lettres ou l'une pour le moings et que selon icelles vous vous serez gouverné, et communiquerez la présente au sieur de Puy Gaillard pour adviser par ensemble ce que vous aurez à faire; et sur ce, je prie à Dieu,

---

1. Jean de Léaumont, sr de Puygaillard, gouverneur d'Angers, arriva devant Niort avec 6 enseignes et une cornette, le 1er juillet. *(Journal de Généroux, p. 50.)*

Monsieur le conte, qu'il vous ayt en sa saincte et digne garde.

Escript au camp de Bonneval, le dernier jour de juing l'an 1569. Votre bon amy. Signé : HENRY.

Et la suscription est : A Monsieur le conte du Lude, etc.

---

191. — 6 juillet 1569. — Lettre du duc d'Anjou à M. du Lude.

Monsieur le conte, pour ce que je crains que les ennemys tirent le chemin de la rivière de Loire et se saisissent de quelque place desus icelle, s'ils la trouvent mal garnye, je vous fais la présente exprès et en dilligence pour vous prier qu'incontinant icelle receue vous envoyez et faciez mettre dedans la ville de Tours dix des meilleures bandes de gens de pied qui sont près de vous, ausquelles j'entends que le sieur d'Honous maistre de camp commande et les conduyse lui mesmes dedans la dite ville, à laquelle il prendra si soigneusement garde qu'il n'en puisse advenir inconvénient [1]; et sur l'asseurance que j'ay que vous et luy n'y oublierez rien de ce qui sera nécessaire pour le service du roy monseigneur et frère, je feray fin à la présente que vous communiquerez au dit sieur d'Honous, afin qu'il use d'aultant plus grande dilligence; priant Dieu, Monsieur le conte, vous avoir en sa saincte et digne garde.

Escript au camp de Lussac, le vj^e jour de juillet 1569.

Et par *P.-S.* Monsieur le conte, je vous prie ne les faire passer Chastellerault avant que les ennemis ayent du tout passé la Vienne, car ils y pourront tousjours estre assez à temps. J'escrips au sieur de la Maissillière [2] que, passans à

---

1. Cet ordre ne put être exécuté; d'Aunoux demeura à Saint-Maixent après la levée du siège de Niort jusqu'au siège de Poitiers.
2. François Frottier, s^r de la Messelière et Melzéart, capitaine de 50 hommes d'armes. (*Dict. des familles de l'ancien Poitou*, t. II, p. 132.)

Conflans[1] les dis ennemis, il vous advertisse de ce qu'ils deviendront et ne lairrez pour cela à envoyer gens aux champs pour en apprendre nouvelles. Vostre bon amy. Signé : HENRY.

Et la suscription est : A Monsieur le conte du Lude, etc...

---

192. — 7 juillet 1569. — Lettre du duc d'Anjou à M. du Lude.

Monsieur le conte, j'ay receu les deux lettres que m'avez escriptes du 2e de ce mois par lesquelles j'ay entendu ce qui est advenu à Nyort[2] dont je suis marry ; toutesfois il ne fault pour cela se desbaucher ny laisser perdre les soldats, ains, suivant ce que je vous escripvis hyer, je vous prye d'envoyer le sieur d'Honous à Tours avec dix des meilleures et plus fortes bandes qu'il ayt et fera qu'il ne passe Chastellerault sans estre asseuré que les ennemys ayent du tout passé la Vienne, pour ce qu'encores y pourra il estre assez à temps. Quant à ce que m'escrivez touchant les deux bandes qui sont demeurées sans cappitaine pour en pourvoir les cappitaines Calays et Artusye, c'est chose que je ne puis plus faire, d'aultant qu'avant la réception de vos lettres et celles du sieur d'Honous j'avois donné la bande du feu cappitaine Logeac[3] à son lieutenant et celle du cappitaine Corbon[4] à ung de mes gentils hommes servans, nommé la Ferté, et vous asseure que je seroy bien ayse à une autre occasion de récompenser les services des dits Calays et Artusye de pareil degré, ainsi que plus au long j'escrips au dit sieur d'Honous auquel vous ferez

---

1. Confolens.
2. Le c^{te} du Lude leva le siège de Niort le 2 juillet.
3. Le capitaine Flogeat, et non pas Logeac, avait été tué dans un assaut au siège de Niort. Il commandait une compagnie du régiment de d'Aunoux, jadis régiment du feu c^{te} de Brissac. (La Popelinière, p. 236, v°.)
4. Le capitaine Corbon, gentilhomme saintongeois du même régiment, fut également tué devant Niort. (Idem.)

tenir mes lettres, s'il est jà party ; priant Dieu, Monsieur le conte, qu'il vous ayt en sa saincte garde.

Escript au camp de Lussac, le vij° jour de juillet 1569.

Monsieur le conte, depuis la présente escripte j'ay receu la vostre du iiij° avec les mémoires que vous m'envoiez, à quoy je suis d'advis de ne point encores toucher pour le présent, mais je vous prie, oultre les dix enseignes qu'aura menées le dit sieur d'Honous, en envoier encores deux qui seront mises à Loches. J'ay dit le demourant à vostre homme. Vostre bon amy. Signé : HENRY.

Et puis de l'écriture de monseigneur, frère du roy : Je vous prie incontinent hanvoyer les dis compagnies à Honous sans y faillir et les deux enseignes à Loches, Ainsy et Mortemart.

Et la suscription : A Monsieur le conte du Lude, etc...

---

193. — 14 septembre 1569. — Lettre du duc d'Anjou à M. du Lude.

Monsieur le conte, je vous envoye une commission pour envoyer par tout le pays de Poictou et autres endroicts où vous sçaurez qu'il y aura vivres, affin d'en prendre, cueillir et enlever tant et telle quantité que vous penserez nécessaire pour la fourniture de la ville de Poictiers ; et, pour ce que dans la commission il n'est fait aucune mention du payement des dits vivres et qu'il ne seroyt pas raisonnable que ceulx sur les quels ils seront prins les perdissent, je vous prie à ceste cause que tous les dits vivres que vous ferez prendre soyent mis par inventaire par celluy qui à ce faire commectrez, et de la quantité qu'il en prendra en soyt par luy baillé récépissé ou promesse à celluy ou ceulx à qui ils appartiendront, afin que par cy après ils en puissent estre paiés au prorata du pris qui en sera faict avecques eulx, de façon que chacun se contente sans occasion de plaincte ; priant Dieu, Monsieur du Lude, qu'il vous ayt en sa garde.

Escript au camp de la Selle, le xiiij⁰ jour de septembre 1569. Monsieur le conte, les ennemis ont repassé la rivière de Creuse et font démonstration de voulloir retourner vers leur pays de conqueste, qui est cause que je vous prie de prendre garde à vous. Je vous envoye le reste du régiment du feu Honous [1] et la compaignie du cappitaine Alart [2]. J'ay escript à Chinon pour vous faire envoyer huit milliers de grosse pouldre et aussy de Sanzay [3] qui ayt à leur faire escorte jusques à Mirebeau où j'envoie encores quatre compaignies de gens de pied, vous advisant que tous les jours je vous tiendray adverti du chemin que je sçauray que les dits ennemys tiendront. Vostre bon amy. Signé : Henry.

A Monsieur le conte du Ludde, etc... [4].

---

194. — 14 septembre 1569. — Mandement et commission du duc d'Anjou à M. le comte du Lude.

Henry, fils et frère du roy, duc d'Anjou et de Bourbonnois, conte de Forests, pair de France, lieutenant général

---

1. D'Aunoux, un des plus vaillants officiers de cette époque, avait été tué glorieusement pendant le siège de Poitiers, le 23 août, en défendant la brèche du Pré-l'Abbesse. Il fut enterré à Notre-Dame-la-Grande.
2. Le capitaine Allard était originaire de Parthenay, dont il avait été capitaine-gouverneur. (La Popelinière, p. 322, v⁰.)
3. René de Sanzay commandait alors à Thouars. (*Journal de Généroux*, p. 57.)
4. Il y a une lacune dans la correspondance pour le mois d'août 1569, époque à laquelle le cᵗᵉ du Lude défendait la ville de Poitiers, assiégée par les protestants. Pendant ce temps-là, les sʳˢ Masparault et Bourgneuf, commissaires députés pour l'exécution de l'édit de pacification, étaient à Fontenay, d'où ils écrivaient une lettre relative à leur mission à la reine Catherine de Médicis, le 31 août 1569. Ils lui faisaient part des persécutions endurées par le clergé et le peuple catholique en Bas-Poitou, où les protestants, tout en jouissant des libertés accordées par l'édit, se gardaient d'en observer les prescriptions à l'égard des catholiques. Les commissaires demandaient que le cᵗᵉ du Lude eût à sa disposition des forces suffisantes pour intervenir et rétablir l'ordre. (*Arch. historiques de la Saintonge et de l'Aunis*, IV, 296.)

de Sa Majesté, représentant sa personne par tous ses royaumes, pays, terres et seigneuries de son obéissance, au sieur conte du Ludde, chevalier de l'ordre du roy nostre très honnoré seigneur et frère et son lieutenant général au gouvernement de ses pays et conté de Poictou, salut et dilection. Comme pour la disette et nécessité de vivres qui se retrouve à présent en la ville de Poictiers, à l'occasion du long séjour que y a faict le grand nombre de gens de guerre, tant de cheval que de pied, pour résister aux ennemys qui l'avoient assiégée, il soyt besoing, pour la nourriture et allyment, tant des habitans de la dite ville que des gens de guerre qui y restent, affin de la conserver en seureté soubs l'obéissance du roy nostre dit seigneur et frère, la ravitailler et refournir d'une bonne quantité de vivres, ce que malaisément se pourra faire des lieulx qui en sont voysins, ny mesme de tout le dit pays de Poictou, à cause du long séjour que aussy y a faict l'armée des dis ennemis et du passaige, allées et venuës que nous y avons faict avecques celle que nous conduisons ; à ces causes, nous vous pryons et en vertu de nostre pouvoir vous mandons et commectons pour ces présentes que vous ayez à envoyer par tout le dit pays de Poictou et autres endroicts des environs où vous sçaurez qu'il y aura vivres et en iceulx, encores qu'ils ne soient de vostre charge, faire prendre, amasser, cueuillir et enlever tant et telle qualité des dis vivres et de la sorte que vous estimez nécessaire pour l'anvitaillement de la dite ville de Poictiers, et iceulx vivres faire puys après conduire et mener en icelle ville et là les faire serrer de façon que les habitans et gens de guerre qui y sont en soient nourris et substantés jusques à ce qu'il y ait esté autrement pourveu par le roy nostre dit seigneur et frère. De ce faire vous avons donné et donnons plain pouvoir, puissance, auctorité, commission et mandement spécial, mandons aux gouverneurs du roy, nostre dit seigneur et frère, establys et ordonnés par les provinces où pourront estre amassés les dis vivres et aux baillis et séneschaulx vous assister en ce faisant, et à tous les autres ses justiciers, officiers et subjects vous obéyr et prester tout ayde, conseil, confort et provisions, sy mestier est et requis en sont.

Donné au camp de la Selle, le xiiij° jour de septembre l'an mil cinq cens soixante-neuf. Pour mon dit seigneur duc d'Anjou et de Bourbonnoys. Signé : DE NEUFVILLE.

---

195. — 17 septembre 1569. — Lettre de Charles IX au capitaine Calais.

Cappitaine Calais, j'ay entendu comme valeureusement vous vous estes employé à la deffence de ma ville de Poictiers pendant que mes ennemis ont tenu le siége devant; dont je vous loue grandement, recevant une telle satisfaction du bon devoir dont vous avés usé devant la dite ville que vous ne la sçauriez plus grande ; et s'offrant l'occasion, je seray prest à recognoistre le digne service que m'avez faict en cest endroit. Priant Dieu, cappitaine Calais, qu'il vous ait en sa garde.

Escript au Plessis les Tours, le xvij° jour de septembre 1569. Signé : CHARLES. Et plus bas : BRULART, avec paraphe.

Au dos est écrit : Au cappitaine Chalayes [1].

---

196. — 17 septembre 1569. — Lettre du duc d'Anjou à M. du Lude.

Monsieur du Ludde, estans les soldats du régiment d'Honnoux..... à l'occasion du travail qu'ils ont enduré durant le siége qui a esté devant la ville de Poictiers, il a esté advisé de retirer de la dite ville tout le dit régiment et

---

1. Le capitaine Calais, dont il a été question dans la lettre du duc d'Anjou à M. du Lude, du 7 juillet 1569.

vous envoyer la compaignie du capitaine Allart, vous priant doncques, arrivée que sera en la dite ville la compaignie du dit Allart, laisser partir d'icelle ville le dit régiment du dit Honoux, leur ordonnant qu'ils s'acheminent là part que sera ceste armée, faisant par les chemins la moindre incommodité au pauvre peuple qu'il sera possible; suyvant les mémoires que vous m'avez envoyé par le sieur de Sanzay je vous envoyray ung ingénieur si tost que j'en auray ung, et cependant je vous prie de m'envoyer le dessein de l'assiette du lieu où vous aurez advisé de faire la citadelle; pour ce regard du reste j'ay envoyé, suyvant ce que je vous ay mandé, le sieur de Ruffec vers le roy monseigneur et frère, pour y faire pourveoir, ainsy que vous aurez entendu par mes dernières, priant Dieu, Monsieur du Ludde, vous tenir en sa sainte et digne garde.

Escript au camp de l'Isle Bouchard, le 17e jour de septembre 1569. Vous m'envoyrez la compagnie du cappitaine Arzac avecques le dit régiment. Vostre bon amy. Signé : HENRY.

Et la suscription est : A Monsieur le conte du Lude, etc...

---

197. — 7 octobre 1569. — Lettre du duc d'Anjou à M. du Lude.

Monsieur du Lude, pour ce que je suis adverty que nos ennemis ont laissé une grande partie de leur artillerie dedans la haulte ville de Luzignan avecques peu de garde, de sorte qu'il seroit facile de s'en saisir, qui est cause que je vous prie d'adviser, soubs la faveur de ceste armée, d'exécuter dextrement et promptement ceste entreprinse et m'advertyr de ce que vous en ferez[1]. A cella vous pourra

---

1. Lusignan, où commandait le baron de Mirambeau, se rendit, en effet, à Louis de Saint-Gelais de Lansac, le 28 octobre. (La Popelinière, p. 331. — *Journal de Généroux*, p. 62.) Il y a erreur de date pour cet événement dans l'extrait du journal de le Riche, qui le place à tort en 1570.

servir, oultre les aultres forces que vous avez, le régiment du duc de Somme [1], escripvant au sieur Petro-Paulo [2] qu'il ayt à faire ce que vous luy commanderez. J'ay aussy advertyssement que dans Chastellerault il n'y a plus que les habitans de la ville pour la garde d'icelle, à tout le moings bien peu d'autres gens et qu'il seroit bien facile de la reprendre. Je vous prie d'y regarder, affin de s'en pouvoir promptement saisir, qui pourra comme au semblable des autres chasteaux et places qu'ils tiennent, entre autres Discé [3] et Fou [4]. Cella faict, je désirerois que le dit régiment me vint trouver, si vous vous en pouvez passer pour la garde de la ville de Poictiers, ayant plus besoing que jamais de me rendre fort de gens de pied pour exécuter la victoire qu'il a pleu à Dieu me donner sur nos ennemis [5] lesquels aians bien perdu dix mil hommes morts sur le champ, douze pièces d'artillerie et tout le bagage de leurs reistres, se retirent, comme j'entends, en grand effroy, au fond de leur païs, ainsi que vous sçaurez plus particullièrement par ung discours que je vous en envoieray par cy après.[6]; quoy attendant et que vous me renvoiez le dit régiment ou que vous le sortiez du dit Poictiers pour l'exécution des dites entreprinses, je vous prie de tenir main que les vivres, comme pain, vain et autres ne leur soient vendues si chèrement qu'ils n'aient le moien de se entretenir et de achepter les autres choses qui leur seront

---

1. Honorat de Savoie, duc de Sommerive, fut un des défenseurs de Poitiers en 1569. (*Siège de Poitiers*, par Liberge.)
2. Pierre-Paul Tasinghi, commandant d'un régiment italien.
3. Le château de Dissay, près Poitiers, appartenait aux évêques.
4. Le château du Fou (commune de Vouneuil-sur-Vienne) appartenait à Melchior des Prez, sr de Montpezat et sénéchal de Poitou.
5. La victoire de Moncontour, remportée sur l'armée protestante, le 3 octobre précédent.
6. Voir, pour les détails de la bataille de Moncontour : l'*Histoire des troubles*, par la Popelinière ; — le *Discours de la bataille du lundi 3 octobre 1569*; Paris, Jean Dallier, 1569; — *Exploits des deux armées depuis le siège de Poitiers*, récit publié à la suite du *Siège de Poitiers*, par Liberge, réédité par Beauchet-Filleau.

nécessaires : priant Dieu, Monsieur du Lude, vous avoir en sa sainte garde.

Escript au camp de Partenay, le vij® jour d'octobre 1569[1]. Vostre bon amy. Signé : HENRY.

Et la suscription est : A Monsieur le conte du Ludde, etc...

---

198. — 25 octobre 1569. — Lettre du duc d'Anjou à M. du Lude.

Monsieur du Lude, comme je suis entièrement assuré que la ville de Poitiers est dépourveue de vivres et des commodités nécessaires après le long séjour que y a fait si long temps le grand nombre de gens de guerre, j'escrit présentement au corps de la dite ville qu'il ait à donner ordre que chacun des habitans d'icelle ait à se garnir du nombre de vivres de toutes sortes et spéciallement de bleds et vins qu'il estimera luy estre nécessaire pour se substanter son mesnage, à tout le moins un an durant, et à cet effet qu'il ait à envoier partout où il pensera qu'il s'en puisse recouvrer, vous priant, Monsieur du Lude, leur escrire le semblable et qu'incontinent ils y satisfassent sans y perdre une seule heure de temps, de façon qu'ils ne s'en retournent en aulcune disette : priant Dieu, Monsieur du Lude, vous avoir en sa garde.

Ecrit au camp de Lande [2], le 25 d'octobre 1569. Votre bon amy. Signé : HENRY.

Au dos est écrit : A Monsieur le comte du Lude, etc...

---

1. Le duc d'Anjou quitta Parthenay le même jour, 7 octobre, laissant le capitaine Allard avec sa compagnie, et marcha sur Niort par Champdeniers. (La Popelinière, 331. — *Journal de Généroux*, p. 59.)

2. Landes devant Saint-Jean-d'Angély, alors assiégé par l'armée royale. (La Popelinière, p. 347, v°.)

199. — 30 octobre 1569. — Lettre du duc d'Anjou à M. du Lude.

Monsieur le conte, pour ce que présentement le sieur de Puigaillard m'a escript qu'il ne peult exécuter l'entreprise de Marans où il est [1], suivant la charge que luy avons donnée, sans avoir quelque nombre de gens de pied; au moyen de quoy, je vous prie incontinant la présente receue, de luy en envoyer le plus que vous pourrez, affin que par faulte de ce il ne soit contrainct de quitter la dite entreprise [2]; à quoy m'asseurant que userez de toute diligence pour le bien du service du roy monseigneur et frère, je ne vous feray la présente plus longue, sinon de prier Dieu, Monsieur le conte, qu'il vous ayt en sa saincte et digne garde.

Escript au camp de Lavergne, ce pénultième jour d'octobre 1569. Votre bon amy : HENRY.

Au dos est écrit : A Monsieur le conte du Ludde, etc...

---

200. — 14 décembre 1569. — Lettre de Charles IX aux maire et échevins de Fontenay-le-Comte.

DE PAR LE ROY,

Nos amez et féaulx, nous avons puis naguères commis ordonné et député pour capitaine de la ville et chasteau de Fontenay le Conte, notre cher et bien amé Claude Chenu, sieur du Bas Plaissis, au lieu et place du sieur de la Jousselinière qui est de la nouvelle opinion et porte les armes contre nous; et d'aultant que nous désirons gran-

---

1. Puygaillard, lieutenant pour le roi en Anjou, ne put, en effet, à cette époque, s'emparer de Marans, défendu par Puyviault. (Chronique du Langon, p. 134.)
2. Marans fut pris, le 20 novembre 1569, par MM. du Lude et de Puygaillard. (Chronique du Langon, p. 137. — Journal de Généroux, p. 64.) La Popelinière, p. 363, v°, place cet événement au 22.

dement, tant pour l'asseurance de la dite place, que pour prendre soigneusement garde qu'il ne s'y face aucune entreprise par nos ennemis et rebelles, qu'il entre en la dite charge de capitaine comme celluy qui s'en sçaura acquitter à vostre grande seureté et soullagement, nous l'avons bien voullu accompagner de la présente pour vous prier et néantmoings ordonner qu'ayez à l'y recevoir et luy obéyr, et entendre diligemment en tout ce qui vous sera par luy ordonné et commandé pour nostre service et conservation de la dite ville et chasteau en nostre obéissance. Sy n'y faictes faulte, d'aultant que désirés nous faire service agréable, car tel est notre plaisir.

Donné au camp de Luret près Saint-Jean-d'Angély, le xiiij° jour de décembre 1569. Signé : CHARLES. Et plus bas : DE LAUBESPINE, avec paraphe.

Au dos est écrit : A mes chers et bien amez les maire et eschevins, manans et habitans de notre ville de Fontenay le Comte.

---

201. — 26 janvier 1570. — Lettre de Charles IX à M. du Lude.

Monsieur le conte, désirans pourvoir à la seureté et conservation des villes de mon roiaulme, ainsi qu'il est bien raisonnable, et qu'en ce faisant mes subjects ne soient travaillés d'entretenement des garnisons comme ils ont esté par le passé, j'ay advisé de donner là dessus certain réglement que j'entends estre gardé et observé en toutes les provinces de mon dit roiaulme, le vous envoyant à ceste fin et vous priant, sur tant que vous est chère ma satisfaction et le bien de mon service, que le faciez entretenir pour regard de ce que touche vostre gouvernement, sans permettre qu'il soit aucunement enfrainct; et d'ailleurs, Monsieur le conte, parce qu'il s'est trouvé une grande et excessive despense faicte l'année passée en voiages, laquelle reculle beaucoup des aultres importantes despenses que j'ay à Paris, je vous prye ne me despescher personne exprès, si ce n'est pour telle et si importante occasion qu'elle ne se puisse seurement commectre à la poste par laquelle vous donnerez addresse à vos lettres quant vous aurez quelque chose à me faire entendre et je vous y donneray la mesme response que si ung homme exprès en estoit portans, qui est l'endroict où faisant fin à la présente, je priray Dieu qu'il vous ayt, Monsieur le conte, en sa saincte garde.

Escript à Angers, le xxvj° jour de janvier 1570. Signé : CHARLES. Et plus bas : DE L'AUBESPINE.

Et la suscription est : A Monsieur le conte du Ludde, etc...

---

202. — 8 février 1570. — Lettre du duc d'Anjou à M. du Lude.

Monsieur le conte, le roy monseigneur et frère ayant donné la charge au cappitaine Chapperon de commander à l'isle de Maran [1] avec sept enseignes de gens de pied, il a ordonné que le régiment des vieilles bandes de Piedmont que soulloit commander comme mestre de camp le sieur de la Rivière l'aisné [2] lequel estoit audit Maran, vous yroit trouver; et pour ce que vous entenderez par la lettre de Sa Majesté en quoy il veult que vous l'emploiez et comme il entend que, aussitost qu'il sera arrivé par devers vous, vous licensiez les nouvelles compaignies que vous avez en vostre gouvernement, tant près de vous qu'en garnison, et pour ce je ne vous en diray autre chose, me remectant sur ce que Sa Majesté vous en escript et m'asseurant que vous suivrez entièrement son intention, je feray

---

1. Le capitaine Chapperon, maître d'hôtel du maréchal de Cossé, remplaçait comme gouverneur de Marans le s^r de la Rivière, qui venait d'y mourir. (*Chronique du Langon*, p. 140-141. — La Popelinière, p. 373, v°.)

2. Hardouin de Villiers de la Rivière-Puytaillé, l'aîné.

fin, pryant Dieu, Monsieur le conte, vous tenir en sa saincte et digne garde.

Escript à Angers, le viij° jour de février 1570. Vostre bon amy. Signé : HENRY.

Et la suscription est : A Monsieur le conte du Ludde, etc...

---

203. — 8 février 1570. — Lettre de Charles IX à M. du Lude.

Monsieur le conte, ayant donné la charge au cappitaine Chapperon de commander en l'isle de Maran, j'ay ordonné qu'il auroit avec luy sept compaignies de gens de pied pour la garde et conservation de ladite isle et que le régiment des vieilles bandes de Piedmont qui est au dit Maran, lequel estoit naguères soubs le sieur de la Riviere l'aisné, mestre de camp d'icelles et à présent soubs le sieur de Autefort, se retireroit par devers vous [1] pour vous en servir et la mectre, tant ès garnisons de votre gouvernement, que ailleurs où vous jugerez estre à propos pour mon service, au lieu des nouvelles compaignies qui sont es dites garnisons et ailleurs en vostre dit gouvernement, lesquelles vous licentierez incontinent que ledit régiment sera arrivé, et des soldats licentiés vous ferez remplir les dictes vielles compaignies, affin qu'elles soient bien complettes, et regarderez de les distribuer aux lieux que vous jugerez estre nécessaire pour la garde du dit pays et les employer selon les occasions qui s'en pourront présenter; pryant Dieu, Monsieur le conte, vous tenir en sa saincte garde.

Escript à Angers, le viij° jour de février 1570. Signé : CHARLES. Et plus bas : FIZES.

Et la suscription est : A Monsieur le conte du Lude, etc...

---

1. Les troupes de la Rivière achevèrent d'évacuer Marans le 26 février. (*Chronique du Langon*, p. 141.)

204. — 9 février 1570. — Lettre de Charles IX à M. du Lude.

Monsieur le conte, ayant advisé de retirer partie des forces qui estoient par delà près mon cousin le prince Daulphin, pour m'en servir en quelque autre part, selon les occasions qui s'en présentent, j'ay bien voulu par mesmes moien pourveoir à la seureté des places de vostre gouvernement et laisser près de vous si bonnes et suffisantes forces que vous les puissiez conserver et empescher les entreprinses que nos ennemis pourroient faire sur icelles; et pour cest effect j'ay ordonné certain nombre de gendarmerie tel que vous verrez par l'estat qui vous en sera envoyé, pour estre près de vous avec les régiments de gens de pied du vieulx la Rivière, qui est à présent soubs le sieur de Haultefort, celle du duc de Somme et toutes les compaignies qui sont en garnison au dit pays; et affin que le reste des dites forces se puisse rendre au lieu que il leur sera ordonné, je leur escripts présentement ce qu'elles auront à faire, priant Dieu, Monsieur le conte, vous tenir en sa saincte garde.

Escript à Angiers, le ixe jour de février 1570.

Monsieur le conte, je vous prie vous rendre en vostre gouvernement le plustost que vous pourrez pour empescher les entreprinses que nos ennemys qui n'en sont pas fort loing pourroient faire sur aucunes des places d'icelluy, et ne vous en esloigner aucunement, s'il est possible. Signé : CHARLES. Et plus bas : FIZES.

Et la suscription est : A Monsieur le conte du Lude, etc...

---

205. — 10 février 1570. — Lettre du duc d'Anjou à M. du Lude.

Monsieur le conte, vous verrez par la lettre que le roy monseigneur et frère vous escript et par le roolle qu'il vous envoye, les compaignies de gendarmerie qui sont ordonnées pour demeurer en vostre gouvernement, comme il veult que vous leur assignez ung lieu où elles se puissent assembler quant elles seront mandées pour luy faire service en son armée ou ailleurs; à quoy je vous prye satisfaire et pareillement tenir la main que, quant les dites compaignies seront mandées, qu'elles viennent sy bien complectes que Sa Majesté aye occasion de s'en contenter, car aultrement elle n'est pas délibbéré de les entretenir; et affin qu'elles soient contenues en debvoir et qu'elles ne soient à foullé à ses pauvres subjects quant elles marcheront, donner ordre qu'elles soient conduictes pour le moings par leurs cappitaines ou leurs lieutenants, enseigne ou guydon, en sorte qu'ils puissent respondre de leurs malversations et des plainctes que les dits pauvres subjects en pourroient faire à sa dicte Majesté; en quoy m'asseurant que vous y ferez tout le meilleur debvoir que vous pourrez, je ne vous feray plus longue lettre que pour prier Dieu, Monsieur le conte, vous tenir en sa saincte garde.

Escript à Angers, le xe jour de février 1570. Vostre bon amy. Signé : Henry.

Et la suscription est : A Monsieur le comte du Lude, etc...

---

206. — 15 février 1570. — Lettre du duc d'Anjou à M. du Lude.

Monsieur le conte, j'ay entendu, par le capitaine Charbonnier, que vous avés prisonnier en votre chateau du Lude ung nommé Cosme des Groys qui est l'un de ceulx qui ont volé les titres et enseignements de ma seigneurie de Baugé, lorsque La Noue et Montgommery passèrent par la ville du dit Beaugé; et par ce que je désire vérifier qui étoient ses complices à ladite vollerie, je vous prie incontinant la présente receue le voulloir emmener seurement dans le dit chateau de Baugé, en la garde du dit Charbonnier, pour luy estre fait et parfait son procès sur le lieu ; priant Dieu, Monsieur le conte, qu'il vous ayt en sa sainte garde.

Escript à Angers, le 15ᵉ jour de février 1570. Votre bon amy. Signé : HENRY.

Et au dos est écrit : A Monsieur le conte du Lude, etc...

207. — 26 février 1570. — Lettre de Catherine de Médicis à M. du Lude.

Monsieur du Lude, je vous prie incontinent la présente receue de venir trouver le roy Monsieur mon fils pour certaines occasions qui ne peuvent promectre aucune dillation et que vous entendrez à vostre arrivée ici ; mais pour ce qu'il faudra que pour chose d'importance vous allez promptement en vostre gouvernement, il sera bon que vous donnez ordre à vos affaires et que soyez par deçà incontinant [1]. Cependant pour l'espérance que j'ay de vous veoir bientost, je ne vous feray plus longue lectre, mais pour la fin priray Dieu, Monsieur du Lude, qu'il vous ayt en sa sainte garde.

Escript à Angers, ce 26ᵉ jour de février 1570.

Le roy ne vous ayscript, car il est alé à la chase et sesi ayst si presé que je ne peu atendre son retour, qui me fayst vous prier incontinent vous en venir en délibération de aussitost aller en vostre gouvernement. Signé : CATERINE. Et plus bas : FIZES.

La suscription : A Monsieur le conte du Lude, etc...

---

1. Durant cette absence de M. du Lude, la place de Marans fut reprise sur le capitaine Chapperon, par les chefs protestants La Noue et Puyviault, le dernier jour de février 1570. M. de la Frézelière, lieutenant du gouverneur, instruisit le roi de cet événement et lui demanda des renforts, par lettre datée de Niort, le 4 mars 1570. (*Arch. historiques de la Saintonge*, t. III, p. 408.) — Le roi, par lettres du 8 mars 1570, nomma le sʳ de Boisseguin lieutenant général en Poitou, pendant l'absence du cᵗᵉ du Lude. (Papier rouge du greffe du présidial de Poitiers.)

208. — 21 juin 1570. — Lettre de Charles IX à M. du Lude.

Monsieur le conte, vous sçavez comme sur l'advertissement que nous eusmes dernièrement de la deffaicte du sieur de Puy Gaillard [1], vous avez esté despesché pour aller secourir ce païs-là; et, pour ce que j'ay depuis receu de ses lettres où il me faict ung discours comme les choses sont passées et advenues et du lieu où il s'est retiré, je vous envoye ung double des dites lettres par lequel vous verrez amplement et par le menu tout ce que je vous en sçaurois dire, et considérerez le besoing et la nécessité qui est à ce que vous vous hastez et advancez le plus que vous pourrez d'assembler les forces qui sont demourées de la dite deffaite et actendant que celles que je vous ay ordonnées vous soyent envoyées, lesquelles je fais haster en toute diligence, et, affin que vous sachez mieulx les dites forces et le nombre d'icelles, vous le trouverez par ung estat que j'ay faict mettre avec la présente; vous priant, Monsieur le conte, ne perdre heure ne temps, comme je m'en asseure sur vous, à faire toute la diligence possible en cest endroict, estant chose qui concerne et importe au bien de mon service, nous faisant sçavoir de vos nouvelles le plus souvent que vous pourrez, et je supplieray le créateur vous avoir, Monsieur le conte, en sa saincte et digne garde.

Escript à Vymoustier, le xxj° jour de juing 1570. Signé : CHARLES. Et plus bas : FIZES.

Et la suscription : A Monsieur le conte du Lude, etc...

---

209. — 30 juin 1570. — Lettre de Charles IX à M. du Lude.

Monsieur le conte, ayant entendu que mon cousin le

---

1. Le sr de Puygaillard avait été battu à Sainte-Gemme, près Luçon, par l'armée protestante de la Noue et de Puyviaut, le 15 juin précédent. (La Popelinière, *Hist. des troubles*, 426-433. — *Chronique du Langon*, 147.)

prince Daulphin [1] s'estoit résolu après avoir entendu la disgrace advenue au sieur de Puy Gaillard, d'assembler le plus de noblesse et d'autres gens qu'il pourroit pour aller en Poictou et pour y empescher les entreprinses que nos ennemis pourroient faire [2], je n'ay voulu faillir vous en advertyr, et vous dire que je vous prye ne faillir de vous aller joindre avec luy, et, avec les forces que vous aurez ensemble, adviser à ce qu'il fauldra faire pour mon service, pour faire retirer nos ennemis et asseurer les places du dit païs, et luy obéir, comme vous sçavés qu'il est convenable, affin que, avec le zèle et affection que je sçay que luy et vous portez au bien de mes affaires, vous puissiés faire quelque bon et notable service, comme je m'asseure que pour vostre part vous n'y oublierés rien de vostre devoir; priant Dieu, Monsieur le conte, vous tenir en sa sainte garde.

Escript au Pont de Larche, le dernier jour de juin 1570. Signé : CHARLES. Et plus bas : FIZES, avec paraphe.

Entre les deux signatures est écrit : Monsieur le conte, je ne veulx oublier à vous dire que j'ay reçu les lettres que vous m'avez escriptes par ce porteur, pour responce ausquelles je vous advise que je n'ay failly de haster les compaignies que j'ay ordonnées pour aller avec vous, et leur en ay fait deux recharges, dont la dernière a esté il n'y a que deux jours.

Et au dos est aussy escript : A Monsieur le conte du Ludde, etc...

---

210. — 7 juillet 1570. — Lettre de Charles IX à M. du Lude.

Monsieur le conte, je viens présentement de recevoir

---

1. François de Bourbon, prince dauphin d'Auvergne, fils de Louis de Bourbon, duc de Montpensier.
2. Le prince Dauphin se rendit, en effet, à Poitiers, puis à Saint-Maixent, où il tenta de réorganiser les forces des catholiques; mais, avant de rien entreprendre, il en référa au roi. (La Popelinière, p. 443, v°.)

une despesche de mon cousin le maréchal de Cossé [1] par laquelle il me mande comme nos ennemys marchent avec leur cavallerie seulement vers la Charité, et pour ce que il est incertain quel chemyn ils vouldront tenir, je vous ay bien voullu despescher ce porteur exprès pour vous en advertir et vous prier de vous tenir bien sur vos gardes et donner ordre qu'ils ne façent aucune surprise sur les places du costé de delà; à quoy m'asseurant que vous sçaurés bien donner ordre, je ne vous feray la présente plus longue que pour prier Dieu, Monsieur le conte, vous avoir en sa saincte et digne garde.

Escript à Gaillon, le 7e jour de juillet 1570. Signé : CHARLES. Et plus bas : FIZES, avec paraphe.

Au dos est écrit : A Monsieur le conte du Lude, etc.

211. — 26 juillet 1570. — Lettre de Charles IX à M. du Lude.

Monsieur le conte, pour ce que j'escrips présentement à mon cousin le mareschal de Cossé qu'il regarde de faire et conclure la tresve génerale avec ceulx du costé de là [2] jusques à tant que la paix soit du tout conclue et arrestée ou qu'elle soit du tout excluse et que les députés s'en soient retournez et que les dits députés qui sont icy ont charge de le faire entendre à la royne de Navarre [3]; je vous en ay bien voullu advertir, affin que, si la ditte dame le trouve bon, que vous la concluez de vostre part pour le païs de Poictou et Xaintonge et de tous les aultres parts du costé de delà; mais cependant je vous prié regarder de secourir avec les forces que vous pourrez assembler ceulx

---

1. Artus de Cossé, cte de Gonnord et de Secondigny.
2. Trève de 10 jours, conclue par le maréchal de Cossé avec les princes protestants, et qui devait commencer le 14 juillet. (La Popelinière, p. 418.)
3. Jeanne d'Albret était alors à la Rochelle.

qui sont assiégés dans ma ville de Xainctes [1] et leur donner moien d'attendre que la paix soit du tout faicte, ou que l'on les puisse secourir avec plus grandes forces pour lever le siége, et regarder de leur faire entendre l'espérance où nous sommes de la briefve conclusion de la paix, affin qu'ils prennent cœur de tenir et garder la dicte ville en mon obéissance; en m'asseurant que vous y ferés tout ce qui s'y pourra faire et qui se peust espérer d'un homme de bien et d'un bon et fidèle subject [2], je feray fin à la présente, priant Dieu, Monsieur le conte, vous tenir en sa saincte garde.

Escript à Saint-Germain-en-Laye, le 26e jour de juillet 1570. A costé est escript : Monsieur le conte, il ne fault pas que vous accordiez la tresve pour le païs de Poictou et la Rochelle que premièrement la royne de Navarre me l'ait accordée, comme je pense qu'ils feront. Signé : CHARLES. Et plus bas : FIZES, avec paraphe.

Au dos est écrit : A Monsieur le conte du Ludde, etc...

---

212. — 4 août 1570. — Lettre de Charles IX à M. du Lude.

Monsieur le conte, je croy que vous avés peu entendre la négotiation qu'il y a quelques moys que j'ay commancé à faire traicter pour la paciffication des troubles de mon royaume, et en estant les choses aujourduy réduictes à tel point que la dicte paciffication est conclue et arrestée avec les depputés des princes qui sont icy près de moy [3],

---

1. Saintes, défendue par le marquis de Cavillac et le capitaine Tourne-Couppe, fut obligée, après une belle résistance, de se rendre aux srs de Soubise et de Pontivy, commandants des assiégeants. (La Popelinière, p. 446, v°.)
2. Puygaillard, qui était à Saint-Jean-d'Angély, tenta, mais en vain, de dégager Saintes. (La Popelinière, p. 448.)
3. Paix conclue à Saint-Germain-en-Laye, dite paix boiteuse et mal assise.

je vous en ay voullu donner advis, vous priant et néantmoings ordonnant que, en attendant que la publication de l'édict d'icelle pacification se face en mes courts de parlement, comme elle sera faicte dans peu de jours, vous ayés à faire cesser toutes voyes d'armes et d'hostillités allencontre de mes subjects qui sont de la nouvelle relligion, ainsi qu'il sera faict de leur part allendroict de mes bons subjects catholicques, maintenant les ungs et les aultres soubs ma protection et sauvegarde pour y demourer au mesme repos et tranquillité qu'ils estoient auparavant l'ouverture des présents troubles, ordonnant à tous cappitaines, gouverneurs, maires et échevins et habitans des villes qui sont au dedans de vostre charge de faire le semblable de leur part et de se comporter doulcement avec ceulx de la ditte relligion, comme avecques leurs bons concitoyens; et sur ce, je prye Dieu, Monsieur du Ludde, qu'il vous ayt en sa saincte et digne garde.

Escript à Sainct-Germain-en-Laye, le 4e jour d'aoust 1570. A costé est escript : Monsieur du Ludde, j'ay voullu que le sieur de Beaumont fust porteur de ceste lettre, affin qu'il vous fist entendre plus particullièrement mon intention ; vous le croyrez de ce qu'il vous dira, comme moy mesmes. Signé : CHARLES. Et plus bas : DE NEUFVILLE, avec paraphe.

Au dos est escript : A Monsieur du Ludde, etc...

213. — 4 août 1570. — Lettre du duc d'Anjou à M. du Lude.

Monsieur du Lude, vous verrés par la lettre que présentement vous écrit le roy, monseigneur et frère, comme il désire que vous faittes cesser tous actes d'hostilités à l'encontre de ceux de la nouvelle opinion, puisque les choses sont terminées par une conclusion d'une bonne pacification, à quoy je vous prie de satisfaire soigneusement, d'autant que vous désirés faire service qui soit agréable au roy mondit seigneur et frère; et sur ce je priray Dieu, Monsieur du Ludde, qu'il vous ait en sa saincte et digne garde.

Écrit à Saint-Germain-en-Lay, le 4ᵉ jour d'août 1570. Votre bon amy. Signé : HENRY. Et à côté est écrit : Monsieur du Ludé, le roy, monseigneur et frère, a advisé de faire porteur de cette lettre le sieur de Beaumont, afin qu'il vous fist plus particulièrement entendre son intention; vous le croirés de ce qu'il vous dira de sa part et de la mienne, comme moy-même.

Au dos est aussy écrit : A Monsieur le conte du Lude, etc...

---

214. — 14 août 1570. — Lettre de Charles IX à M. du Lude.

Monsieur du Lude, par les dernières dépesches que vous avez eues de moy vous avez esté adverty comme il a pleu à Dieu mettre fin aux troubles et guerres qui ont si longuement duré en ce royaume par une bonne paciffication, et que sur ce j'en faisois faire l'édict; et pour ce qu'il est besoing que chacun congnoisse quelle est en cest endroict mon intention, je envoye présentement ung double bien collationné de celluy qui a esté publié en ma cour de Parlement de Paris, à tous les baillis et séneschaulx de mon royaume pour faire publier en leur distroict et jurisdiction, en leur mandant d'y satisfaire incontinant icelle receu et de tenir exactement la main qu'il soit sans aucune contravention observé et gardé par ung chacun, dont, Monsieur du Ludde, je vous ay bien aussy voullu advertir et vous envoyant aultant comme à eux du dit édit prier de vostre part donner ordre que, incontinant qu'il sera receu par les baillis et séneschaulx estans en l'estendue de vostre gouvernement, il soit par eulx publié en leur dit distroict et jurisdiction aux lieux accoustumés à cest effect [1] et qu'il soit en tous et chacuns ses poincts observé et gardé, à la pugnition et correction de ceulx qui y contreviendront par les peynes qui y sont induites, telle qu'elle puisse servir de mémoire et d'exemple à l'advenir, et vous ferez chose qui me sera bien agréable : priant Dieu, Monsieur du Lude, vous avoir en sa sainte garde.

Escript à Saint-Germain-en-Laye, le xiiij° jour d'aoust 1570. Signé : CHARLES. Et plus bas : DE NEUFVILLE, avec paraphe.

Au dos est écrit : A Monsieur le conte du Lude, etc... [2].

---

215. — 30 août 1570. — Mémoire ou instruction pour la sûreté des places du Poitou, présenté au roi par le comte du Lude, et accompagné des réponses et décisions du roi [3].

Pour la seureté du païs de Poictou et places plus nécessaires et importantes.

Est considérable le doubte que pregnent les gens de bien catholicques pour l'object qu'ils ont devant eulx, sçavoir de la Rochelle, Congnac [4] en chascunes des quelles villes, quoiqu'il se dye, ou appertement ou soubs main, se retiennent ung grand nombre de soldats.

Et par ce, tant pour donner occasion aux dicts catho-

---

1. L'édit de pacification fut publié à Niort et à Chantemerle le 23 août 1570. (*Chronique du Langon*, p. 151.)

2. Deux jours après, le 16 août, le s\` de Puygaillard, qui était à Niort, écrivait au roi pour lui demander ce qu'il fallait faire des compagnies de gens de guerre qui étaient en Poitou, et notamment du régiment du capitaine Mascaron, dont il loue la belle tenue. Il demande en outre le gouvernement de Marans. (*Arch. historiques de la Saintonge et de l'Aunis*, IV, 297.)

3. Il est fait mention de cette pièce dans l'*Histoire de Fontenay-le-Comte*, par M. Fillon, qui l'avait trouvée dans les documents manuscrits de M. de la Fontenelle, t. I, p. 141.

4. Ces deux villes étaient comprises dans les quatre places de sûreté données aux protestants par la paix de Saint-Germain.

liques de reprandre leur train de marchandise et commerce et pour la seuretté des places, est requis y ordonner certaines forces.

Et premièrement la ville de Nyort en laquelle par l'édict de paciffication rentreront mil ou douze cens huguenots, ayans jusques à présent tousjours porté les armes, ne se peult conserver à moins que de. . . . . et outre y faire certaines réparations si nécessaires que l'on ne s'en sauroit passer.

1er. (Le roy, pour les considérations portées ez dicts articles cy dessus, ordonne que trois compaignies de gens de pied tiendront garnison au dict Nyort, qui sont les compaignies, trois de Corses que Sa Majesté y fera venir, et, outre cela, y demeurera la compaignie du cappitaine Arsac réduicte à cent hommes.)

Plus en la ville de Sainct Maixant qui est une recepte des tailles qui couvre une bonne partye du pays.

Comme aussy à Mesle,

A Chizay et Aulnay.

2. (Sa Majesté ordonne que les dictes villes seront desmantellées.)

A Fontenay, l'on a apperceu la conséquence jusques à présent : car toutes fois et quantes qu'il a esté usurpé, le roy n'a joy d'aucune chose ; combien que le revenu ordinaire soit de dix ou douze mil livres, les tailles de deux cent mil livres, et par ce estant le plus beau et grand ressort du Poictou, non moindre que Poictiers. Toute la noblesse, et mesme ceulx qui ont prins les armes qui s'y retirent à présent, y ayant ung presche, par ce ouverture de libre accès à tous indifféremment, est à ceste cause bien requis y establir une bonne et grande force au moings de. . . . .

3. (Il est ordonné qu'il sera retenu deux enseignes de

gens de pied en la dicte ville, attendant qu'elle soit desmantellée ; les dictes compaignies seront prinses du régiment du sieur de Sarlabon.)

Plus est par mesme raison nécessaire pourveoir à la seureté de Montagu où l'on ne peult moins que de. . . . . .

4. (Il a esté escript au sieur de la Trimouille [1] de bien pourveoir à la seureté de la dicte ville, sinon y sera faict deux bresches.)

Et pour tenir en quelque devoir un chacun sur le plat païs et assister ceulx qui commanderont au dict païs, si pour quelque occasion il en estoit besoing, sera pourveu de quelques compaignies de cheval; que s'il plaisoit au roy ordonner au sieur Santurion ordonner tenir garnison au dit païs, l'on en tireroit facilement le service requis.

5. (Sa Majesté veult que la compaignie du sieur conte du Ludde tienne garnison au dict pays; au payement de laquelle sera promptement pourveu, comme semblablement tiendra garnison la compaignie du sieur de Mortemar [2].

Est besoing au surplus pourveoir à plusieurs petites places et chasteaux qui ne servent que de retraictes à petits courreurs et pilleurs, affin que personne ne s'en prévalle, qu'elles soient desmantellées et ouvertes.

6. (Toutes les petites places qui appartiennent au roy, sa dicte Majesté ordonne qu'elles seront desmantellées.)

Est aussy besoing, comme requèrent les gens de bien

---

1. Louis de la Trémouille, duc de Thouars, prince de Talmond.
2. René de Rochechouart, sr de Mortemart, capitaine d'une compagnie d'ordonnance, né à Château-Larcher en 1528, époux de Jeanne de Saulx-Tavannes en 1570, mourut en 1587, et fut enseveli aux Cordeliers de Poitiers.

catholicques de Poictiers, la Rochelle, Nyort, Fontenay et tout le pays de Poictou pourveoir à la place de Marrans.

7. (Le roy envoye le marquis de Villars [1] pour commander en la Guyenne, lequel sçaura très bien pourveoir à la dicte ville.)

Et aux dictes compaignies ainsi ordonnées est très requis de pourveoir au moings de leur faire faire monstre et assignation asseurée pour les faire payer par chacun moys, aultrement n'est que une foulle au peuple et sans service, car n'estant payés, ils ne se peuvent contenir ; que à ceste occasion leurs Majestés adviseront ordonner estat asseuré de faire les dicts payements.

8. (Il sera pourveu au paiement des compaignies que le roy retient au dict païs, comme aulx aultres des aultres provinces de son royaume.)

Sur toutes choses les Majestés regarderont ordonner à la justice pour en faire establir et commettre, à tout le moings pour quelque temps, certain notable personnage, recommandé et respecté, au bas païs, mesmes vers Fontenay, auquel lieu n'y en a aulcuns [2], et n'en est besoin de moindres quallités et auctorités que au siége mesme de Poictiers : car toutes les indiscrétions et insollances se sont exercées vers le dict lieu de Fontenay et bas pays de Poictou.

9. (Sa Majesté envoyera ung des maistres des requestes de son hostel par delà, pour y administrer la justice.)

Luzignan, une compaignie.

---

1. Honorat de Savoie, qui remplaça Montluc dans le gouvernement de la Guyenne.
2. M. du Lude avait déjà demandé en vain au roi, en 1565, l'établissement à Fontenay d'un magistrat capable et énergique, lors de la suppression malheureuse du siége royal, à la mort du sénéchal Michel Tiraqueau. (Voir plus haut.)

10. (Le sieur Dursé tiendra garnison au dit Luzignan avecques trente hommes et y commandera comme lieutenant du cappitaine.)

Et, outre le nombre cy dessus, six aultres enseignes pour subvenir à une nécessité et pour mettre dans Poictiers et aultres villes où le besoing et l'occasion se pourra présenter.

11. (L'on s'aydera des garnisons, s'il en est besoing; et de deux compaignies que Sa Majesté veult que le dict sieur du Ludde retienne encores de celles qu'il a tousjours eues près de luy durant les troubles.)

Toutes les dictes compaignies qui sont au dict païs, tant de gens de pied que harquebuziers à cheval réservées celles cy dessus ordonnées et seront licentiées.

Faict à Paris, le 30 aoust 1570. Signé : CHARLES. Et plus bas : DE NEUFVILLE, avec paraphe.

216. — 3 septembre 1570. — Lettre de Charles IX à M. du Lude.

Monsieur le conte, ma tante la royne de Navarre m'a escript qu'elle désiroit pour satisfaire à mon édict de pacification renvoyer en leurs pays les forces de Daulphiné, Prouvence et Languedoc qui ont estés durant les troubles à la Rochelle, comme aussy quelques lansquenets en Allemaigne, me priant d'ordonner quelques commissaires pour accompaigner chacun ez dits pays, affin qu'ils puissent aller seurement et faire moins de foulle sur mon pauvre peuple. Pour gaigner aultant de temps, j'ay advisé vous envoyer quatre commissions en blanc lesquelles vous remplirez de quatre gentilshommes saiges et bien advisés qui ayent cognoissance du pays, lesquels iront trouver les dittes forces où la ditte royne de Navarre vous mandera pour les accompaigner, chacun jusques en leurs pays, ainsy qu'il est porté par les dittes commissions; vous admonestrés les dits commissaires leur faire prendre le plus court chemin qu'ils pourront, à ce que plutost ils puissent avoir faict le voyage; ce que les dits gentilshommes que commettrés pour cecy despenderont leur sera très bien payé, et davantaige je n'oublyeray jamais le service qu'ils m'y auront faict : j'escripts à ma ditte tante qu'il sera bon qu'elle commette aussi quelques ungs de son costé pour chacune des dittes trouppes pour les accompaigner, affin de pugnir et chastier ceulx qui feroient faulte. Les dits commissaires que nommerés seront instruits aussi d'advertyr de bonne heure, quant ils changeront de gouvernement ou province en leur voyage, les gouverneurs ou ceulx qui commanderont en icelles, affin qu'ils pourvoyent à faire dresser estappes, si besoing est, tant y a de les faire passer avec le moins de charge du peuple que faire se pourra. Le sieur de la Frézellière[1] est aujourdhuy despesché qui vous portera ma résolution sur ce qu'il m'a parlé de vostre part : priant le Créateur qu'il vous ayt, Monsieur le conte, en sa très saincte garde.

Escript à Paris, le 3ᵉ jour de septembre 1570. Signé : CHARLES. Et plus bas : DE NEUFVILLE, avec paraphe.

Au dos est escrit : A Monsieur le conte du Lude, etc...

217. — 3 septembre 1570. — Lettre de Charles IX à M. du Lude.

Monsieur le conte, outre ce que vous escript présentement mon frère duc d'Anjou de la résolution que j'ay prise de me descharger de tant d'excessives despences que j'avois à supporter à l'occasion de la guerre, et de réduire les compaignies de gens de guerre qui avoient estés levées

---

1. Philippe Frézeau, sʳ de la Frézelière et de la Roche-Thibault, gouverneur de Niort.

en Poictou durant la nécessité; je vous prie, qu'estant le sieur de la Frézelière retourné près de vous, faire le possible à licencier les compaignies que vous trouverés par l'estat qui vous est envoyé que j'ay cassées, affin que mon pauvre peuple puisse commencer à se sentir du fruict de la paix, la quelle je désire grandement veoir establyr par tout mon royaume, et que ung chacun de ceulx qui ont charge et auctorité de moy en mes païs et provinces tiennent la main et s'emploient de tout leur pouvoir à l'exécution de mon ordre de paciffication, comme je veulx, voire que vous ne vous y espargnerés aucunement aussi à donner tel ordre que, se retirant les soldats des compaignies que vous casserés, ils ne facent aucun désordre et insollence par les lieulx où ils passeront, faisant faire si rigoureuse et exemplaire pugnition des premiers que cela serve à contenir les aultres. Pour quoy faire je vous prye, Monsieur le conte, de donner main forte à ma justice, la quelle sans estre secondée de ceulx qui ayment mon service, il est à inconvénient de régner, comme elle a faict ci devant, ayant bien des titres de tout mon pouvoir de la faire obéyr; je vous envoiray bientost par delà ung des maistres des requestes de mon hostel pour y exercer et administrer la justice, sur les plainctes et dolléances qui s'y présenteront; vous verrés au surplus les responses que j'ay faictes sur vos articles [1], l'exécution desquelles je désire estre faitte en la plus grande promptitude et dextérité qu'il vous sera possible; me remettant sur icelle et ce que vous dira de ma part le dit sieur de la Frézelière, je prierai Dieu, Monsieur le conte, qu'il vous ayt en sa garde.

Escript à Paris, le 3ᵉ jour de septembre 1570. Signé : CHARLES. Et plus bas : DE NEUFVILLE, avec paraphe.

Au dos est écrit : A Monsieur le conte du Lude, etc.

---

1. Voir plus haut les réponses faites le 30 août, par le roi, aux demandes de M. du Lude.

218. — 4 septembre 1570. — Lettre de Jeanne d'Albret
à M. du Lude [1].

Monsieur du Lude, j'ay esté advertie d'un grand désordre advenu près de Parthenay, puis quatre ou cinq jours, par les gents de guerre et soldats qui sont dedans alencontre de plusieurs pauvres hommes de la religion qui se rethiraient en leurs maisons soubz la protection de l'édict de pacification, desquels il en a esté tué jusques au nombre de neuf ou dix, contre la foy publicque, et pour ce que je me suis tousjours asseurée que vous ne vouldriez endurer un tel désordre en votre gouvernement, à quoy j'ay esté encore de nouveau confirmée par les lettres que m'en a escript monsieur de Roches [2] après avoir parlé à vous passant par Nyort, je vous ay bien voulu advertir, tant de tel désordre, que de la plaincte de ceulx de la religion dudit Parthenay qu'on ne permet entrer dedans leurs maisons, vous priant de vous informer diligemment de la vérité des deux plainctes et en faire telle punition que je puisse congnoistre que vous voulez faire garder sans aulcune dissimulation la pacification tant désirée par les bons subjects du roy, dont aussi vous me ferez plaisir de m'advertir, non seulement pour ma satisfaction, mais aussi pour faire entendre à un chascun le bon zèle et debvoir que vous aurez faict en cest endroict, priant Dieu, Monsieur du Lude, qu'il vous tienne en sa saincte grâce.

De la Rochelle, ce iiij° jour de septembre 1570. Votre bonne amie : JEHANNE.

---

1. L'original de cette lettre, acquis en vente à Paris en 1881, fait partie de la collection de M. Alfred Morrison, en Angleterre. Nous en avons obtenu une copie par l'intermédiaire de M. Thibaudeau, de Londres.

2. Des Roches, premier écuyer du roi, vint publier la paix récente de Saint-Germain dans la ville de la Rochelle. Cette cérémonie se fit avec pompe. (*Hist. de la Rochelle*, par Arcère, t. I, p. 387.)

219. — 11 septembre 1570. — Commission donnée par le roi Charles IX [1].

Charles par la grace de Dieu, roy de France à . . . .
. . . . Comme pour la conduicte d'aucunes compaignies de gens de guerre à pied lansquenets estans de présent du cousté de la Rochelle, les quelles nostre très chère et très amée tante la royne de Navarre, nos très chers et très amés frère et cousin les princes de Navarre et de Condé et ceulx de leur party avoyent appellés en nostre royaulme pour leur aide et secours, se retirans en leur pays, nous ayons advisé et estimons nécessaire commectre quelque bon personnaige de nos serviteurs à ce qu'elles puissent estre accommodées, par les lieulx où s'addressera leur chemin et passaige, de vivres, logis et aultres choses nécessaires et n'ayent occasion d'eulx desbander et fouller nostre pauvre peuple desjà tant atténué et travaillé du passé. A ces causes et à plain confians de vostre personne et de la fidellité et affection que vous portez au bien de nous et de nos affaires, vous avons commis, ordonné et depputé, commectons, ordonnons et depputons par ces présentes pour aller trouver les dictes compaignies de lansquenets en quelque part et lieu qu'elles soient, lesquelles vous menerez et conduirez toutes assemblées et ferez acheminer hors nostre dit royaume le plus droict chemin et aux meilleures et plus grandes journées que faire se pourra, sans les laisser écarter ne souffrir faire aucune violence ou oppression à nostre dit peuple, et, en cas que aucuns d'entre les dis gens de guerre facent le contraire, vous requerrez le capitaine d'en faire faire la justice et réparacion par eulx méritée, et affin qu'ils n'en ayent aussi aucune

---

1. Cette commission est une de celles dont le roi annonce l'envoi à M. du Lude, par sa lettre du 3 septembre précédent.

occasion vous leur ferez bailler et administrer vivres, logis et tout ce qu'il leur sera nécessaire par les lieulx où ils passeront en payant raisonnablement, et, sy besoing est pour cest effect dresser estapes, vous le ferez faire aux lieulx et endroicts que vous jugerez commodes, vous donnant de ce faire plain pouvoir, puissance et auctorité et de contraindre, sy faire se doibt, nos subjects des lieulx où ils passeront et des environs d'apporter et faire venir vivres de toutes sortes ès lieulx où leur chemin s'adonnera pour les leur vendre de gré à gré et tellement en cela procedder que les dis gens de guerre n'ayent occasion ne se desbander ne faire foulle à nostre dit peuple, lesquels gens de guerre vous garderez de tout vostre pouvoir d'estre offensés tant qu'ils seront en nostre dit royaulme, en façon que ce soyt. Mandons et commandons à tous nos baillis, séneschaulx, juges, prévosts, maires, consuls et eschevins de villes et autres nos justiciers, officiers et subjects qu'ils ayent à vous bailler et administrer vivres et tout ce qui sera requis et nécessaire pour l'usaige et commodité des dis gens de guerre, vous obéyssent et entendent à tout ce que vous leur commanderez pour nostre service et ce qui deppend de ceste présente charge, vous prestent et donnent conseil, confort, ayde et tout ce dont vous les requerrez, sans y faire faulte ne difficulté : car tel est nostre plaisir.

Donné à Paris, le 11ᵉ jour de septembre, l'an de grace mil cinq cens soixante et dix et de nostre règne le dixième. Par le roy, monseigneur duc d'Anjou son frère présent. Signé : DE NEUFVILLE.

---

220. — 22 septembre 1570. — Rapport adressé au roi par M. du Lude et approbation donnée par le roi.

Pour Poictou.

Ayant le conte du Lude, gouverneur du dit pays, par commandement du roy et suyvant l'ordonnance que luy a apportée le sieur de la Frézellière, licentié et fait retirer les compaygnies qui estoient au dict pays, excepté seullement troys de cent hommes chacune qu'il a receus, lesquelles il ne peult establir ne faire entrer en garnison sans faire monstre et recepvoir argent pour éviter à la cryrie du peuple et aux inconvénients qui aultrement en pourroient advenir; par quoy plaira à Sa Majesté y pourveoir et donner tel ordre que de moys en moys elles puissent estre payées, ensemble celles qui sont ordonnées pour tenir garnison au dit pays:

Aussy remonstre le dit conte du Ludde que au dict pays de Poictou le peuple comme il est tout commun y est si rude, malgisant, si peu obéissant et respectueux aux édicts du roy, que jà sur le pays beaucoup se licentient, mesmement les gentilshommes, les ungs s'emparent par force des biens d'Église, empeschent qu'il ne soyt fait aulcun service divin, les autres exerçant leurs vindictes particulières, vont par pays, par troupes de vingt, trente et quarante à cheval, les hommes masqués, lesquels tuent et assasinent les catholicques, voire jusques dans leurs lits et vollent les maisons, puis en ung instant sont retirés. Ces maux se voient, les plainctes sont oyes; de preuve poinct, à cause qu'ils intimident et possèdent de telle façon le peuple qu'il est impossible en pouvoir tirer; et toutes foys le remedde s'i peult mettre par deux moyens:

L'ung qu'il plaise à Sa Majesté au plustost faire venir au dit pays les compaignies et forces, tant de cavallerye que d'infanterye qui y sont ordonnées et commander qu'elles facent monstre avant qu'entrer en garnison;

L'autre faire venir ung ou deux maistres des requestes pour exércer quelque temps la justice ès siéges du bas Poictou, là où se font les principaulx maulx, attendant qu'il ayt pleu à Sa Majesté y faire et ordonner le réglement qui y est très nécessaire; aultrement n'ayant le dit conte du Lude pour toutes forces que troys cens hommes de pied, il luy est impossible donner ordre ne empescher telles violences et désordres, ne pareillement y faire obéyr le roy, ne entretenir ses édicts, n'estant comme ils ne sont aulcunement soulaigé des officiers de la justice, d'aultant que les ungs sont ignorans en leurs estats et les aultres si malings, qu'au lieu d'en tirer le service requis, font le contraire.

Aussy plaira à Sa Majesté ordonner qu'il sera dressé un magasin de foing, paille et avoyne pour la nourriture des chevaulx des hommes d'armes et archers qui tiendront garnison, et qu'il en sera faict levée sur les paroisses du plat pays, affin de donner moyen aux gens d'armes y pouvoir nourrir leurs chevaulx, lesquels foing et paille et avoyne seront par eulx payées à la raison de leur solde et estat.

Par la despesche que le sieur de la Frézellière a rapportée de Sa Majesté, il n'a esté ordonné aulcune chose pour le chasteau de Poictiers qui est de telle conséquence et importance et le cappitaine qui est de longue main dedans a si bien faict son debvoir le passé, qu'il semble l'ung mériter d'estre bien gardé et l'autre estre entretenu pour l'advenir; par quoy il plaira à Sa Majesté y pourvoir[1].

Et pour le regard de Fontenay le Comte et Montagu qui est layssé en la garde de M. de la Trimoille, sera considéré que si Fontenay est démantelé, il sera nécessaire garder la ville et chasteau de Montagu; aultrement tout le bas Poictou, qui est de fort grande estendue et là où le peuple est plus maling, demeurera à la dévotion d'infinis hommes turbulans et lesquels, par le moyen de deux bresches que

---

1. Le capitaine du château de Poitiers, au mois de mars 1572, se nommait Péréfixe. Il avait succédé dans cette charge au s^r de Lestang, son beau-père, récemment décédé, et il transmit sa capitainerie au s^r de la Ménardière, chevalier de l'ordre, au mois de mars 1572. Il est très probable que Péréfixe était en exercice au mois de septembre 1570, et que c'est de sa personne que M. du Lude fait l'éloge. Cependant il est possible que ce fût alors le s^r de Lestang. (Reg. 39 de la ville de Poitiers.)

l'on pourroit faire à Montagu, de tant plus facilement s'en pourront, quant il leur plaira, emparer et le rendre en peu de jours aussi fort que devant.

Aussy est-il nécessaire mettre les officiers de la justice du dit lieu de Fontenay et les deniers des tailles que l'on y reçoit, qui se montent par an de deux ou troys cens mil francs, en seureté, sans les laisser au hazard et à la dévotion d'ung si désobéissant peuple.

Par quoy semble que pour cest heure il ne seroyt besoing de desmanteller Fontenay-le-Comte ; toutes foys Sa Majesté en ordonnera ce qui luy plaira pour estre exécuté et effectué.

Et sur ce qu'il a pleu au roy ordonner que aucunes villes de ce pays seront desmantelées, plaira à Sa Majesté commander sur ce lettres patentes à ce nécessaires en estre expédiées et envoyées au dit conte du Ludde, son lieutenant général au dit pays.

Aussi plaira à Sa Majesté ayant esgard aux services que aulcuns cappitaines estans au dit pays luy ont faicts, les compaignies desquels sont licentiées et cassées, sans avoir receu argent depuis vingt moys, donner moyen au dit conte du Ludde de pouvoir entretenir près de luy troys d'iceulx cappitaines seulement et leur ordonner tel estat qu'il luy playra, à prandre par les mains du trésorier extraordinaire des guerres, ainsi qu'il fera les payemens des compaignies entretenues au dit pays.

Aussi, pour subvenir et ayder à supporter les grandes despences que le dit conte du Lude est contrainct faire chacun jour pour le service de Sa Majesté, ne le vouloir pirement traicter pour l'advenir qu'il a esté par le passé ; en ce faisant ordonner son plat luy estre entretenu et le payement d'icelluy continué, comme il a esté cy devant, à raison de trois cens livres par chacun moys et payé par le dit thrésorier extraordinaire des guerres ou son commis près de luy au dit pays.

Faict à Coulonges, le xxij° septembre 1570.

Pris sur la minute dressée par monsieur le conte du Lude.

Confirmé et aprouvé par le roy. Signé : CHARLES. Et plus bas : DE NEUFVILLE.

Fait à Paris, le 5 octobre 1570.

---

221. — 26 septembre 1570. — Lettre de Charles IX à M. du Lude.

Monsieur le conte, j'ay receu beaucoup de plainctes des désordres et contravantions à mon édict de paciffication qui se commettent en mon pays de Poictou, et mesme que l'on ne veult laisser entrer ceux de la relligion prétendue refformée ès villes et lieulx de leurs demeures, ny en leurs biens et maisons, comme est mon intention et qu'il est contenu au dict édict; et d'aultant que c'est chose que je n'ay aulcunement à plaisir, ayant avec tant de soing voullu embrasser et favoriser le bien et repos commun de mes subjects et les faire contenir et vivre les ungs et les aultres comme bons concitoyens, frères et amys, j'ay advisé de vous escrire la présente et vous prier et ordonner bien expressément, sur tant que désirerés le bien de mon service et faire chose qui me soit agréable, que vous pourvoyés tellement aux dicts désordres et contravantions que je n'en entende plus parler, faisant remettre et restablir les dicts de la relligion en leurs dicts biens et maisons et joyr entièrement du bénéfice du dict édict, comme mes autres subjects, sans aulcune différance ou acception de personne; et néantmoins faictes faire bonne et sommaire justice des délinquans et téméraires, affin que les aultres y prennent exemple et se gardent de semblables choses, me donnant au plustost advis de ce que vous aurés advancé en cest endroict; et sur ce, je supplieray le Créateur qu'il vous ayt, Monsieur le conte, en sa garde saincte.

Escrit à Paris, le 26ᵉ jour de septembre 1570. Signé : CHARLES. Et plus bas : DE NEUFVILLE, avec paraphe.

Au dos est écrit : A Monsieur le conte du Ludde, etc.....

---

222. — 4 novembre 1570. — Lettre de Charles IX à M. du Lude.

Mon cousin, pour tesmoigner partout l'aise et le contentement que je reçoipts de ce qu'il a pleu à Dieu accomplir le mariaige qui se doibt bientost consumer entre la princesse Elizabet, fille de l'Empereur et moy, il m'a semblé que mes subjects debvoient estre advertis et admonestez par vous de faire par toutes les villes de vostre gouvernement resjouissances par feus de joye ou autrement, quant la dite princesse arrivera en mon royaulme; au moyen de quoy je vous prye de faire dextrement et de vous mesmes advertir les habitans de toutes les villes de vostre charge, à ce que les dites allégresses se facent, ainsi qu'il appartient, lorsque la ditte princesse entrera en mon royaulme, qui sera le xxijᵉ ou xxiijᵉ du moys présent, auquel temps ce pourront cellébrer mes nopces; pryant Dieu, mon cousin, qu'il vous tienne en sa saincte garde.

Escript à Saint-Germain des Prés lès Paris, le iiijᵉ jour de novembre 1570. Signé : CHARLES. Et plus bas : DE NEUFVILLE.

Et la suscription est : A mon cousin le conte du Ludde, etc.....

---

223. — 16 septembre 1571. — Lettre de Charles IX à M. du Lude [1].

Monsieur du Lude, je vous prie, aussitost que le sʳ de

---

1. Il existe une lacune assez considérable dans la correspondance, depuis le 4 novembre 1570 jusqu'au 16 septembre 1571. Nous ne connaissons rien des actes et de l'administration de M. du Lude durant cette période. On sait seulement qu'il s'absenta du Poitou au mois de

Chémeraut[1] sera arrivé vers vous, de joindre et assembler toutes vos forces pour faire ce qu'il vous dira de ma part : vous sçavez la fiance que j'ay toujours eu en vous ; c'est pourquoy je me promet qu'en cette occasion qui m'est de si grande importance, vous me ferés paroistre, encores davantage que n'avez jamais faict, votre bonne volonté, selon que vous fera plus entendre de ma part le sieur de Chémerault, lequel vous croirés, comme si c'étoit moy mesmes : priant Dieu, Monsieur du Ludde, vous avoir en sa garde.

De Paris, le 16 septembre 1571. Signé : CHARLES. Et plus bas : DE NEUFVILLE, avec paraphe.

Au dos est écrit : A Monsieur le conte du Lude, etc.....

---

224. — 4 novembre 1571. — Lettres patentes du roi Charles IX, au sujet des troubles pour cause de religion, contenant des instructions pour M. du Lude.

Le roy ayant cogneu que la déclaration qu'il a faicte sur les occasions qui se sont naguières présentées en ceste ville de Paris, les mémoyres et instructions de sa volunté qu'il a envoyées de toutes parts aux gouverneurs de ses provinces et lieutenans généraulx en icelles et lettres particulières qu'il leur a escriptes et à ses courts de parlemens et autres ministres et officiers de justice n'ont peu jusques icy empescher le cours des meurdres, pilleryes et saccaigemens qui se sont faicts en la pluspart des villes de ce royaume, au grand déplaisir de Sa Majesté, a advisé pour le plus singulier remède envoyer tous les dits gouverneurs

---

juillet 1571, et que ses pouvoirs de gouverneur furent confiés provisoirement à M. de Boisseguin. (Reg. 39 des délibérations de l'ancien échevinage de Poitiers, séance du 27 juillet 1571.) La lettre du 16 septembre 1571 prouve qu'il était de retour.

1. François de Barbezières, écuyer, s^r de Chémerault, guidon, puis lieutenant de la compagnie des gendarmes du roi. (*Dict. des familles de l'ancien Poitou*, t. I, p. 203-204.)

en chacun de leurs gouvernemens, asseuré que, actendu leur qualité et le pouvoir qu'ils ont de Sa Majesté, ils sçauront bien faire suyvre et observer son intention, de laquelle pour estre plus amplement esclarcis, sa dite Majesté a faict dépescher ses lettres patentes qui leur seront baillées, lesquelles il entend qu'ils facent exactement observer ; oultre le contenu desquelles, monsieur du Ludde, chevallier de son ordre, son lieutenant général en Poictou fera venyr devers luy les gentilshommes de la nouvelle oppinion résidans en son gouvernement, leur dira que le voulloyr et intention du roy est de les conserver eulx, leurs femmes, enfans et famille, les maintenyr en la possession et jouissance de leurs biens, pourveu que de leur part ils vivent paisiblement, rendent à Sa Majesté l'obéissance et fidélité qu'ils luy doivent, ce que faisant le roy aussi les gardera qu'ils ne soyent par voye de justice ny aultrement inquiétez ny molestez en leurs personnes et biens pour raison des choses faictes et passées durant les troubles et devant l'édict de pacifficcation faict au mois d'aoust mil cinq cent soixante dix.

Après, les admonestera amiablement de ne persévérer plus longuement en l'erreur des nouvelles opinions et de revenyr à la religion catholicque, se réconciliant à l'Eglise appostolique et romaine, en la doctrine et obéissance de laquelle le roy et ses prédécesseurs et leurs subjects ont tousjours sainctement vescu et ce royaume s'est heureusement conduict et maintenu.

Leur remonstrera les malheurs et calamités qu'on a veues en ce royaulme depuys que ces nouvelles oppinions sont entrées aux esprits des hommes ;

De combien de maulx elles ont été cause, qu'elles ont dévoyé ceulx qui en ont esté imbus du droit chemin qu'avoient tenu leurs ancestres, elles les ont faict séparer premièrement de l'Eglise, en après de leurs plus proches parants.

Se sont aussy esloignez du service de leur roy, voyre de l'obéissance et fidellité qu'ilz luy doibvent, comme l'on a veu depuys ce règne,

Que, jaçoit que les autheurs et chefs de ceste part ayent voulu couvrir leurs actions du tiltre de religion ou de conscience, toutesfoys les œuvres et effects ont assez monstré que le nom de religion n'estoyt qu'ung masque pour couvrir toutes machinations et désobéissance, et soubs ce prétexte assembler, suborner et gaigner gens, les adstraindre et par serment faire jurer en la cause soubs ce titre de religion, et par telle voye les distraire de la naturelle affection qu'ils doibvent à leur roy, conséquemment de son obéissance, estant assez notoire que, quelque commandement que ayt peu faire le roy à ceulx de la nouvelle oppinion, ils ne luy ont obéy depuis son règne, sinon aultant qu'il playsoit à leurs chefs; au contraire quand leurs dits chefs ont commandé prendre les armes, s'eslever, s'emparer des villes, brusler les églises, piller et saccaiger, brief de troubler tout le royaulme, le remplyr de feu et de sang, ceulx qui s'estoient ainsy desvouez à les suyvre oblioient toute loyaulté, tout debvoyr de bons subjects pour obéyr et exécuter leurs commandemens. Lesquelles choses, sy les dits gentilshommes veuillent bien considérer, ils jugeront facilement combien seroyt leur condition malheureuse et misérable, s'ils percéveroient plus longuement en leur erreur.

Car ils peuvent bien d'eulx mesmes estimer que le roy enseigné par l'expérience de tant de dangers dont il a pleu à Dieu préserver luy et son Estat, ayant esprouvé les malheurs et calamités que ce royaulme a soufferts par les entreprinses des chefs de ceste cause, leurs adhérents et complices, ne se servira jamays voluntiers ny ne se fera......d'un gentilhomme son subject qui tiendra oppinion en la religion aultre que catholicque, en laquelle ainsy que le roy (suivant ses prédécesseurs) veult vivre et mourir. Il veult aussy pour oster toutes deffiances entre ses subjects, pour esteindre la source de discorde et séditions, que tous ceulx, principallement les gentilshommes, desquels il se sert ez lieux plus honnorables, qui désireront estre de luy recogneuz pour bons et loyaulx subjects, qui vouldront avoyr sa bonne grace et estre de luy employés ès charges de son service, selon leurs degrés et qualités, facent profession et vivent doresnavant en mesme religion que la sienne.

Ayant esprouvé que jamais les discordes et guerres civilles ne cesseront en ung Estat où il y aura diversité de religion et qu'il est impossible à ung roy maintenyr en un mesme royaulme ceste répugnance de relligion, qu'il ne perde la bienveillance et obéissance de ses subjects ;

Voyre que ceulx qui seront de la religion répugnante à la sienne ne désirent en leur cueur changement de roy et d'Estat ;

Par les raisons susdites et autres que le dit seigneur du Ludde pourra amener à mesmes fin, s'efforcera de persuader à la noblesse et autres personnes qualifiées de la ditte nouvelle oppinion de retourner d'eulx mesmes et de leur franche volunté à la religion catholicque et de abjurer la nouvelle sans actendre plus exprès édicts et commandemens du roy ; car, en quelque sorte que ce soyt, le dit seigneur est résolu faire vivre ses subjects en sa religion et ne permettre jamais ny tollérer, quelques choses qui puisse advenyr, qu'il y ayt autre forme ny exercice de religion en son royaulme que de la catholicque.

Les baillifs et séneschaulx qui ne sont de la qualité requisse passeront procuration pour résigner dedans ung mois leurs offices à gentilz hommes cappables et de la qualité portée par l'édict sur ce faict, qui les pourront tenyr et exercer ; et, à faulte de ce faire, nous les déclairons dès maintenant comme lors privés de leurs offices, et affin qu'ils n'ayent occasion de coulleur de remise et excuse, nous entendons et leur permettons qu'ils puissent résigner leurs dits estats sans pour ce nous payer aucune finance.

Tous baillifz et séneschaulx résideront en leurs baillages et séneschaussées sur peyne de privation', et, où ils ne pourroient ce faire pour autres empeschemens, seront tenus de résigner, ce que nous entendons pareillement qu'ils feront sans payer finance.

Tous archevesques et évesques résideront sur leurs bénéfices, et ceulx qui, par vieillesse ou autre indisposition de personnes, ne pourroient prescher et annoncer la parolle de Dieu et eulx mesmes édiffier leur peuple et faire les autres fonctions appartenantes à leurs charge et dignité, seront tenus de prendre et choisyr ung coadjucteur pour les soullager et s'employer au debvoir de leur charge, auquel coadjucteur ils assigneront pension honneste et raisonnable, telle qu'elle sera advisée, selon les fruicts et revenu du bénéfice. Les curés pareillement résideront sur leurs bénéfices ou seront admonestés de les résigner à autres qui résideront en personnes et feront le debvoir de leur charge. Les arcevesques et évesques s'informeront de ceux qui tiennent abbayes, prieurez, cures et autres bénéfices qui sont en leurs diocèses, de quelle qualité ils sont et le debvoyr qu'ils rendent en l'administration de leurs béneffices, dont ils feront procès-verbal qu'ils mettront ès mains des gouverneurs qui les envoyeront puys après à Sa Majesté pour y pourveoyr, ainsy qu'il advisera estre besoing, feront résider actuellement les curés ès lieux de leurs cures, ou pourvoiront en icelles d'autres personnes capables selon les dispositions canonicques. Signé : CHARLES. Et plus bas : DE NEUFVILLE, avec paraphe.

Entre lesquelles signatures est écrit : Fait à Paris, le iiij^e jour de novembre 1571.

225. — 4 novembre 1571. — Lettre de Catherine de Médicis
à M. du Lude.

Monsieur du Ludde, le roy monsieur mon fils vous escript bien au long [1], faisant responce aux vôtres dernières, par où vous congnoistrez ce qu'il l'avoyt meu à vous escripre les syennes sur ce que l'on nous avoyt rapporté qu'aucuns de ceulx de la nouvelle oppinion s'estoient comme par désespoir retirés dans la Rochelle, et est très satisfaict de ce que luy en avez escript pour l'asseurer qu'il n'estoit ryens de ce qui luy en avoit esté dit; car, comme la chose luy estoit de très grand importance, il en avoyt receu un très grand desplaisir dont vos dites lettres l'ont mys hors. Vous verrez la résollution qu'il a prinse de n'espargner les Rochelloys et comme bientost mon fils le duc d'Anjou doibt partir pour exécuter son intention. Cependant, Monsieur du Ludde, vous suyvrez ce qu'il vous mande, selon l'affection que je sçay vous portez à son service, ayant tousjours avec le sieur de Byron [2] entière et bonne intelligence, comme il est très nécessaire en cest occasion. Priant Dieu, Monsieur du Ludde, vous avoir en sa sainte garde.

Escript à Paris, le 4ᵉ jour de novembre 1571. Signé : CATERINE. Et plus bas : DE NEUFVILLE.

La suscription : A Monsieur le conte du Ludde, etc...

---

1. Peu de jours après, le 8 novembre 1571, le roi se trouvait au Lude, c'est-à-dire au château même du gouverneur de Poitou. Il y signa un brevet permettant au sʳ de la Frézellière, lieutenant de la compagnie de M. du Lude, et au sʳ de la Roussière, guidon de la même compagnie, de porter arquebuses et pistolles, pour la sûreté de leurs personnes, en Poitou et ailleurs, nonobstant les ordonnances à ce contraires. (Papier rouge du greffe du présidial de Poitiers.)

2. Armand Gontaut de Biron, grand maître de l'artillerie, venait d'être nommé gouverneur de la Rochelle, dont la cour redoutait, non sans raison, l'hostilité. Biron, attaché à la cour, ne prit pas possession de son gouvernement et y envoya Beaupuy en qualité de lieutenant. *(Hist. de la Rochelle, par Arcère, t. I, p. 394.)*

226. — 12 décembre 1571. — Lettre de Charles IX à M. du Lude.

Monsieur du Ludde, désirant soulager mes subjects le plus qu'il me sera possible et leur donner moyen de se rédimer de la pauvreté en laquelle ils ont esté réduicts par les guerres et callamités passées, j'ay faict expédier deux de mes lettres patentes, les unes pour les descharger de la creue des quatre sols pour livre à raison du principal de la taille et en faire cesser la levée, les aultres pour révocquer toutes commissions extraordinaires en vertu desquelles mes dits subjects sont travaillés, ainsy que vous verrez par le double imprimé que je vous envoye de mes dittes lettres, lesquelles j'ay envoiées en mes cours de parlement, chambre des comptes, cours des aydes, trésoriers de France et généraulx de mes finances, baillifs, séneschaulx et elleus sur le faict de mes aydes et tailles, pour les faire publier et observer, dont j'ay bien voulu vous advertir et vous prier de tenir la main à l'exécution et observation du contenu en icelles mes dittes lettres ; faisant entendre et congnoistre à chacun que le plus grand désir que j'aye est de soullager mon dict peuple, et vous me ferez service agréable ; priant Dieu, Monsieur du Ludde, qu'il vous ait en sa garde.

Escript à Reims, le 12e jour du mois de décembre 1571. Signé : CHARLES. Et plus bas : DE NEUFVILLE, avec paraphe.

Au dos est écrit : A Monsieur le conte du Ludde, etc...

---

227. — 27 août 1572. — Lettre de Charles IX à M. du Lude, au sujet du massacre de la Saint-Barthélemi [1].

Monsieur le conte, j'estime que vous n'estes à sçavoir la

---

1. Il y a dans cette correspondance une nouvelle lacune, depuis le 12 décembre 1571 jusqu'au 27 août 1572. Nous ne connaissons pour la combler qu'un mandement de M. du Lude, daté de Champchévrier le 1er mai 1572, ordonnant à la ville de Poitiers de délivrer, à titre de prêt, six pièces d'artillerie demandées par le roi. (Reg. 40 des délibérations de l'échev. de Poitiers, séance du 6 mai 1572.)

bléceure du feu sieur de Chastillon, admiral, et de quel zelle et affection j'avois mis peyne à la vérification du fait pour en faire faire la justice et pugnition, de laquelle se deffians le dit admiral et ceulx de la nouvelle religion qui estoient forts et en grand nombre en ceste ville, sans avoir la patiance de veoir et congnoistre les effects de mon intention, se deslibéroient, comme je fus adverty le landemain de la dite bléceure, d'en prendre eulx mesmes la vangance, non seulement sur ceulx de la maison de Guyse, mais sur tous ceulx desquels ilz estoient entrez en soubçon; de maniere que, pour prévenir à l'exécution de leur si pernitieuse entreprise, ay esté contrainct de permettre et donner moyen au sieur de Guyse de courir sus au dit admiral qui fut tué et ses adhérans, laquelle exécution fut (à mon très grand regret) acompaignée d'une émotion popullaire en laquelle un grant nombre de ceulx de la dite religion qui estoient en ceste dite ville, furent aussy tuez et massacrez. Et craignant le semblable advenir ès autres villes de mon royaume, je vous ay bien voulu rendre cappable de mon intention là dessus, qui est que vous faciez toute dilligence pour donner ordre à la seureté des villes, places et châteaux qui sont en l'estendue de vostre charge, et qu'en icelles il ne s'eslève aucune émotion entre les habitans, ne se commette aucun massacre entre eulx, sur peyne de la vye, actendu qu'il n'y avient en ce faict de rupture de mon édit de paciffication, lequel je désire de tout mon pouvoir entretenir, faisant à ces fins faire très exprès commandement à tous mes subjets de vostre gouvernement de demeurer en paix et seureté en leurs maisons, ne prendre les armes pour s'offenser l'un l'autre, vous rendant le plus fort pour les en empescher et me faire obéyr; et d'autant, Monsieur le conte, que je suis adverty que ceulx de la dite religion montent à cheval et se veullent souslever, se donnant des rendez-vous et qu'ils ont intelligence et correspondance avecques leurs semblables des provinces de mon royaume; à quoy, s'il ny est promptement et à bon essient pourveu, ilz se pourroient remectre en trouble, je vous prie que le plustost que vous pourrez, vous assambliez le plus de forces qu'il vous sera possible, tant de vos amys, que de ceulx qui sont à ma solde et service, et courir sus et mettre en pièces ceulx de la dite religion qui prendront les armes, s'assambleront et mettront en trouppe, affin qu'ils ne puissent exécuter leurs entreprises et que par ce moien mes subjets de vostre gouvernement soient conservez en repos soubs l'aucthorité de mes édits et ordonnances et notamment de mon dit édit de paciffication et deffences de porter armes : priant Dieu, Monsieur le conte, vous avoir en sa garde.

De Paris, le xxvij^e jour d'aoust 1572. Signé : CHARLES. Et plus bas : DE NEUFVILLE, avec paraphe.

Au dos est écrit : A Monsieur le conte du Ludde, etc...

228. — 28 août 1572. — Lettre de Charles IX à M. du Lude.

Monsieur du Ludde, ayant advisé que soubs couleur et occasion de la mort dernièrement advenue de l'admiral et de ses adhérans et complices, aucuns gentilshommes et aultres mes subjects faisans profession de la religion prétendue refformée se pourroient eslever et assembler pour tascher de faire ou entreprendre quelque chose au préjudice du repos et tranquillité que j'ay tousjours désiré en mon royaulme, estant le faict de la dite mort, des Guise, et donner à entendre pour aultre cause qu'il n'est advenu, j'ay faict la déclaration et ordonnance que présentement je vous envoye, laquelle je veulx et entends que vous faictes incontinent publier à son de trompe et par affiches, par tous les lieux et endroicts de vostre dit gouvernement acoustumés à faire cris et proclamations, à ce qu'elle soit notiffiée à ung chacun; et, encores que j'aye tousjours voulu estre observateur de mon édict de pacifficalion, toutesfois voians les troubles et séditions qui se pourroient eslever parmy mes subjects à l'occasion de la mort sus dite, tant dudit amyral que de ceux qui l'accompagnoient, je désire et vous prie faire faire deffenses particulières aux principaulx de la dite religion prétendue refformée en vostre gouvernement qu'ils n'ayent à faire aucune assemblée, ny presches en leurs maisons, ny ailleurs, affin d'ôter tout doubte et soubçon que pour ce l'on en pourroit concevoir; semblablement en advertir ceulx des villes de vostre dit gouvernement que vous jugerez estre à faire, à ce qu'ils ayent en cest endroict à suyvre mon intention, mais qu'ils se retirent en leurs maisons pour y vivre doulcement, comme il est permis par le bénéfice de mon dit édict de paciffication et ils seront conservez soubs ma protection et sauvegarde; aultrement, là où ils ne se vouldroient retirer après l'advertissement que vous leur en aurez faict, vous leur courez et ferez courir sus et les taillez en pièces comme ennemys de ma couronne. Au surplus, quelque commandement verbal que j'aye peu faire à ceulx que j'ay envoyés, tant devers vous, que aultres gouverneurs et mes lieutenans généraulx et officiers, lorsque j'avoys juste cause de maltirer et craindre quelque sinistre événement, ayant sceu la conspiration que faisoit à l'encontre de moy ledit amyral, j'ay révocqué et révocque tout cela. Au reste, Monsieur du Ludde, affin que, si vous avez affaire de forces du cousté de delà vous en soyez secouru promptement, je vous envoye six commissions en blanc pour douze cens hommes, non pour les lever à ceste heure, mais pour faire élection des cappitaines, lesquels en attendant ladite levée s'asseurent de leurs gens pour, quant l'occasion s'offrira et la nécessité le y requerra, les avoir tous prests et asseurés à servir et les emploier promptement, sans en faire aucun bruit jusques à ce qu'ils ayent sur ce commandement de moy ou de vous, sur la discrétion de qui je remects la dite levée. Et, pour ce que je sçay bien que vous ne pouvez pas tousjours demeurer dans ma ville de Poictiers, ainsy que vostre présence y est bien requise pour mon service et le bien de la dite ville, au moyen de quoy il est bien nécessaire pour l'importance d'icelle qu'il y demeure quelqu'un, j'ay choisy le sieur de Boisseguyn pour y commander en vostre absence, vous priant quant vous en partirez le laisser dedans la dite ville et donner ordre qu'il y soit obéy en vostre dite absence, ainsy qu'il est requis, par ceulx de la dite ville, en ce qu'il leur commandera et ordonnera pour mon dit service, m'asseurant qu'il s'acquitera bien et dignement de ceste charge ; priant Dieu, Monsieur du Ludde, qu'il vous ayt en sa saincte garde.

Escript à Paris, le xxviij° jour d'aoust 1572. Signé : CHARLES. Et plus bas : DE NEUFVILLE.

Et la suscription est : A Monsieur le conte du Ludde, etc...

---

229. — 28 août 1572. — Déclaration du roi Charles IX.

DE PAR LE ROY,

Sa Majesté désirant faire sçavoir et congnoistre à tous ses gentilshommes et autres ses subjects la cause et occasion de la mort de l'admiral et autres ses adhérans et complices advenue en ceste ville de Paris, le xxiiij° de ce présent moys d'aoust, d'autant que le dit faict leur pourroit avoir esté desguisé ;

Sa dite Majesté déclare que ce qui en est advenu a esté faict et exécuté par son exprès commandement et non pour cause aulcune de religion, ne contrevenir à ses édicts de pacification qu'il a tousjours entendu, comme encores entend observer, garder et entretenir; ains pour obvier et prévenir l'exécution d'une malheureuse et détestable conspiration faicte par le dit admiral, chef et autheur d'icelle et ses dis adhérans et complices en la personne du dit seigneur roy, la royne sa mère, messeigneurs ses frères, le roy de Navarre, et autres princes et seigneurs estans près d'eulx.

Par quoy, Sa dite Majesté fait sçavoir par ceste présente déclaration et ordonnance à tous gentilshommes et autres quelsconques de la religion prétendue refformée qu'elle veut et entend qu'en toute seureté et liberté ils puissent vivre et demeurer avec leurs femmes, enfans et familles en leurs maisons, soubs la protection du dit seigneur roy, tout ainsy qu'ils ont par cy devant faict et pourroient faire, suyvant le bénéfice des dits édits de pacification.

Commandant et ordonnant très expressément à tous gouverneurs et lieutenans généraulx en chacun de ses pays et provinces et tous autres ses justiciers et officiers qu'il appartiendra de n'atempter, permettre ne souffrir estre attempté ne entreprins, en quelque sorte ou manière que ce soyt, ès personnes et biens des dis de la religion, leurs dites femmes, enffans et familles, sur peyne de la vye contre les délinquans et coulpables.

Et néantmoings, pour obvier aus troubles, scandalles et deffiances qui seroient pour intervenir à cause des presches et assemblées qui se feroient, tant ès maisons des dis gentilshommes, que ailleurs, selon et ainsi qu'il est permys par les susdits édits de paciffication, Sa dite Majesté fait très expresses inhibitions et deffenses à tous les dis gentilshommes et autres estans de la dite religion de ne faire assemblées, pour quelque occasion que ce soit, jusques à ce que le dit seigneur, après avoir pourveu à la tranquilité de son royaume, en ayt autrement ordonné, et ce sur peyne de désobéissance.

Fait à Paris, le xxviije jour d'aoust 1572. Signé : CHARLES. Et plus bas : DE NEUFVILLE.

230. — 3 septembre 1572. — Lettre de Charles IX à M. du Lude.

Monsieur du Lude, je vous ay faict deux dépesches par lesquelles je vous ay adverty de mon intention sur ces occurrances. J'estime qu'elles auront esté ouvertes à Poictiers en vostre absence et vous auront esté après envoyées et par vous receues auparavant la présente. Avecques la dernière, je vous ay envoié six commissions en blanc pour lever six compaignies de gens de pied, si vous cognoissez qu'il soit nécessaire, selon et ainsy qu'il vous est prescript par le contenu de ma dite lettre. J'ay esté bien aise d'entendre par ce gentilhomme que, sur la nouvelle que vous aviez eue de ce qui est advenu en ceste ville, vous prépariez avecques mes bons serviteurs de par delà pour estre prests à servir à mon intention, laquelle est telle que vous verrez par le mémoire et instruction que je vous envoie, et pour la vous déclarer en peu de parolles je veulx estre obéy et chastier quiconque s'eslèvera et oposera à mes commandemens; à ces fins, ne me sçauriez faire ung plus grand service que de vous rendre le plus promptement qu'il vous sera possible en vostre gouvernement : car il n'y a province en mon royaume en laquelle j'aye plus grand besoing d'estre bien servi, d'autant que ceulx de ceste rellligion y sont en grand nombre et forts; la dilligence aussy y est très requise pour les empescher de s'assembler, comme il est à craindre qu'ils auront jà faict. J'escripts aux sieurs de Malicorne [1] et de Vassé joindre leurs forces avecques vous, affin qu'estans en ce commencement ensemble vous me puissiez mieulx faire obéir. Si en allant en votre gouvernement ou avant que de partir de vostre maison vous estes adverty qu'il y en ait qui s'assemblent en armes contre

---

1. Jean de Chourses, sr de Malicorne, beau-frère de M. du Lude, dont il avait épousé la sœur Françoise. Il lui succéda en 1585 dans le gouvernement du Poitou.

mon intention, je vous prie leur courir sus et les tailler en pièces, pourveu toutesfois que cela ne vous arreste trop ; car vous faictes très grand besoing en vostre dit gouvernement ; passant aussy à Monstreuil-Beslay vous adviserez d'y establir ma volonté et me rendre obéy. Je vous envoie ung mémoire que j'ay faict faire par le sieur de Biron des lieux où il y a quelques pièces d'artillerie et munitions, affin que les envoyez quérir et vous en puissiés servir et ayder, si en avez besoing. Priant Dieu, Monsieur du Ludde, vous avoir en sa garde.

Escript à Paris, le iij^e jour de septembre 1572. Signé : CHARLES. Et plus bas : DE NEUFVILLE.

Au dos est écrit : A Monsieur du Ludde, etc…

---

231. — 4 septembre 1572. — Instructions du roi Charles IX à M. du Lude.

Le roy, considérant qu'après l'esmotion naguières advenue en ceste ville de Paris en laquelle a esté tué le feu sieur de Chastillon, amyral de France et aulcuns seigneurs et gentilshommes qui estoient avecques luy, pour avoir malheureusement conspiré d'atempter à la personne de Sa Majesté, de la royne sa mère, de messeigneurs ses frères, du roy de Navarre et aultres princes et seigneurs estans près d'eulx et à son Estat, ceulx de la religion prétendue refformée ne sçachant au vray les causes et occasions d'icelle esmotion, feroient, pour s'eslever, s'assembler et mectre en armes, comme ils ont faict les troubles passés, faire nouvelles praticques et menées et desseings contre le bien du service de Sa Majesté et repos de ce royaume, s'il n'y estoyt par elle pourveu et faict à la vérité congnoistre aux seigneurs et gentilshommes et aultres ses subjects de la dite religion comme ce faict est passé et quelle est l'intention et vollonté de Sa Majesté en leur endroict ; Elle estant bien advertye du grand nombre de noblesse et aultres personnes qui sont de la religion en son pays de Poictou et ès environs et considérant pour y remédier et tenir tous ses dits subjects en bonne paix, il est besoin que le sieur du Lude, gouverneur du dit pays s'y achemine et rende le plustost qu'il luy sera possible, Sa dicte Majesté, outre ce qu'elle luy a escript par ses dernières, luy faict encores présentement une recharge bien vifve pour s'y en aller en toute diligence.

Estant ledit sieur conte du Lude arrivé en son dit gouvernement, advisera incontinent par tous moyens de faire vivre en paix, union et repos tous les subjects de Sa dite Majesté, tant de l'une que d'autre religion, et, pour y parvenir fera doulcement appeller devant luy en publicq ou en particulier, ainsi que verra estre plus à propos pour le bien de son service, les sieurs gentilshommes dudit pays et aussy les bourgeois et habitans des villes de Poictiers et autres qui seront de la dite religion, ausquels il déclarera et fera entendre la vérité de la dite esmotion advenue en ceste dite ville, pour ce que l'on leur pourroit avoir desguysé le faict autrement qu'il n'est.

Et leur dira le dit sieur conte du Lude que Sa dite Majesté ayant descouvert que, soubs umbre de la blesseure du dit amyral dont elle vouloit et avoit jà donné tout l'ordre qui se peult pour promptement luy en faire faire justice, icelluy amyral et les sieurs gentilshommes de sa ditte religion qui estoient en ceste ville avec luy, sans attendre l'effect de la dite justice, avoient faict une meschante, malheureuse et dangereuse conspiration en la personne de Sa dite Majesté, de la royne sa mère, messeigneurs ses frères, du roi de Navarre et aultres princes et seigneurs estans près d'eulx et à son dit Estat, ainsy que aulcuns participans et adhérans à la dite conspiration, recognoissant leur faulte, ont confessé; que Sa dite Majesté, pour prévenir et obvier à l'exécution d'ung si méchant, pernicieulx et abominable desseing et non pour aucune cause de religion, ny pour contrevenir à son édict de paciffication, a esté, à son très grand regret, contraincte permettre ce qui est ainsy advenu le dimanche xxiiij^e du présent mois d'aoust, en la personne du dit amyral et de ses adhérans et complices.

Entendant Sa dite Majesté que les dis de la religion puissent vivre et demeurer en toute liberté et seureté avecques leurs femmes, enffants et famille en leurs maisons soubs sa protection, comme elle les y maintiendra et fera maintenir, s'ils se veullent contenir doulcement, ainsy qu'elle désyre, soubs son obéissance, voullant à ceste fin Sa dite Majesté que le dit sieur conte du Ludde leur octroie et baille ses lettres de sauvegarde en bonne et autenticque forme qui seront de telle force et vertu que si elles estoient esmanées et prinses d'icelle Sa dicte Majesté et qu'en vertu d'icelles ils soient conservés et gardés de toutes injures, viollences et oppressions, avecques deffenses très expresses et estroittes à ceulx de ses subjects catholicques quels qu'ils soient de n'attempter, sur peyne de la vie, aux personnes, biens ne familles des dits de la religion qui se contiendront doulcement en leurs maisons.

Et si aulcuns estoient si téméraires et mal advisés de faire chose contre les dites deffenses et sauvegardes, Sa dite Majesté veult que pugnition et justice prompte, rigoureuse et exemplaire soit faicte de ceulx qui les auront viollées, affin que cella serve de contenir les aultres de ne faire le semblable.

Estant le vray et seul moien de l'asseurance que Sa dite Majesté peult bailler aus dits de la religion avecques sa parolle et promesse expresse de leur estre prince bon et bening protecteur et conservateur d'eulx et de tout ce qui leur touche, aultant qu'ils demeureront et vivront soubs son obéissance et sans entreprendre ou faire chose contre son service et volunté.

Et, parce que Sa Majesté a souvent congneu que les entreprinses et délibérations faictes par les dicts de la religion contre son service ont esté résolues entre eulx aus assemblées des presches que les gentilshommes avoient liberté de faire faire en leurs maisons et fiefs, le dit sieur conte du Ludde fera entendre particulièrement à iceulx gentilshommes qui ont acoustumés faire faire les dis presches, que Sa dite Majesté, considérant qu'il n'y a riens qui tant esmouve et anime les dis catholicques contre les dis de la religion que les dis presches et assemblées et que les continuant il est certain que cella seroyt cause d'empirer et augmenter les dites séditions, que pour ceste occasion Sa dite Majesté désire qu'ils les facent cesser jusques à ce que en soyt autrement par elle ordonné, et qu'ils s'accommodent à cela comme chose très nécessaire à l'effet de son intention qui est de ramener doulcement ses dits subjects à une vraye et parfaicte amitié, unyon et concorde les ungs avecques les autres, mectant toutes haynes, divisions, partiallités en obly, ce que, d'aultant qu'il leur pourra sembler dur du commencement, le dit sieur conte du Lude aura à leur dire doulcement en aulcune mauvaise conjecture, car aussy Sa dite Majesté veult procedder en toute vraye sincérité à l'endroict de ceulx qui se conformeront à sa volunté et obéissance, usant au demeurant, envers les dis de la religion et selon qu'il les verra disposés, de toutes les bonnes persuasions qu'il luy sera possible pour les amener à se résouldre de vivre soubs l'obéissance et selon la volunté de Sa dite Majesté.

Et, affin que ses dis subjects catholicques sçachent aussy comme ils auront à se conduyre en cecy, ledit sieur conte du Ludde dira que ce n'a jamais esté et n'est encores l'intention de Sa dite Majesté qu'il soyt faict aucun tort, injure ou oppression à ceulx de la dite religion qui comme bons et loyaulx subjects se vouldront contenir doulcement en son obéissance.

Déclairant aux dits catholicques que s'ils s'oublient tant que d'offenser ceulx de la dite religion qui se porteront tels envers Sa dite Majesté et auront à ceste fin prins d'elle ou de luy sieur conte du Ludde lettres de sauvegarde, elle les fera punir et chastier sur le champ comme transgresseurs de ses commandemens, sans aulcune espérance de grâce, pardon ou rémission, ce que ledit sieur conte du Ludde exprimera et leur déclarera amplement avecques les plus expresses parolles qu'il luy sera possible.

Et, après que le dit sieur conte du Ludde, suivant l'intention de Sa dite Majesté, aura, par ceste voye doulce qui est celle qu'elle ayme le mieulx, cherché les moyens d'asseurer le repos entre ses dis subjects, ceulx qui se conformeront en cella à la volunté de Sa dite Majesté il les y confortera, il leur fera faire tout le meuilleur et plus doulx traictement qu'il luy sera possible, et, s'il y avoit aulcuns qui se rendissent opiniastres et rebelles à Sa dite Majesté, sans avoir esgard aus dites remonstrances et feissent assemblées en armes, menées et praticques contre le bien de son service, le dit sieur conte du Ludde leur courra et fera courir sus, les taillera en pièces avant qu'ils ayent le moyen de se fortiffier et joindre ensemble ; et, à cest effect, assemblera le plus de forces qu'il luy sera possible, tant des ordonnances estans sa compagnie et des sieurs de Lansac[1], la Fayette, Malicorne, la Vauguyon[2] et conte Ventadour, nommées et ordonnées pour le dit pays de Poictou, dont les dits sieurs ont esté advertis, du ban et ar-

---

1. Guy de Saint-Gelais, sr de Lansac, chev. de l'ordre du Roi, capitaine de 50 hommes d'armes, fils de Louis de Saint-Gelais et de Jeanne de la Rocheaudry. (*Dict. des familles de l'ancien Poitou*, t. II, p. 332.)

2. Jean de Pérusse d'Escars, sr de la Vauguyon, prince de Carency, fils de François de Pérusse d'Escars et d'Isabeau de Bourbon. Il fut capitaine de 100 hommes d'armes d'ordonnance, maréchal et sénéchal de Bourbonnais en 1576, chevalier des ordres du roi en 1578, puis lieutenant général des armées du roi en Bretagne, sous Henri de Bourbon, prince de Dombes. Il mourut le 21 décembre 1595. (*Dict. des familles de l'ancien Poitou*, t. II, p. 515.)

rière-ban, que aultres gens de guerre et soldats à pied, suyvant les commissions qui luy ont esté envoyées, et habitans des villes de son dit gouvernement, avecques lesquelles forces le dit sieur conte courra aus dis séditieux et rebelles et assiégera ceulx qui se rendront et tiendront forts ès villes et chasteaux du dit pays, de manière que la force et l'autorité en demeure à Sa dite Majesté, selon et ainsy que le dit sieur conte du Ludde a ample et particullier pouvoir de ce faire par les lettres patentes que Sa dite Majesté luy a fait expédier.

Aura le dit sieur conte du Ludde toute bonne correspondance et intelligence avecques monsieur l'amyral [1] lequel sera de brief en Guyenne, les lieutenans généraux des provinces et aultres qui y sont et seroient envoyés avecques charge pour le service de Sa Majesté, se secourront et assisteront l'un l'autre de forces et moiens, comme bons serviteurs et ministres sont tenus de faire.

Et advertira continuellement le dit sieur conte Sa Majesté, tant de ce qu'il aura faict en cest endroict, comme de toutes aultres occurrances et de ce qu'il luy fera besoing, affin qu'il luy soit pourveu.

Fait à Paris, le iiij^e jour de septembre 1572. Signé : CHARLES. Et plus bas : DE NEUFVILLE.

---

232. — 8 septembre 1572. — Lettre de Charles IX à M. du Lude.

Monsieur du Ludde, j'envoye le sieur de Biron [2] grand maitre de mon artillerie en son gouvernement de la Rochelle et païs d'Aunys, affin de donner ordre à ce qui se présentera par delà pour mon service. Et d'autant que

---

1. Honoré de Savoie, marquis de Villars, comte de Tende, maréchal de France, était alors amiral de France.
2. Armand de Gontaut, baron de Biron, nommé gouverneur de la Rochelle en 1571. (Voir plus haut.)

mon intention est qu'il commande aussi en mon pays de Xaintonge, en l'absence de mon cousin le marquis de Villars, admiral de France, je vous en ay bien voullu advertir et vous prier, Monsieur du Ludde, suivant la dévotion que je sçay que vous avez au bien de mes affaires et service, ayder le dit sieur de Biron des forces que vous pourés avoir ensemble par delà, lorsqu'il vous en requérera et qu'il en pourra avoir de besoing en mon dit pays de Xaintonge, ainsi que je vous asseure qu'il vous fera de sa part toutesfois et quantes que l'occasion se présentera pour mon service, ayant au surplus une si bonne et entière intelligence par ensemble que je puisse par ce moyen recevoir de l'un et de l'autre les effetz de l'affection que portez au bien de ceste couronne ; priant Dieu, Monsieur du Ludde, vous avoir en sa garde.

Escript à Paris, le viij^e jour de septembre 1572. Signé : CHARLES. Et plus bas : DE NEUFVILLE, avec paraphe.

Au dos est écrit : A Monsieur le conte du Ludde, etc...

---

233. — 14 septembre 1572. — Lettre de Charles IX à M. du Lude.

Monsieur du Ludde, suivant ce que je vous ay escript et faict entendre par mes derniéres despesches, mesmement par l'instruction que je vous ay puis peu de jours envoyée, de ma bonne et droicte intention envers tous mes subjects, je ne désire riens tant que de veoir les choses à repos en mon royaume, et qu'aucuns de mes dits subjects qui pourroient estre en doute et deffiance, à cause de l'émotion advenue sur la mort du feu admiral, soient asseurés de ma bonne et sincère volonté en leur endroict, n'ayant jamais esté mon intention ny n'est que ceulx qui ne sont coulpables de la malheureuse conspiration faicte contre moy par le dit admiral et ses adhérans, souffrent aucun desplaisir, mais soient conservés, ainsy que mes autres, m'asseurant qu'ils se conformeront à ma volonté après l'avoir entendue, tant par ma déclaration qui en a esté publiée par les bailliages, que par vous qui les en asseurerés encores de ma part, suivant la charge et pouvoir exprès qu'en avés de moy ; et pour ce que j'ay journellement advis que, soubs coulleur de la ditte émotion, il se commet en mon royaume infinis maulx et exactions sur plusieurs de mes subjets par aucuns qui, soubs prétexte de mon service, ce sont d'eulx mesmes licentiés à prendre les armes et s'assembler, allant par les champs piller les maisons d'aucuns gentilshommes et autres mes subjects, lesquels se sont contenus en leurs maisons avecques leurs familles, suivant mes commandemens et l'asseurance qu'ils ont prise de la déclaration qui a esté publiée de mon intention, je vous prie que, sur tous les services que désirés me faire, vous donniez ordre d'entendre de tous les costés et endroicts de vostre dit gouvernement où il y aura gens en armes, affin de les mander venir à vous, ou, s'ils estoient loing, envoier vers eux gentilshommes cappables à ce qu'ils vous facent entendre soubs quel prétexte et aucthorité ils les auront prises ; et, s'ils ne sont gens de mes ordonnances ou qui ayent charge par escript de moy ou de mon frère le duc d'Anjou mon lieutenant général, et qui ne soient pour me faire service, faictes leur incontinant mettre les armes bas ; et, s'ils estoient si téméraires que de ne voulloir à l'instant obéyr au commandement que leur en ferez de ma part, donnés ordre de les rompre et mettre en pièces, si bien que la force m'en demeure, comme il est porté par vostre ditte instruction ; voullans aussy que vous faciez promptement faire la plus grande et exemplaire justice qu'il vous sera possible d'une infinité de volleurs et brigands qui font plusieurs pilleries et rançonnemens par les villaiges et maisons des champs, faisant mettre en liberté ceulx qui seroient détenus prisonniers sans paier rançon et réparer les maulx et factions qui leur auroient estés faits, si pouvez apréhender les coulpables ; car je désire que tels maulx soient pugnis et chastiés exemplairement, de peur qu'ils ne mectent en désespoir mes bons subjects, qu'ils soient contraincts pour se garantir de faire le contraire ; j'en escripts particulièrement une bonne lettre au sieur de Montsoreau lequel je suis bien adverty va pillant en vostre dit gouvernement et ès environs, chose que je trouve merveilleusement estrange de luy et à laquelle, en quelque sorte que ce soit, je vous prie remédier au plutost, si me voulez contenter, et m'en mander des nouvelles, comme aussy de votre arrivée en vostre dit gouvernement [1]. Priant Dieu, Monsieur du Lude, vous avoir en sa saincte garde.

Escript à Paris, le 14e jour de septembre 1572.

Je suis adverty qu'il y a plusieurs gentilshommes de cette prétendue relligion, lesquels font semblant de se vouloir contenir, qui envoient tous les jours vers le comte de Laval pour luy offrir de le suivre, s'il se veult eslever ; à quoy je vous prie prendre garde et que, soubs coulleur d'obéissance, il ne se pratique et monopole rien au préjudice de mon service ; faisant surtout chastier les voleries et saccagements de maisons. Signé : CHARLES. Et plus bas : DE NEUFVILLE, avec paraphe.

Au dos est écrit : A Monsieur du Ludde, etc...

---

234. — 14 septembre 1572. — Lettre de Charles IX à M. de Montsoreau.

Monsieur de Mont Saureau [2], je trouve merveilleusement

---

1. On verra, par une des lettres suivantes, que M. du Lude revint en Poitou le 16 septembre. Il était le 20 septembre à Saint-Maixent, où il s'occupa de la répartition des garnisons. (*Journal de Michel le Riche*, p. 111, 112.)

2. Jean, cte de Montsoreau, servit en Poitou, sous les ordres de M. le cte du Lude, dans les guerres contre les protestants en 1569. Il

estrange les pilleryes et exactions qui se font, comme je suis
adverty, soubs vostre nom et par vostre commandement
en mon pays de Poictou et ès environs sur plusieurs
gentilshommes et autres mes subjects, sans qu'ils en
donnent occasion, car je vous ay tousjours tenu et repputé pour si saige et obéissant serviteur que difficilement
j'eusse creu et estimé que, non seullement vous eussiez
voulu commectre tels actes, mais souffrir que vostre nom
y fust meslé. Vous ne pouvez ignorer, d'autant que j'ay
faict publier par toutes les provinces de mon royaume
mon intention, que j'ay pris en protection et mis soubs ma
sauvegarde tous gentils hommes et autres mes subjects de
la prétendue religion, lesquels se voudront contenir en
leurs maisons et avecques leurs familles, obéyr à mes
édicts et ordonnances sans prendre les armes et s'eslever;
néantmoings, je suis bien informé que c'est à ceulxlà que
vous vous addressez et que leurs maisons sont forcées et
pillées, de manière que se trouvans trompés en l'asseurance qu'ils avoient prise de la déclaration que j'ay faicte
de mon intention, ils sont contraincts de sortir de leurs
dites maisons pour sauver leurs vyes et fuyr la fureur de
vos soldats, estans en tel désespoir qu'ils sont prests d'oublier tout respect et pour se garentir prendre les armes
pour troubler le reppos de mon royaume. C'est pourquoy
je vous fais ceste lettre par laquelle je vous commande très
expressément que vous ayez incontinant, non seullement à
ne continuer et faire cesser telles exactions et violences,
sur tant que craignez encourir mon indignation, mais aussy
réparer les torts et injures qui ont esté par vous ou vos

était colonel des chevau-légers en Poitou en 1574. Il fut tué au mois
de septembre 1575, près Étrecy, en revenant de Paris, par des prévôts
des maréchaux, sans qu'on en sache la cause. Les huguenots, dont il
était, parait-il, l'ennemi mortel, se réjouirent de sa mort. (*Journal de
Généroux*, p. 64, 124, 127, 131.) La lettre du 14 septembre 1572, que
Charles IX lui adressa pour le réprimander, confirme et justifie l'appréciation du chroniqueur contemporain.

soldats faictes aus dis gentilshommes desquels avez forcé les maisons, métant au plustost à plaine et entière liberté ceulx qui auroient par vous ou les vostres esté faicts prisonniers, sans leur faire payer aucune rançon, d'autant que je ne veulx et entends qu'aucun de mes subjects y soient mis, ainsi que je l'ay escript aux gouverneurs de mes provinces et à ceulx qui y commandent; et où vous auriez advis qu'il y en auroit qui se vouldroient eslever pour s'opposer à mes intentions, parce que bien souvent l'on se sert de ce prétexte pour commectre semblables exactions, vous en advertirez incontinant le gouverneur de la province ou celuy qui y commandera, pour y remédier, vous deffendant de vous accompaigner en armes et vous licentier de tenir les champs et faire aucun faict d'armes en quelque sorte que ce soit, synon par congé du gouverneur ou lieutenant général de la province; et, si voulez réparer le malcontentement que j'ay des plainctes qui m'ont esté faictes de vous, faictes en sorte que les offensés ayent occasion de me mander le contraire. Je prye Dieu, Monsieur de Montsoreau, qu'il vous tienne en sa saincte garde.

Escript à Paris, le xiiij^e jour de septembre 1572. Signé : CHARLES. Et plus bas : DE NEUFVILLE.

---

235. — 17 septembre 1572. — Lettre de Charles IX à M. du Lude.

Monsieur le conte, je vous ay assez de foys escript que je veulx que ceulx qui ont faict profession de ceste nouvelle opinion lesquels se contiendront en leurs maisons et obéyront à mes intentions soyent gardez et deffendus de toute oppression; et d'autant qu'il y en a plusieurs en vostre gouvernement lesquels font démonstration, non seullement de se vouloir contenir, mais abjurer leur dite oppinion et revenir à l'Église catholique; je vous prie donner ordre qu'il ne leur soit faict aucun déplaisir et que, par le bon traitement qui leur sera faict, ils soyent confortés en ceste volonté, mesmement aucuns, lesquels, comme il m'a esté mandé, avoyent desliberé auparavant la mort de l'admiral et ses adhérans, cognoissant leur pernitieuse intention et les méchancetés que produisoit ceste dite oppinion soubs prétexte de religion, de se recongnoistre et réunir à l'Église, comme je le vous ay par ma dernière escript, priant Dieu, Monsieur le conte, vous avoir en sa saincte garde.

De Paris, le xvij^e jour de septembre 1572. Signé : CHARLES. Et plus bas : DE NEUFVILLE, avec paraphe.

Au dos est écrit : A Monsieur le conte du Lude, etc...

---

236. — 28 septembre 1572. — Lettre de Charles IX à M. du Lude.

Monsieur du Ludde, les lettres que m'avez escrites du 16 de ce moys m'ont estés très agréables, premiérement en ce que m'y faittes mention qu'este en vostre gouvernement et charge, cognoissant que votre présence y est très nécessaire y tenant le lieu que vous avés et m'y représentant si dignement que vous faictes, aussy que m'asseurés avoir trouvé la plus grande partye de la noblesse du pays de la nouvelle opinion bien disposée à vivre en paix soubs l'observance de mes édicts et commandemens, sans se voulloir esmouvoir : je vous prie, Monsieur du Ludde, les confforter en cela de tout vostre pouvoir et n'oublier rien de ce qui leur peult donner conffiance de ma volonté, laquelle véritablement j'ay très bonne et affectionnée à leur bien et conservation, pourveu qu'ils ne s'eslèvent ny troublent le commun repos, mais se contiennent paisiblement et me soient bons et obéyssants subjects, dont je leur donneray de jour en jour plus d'occasion et tesmoignage, comme semblablement je ne lairray impunis les désobéissances qui me seroient faictes et à ceulx qui me représentent : pour le regard de ceulx de la Rochelle, j'ay bien considéré ce que m'en escrivés et m'avés faict plaisir d'en parler librement; ils m'ont bien escrit fort humblement et ne sçaureois par lettres m'exprimer davantage l'affection qu'ils me démonstrent et à mon service. Maintenant que le sieur de Biron est par delà [1], j'espère estre dans peu de temps esclaircy de l'intérieur de leurs cœurs et actions pour y voir à plain et asseoir jugement, et suivant cela me conduire; cependant, si vous en apprenés particulièrement quelque chose, je vous prie m'en advertir incontinent, mesmes en donner advis au dit sieur de Biron, affin que ceste commune bonne intelligence d'entre vous deulx favorise mon dit service et aschemine tousjours mes affaires et intentions au but que je désire et recherche, qui est l'honneur de Dieu, le bien, repos et conservation de mes subjects soubs mon obéissance, en quoy je sçay combien me secourent mes bons serviteurs, et le lieu que vous y tenez à l'exemple de vos prédécesseurs, estant très soigneux et vigilant en vostre charge : ce sera pour de tant plus acroistre le bien que je vous veux; et en cest endroict je prie Dieu qu'il vous ayt, Monsieur du Lude, en sa garde saincte.

Escript le 28ᵉ jour de septembre 1572. Signé : CHARLES. Et plus bas : DE NEUFVILLE, avec paraphe.

Au dos est écript : A Monsieur le conte du Ludde, etc...

---

237. — 30 septembre 1572. — Lettre de Charles IX à M. du Lude.

Monsieur du Ludde, en délibérant des affaires qui con-

---

1. Armand de Gontaut, baron de Biron, maréchal de France, lieutenant pour le roi au pays de la Rochelle, Aunis et Saintonge, entama à cette époque, à Surgères, des négociations avec les députés des Rochelais, dans le but de les déterminer à lui accorder l'entrée de leur ville et à se soumettre ainsi au roi. Il ne parvint pas à réussir. (*Hist. de la Rochelle*, par Arcère, t. I, p. 410-413.)

cernent et appartiennent à la seureté et conservation de mon estat, j'ay trouvé que l'une des choses la plus nécessaire de faire en ceste occasion est de pourveoir et commettre la charge et administration de la justice et de mes finances à personnes catholicques, pour la deffiance que mes subjects après les émotions fraischement advenues pourroient avoir de ceulx de la nouvelle opinion qui tiennent les dits estats, lesquels leur attribuent beaucoup d'auctorité parmy le peuple, s'ils les exerçoient encores à présent : au moyen de quoy, j'ay faict faire un mémoire contenant la déclaration de ce que j'entends estre faict pour le regard des dits officiers de la nouvelle opinion, tant de la justice que des finances, qui ont auctorité et semblablement des aultres menus officiers qui n'ont gaiges ny auctorité, à cause de leurs dits estats ; lequel mémoire je vous envoye signé de ma main, vous pryant le faire suivre et observer pour les officiers de la ditte qualité qui sont en l'estendue de vostre charge, et leur faire entendre et déclairer en cest endroict mon intention portée par le dit mémoire, à ce qu'ils n'en puissent prétendre cause d'ignorance; et quant aux biens qui ont estés saisis sur ceulx de la ditte nouvelle opinion, vous leur en bailleres ou ferés bailler plaine et entière main levée et à leurs veufves et héritiers, à la charge des soubmissions et ainssy qu'il est porté et contenu amplement par le dit mémoire; et, encores que par l'un des articles d'icelle il soit dict que tous prisonniers seront mis en liberté, toutes fois mon intention est que ceulx qui seront notoirement congneus factieulx soient retenus, et gardés leur noms et surnoms et demeurance, desquels vous m'envoyerés par ung roolle avec les charges qui seront contre eulx, pour après vous faire entendre et mander sur ce ma volonté; sans toutesfois déclairer que j'aye faicte cette exception laquelle j'ay réservée de faire par ceste lettre pour bonnes considérations ; voullans au demeurant le contenu au dit mémoire estre entièrement gardé, suyvy, observé et entretenu; à quoy vous tiendrés la main, en m'advertissant de ce que vous aurés faict du contenu en la présente; prians Dieu, Monsieur du Ludde, vous avoir en sa garde.

Escript à Paris, le dernier jour de septembre 1572. Signé : CHARLES. Et plus bas : DE NEUFVILLE, avec paraphe.

Au dos est écrit : A Monsieur du Ludde, etc...

---

238. — 4 octobre 1572. — Lettre de Charles IX à M. du Lude.

Monsieur le conte, vous avez saigement faict de m'avoir envoyé ce porteur et par luy mandé la contenance et les depportemens des Rochelloys[1]; ils font bien le contraire de ce qu'ils m'avoient mandé et espérois d'eulx, attendu la bonne volonté que j'avois de les conserver en leurs previlléges. Par ce que je n'ay encores eu nouvelles aucunes du sieur de Byron, je ne me puis résouldre à ce que je doibs faire, joinct que je luy ay donné tout pouvoir de prendre tel party qu'il congnoistra estre utile et nécessaire pour me rendre obéy; mon intention est qu'il tente celuy de la doulceur en tout ce qui luy sera possible, mais aussy où il congnoistra ne les pouvoir réduire par ce moien au chemyn d'obéissance, je désire qu'il soit au plustost proceddé à l'encontre d'eulx par les voyes les plus rigoureuses pour les chastier de leur témérité, sans perdre temps et leur donner loysir davantaige; et me sera chose très agréable que vous ayés en cela bonne intelligence avecques le dit sieur de Byron et mes autres ministres et serviteurs et eulx avecques vous pour vous secourir et assister l'un l'autre en ce qui se présentera; et vous advertiray, après

---

1. Le c^{te} du Lude avait, en effet, écrit de Niort, le 28 septembre précédent, une lettre au roi, dans laquelle il lui faisait connaître les mauvaises dispositions et l'esprit rebelle des Rochelais. (*Arch. hist. de la Saintonge et de l'Aunis.* t. III, p. 298).

avoir receu lettre du dit sieur de Byron, de mon intention; cependant vous regarderés d'empescher que les dits Rochelloys se saisissent d'aucuns chasteaulx qui sont soubs vostre charge, où ils le vouldroient entreprendre; priant Dieu, Monsieur le conte, vous avoir en sa garde.

Escript à Paris, le iiij^e d'octobre 1572. Signé : CHARLES. Et plus bas : DE NEUFVILLE, avec paraphe.

Au dos est écrit : A Monsieur le conte du Ludde, etc...

239. — 17 octobre 1572. — Lettre de Charles IX à M. de la Fayette.

Monsieur de la Fayette[1], encores que j'aye essayé tous les moyens doulx et gratieulx pour ramener ceulx de ma ville de la Rochelle à l'obéissance qu'ils me doibvent, je y ay toutesfois si peu prouffleté que je me trouve à présent contrainct y employer, à mon grand regret, la force que Dieu m'a donnée. Ayant fait lever ung bon nombre de gens de pied, oultre ceulx qui sont jà ès environs de la dite ville qui sont soubs le sieur de Strossy[2] pour cest effect et y mettre le siége au plustost, délibéré de poursuivre ceste entreprinse jusques à ce que j'en aye la raison et plaine satisfaction ; et d'aultant qu'elle ne se peult exécuter sans estre assistée d'ung bon nombre de cavallerye, j'ay faict choix et élection de quelques compaignies de ma gendarmerye pour les y employer, entre lesquelles est la vostre, vous pryant à ceste cause, incontinant la présente receue, vous disposer avec elle pour vous acheminer et rendre en personne le plustost que vous pourrés à Nyort,

---

1. M. de la Fayette, beau-père de M. du Lude, était capitaine d'une compagnie d'ordonnance que le gouverneur du Poitou avait promis de mettre en garnison à Saint-Maixent, le 20 septembre précédent. (*Journal de Michel le Riche,* p. 111, 112.)

2. Philippe Strozzy, colonel général de l'infanterie, était alors à Brouage. (*Histoire de la Rochelle,* par Arcère, t. I, p. 413.)

lieu que j'ay destiné pour faire l'amas de toutes les forces que je veulx y employer [1]; ayant bien voullu vous advertir que, pour estre le sieur de Biron gouverneur du pays de Rocheloys, je l'ay choisy pour commander en ceste exécution, comme je veulx que tous les autres gouverneurs facent en leurs charges, sy occasion s'y présente, affin que vous ne faciez difficulté de luy remettre et defférer ce lieu et avoir l'intelligence avec luy que vous congnoistrez estre nécessaire au bien de mon service, pour le respect duquel je m'asseure que vous vous accommoderez à toutes choses et que en cest endroict vous me ferés ung si bon et signalé service que j'auray occasion d'en avoir mémoire et tout ce qui pourra toucher vostre contantement; pryant Dieu, Monsieur de la Fayette, vous avoir en sa saincte et digne garde.

Escript à Paris, le xvij⁹ jour d'octobre 1572. Signé : CHARLES. Et plus bas : FIZES, avec paraphe.

Au dos est écrit : A Monsieur de la Fayette, chevallier de mon ordre et cappitaine de cinquante lances de mes ordonnances, ou à celluy qui commande de présent à sa compagnie.

---

240. — 17 octobre 1572. — Lettre de Charles IX à M. du Lude [2].

Monsieur le conte, encores que j'aye essayé tous les moyens doulx et gracieulx pour ramener ceulx de ma ville de la Rochelle à l'obéissance qu'ils me doyvent, je y ay toutesfoys si peu prouffité que je me trouve à présent contrainct y employer, à mon grand regret, la force que Dieu m'a donnée, ayant faict lever ung bon nombre de gens de

---

1. La compagnie de M. de la Fayette, conduite par son lieutenant, M. de Pierrebrune, passa à Saint-Maixent le 19 octobre 1572. (*Journal de Michel le Riche*, p. 114.)

2. Cette lettre est imprimée mais incomplète dans l'*Histoire de la Rochelle*, par le P. Arcère, t. II, p. 678.

pied, outre ceulx qui sont jà ès environs de la dite ville sous le sieur de Strossy pour cest effect et y mettre le siège aussytost, délibéré de poursuivre ceste entreprise jusques à ce que j'en aye la raison et plaine satisfaction. Et d'aultant qu'elle ne se peult exécuter sans estre assistée d'un bon nombre de cavalliers, j'ay fait choix et ellection de quelques compaignyes de ma gendarmerye pour les y employer, entre lesquelles est la vostre, vous priant à ceste cause, incontinant la présente receue, vous disposer avec icelle pour vous acheminer et rendre en personne le plustost que vous pourez à Niort que j'ay choisy pour faire l'amas de toutes les dites forces, tant de pied que de cheval, à quoy vous pourveoyerez et donnerés tel ordre que verrez estre nécessaire, étant le lieu au dedans de votre gouvernement ; et parce que le dit lieu de la Rochelle où les dites forces se doyvent exploicter est de celuy du sieur de Biron, et que j'ay résolu que tous gouverneurs commanderont doresnavant en tous les lieux de leur gouvernement, s'il y a exploict à faire, je vous prye, Monsieur le conte, estre content et vous disposer pour le bien de mon service, ce que je sçay vous estre sur toutes choses recommandé, et de remettre et defférer le dit lieu au dit sieur de Biron, et prendre avec luy telle intelligence que j'en puisse tirer le service que je me promects de vostre vertu, et vous me ferez en cela service aultant agréable que en aucune autre occasion où vous puissiez vous employer ; priant Dieu, Monsieur le conte, vous avoir en sa garde.

Escript à Paris, le xvij° jour d'octobre 1572. Signé : CHARLES. Et plus bas : FIZES, avec paraphe. A côté est écrit : Monsieur le conte, vous ferez tenir aux deux autres compaignies de gens d'armes que je veulx se rendre au dit Niort avecques vous, les lettres que je leur escripts. Ce sont celles qui étoient ordonnées tenir garnison en vostre gouvernement.

Au dos est écrit : A Monsieur le conte du Ludde, etc...

241. — 4 novembre 1572. — Lettre du duc d'Anjou à M. du Lude.

Monsieur du Ludde, le roy, monseigneur et frère, a trop bonne opinion de vous et telle asseurance de vostre sincérité, que vous ne devez croire qu'il ait pensé que vous ayez consenty aux rançonnemens et pilleryes qu'il avoit entendu se faire sur ceulx de la nouvelle opinion en vostre gouvernement et vous en écrivit la lettre à laquelle vous respondés pour les causes qu'il vous fait sçavoir. Il sçait que vous aymez tant son service que vous le ferés tousjours obéyr et ne permettrez qu'en lieu où vous aurés pouvoir il se face chose qui vous soit désagréable. Je luy ay fait veoir et bien considérer le mémoire que m'avés envoyé. En somme, puisque les Rochellois veullent estre oppiniastres et n'obéyr à son intention, estimant que de la réduction de la dite ville et châtiment de tels rebelles, deppend l'entier repos de ce royaume que je désire singulièrement, j'ay pryé le roy, mon dit seigneur et frère me donner la charge de l'entreprise, et suis après pour dresser tout l'équipage nécessaire, affin de m'acheminer incontinant; et encores que la saison soit rude pour une telle entreprise, toutesfois estant faicte chauldement, bien poursuyvye et exécutée comme il fault, nous surmonterons toutes difficultez, et en sera, avecque l'ayde de Dieu et des gens de bien, la fin très heureuse et au contentement du roy, mon dit seigneur et frère. J'espère, Monsieur du Ludde, vous y veoir et que vous m'ayderez à faire le service au roy, mon dit seigneur et frère, comme j'ay donné charge à ce porteur vous dire; à tant je prieray Dieu, Monsieur du Ludde, qu'il vous tienne en sa saincte garde.

Escript à Paris, le iiij^e jour de novembre 1572. Signé : Votre bon amy, Henry.

Au dos est écrit : A Monsieur le conte du Lude, etc...

242. — 4 novembre 1572. — Lettre de Charles IX à M. du Lude.

Monsieur du Ludde, le desplaisir que j'ay de la continuation des massacres et des meurdres qui se commectent de toutes parts en mon royaulme contre les déclarations et deffences tant expresses que j'ay faictes me contrainct adviser de plus près aulx remèdes qui sont nécessaires à contenir et réprimer telle effrenée licence; ayant sur ce arresté d'envoyer tous les gouverneurs de mes provinces ès lieulx de leurs gouvernemens avec les lettres patentes de déclaration et instruction particullière de mes intentions que vous trouverrés cy encloses, pour par leur présence et auctorité esteindre et amortir une telle fureur, suyvant ce que je vous prye vous achemyner en vostre gouvernement le plustost que vous pourés; pour le regard des dites lettres patentes, vous en ferés exactement observer le contenu; et, quant à la ditte instruction, vous adviserez de vous en ayder avecques telle dextérité et bonne façon que vous en puissiés tirer le fruict que je désire, estant chose que vous jugerez assez importer grandement au bien de nostre service; priant sur ce le Créateur qu'il vous ayt, Monsieur du Lude, en sa saincte et digne garde.

A Paris, le 4 novembre 1572. Signé : CHARLES. Et plus bas : DE NEUFVILLE.

Au dos est écrit : A Monsieur le conte du Lude, etc...

---

243. — 4 novembre 1572. — Lettre de Charles IX à M. du Lude.

Monsieur du Ludde, j'ay receu vostre lettre du 20e du dernier et vous avoue avoir ressenty ung tel ennuy et déplaisir de ce que m'avoit esté rapporté que l'on pilloyt et courroyt sus en votre gouvernement à ceulx de la nouvelle opinion, contre mes commandements, que j'ay esté meu vous en escripre celle à laquelle vous me faictes responce, considérant le mal qui en pouvoyt succedder et que c'estoit pour mettre ung chacun en désespoir, comme il est advenu de plusieurs; et m'a esté plaisir d'entendre par vous que vous ayez de tout votre pouvoir empesché lesdicts renconnements et qu'il ne soyt riens de ce que m'en avoit esté dict; et d'aultant plus que ceux lesquels ont prins ceste coulleur pour partir de leurs maysons et aller à la Rochelle et ailleurs n'ont aucune excuse pour couvrir la faulte qu'ils font et désobéissance qu'ils commettent, j'ay faict tout ce qu'il m'a esté possible et tenté les moyens doulx pour asseurer les Rochelloys de ma vollunté et les admonester de me donner occasion de les bien traicter, de quoy vous estes bon témoing; mais je congnoys qu'ils ont très mauvaise intention et que l'espérance qu'ils m'ont jusques icy donnée de m'obéyr n'a esté que pour gaigner temps et avoir loysir de se fortiffier de vivres et hommes, affin de faire tout le contraire, comme ils démonstrent maintenant assez clairement par leurs depportemens et mesmes l'injure et excez qu'ils ont commys laschement en la personne du sieur du Vigean [1], duquel je me recens très grandement offensé; au moyen de quoy, je suis résollu faire procedder à l'encontre d'eulx par toutes voyes rigoureuses comme envers rebelles, ayant mon frère le duc d'Anjou voullu prendre la charge d'y aller luy mesmes pour mettre le siège devant la ditte ville et faire tout effort de la prandre et m'en randre maitre au plus tost, affin qu'ils n'ayent loysir de se fortiffier davantaige et attirer à leur malheureuse intention mes aultres subjects. J'ay envoyé le sieur Petre-Paule

---

1. François du Fou, s^r du Vigean et de la Groussselière, capitaine-gouverneur de la ville et château de Lusignan, ayant été député par le roi près des Rochelais, pour obtenir leur soumission, fut assailli traîtreusement et blessé par Guimenières, lieutenant de Saint-Étienne, le 16 octobre 1572, à la Sigogne, près la Rochelle, d'autres disent à Mauzé. (*Hist. de la Rochelle*, par Arcère, t. I, p. 415.— *Journal de Généroux*, p. 95.)

Thosaing [1] vers le sieur de Biron pour l'advertyr de ma délibération ; j'estime qu'il la vous aura communiquée, m'estant réservé à vous escripre en faisant responce à votre ditte dernière. Monsieur du Lude, je vous prye doncques préparer de vostre costé toutes choses pour servir à ceste entreprinse et avoir avecques le dit sieur de Biron pour cest effect entière et bonne intelligence : mon dict frère partira aussytost que il verra les préparatifs achemynés ; cependant, s'il se présente entre vos mains quelque occasion laquelle soyt pour avancer l'expugnation de la dicte ville, vous ne délaysserés de vous ayder et servir et la mettre à exécution, soyt pour affoiblir ceulx de dedans ou gaigner quelque avantaige sur eulx, selon que vous adviserés et le dict sieur de Biron. Sur tout, il fault pourveoir qu'ils ne ostent la commodité qui est aulx environs de la dicte ville pour loger. J'ay envoyé le sieur de Beaulieu, commissaire général de mes vivres, par delà pour les vivres, luy ayant faict sçavoir mon intention depuis ma résolution, et espère qu'il donnera ordre à toutes choses nécessaires ; en quoy, je vous prie le faire assister. J'escripts aussy à mon cousin le sieur Strossy qu'il pourvoye aux insollances que font ses compaignies, ausquelles il a esté envoyé argent pour leur payement. Priant Dieu, Monsieur du Ludde, vous avoir en sa garde.

Escript à Paris, le iiij° jour de novembre 1572.

Monsieur du Ludde, depuis la présente escripte j'ay esté adverty de ce qui s'est faict à Poictiers à l'endroict de ceulx de la nouvelle oppinion qui y estoient demeurés sous mon asseurance ; de quoy aians merveilleusement desplaisir, congnoissant combien je suis peu obéy et mes commandemens mal servis, et semble que l'on veuille mettre chacun en désespoir affin de randre la partye de ceulx qui se

---

[1]. Pierre-Paul Tosinghi, d'origine florentine, gouverneur de Saint-Jean-d'Angély. (*Hist. de la Rochelle*, par Arcère, t. I, p. 422.)

sont eslevés contre ma volunté plus forte et par ce moyen nourrir tousjours en mon royaume la désobéissance et la guerre, je veulx croire que vous estes le plus marry de ce qui est advenu et que vous ferés vostre debvoir pour faire punir ceulx qui sont causes de ce qui s'est commis en la dicte ville de Poictiers [1]. Toutesfois, affin que l'exemple s'en face telle qu'elle serve pour contenir ung chacun en debvoir, empescher que tels actes et excés ne se commettent et faire congnoistre combien ils me desplaisent et que désirés me rendre obéy, je vous prye aller incontinent en la dicte ville et faire prandre ceulx qui ont faict mal et qu'ils soient très bien punis et chastiés, sinon mon frère le duc d'Anjou a deslibéré y envoyer son prévost pour en faire la visite et ne serai satisfait qu'elle ne l'ayt esté telle que défaut le mérite. Nous avons mandé plusieurs compaignies de gens d'armes de se retrouver au siège; je vous prie comme elles arriveront, s'il est besoing, permettre qu'elles soyent logées et receues en vostre gouvernement, et en ce, comme en toutes autres choses, avoir bonne et parfaicte intelligence avec le sieur de Biron, suivant ce que je luy mande qu'il ayt avec vous. Signé : CHARLES. Et plus bas : DE NEUFVILLE, avec paraphe.

Au dos est escrit : A Monsieur le conte du Ludde, etc...

---

[1]. Le fait dont il est question dans ce passage de la lettre du roi a été raconté pour la première fois par Généroux, dans son journal, dans les termes suivants : « Le lendemain jour de lundi (26 octobre 1572), fort matin furent tués à Poitiers, où j'étais lors, par commandement du lieutenant de Poitou La Haye, ayant reçu lettres du roi, les procureurs Briand et Béceleuf et la Royère-Besse, le sergent Ayrault, concierge, l'hoste de Saint-André et quelques autres huguenots morts; mais chaque catholique sauvait ses amis. Me Jean Allonneau, procureur, huguenot et séditieux outré, se sauva chez le sr de la Mortière où j'étois. » (Journal de Généroux, p. 95.) Le journal de Michel le Riche ne s'exprime qu'en termes vagues sur le même événement : « Le 30 octobre l'on disoit que plusieurs huguenots et jusqu'au nombre de cinq à six cents de la ville de Poitiers y avoient été pris et constitués prisonniers dès dimanche et lundi dernier (26 octobre), dont aucuns avoient été élargis, les autres tués et les autres retenus » (p. 115). — Généroux, qui se trouvait sur les lieux à Poitiers, est, on le voit bien, mieux informé.

244. — Novembre 1572. — Lettre du duc d'Anjou à M. du Lude.

Monsieur le conte, Ruzé m'a dit les entreprinses que vous avez proposées sur la réduction de la Rochelle en l'obéissance du roy, monseigneur et frère et tellement travailler ceulx qui font contenance de la voulloir garder contre luy qu'ils feussent contraincts demeurer dans la ville et manger leurs vivres sans plus tirer aucunes commodités de la campaigne, comme ils ont faicts. Depuis, il m'a dit aussy le désir que vous avez de me veoir par delà pour recevoir l'honneur de renger tels rebelles à l'obéissance qu'ils doyvent à leur roy et de quelle affection vous êtes délibéré d'y employer tous vos moiens, dont je vous remercye de bon cœur, attendant que je mette en œuvre ceste bonne volonté que je me suis tousjours promise de vous, et de laquelle j'essayeray de me revencher en aultre endroict où vous me vouldrez employer ; cependant, je vous prie, faictes tout ce que vous pourrés pour rendre l'exécution de cette entreprinse à si bon terme que la fin en soit au service du roy, mon dit seigneur et frère, et selon nos espérances, soit par la prinse de Maran, comme Ruzé m'a dict aussy que vous en estiés sur le poinct, ou autre moyen que vous penserés y debvoir estre employé ; vous asseurant que jamais je ne celleray le bon debvoir que vous y aurés faict, mais qu'il sera tesmoigné et favorisé de moy en tout ce qu'il me sera possible ; et là dessus, après vous avoir prié de m'escrire souvent ce que vous penserés me debvoir estre mandé, Notre Seigneur vous ait, Monsieur le conte, en sa saincte garde.

Escrit à Paris, le..... de novembre 1572. Signé : Votre bon amy, HENRY.

Au dos est écrit : A Monsieur le conte du Ludde, etc...

245. — 16 novembre 1572. — Lettre de Charles IX à M. du Lude.

Monsieur du Lude, par ce qu'il peult estre nécessaire tenir l'esquipaige d'artillerye que j'envoye par delà pour l'entreprise de la Rochelle, en aucunes villes de vostre gouvernement, je vous prye donner ordre qu'il y soit receu et logé comme il appartient et secourir et ayder de ce que vous pourés le sieur de Biron en l'exécution et poursuitte de la dite entreprise. Au surplus, je vous ay par plusieurs fois escript empescher que mes subjects de la nouvelle oppinion ne fussent saccagez ne pillez en vostre gouvernement, ains gardez et conservez de toutte oppression : je veulx croire qu'y faictes ce que pouvez. Toutesfois je suis adverty que l'on ne laisse de leur courir sus, les vexer et tourmenter journellement, de sorte qu'ils sont contraincts habandonner leurs maisons et familles et par désespoir suivre ceulx qui se sont souslevez contre ma volunté, dont je ne puis estre contant, cognoissant combien je suis mal obéy et mes commandemens peu respectez. Et partant, je vous prye y mettre meilleur ordre, s'il vous est possible, et vous ferés chose qui me sera très agréable. Je prye Dieu, Monsieur du Lude, qu'il vous tienne en sa sainte garde.

Escript à Paris, le xvjᵉ jour de novembre 1572. Signé : CHARLES. Et plus bas : DE NEUFVILLE, avec paraphe.

Entre lesquelles signatures est écrit : Monsieur du Lude, je vous envoye ung rôle de certains lieulx par lesquels, comme l'on m'a adverty, passent journellement gens qui vont de la Rochelle en Allemagne et reviennent pour conduire des pratiques et menées au préjudice de mon service ; j'entends qu'ils ne marchent jamais que la nuit ; je vous prie y avoir l'œil, mettre peine de y atraper quelqu'un et vous ferez chose qui me sera très agréable. Il s'y faut porter secrétement et pour cause. J'escripts à mon cousin le sieur Strossy que je seray bien ayse qu'il employe deux ou troys des capitaines auxquels vous avez fait lever des compagnies de gens de pied, si le nombre que je luy ay commandé lever n'est complet.

Au dos est écrit : A Monsieur le conte du Lude, etc...

---

246. — 20 novembre 1572. — Lettre de Charles IX à M. du Lude.

Monsieur le conte, si tost que je feus hyer party de Paris pour en estre absent trois ou quatre jours, quelques séditieux firent courir ung bruit parmy le peuple que l'on devoit tuer tous ceulx, tant qui estoient soubsonnez estre de la nouvelle opinion, que les autres qui l'avoient abjurée, de manière que cela avoit faict naistre une telle rumeur dedans la ville que, sans le bon ordre qui y feust donné par les gens de bien mes bons et fidelles serviteurs, la chose eust passé plus avant. Mais Dieu mercy, il n'y a eu ung seul homme d'offensé, comme je viens d'estre adverty tout présentement, estans sur le poinct de m'en retourner en la dicte ville, si ceste rumeur eut continué, pour chastier tels séditieux et moy mesmes y pourveoir. Et, d'autant qu'il est à craindre que tel bruit soit porté plus loing et comme toutes choses sont subjectes à estre prises plustost en mauvaise part qu'autrement, que l'on ne pense que l'exécution s'en soit ensuivie, ce que, je ne doubte pas, aura donné une telle alarme partout que chacun aura pensé que le tout se face par mon auctorité et par là pris occasion aux ungs de mener les mains et courir sus à ceulx qui sont ou ont esté de ceste dite nouvelle opinion et aux autres par désespoir habandonner leurs maisons pour fuir ceste fureur, je vous fais ceste lettre par laquelle serez informé à la vérité comme le tout a passé, vous priant le faire entendre à toute la noblesse de vostre gouvernement, mesme le faire publier en toutes les principales villes et endroicts d'icelluy, affin que personne n'en prétende cause d'ignorance, faire pugnir et très rigoureusement chastier ceulx qui, soubs ce prétexte ny autrement, s'ingéreront de entreprandre aucune chose au préjudice de ceulx qui ont esté de la nouvelle opinion, suivant les déclarations que je vous ai envoiées et si souvent réitérées de mon intention, de manière que ung chacun cognoisse combien je suis esloigné de semblables exécutions et que ceulx qui seront entrés en doubte et subçon pour ceste occasion soient rasseurés ; faisant bien sonner à toute ceste noblesse qu'il se découvre que ceulx, les quels ont publié tels bruicts et les font courir et porter par toutes les provinces de mon royaume, le font en intention de les faire entrer en désespoir, afin de renforcer la partie de ceulx qui sont soubslevés contre mes commandemens, ainsi qu'il se verra par le peu d'effect qui s'en est ensuivy en ma dite ville de Paris, lequel je désire estre semblable en vostre gouvernement par le bon ordre que y donnerez, duquel vous me donnerez advis par vostre première : priant Dieu, Monsieur le conte, de vous avoir en sa garde. Escript à Paris, le xxe jour de novembre, l'an 1572. Signé : CHARLES. Et plus bas : DE NEUFVILLE.

Et la suscription est : A Monsieur le conte du Ludde, etc...

---

247. — 24 novembre 1572. — Lettre de Charles IX à M. du Lude.

Monsieur le conte, je vous ay assez de fois escript et semblablement aux sieurs de Biron et Strossy le desplaisir que j'avois des pilleries et insolences qui se faisoient par delà. Prévoians le mal qui en est advenu auquel il seroit après très difficille remédier, j'ay le plus tost qu'il m'a esté possible envoié aus dis sieurs de Biron et Strossy argent pour le paiement des compaignies des gens de pied, par ce que je me suis bien asseuré n'y avoir autre moien de les régler pour s'en servir et ayder, estant le dit argent de présent par delà, comme je suis certain qu'il y est arrivé. Je

veulx croire que l'on aura faict faire monstre aus dis gens
de pied, qu'ils auront été resserrez et donné ordre de les
faire vivre avecques polices, en somme l'on n'aura plus
d'excuse de les chastier s'ils se desbandent et continuent
licentieusement à piller le monde ; à quoy de vostre part,
je vous prie tenir la main, faisant entretenir et observer à
l'endroict de ceulx de la dite nouvelle opinion les déclarations que je vous ay envoiées et les commandements que je
vous ay si souvent réitérés et lesquels il me desplaist grandement veoir si peu suivis. Puisque vous estimez ceulx qui
font profession de ceste nouvelle opinion estre tellement
opiniastres et chatouilleux que, si on leur parloit de se
despartir de ceste fantaisie et vivre catholicquement, ils
habandonneroient leurs maisons et se randroient dedans la
Rochelle, je suis bien d'advis qu'il ne leur en soit riens
dict ; aussi je ne vous mandois expressément leur en parler
de ma part, mais sentir comme de vous mesmes dextrement leur intention, et, selon que les trouverriez disposés,
les admonester de leur salus : ce néantmoings, il sera
meilleur dillaier pour quelque temps, puisque vous estimez que cela seroit pour plustost nuire à mon intention
et fortiffier ceulx qui se sont soubslevés, que faire le contraire, ne voullans qu'ils y soient contrainets ny forcés,
ains qu'ils soient conservez et maintenus en toute seureté
en leurs maisons pour y vivre, selon que je leur ay permis
et qu'il est expressement porté par les dites déclarations,
lesquelles je vous prie de rechef, sur tant que désirez me
contenter, faire garder et observer, sans qu'il soit permis à
nul, soubs prétexte tel qu'il soit, aller au contraire ; esti-
mans que ce seroit le plus beau moien pour affoiblir les
Rochelois et autres qui se sont soubslevez, car chastians rigoureusement ceulx qui vont pillant et rançonnant les dis
de la nouvelle opinion, les ungs qui sont encores en leurs
maisons s'i cognoissans en seureté et repos n'en partiroient
et s'i contiendroient doulcement et plusieurs des autres qui

se sont par désespoir et contraincte rangez de ce party là s'en retireroient très volontiers : en quoy, comme en toutes autres choses concernans mon service et l'expugnation de la dite ville de la Rochelle, j'auray à singulier plaisir que vous aiez avecques le sieur de Biron, et luy avecques vous, toute bonne intelligence et correspondance, et mesmes que vous exécutiez l'entreprinse que vous me mandez avoir en mains : oultre ce que je vous ay mandé pour la résidence des évesques et bénéficiers, j'ay particullierement escript aus dis évesques en faire leur devoir, sinon qu'il sera pourveu en leur place. Vous me manderez ceulx qui n'ayront obéy, affin que je cognoisse les autres. Priant Dieu, Monsieur le conte, vous avoir en sa saincte garde.

Escript à la Houssaye, le xxiiij° jour de novembre 1572. Signé : CHARLES. Et plus bas : DE NEUFVILLE.

Et la suscription est : A Monsieur le conte du Ludde, etc...

---

248. — 1er décembre 1572. — Commission de Charles IX à M. de la Haye, lieutenant général de la sénéchaussée de Poitou.

Charles, par la grace de Dieu, roy de France, à nostre amé et féal conseiller et lieutenant général à Poictiers, Monsieur......... de la Haye, salut. Parceque nostre intention est de faire faire une chaisne de fer qui soit très forte et de la longueur de deux mil pas et plus pour nous en servir, ainsy qu'avons advisé pour nostre service, et que sommes tant asseurés de votre affection, fidellité, sens et capacité que vous pourrez nous servir en cest endroict, comme il est requis et désirons. Pour ces causes et aultres à ce nous mouvans, vous avons commis et députe, commectons et depputons par ces présentes, vous donnant pouvoir et mandement spécial de nous faire faire diligemment, secrétement et bien icelle chaisne de fer de la dite longueur, et ce par les plus seurs, meilleurs et expérimentés maitres et ouvriers que vous pourrez mectre en besongne et en plusieurs et divers endroicts, de sorte qu'icelle chaisne soit au plustost parachevée, en mandant à tous qu'il appartiendra de vous obéyr et entendre en ce que dessus, comme à nous mesme, voullans que, en cas de reffus ou dellay, ils y soient contraincts par toutes voyes requises pour l'effect de nostre service, car tel est nostre plaisir.

Donné à Paris, le premier jour de décembre l'an de grace mil cinq cens soixante douze et de nostre règne le douziesme. Par le roy, monseigneur duc d'Anjou son frère et lieutenant général présent. Signé : DE NEUFVILLE.

---

249 — 4 décembre 1572. — Lettre du duc d'Anjou à M. du Lude.

Monsieur du Lude, ainsy que je suis très mary de la mauvaise volonté et démonstration des Rochelois, aussy l'affection que je rend au roy, mon seigneur et frère, au bien et prospérité de ses affaires, m'a induit à le suplier d'estre content que je poursuive l'entreprinse qui luy est forcé de faire contre eulx pour obvier à leurs sinistres intentions ; ce qu'il m'a très volontiers accordé, et suis maintenant après pour...... dans peu de temps ès quartiers de delà avec ce qui est de besoing pour y pourvenir. Mais d'autant que les dits Rochellois pouroient avoir secours et faveur des rebelles qui sont en votre gouvernement et qu'au contraire la ruine et chastiment d'iceux faciliteroit ladite entreprise et encoueroit ladite espérance, je vous prie, Monsieur du Ludde, suivant ce que vous mande le dit seigneur roy, mon frère, avoir l'œil bien ouvert et tenir main que vous puissiez au plutost venir à bout et nous dépestrer de ces gens là, nétoyant votre gouvernement, afin qu'en même temps nous rendions, avec l'ayde de Dieu, le pays assuré ; croiant que vous ne sçauriez faire plus de service au dit seigneur roy, mon frère, ainsy que plus particulièrement vous entendrés par le sieur de Chastelnau, sur lequel me remettant, je prie Dieu. vous avoir, Monsieur du Lude, en sa garde saincte.

Ecrit à Paris, le 4ᵉ décembre 1572. Signé : Votre bon amy, HENRY.

Au dos est écrit : A Monsieur le conte du Ludde, etc...

---

250. — 10 décembre 1572.   Lettre du comte du Lude au roi Charles IX.

Sire, suyvant le commandement qu'il plaist à Vostre Majesté me faire, j'ay mys Alphonse Lazaro dans le chasteau de la Motte Saint-Eloy [1] et ordonné vivres pour trente hommes qu'il m'a dict luy estre nécessaires audict lieu, que je faictz bailler par les habitants de la ville de Sainct-Maixant et du dict lieu de la Motte, lesquelz il m'a asseurez de payement [2]. Sur quoy me reposant, et en attendant avoir commandement de Vostre Majesté, je supplie Dieu la vouloir maintenir et garder,

Sire, en parfaite santé, très longue et très heureuse vye.

De Nyort, ce xᵉ jour de décembre 1572. Vostre très humble et très obéissant subiect et serviteur. GUY DE DAILLON.

---

251. — 12 décembre 1572. — Lettre de Charles IX à M. du Lude.

Monsieur le conte, ce m'a esté grand plaisir et contentement entendre que vous aiez si heureusement exécuté

---

1. La Mothe-Saint-Héraye (Deux-Sèvres).
2. Le *Journal de Michel le Riche*, p. 123, relate le même fait dans ces termes : « Le jeudi 12 (décembre 1572), fut présentée une lettre à nous officiers du roi en cette ville (Saint-Maixent) et au maire, de par M. du Lude, où était contenu que le roi vouloit que M. Alphonse tint le château de la Mothe-Sainte-Héraie et y résidât pour quelque temps avec trente soldats des siens, et que, pendant cette résidence, nous eussions à lui fournir quatre-vingt pains par jour et un bœuf et une pipe et demie de vin par semaine. »

l'entreprinse de Marans, [1] et que les sieurs de Biron et de Strossy se soient saisiz des lieux qui sont ès environs de la Rochelle [2]. J'espère que ce bon exploit sera ung advertissement aux Rochelois de n'estre si insolans qu'ils estoient, et fault continuer ung si bon commencement et n'y perdre le tems et nulle occasion ; j'ay tel contantement du debvoir que ont fait vos bandes que j'ay résolu les entretenir toutes six, et partant ay commandé qu'il feust pourveu à leur payement, comme je vous prie vous asseurer qu'il ne y aura faulte, tant pour le remboursement de ce que me mandez que estiez après à emprunter pour leur faire faire monstre, que pour leur entreténement, les ayant à ces fins fait mettre sur l'estat, comme je l'escripts à mon cousin le dit sieur Strossy. Je suis fort ayse aussy de ce que le sieur de Saint-Estienne-Vieillevigne [3] vous est venu trouver et lui en sçay tout bon gré ; il a faict office de fidelle et affectionné serviteur, de quoy j'auray perpétuelle souvenance, et me sera plaisir le gratiffier et faire pour luy; cependant je vous prie donner ordre qu'il soit bien et favorablement traicté et tous ceulx qui l'ont suivy, sans qu'il leur soit fait aucune injure, tort ny déplaisir, ains conservez comme ceulx que je prens et mectz en ma protection et sauvegarde. Je luy escripts une lettre pour l'asseurer de ma bonne volonté et du contentement que je reçois du tesmoignage qu'il a rendu par tel acte de sa fidélité; vous en dirés autant de ma part à tous les aultres et poursuiverez vostre pointe, et à favoriser tousjours ceste entreprinse. Beaulieu, commissaire général des vivres, par-

---

1. Marans avait été pris le 4 décembre. (*Chronique du Langon*, p. 165.)
2. Ils s'étaient emparés de la Grémenaudière, de Saint-Xandre, de Puy-Liboreau, de la Gord. (*Hist. de la Rochelle*, par le P. Arcère, t. I, p. 433, 434.)
3. Le s[r] de Saint-Etienne, fils de Jean de Machecou, s[r] de Vieillevigne, en bas Poitou, mécontent des Rochelais dont l'esprit soupçonneux l'avait blessé, s'était évadé de la ville assiégée pour se retirer près de l'armée royale. (*Hist. de la Rochelle*, par le P. Arcère, t. I, p. 423.)

tira au plus tost pour aller par delà en toute dilligence, ayant cependant envoié devant les deniers nécessaires pour bailler aux marchans avecques lesquels il a contracté. Je vous prie, en attendant sa venue et de son argent, entretenir les dits marchands en bonne volunté et dévotion de tenir et exécuter leur contract, les assistant et favorisant en tout ce qu'il vous sera possible, affin qu'ils ayent plus de moyen de satisfaire à ce qu'ils ont promis et n'y faire faute. J'avois receu auparavant vostre lettre du dernier du passé par laquelle me mandiez avoir donné ordre que le bruit de ceste rumeur advenue à mon partement de ceste ville n'en engendrast ung autre par delà, dont j'ay pareillement esté très ayse, estant très contant de vous et de vostre soing et affection à mon service. J'escripts ung mot de lettre aux sieurs du Landreau [1] et des Roches Baritault [2] du contantement que j'ay du service qu'ils ont faict en ceste occasion; priant Dieu, Monsieur le conte, vous avoir en sa garde.

Escript à Paris, le xij° jour de décembre 1572. Signé : CHARLES. Et plus bas : DE NEUFVILLE, avec paraphe.

Au dos est escript : A Monsieur le conte du Ludde [3], etc...

---

252. — 21 décembre 1572. — Lettre de Charles IX à M. du Lude.

Monsieur du Lude, je vous ay mandé par la Cornyère me voulloir servir des six compagnies que vous avez levées, en considération du service qu'ils m'ont faict à Marans où

---

1. Charles Rouault, s* du Landreau et de Bournezeau, avait renoncé au protestantisme dès 1568.
2. Philippe de Chateaubriand, s* des Roches-Baritaud.
3. Quelques jours après, le 17 décembre, le c* du Lude écrivit de Niort au roi pour protester contre de faux rapports qui lui attribuaient la levée arbitraire de blés et de viandes sur les habitants du pays, pour la fourniture de l'armée royale devant la Rochelle, dont M. de Beaulieu était commissaire général des vivres : il l'assurait qu'il avait ordonné seulement la levée de foin, paille et avoine pour la gendarmerie, moyennant un prix raisonnable. (Arch. de la Saintonge et de l'Aunis, t. IV, p. 300.)

vous les avés mis et laissées ; vous m'avés aussy escript leur avoir fait faire monstre ; partant, affin de pourveoir au remboursement, je désire voyr les roolles d'icelles monstres bien et deuement expédiés, comme il appartient, lesquels à cette cause vous m'envoirés incontinent. Davantaige j'escripts au sieur de Byron, attendu que les forces de l'armée sont de présent entre la Rochelle et Marans, qu'il n'est besoing y tenir toutes les dittes compaignies ; à ceste cause qu'il les mande et face entrer dedans le camp pour le renforcer tousjours, laissant seullement au dit Marrans cinquante ou soixante hommes avecques quelques capitaines pour leur commander, pour la garde d'icelle. Vous tiendrez la main que je soys en ce obéy, affin que mon frère le duc d'Anjou arrivant au camp, qui pourra estre dans le 15 du mois prochain, il y retrouve toutes les forces prestes et assemblées pour estre payées et servir. Ce qui est le plus nécessaire en un camp, c'est pourveoir que les marchands volluntaires et vivandiers y ayent seur et lybre accès ; car, selon que les premiers qui y vont seront traictés et receus, les autres y prendront exemple. J'escripts au sieur de Biron y donner telle ordre, que dans le dit camp les dits marchands et vivandiers soyent bien recueillis et favorablement traictés. Je vous prie que passans, soyt en allant ou retournant en l'estendue de vostre charge, ils y trouvent seureté et ne leur soyt faict aucun tors ne desplaisir, faisant, sans acception de personnne, très rigoureusement chastier ceulx qui entreprendront quelque chose sur eulx, comme j'entends que plusieurs se lycentient de faire, et mesmes aucuns soldats de la garnison de Mauzay ayant destroussé une charrette d'amonnission qui alloyt au camp, dont j'estime que vous aurez fait punission. Priant Dieu, Monsieur du Lude, vous avoir en sa garde.

Escript à Paris, le 21ᵉ jour de décembre 1572. Signé : Charles. Et plus bas : DE NEUFVILLE, avec paraphe.

Au dos est écrit : A Monsieur le conte du Lude, etc...

253. — 3 janvier 1573. — Mandement de Charles IX à M. du Lude.

Charles, par la grace de Dieu, roy de France au sieur du Ludde, gouverneur et nostre lieutenant général ès pays de Poictou et Myreballays, salut. D'aultant que pour l'accélération et plus prompte exécution de l'entreprinse que nous avons fait sur la ville de la Rochelle pour la réduction d'icelle en nostre obéissance, nous avons besoing de nous ayder de harnoys, chevaulx, mulles et boeufs de nos subjects en vostre gouvernement pour conduire partye de ce qui reste en nostre ville de Chastellerault, tant des piéces d'artillerie et munitions d'icelle y estans que nous entendons faire acheminer en celle de Niort, nous vous mandons et très expressément enjoignons que vous ayez à faire saisir par tous les lieulx de vostre gouvernement, mesme et plus proches du dit Chatellerault, tous et chacuns les harnois, chevaux, mulles et boeufs qui se trouveront propres pour cet effet et iceulx envoier incontinant et le plus promptement que faire se pourra en la dite ville de Chastellerault en laquelle ils seront receus par les commis sur ce de nostre dite artillerie, pour, après avoir esté payés et satisfaits et leurs harnoys chargés, s'acheminer en la dite ville de Nyort[1] où ils laisseront leurs dites charges et se retireront en leurs maisons, s'il ne leur est autre chose commandé pour nostre service. Si donnons en mandement à tous nos juges et autres officiers qu'il appartiendra que à l'exécution du contenu en ces présentes ils entendent diligemment, prestent et donnent confort et ayde et prysons, si mestier est, car tel est nostre plaisir, non obstant oppositions ou appellations quelsconques et sans préjudice d'icelles; pour

---

1. Le passage de l'artillerie et des munitions à Saint-Maixent, les 13 et 16 janvier 1573, est signalé par le *Journal de Michel le Riche*, p. 124.

lesquelles, attendu l'importance de nostre service pour ce regard, ne sera aucunement différé.

Donné à Paris, le iij^e jour de janvier, l'an de grace mil cinq cens soixante treize et de nostre règne le treizième. Par le roy, monseigneur duc d'Anjou, son frère et lieutenant général présent, DE NEUFVILLE.

---

254. — 15 janvier 1573. — Lettre du duc d'Anjou à M. du Lude.

Monsieur le conte, passant par ceste ville, aucuns marchans d'Anjou me sont venus trouver pour me faire entendre que puys naguères vous avez faict une ordonnance par laquelle deffences sont faictes à toutes personnes de ne vendre et transporter de Poictou en Anjou en ce qui est de deçà la rivière de Loire aucuns bleds et vins; et d'aultant que telles deffenses pour la traicte du vin en ce qui est à quatre ou cinq lieues près la dite rivière de Loire importe grandement aus dis marchands et au traffic public et accoustumé et ne peult apporter de commodité à l'armée du roy, monseigneur et frère, pour en estre le charroy trop long et difficile et que les marchans fournissans l'armée en peulvent suffisamment trouver plus près à beaucoup meilleur compte, je vous prie, Monsieur le conte, de refformer vostre dite ordonnance et que par la publication d'icelle il soit permis à tous marchans et autres qui sont à quatre ou cinq lieues près de la dite rivière de Loire du costé de Poictou, de vendre et enlever leurs vins, ainsi que bon leur semblera et qu'ils ont cy devant accoustumé; et je prie Dieu, Monsieur le conte, vous donner en santé longue vie.

A Tours, le xve janvier 1573. Votre bon amy. Signé : HENRY.

Et la suscription est : A Monsieur le conte du Lude, etc...[1].

---

1. Le 26 janvier 1573, le c^{te} du Lude écrit de Niort au duc d'Anjou pour le prévenir que les compagnies du s^r de Cossin, au lieu de

255. — 26 novembre 1573. — Lettre de Charles IX à M. le comte du Lude [1].

Monsieur le conte, je vous eusse plustost renvoyé La Cornière avec mon intention sur l'occasion de sa despesche, mais ayant mis en considération ce que m'en aviez escript, j'ay voulu bien poiser et digérer le tout avant que passer oultre; d'aultant que je suis très asseuré, comme vous m'estes et au bien de mon service très fidelle et affectionné, que vous m'avez faict remonstrer ce que m'a dit sur ce le dit La Cornière sans grand fondement, chose que j'ay receue de bonne part, comme je le vous ay escript par ung de mes vallets de chambre; mais enfin, Monsieur le conte, mon voulloir est que ce lieutenant La Haye soit arresté prisonnier et ce au plustost que faire ce pourra, pour plusieurs raisons lesquelles je désirerois plustost vous pouvoir dire qu'escripre, tant y a que le faict est si important à mon service que je ne le puis ni veulx aulcunement différer [2]. Au moyen de quoy, je vous prie, si quant le por-

---

venir au camp de la Rochelle, s'en retournent vers Coulonges dont elles ruinent le pays; il lui demande ses ordres à cet égard. Le 30 janvier, il lui écrit de nouveau de Niort, pour lui annoncer que toutes les troupes sont au camp et qu'il y enverra demain sa compagnie. (*Arch. de la Saintonge et de l'Aunis*, t. IV, p. 301.) Le duc d'Anjou arriva au camp le 12 février 1573 pour diriger le siège de la Rochelle. Voir, pour l'histoire du siège de la Rochelle, l'*Hist. de la Rochelle*, par le P. Arcère, et les curieuses lettres de Biron et de Louis, duc de Montpensier, au roi et au duc d'Anjou, récemment publiées. (*Bull. hist. de la Société de l'hist. du protestantisme français*, 1873.) Il y a huit lettres de Biron, du 10 janvier 1573 au 3 février suivant, et trois lettres du duc de Montpensier, des 18 et 21 avril et 15 mai 1573.)

1. Il y a une lacune dans la correspondance du 15 janvier 1573 au 26 novembre de la même année. Dans cet intervalle, M. du Lude prit part au siège de la Rochelle avec son régiment. Son quartier était à Naintré au mois d'avril, et il fut chargé de battre en brèche la porte Saint-Nicolas qu'il attaqua plusieurs fois.

2. Jean de la Haye, lieutenant général de la sénéchaussée de Poitou, homme ambitieux et intrigant, s'était jeté dans le parti des politiques ou malcontents, et avait sollicité les Rochelais de se réunir à la confédération des protestants du Midi. (*Hist. de la Rochelle*, par le P. Arcère, t. I, p. 535.) L'ordre d'arrestation donné ici par le roi ne fut pas mis à exécution pour un motif inconnu.

teur arrivera ne aviez exécutté ma volonté, le faire si promptement et dextrement que j'en demeure satisfaict. J'ay bien recogneu par la créance du dit La Cornière que, non seullement vous avés congnoissance des praticques et menéés qui se font en votre gouvernement pour altérer les volontés d'un chacun et les exciter à rebellion, mais aussi que vous mectiez peine d'y remedyer avecques le soing et la dilligence qu'il vous est possible, de quoy je vous sçay tout bon gré, vous advisant que, encore que je n'aye, Dieu mercy, faulte de bons serviteurs et affectionnés subjects par toutes les provinces de mon royaume par lesquels je puis estre et suis adverty de semblables occurrences, toutes fois je désire les veoir et entendre par ceulx qui en ont la principalle charge plustost que par le moyen des aultres, et, singulièrement de ce qui est de vostre gouvernement, pour la confiance que j'ay de tout temps en vous. Par quoy, je vous prie approffondir et pénétrer jusques au fonds les dictes practiques, affin comme nous cognoistrons l'origine du mal, je y puisse plus hardiment applicquer les meilleurs et plus convenables remédes, désirant que de vostre costé vous faciés tout ce qui sera en vous pour remectre et redresser les voluntés qui pourroient estre desjà esbranlées ou esgarrées par les artiffices de ces malins. Pour ce faire, il sera nécessaire que vous vous rendiés au plus tost en vostre charge, si la présente vous en trouve absent; autrement il vous seroit impossible satisfaire comme il fault à ce que je désire de vous, voulant postposer le désir que j'ay de vous veoir au bien de mon service et notamment en chose de tel prix et conséquence. J'escripts présentement par le dict La Cornière aux sieurs de la Rocheboisseau [1] et les Josselinières, suivant vostre advis, leur faisant très exprès com-

---

[1]. Il s'agit peut-être ici de Boisseau de Saint-Jean, que Biron employa comme député dans les conférences de Surgères avec les Rochelais, au mois de septembre 1572. (Hist. de la Rochelle, t. I, p. 410.)

mandement de ne prendre les armes et ne s'offenser l'ung l'autre, et leur mande que je veulx prendre cognoissance de leur différent pour les appoincter et y mettre fin avecques l'honneur et réputation de l'ung et de l'aultre, comme il appartient : vous leur envoierés mes lettres lesquelles vous accompaignerés de remonstrances et aultres choses nécessaires pour cest effect, affin que, soubs coulleur de ses querelles particullieres, il n'en arrive ung plus grand inconvénient, comme il est arrivé que le désireroyent ceulx qui ne demandent que remuer mesnaige ; à quoy la présence et prudance d'ung gouverneur peult de beaucoup servir, comme il me souvient que vous avés sagement faict en semblables occasions. Vous me avez mandé que les chasteaulx de Poictiers [1] et Nyort [2] sont ès mains de personnes assez fiables ; je me repose en cela sur vous, comme je faicts de toute aultre chose qui deppend de vostre charge. Pour le regard du peu de moyen qui m'a esté remonstré de vostre part qu'ont les gentilshommes et soldats des ordonnances de tenir garnison sans réglement de vivres, attendu la charté d'iceulx et le peu de solde qu'ils ont, d'autant que c'est chose de très grande importance et à laquelle il est de besoing pourveoir généralement par tout mon royaume, je me deslibére y donner ordre aussitost que je seray arrivé à Compiégne, par l'advis des princes et seigneurs de mon conseil, tant pour la commodité des dicts gensdarmes que pour le soullagement de mes subjects ; en attendant vous regarderés à pourveoir à la plaincte qui vous est faicte pour la charté d'iceulx vivres le plus modestement et également que vous pourrés, à ce que d'ung costé le soldat puisse vivre, si peu qu'il luy reste, à tenir garnison et quartier et que de l'aultre mes subjects n'ayent,

---

1. M. de la Mesnardière était alors gouverneur du château de Poitiers.
2. M. de la Frézelière était gouverneur de Niort.

occasion de se douloir d'estre trop grévés, me faisant sçavoir ce qu'en aurés ordonné; priant Dieu, Monsieur le conte, vous avoir en sa sainte garde.

De Chalons, le 26ᵉ jour de novembre 1573. Signé : CHARLES. Et plus bas : DE NEUFVILLE, avec paraphe.

Au dos est écrit : A Monsieur le conte du Ludde, etc....

---

256. — 1ᵉʳ décembre 1573. — Lettre de Louis de Bourbon, duc de Montpensier, à M. du Lude.

Mon cousin, ayant esté adverty que, à l'occasion de certaine intelligence qui se praticquoit par aucuns des principaulx de la ville de Poictiers, il se y estoit rendu un grand nombre de gentilz hommes et mesmes de ceulx qui ont cydevant eu charge aux trouppes de la nouvelle opinion [1] et que desjà plusieurs gens de bien catholiques en estoient entrés en soupson et défiance, veoiant que quelques ungs d'autres princes et sans aucun besoing qu'il en fust pour le service du roy monseigneur entreprenoient de faire guet et garde de jour aux portes et les patrouilles de nuit, j'aurois, suivant la prière qui me fut faite de la part des dits catholiques, bien volontiers esté un jour jusques en la dite ville, tant pour veoir en passant mon petit fils et ma belle fille à Mirebeau [2] et aussy ma fille de Sainte Croyë [3] au dit Poictiers, que affin de cognoistre ce qui estoit du dit raport

---

1. Les registres de la ville de Poitiers signalent l'existence de coureurs autour de la ville au mois de novembre, et mentionnent un ordre du conseil pour garder les portes; mais ils ne font aucune allusion à la tentative, racontée dans cette lettre, par le duc de Montpensier (reg. 41, séance du 2 novembre 1573). C'était une machination ourdie par le fameux la Haye.

2. François de Bourbon, fils de Louis de Bourbon-Montpensier, et époux de Renée d'Anjou de la branche de Mézières, était baron de Mirebeau depuis 1572. (*Mém. des antiq. de l'Ouest*, 2ᵉ série, t. I, p. 102. *La baronnie de Mirebeau*, par M. de Fouchier.)

3. Jeanne de Bourbon, abbesse de Sainte-Croix de Poitiers.

et sçavoir à quelle intention se faisoient telles praticques et assemblées ; non toutesfois pour rien entreprendre sur votre auctorité et pouvoir, car dès lors que le dit rapport me fut fait je deis qu'il estoit besoing d'avoir recours à vous et de vous mander le tout, ce qu'on m'asseura avoir fait. Estant arrivé en la ditte ville qui fut vendredi dernier au soir où je trouvay que la dite assemblée de gentilz hommes s'estoit rompue et départye, et ayant mandé tant les officiers que maire et échevins et à iceulx remonstré en général ce que j'en avois sceu et la conséquence à quoy cela pouvoit tirer, et d'ailleurs parlé à aucuns des principaulx en particulier, ils m'auroient bien confessé les dites assemblées, guets et patrouilles, mais chacun s'en seroit excusé et peu aussy peu sçavoir d'eulx ça et autres pourquoy elles s'estoient faictes ; bien feuz-je requis par eux de pourvoir à ce qu'elles n'eussent plus lieu par cy après et aussy de mettre quelque bon ordre en la dite ville par le moyen duquel ils puissent y vivre et demeurer ensemble en repos et seureté et sans aucun supson et deffiance les uns des autres. Et, parce qu'il m'auroit semblé que pour ce faire le meilleur et plus expédient estoit d'asseurer le chasteau à la dévotion de la dite ville, je me y serois le samedy transporté, accompagné du lieutenant général [1], du maire [2] et de quelques échevins, et n'y ayant trouvé le sieur de la Mesnardière auquel vous en avez commis la charge, ne celluy qui y commande en son absence, mais seullement deux ou trois serviteurs d'assez mauvaise apparence, j'aurois ordonné qu'avec le dit sieur de la Mesnardière et trois de ses domestiques, deux des dits échevins et six bourgeois de la dite ville, catholiques, tels que le dit maire et eulx adviseroient de choisir et eslire, feront chacun jour

---

1. Jean de la Haye.
2. François de Lauzon, conservateur des privilèges royaux de l'université, était maire de Poitiers en 1573.

garde au dit chasteau, de iiij heures en iiij heures, et changeront et rafraischiront par les autres échevins et bourgeois chacun en son tour ; et oultre, aurions fait deffenses, de par le roy, de ne plus faire ne souffrir estre faict par cy après aucun guet ne garde aux dites portes, sinon de deux notables bourgeois à chacune d'icelles pour veoir recongnoistre ceulx qui entrent et viennent en la dite ville et quelles armes ils portent, pour en tenir tous les soirs les dits lieutenant général, maire et eschevins advertiz, et aussy de faire aucune patrouilles, si ce n'est de l'auctorité et commandement du roy ou de vous dont il y ayt lettres et mandement enregistrés au greffe, ou qu'il soit ainsy advisé et délibéré par assemblée de ville pour causes nécessaires et urgentes, avec injonction aux hostelliers, taverniers et autres logeans et recevans les estrangers d'aller aussy par chacun soir révéler et déclarer aus dits lieutenant et maire les noms de leurs hostes et, s'ils sont saisis d'armes à feu, les prendre en garde jusqu'à leur partement. Lesquelles ordonnances j'aurois faites par provision seullement jusqu'à ce que, par Sa Majesté, ou vous autrement en ayt été ordonné [1], ayant bien voulu, affin que vous soyez plus particulièrement informé de tout, vous envoyer un double de chacune d'icelles et néantmoins vous dire que, d'aultant que je congnois cela n'estre suffisant pour assoupir du tout la cause des dites praticques et assemblées, il est très requis et nécessaire de tenir la main à les empescher et rompre entièrement, ainsy que je l'ay escript et mandé à Sa dite Majesté, vous priant de votre part regarder et pourvoir le plustost que faire ce pourra à ce qu'elles ne tirent à plus grande conséquence, comme chose très requise et

---

1. Le récit de l'intervention du duc de Montpensier à Poitiers, intervention qui sauva le château et la ville d'une surprise tramée par la Haye, se trouve dans la *Chronique de Pierre Brisson*. (*Arch. hist. du Bas-Poitou*, par de la Fontenelle, p. 233.) Il concorde parfaitement avec celui de la lettre du duc.

nécessaire pour le service d'icelle Majesté; et, me recommandant sur ce bien fort à votre bonne grâce, je suppliray Notre Seigneur vous donner, mon cousin, l'accomplissement de vos bons désirs.

Escript à Champigny, ce premier jour de décembre 1573. Signé : Vostre plus affectionné cousin et meilleur amy, Loys de Bourbon.

Au dos est escrit : A mon cousin, Monsieur le conte du Lude, etc...

---

257. — 8 décembre 1573. — Lettre du roi Charles IX à M. du Lude.

Monsieur le conte, je vous ay escript par un de mes vallets de chambre et par La Cornière, mon voulloir sur le faict du lieutenant de la Haye, lequel j'estime que vous aurés mis peine d'effectuer, selon la fiance que j'ay en vous. Depuis, le cappitaine Beaulieu m'est venu trouver, conduict d'un bon zelle qu'il démonstre porter à mon service, pour me faire entendre en quel estat se retrouvent les affaires de par delà et les inconvéniens qui peuvent advenir des remuements qui se y font, s'il n'y est promptement pourveu par les remédes plus convenables. Après avoir prisé et considéré tout ce qu'il m'a dict, comme il appartient, il m'a semblé que je le vous debvois incontinent renvoyer et luy commander, ainsy que j'ay fait, vous exposer les mesmes choses qu'il m'a déclarées, affin que vous qui avez plus de lumière des humeurs et voluntés de ceulx du pays, choisisez des deux partyz qu'il propose, celluy que vous estimerez estre le plus à propos pour le bien de mon service, dont je suis content me remettre entièrement à vous, pour la fidellité et affection que j'ay congneue estre en vous. Toutesfois je veux que vous sçachiez que, si d'un costé je désire par tous moyens empescher que les dits remuements ne passent oultre, j'entends aussy d'aultre part que il soit usé de toute diligence et recherche pour congnoistre le fonds d'iceulx et qui en est la source ; et tout ainsi que je vous prie ne rien obmettre pour les assoupir et faire tourner en fumée, vous croirez et ferez entendre à qui il appartiendra, non seullement qu'il n'y a faulte si grande que je n'oublye et mette voluntiers soubs le pied, pourveu que je congnoisse que l'on se recongnoisse et me dye lon la vérité, comme un bon et fidelle serviteur et subjet doit faire, mais qui plus est suis aussy prest à honnorer de ma bonne grasse et récompensser honnestement ceulx qui prendront ce party, comme je suis résolu de faire chastier très rigoureusement les autres qui se gouvernent autrement. Voilà, Monsieur le conte, mon intention dont vous userez très sagement ; mais, si vous avez effectué ce que je vous ay par cy-devant escript à l'endroit du dit lieutenant de la Haye, vous n'y changerez pour la présente aucune chose et attendrés autres nouvelles de moy ; priant Dieu qu'il vous ayt, Monsieur le comte, en sa saincte et digne garde.

Escript à Cormissy, le viij^e jour de décembre 1573.

Depuis la présente escripte, il m'a esté envoyé de Poictou le mémoire que vous retrouverez avecques la présente, vous priant, d'autant que vous désirez me complaire, donner sur icelluy l'ordre nécessaire, autant qu'il vous sera possible, et de ce qui restera me donner advis au plus tost de ce qu'il y conviendra faire, affin que je y face pourveoir ainsy qu'il appartient ; me déplaisant grandement d'entendre que toutes choses soyent ainsy despravées au mépris de l'honneur de Dieu et de l'auctorité de ma justice, sans lesquelles deux choses il est du tout impossible que je sois obéy et recongneu par mes subjects, comme il est requis. Signé : CHARLES. Et plus bas : DE NEUFVILLE, avec paraphe.

Au dos est escrit : A Monsieur le conte de Lude, etc...

258. — 16 décembre 1573. — Lettre du roi Charles IX à M. du Lude.

Monsieur le conte, comme ce n'est mon naturel et ne fust jamais mon intention corriger mes subjects de leurs premières fautes par rigueur, mais essayer tousiours par tous moyens les redresser par la doulceur, voire user de grâce et miséricorde envers les plus oubliez, je ne puis, sinon avec très grand regret, veoir que le lieutenant général de Poictiers, la Haye, lequel s'estoit rendu recommandable par ses services, s'oublye maintenant tant comme il fait. Et, d'autant que les hommes sont ordinairement en tels cas poussez de certains respects privez lesquels leur ostent tout jugement et les desvoyent du droit chemin qu'ils ont tousiours suivy, j'ay voulu esplucher soigneusement les causes qui peuvent mouveoir le dit lieutenant de se précipiter comme il faict, à celle fin d'y remédier, et en faisant offre de ma bonté, non seullement luy desbander les yeulx pour luy en donner congnoissance, mais en le gratiffiant, le sortir de l'intérest privé qui le remue. De ceste façon, il n'a que deux causes de se plaindre : ou de se sentir deffavorisé en la décision du différent qu'il a avecques le président de la dite ville [1] ; ou de n'estre recogneu et gratiffié comme il estime mériter. A l'une et à l'autre il y aura tousjours bien bon remède quand il le cherchera par les voyes ordinaires, car je désire que le droit soit conservé à qui il appartient pour le regard du dit différent; et doibt le dit lieutenant s'asseurer, en cas que j'eusse quelque volunté de favoriser l'un ou l'autre, ce sera tousjours plustost celluy duquel j'auray receu le plus de services. Par-

---

1. Pierre Rat, sr de Salvert, président du présidial de Poitiers. Le lieutenant la Haye voulait rembourser l'office de président au présidial, afin de n'avoir pas un égal et un rival dans la magistrature de Poitiers. (*Hist. du Poitou*, par Thibaudeau, t. II, 2ᵉ édit., p. 372.)

tant, il ne doit légèrement entrer en autre oppinion ; et affin que le dit différent soit vuidé sans faveur et avantaige contre la raison, j'ay deslibéré en retenir la congnoissance et prendre la peine de le juger moy mesmes par l'advis de ceulx de mon conseil, comme vous le desclarerez et signifierez de ma part aux dits président et lieutenant, et leur ferez commandement à ces fins de s'en venir au plustost avecques vous me trouver, vous priant, Monsieur le conte, de les me ammener incontinent, assurant l'un et l'autre et particulièrement iceluy lieutenant, d'aultant que il en pourroit avoir plus de craincte à cause de ce qui est passé, que je leur feray si bonne justice qu'ils auront occasion de remertier Dieu et en estre très contents. Je désire singulièrement que me veniez trouver, comme je vous ay mandé au commencement, affin d'entendre par vous mesmes l'estat de mon pays de Poictou et, par vostre advis, donner ordre à ce qui est nécessaire, vous priant à ceste cause, ne faire faulte de vous acheminer vers moy aussy tost que vous aurez reçu la présente et ammener avec vous les dits lieutenant et président, au lieu desquels j'ay mandé à deux notables conseillers de ma cour de Parlement de Paris aller au dit Poictiers, pour, en leur absence et jusques à ce que le dit différent soyt vuidé, administrer et rendre la justice à mes subjects, lesquels, à l'occasion de leurs disputes, en sont, comme il m'a esté mandé, très mal assistez et secourus. J'ay entendu par mon cousin le duc de Montpensier ce qui s'est passé en la dite ville de Poictiers pendant vostre absence et entre autres choses le mauvais ordre qu'il a retrouvé au chasteau [1]. Partant, je veulx qu'il soyt mis un autre à la garde d'icelluy au lieu de la Ménardière à qui en aviez baillé la charge ; et pour ce que le dit chasteau est de telle importance que de la conservation d'iceluy deppend celle de la dite ville et par conséquent de

---

1. Voir la lettre du duc de Montpensier du 1ᵉʳ décembre.

tout mon pays de Poictou, l'on n'y peult mettre personnaige trop notable et fidelle, j'estime que le sieur de Boisseguin y sera fort propre [1]; partant je vous prie, le laissant par delà pour commander en vostre absence au dit pays, luy faire entendre que je désire qu'il se loge dedans le dit chasteau, s'il est possible quoy que ce soyt il entrepreigne de le garder soigneusement, affin qu'il m'en puisse répondre, sans que autre quel qui soyt s'en entremette. Vous luy donnerés aussy de bons records de tout le reste qu'il aura affaire en l'estendue de vostre gouvernement. Puis, ayant pourveu à tout, me viendrés trouver aussytost avecques les dits lieutenant et président, auxquels je commande par la présente d'ainsy le faire, sur tant qu'ilz désirent me complaire et obéyr. Priant Dieu qu'il vous ayt, Monsieur le conte, en sa saincte et digne garde.

Escript à Soissons, le xvj[e] jour de décembre 1573. Signé : CHARLES. Et plus bas : DE NEUFVILLE.

Au dos est escrit : A Monsieur le conte du Lude, etc...

---

259. — 22 décembre 1573. — Lettre de Charles IX à M. du Lude [2].

Monsieur le conte, je m'asseure que, à ce changement des hostages de la Rochelle qui sont à Poictiers [3], vous ferés tout le devoir qu'il vous sera possible pour faire que ceulx qui sortiront et s'en retourneront soient conduicts et puissent faire leur voyage en toute seureté, comme aussy à faire

---

1. Le s[r] de la Mesnardière était encore capitaine en titre du château de Poitiers le 26 janvier 1574; mais il était absent. La garde du château était faite par la ville en vertu des ordres du duc de Montpensier, comme on l'a vu ci-dessus; mais la ville avait prié le c[te] du Lude, le 5 janvier 1574, de la décharger de ce soin (reg. 41 des délib. du corps de ville).

2. Publiée dans le t. II de l'*Hist. de la Rochelle*, par Arcère, p. 679.

3. Les otages donnés par la Rochelle, en vertu de l'édit de pacification qui suivit le siège, avaient été conduits à Poitiers par Biron.

recevoir ceulx qui leur doibvent lever le siége ; néanmoins, ayant esté adverty que les habitans de la dite ville sont en quelque deffiance que l'on ne veuille faire tout bon traictement aux vieulx ostages, faisans à ceste occasion quelque difficulté d'envoyer les autres, je vous prie, sur tant que vous désirés me faire service, continuer à avoir tousiours l'œil ouvert à la garde des dits vieulx ostages, affin qu'il n'en puisse mésadvenir, et qu'il ne leur soit fait aucun desplaisir et que lorsque les autres seront arrivez en ma dite ville de Poictiers, ceulx qui y sont de présent s'en puissent retourner, sans qu'il leur soit donné aucun empeschement. Je prie Dieu, Monsieur le conte, vous avoir en sa saincte garde.

Escript à Chantilly, le xxij^e jour de décembre 1573. Signé : CHARLES. Et plus bas : DE NEUFVILLE, avec paraphe.

Au dos est écrit : A Monsieur le conte du Ludde, etc...

---

260. — 27 décembre 1573. — Lettre du roi Charles IX à M. du Lude.

Monsieur le conte, je vous ay escript et envoyé plusieurs et divers commandements sur le faict du lieutenant général de Poictiers, la Haye, dont je suis encores attendant responce et quelque exécution, de quoy je vous prometz que je ne suis aucunement contant, car il y va de mon auctorité et de mon service par trop. Je suis adverty que vous et le dit lieutenant estes de présent en ma dite ville de Poictiers [1], qui est cause que je vous renvoye ce porteur l'un de mes vallets de chambre, vous priant et commandant

---

1. M. du Lude n'était pas encore à Poitiers. Son arrivée y était annoncée au corps de ville qui lui préparait un logis (reg. 41). Il se trouvait alors à Niort, d'où il vint le 8 janvier 1574, avec son épouse, à Saint-Maixent, qu'ils quittèrent le 11 pour aller à Bougoin. (*Journal de Michel le Riche*, p. 150, 151.)

très expressément de prendre et constituer prisonnier le dit lieutenant la Haye et le m'envoyer aussitost sous bonne et seure garde et escorte, si bien qu'il n'en puisse advenir faulte sur le chemin et qu'il me soit représenté surement ; au demourant, ne consulter davantage sur l'exécution de ce mien commandement lequel je veulx avoir lieu en quelque sorte que ce soyt, sans que il y soit fait difficulté ny usé de remise ou longueur, affin que vous ne perdiez l'occasion de l'arrester maintenant qu'il est en la dite ville de Poictiers. Que je soys doncques, Monsieur le conte, servi et obéy de vous en cest endroict, comme j'en faicts estat et qu'il est nécessaire ; autrement vous debvez croire que je ne demeureray contant de vous. Je faicts escrire la présente en ma présence et vous est dépesché le porteur si secrétement, que l'on ne pourra dire que le dit lieutenant ny autre ayt advis d'icelluy, avant que l'ayez receu. Partant, il n'y aura aucune excuse en cette exécution, de laquelle je désire que le porteur à son retour me donne et raporte satisfaction [1]. Je prie Dieu, Monsieur le conte, vous avoir en sa saincte garde.

De Saint-Germain-en-Laye, le xxvij^e jour de décembre 1573. Signé : CHARLES. Et plus bas : DE NEUFVILLE, avec paraphe.

Au dos est écrit : A Monsieur le conte du Ludde, etc...

---

261. — 28 décembre 1573. — Lettre du roi Charles IX à M. du Lude.

Monsieur du Ludde, les divisions et partialités qui ont eu cours en mon royaume ont tellement altéré toutes

---

[1]. M. du Lude ne put pas ou n'osa pas s'emparer de la personne de l'habile et puissant la Haye. Celui-ci, soupçonnant peut-être le danger, avait quitté Poitiers et repris ses intrigues avec les Rochelais et le parti protestant, qu'il voulait rallier aux politiques. Le

choses, que, non seullement le vice a surmonté la vertu en beaucoup d'endroicts, mais esté eslevés et constituez plusieurs personnes indignes aux functions ecclésiastiques et principaulx offices de judicature, de manière que, outre le mauvais exemple, ils y nourrissent et entretiennent la corruption et les désordres, à mon très grand regret ; pour à quoy remédier, comme je désire, il m'a semblé qu'en attendant le réglement que je suis sur le poinct de faire générallement par tout mon royaume, ainsi que je vous ay mandé, je debvois pourvoir au plustost que, advenant vaccation des archeveschés, éveschés, offices tant de judicature que de mes finances, de gouvernemens et cappitainneries de mes villes et places, il y fust nommé, pourveu et commis de personnes de sçavoir, probité, sincérité, fidélité et valleur requise, affin que Dieu soit par cy après mieux servy, ma justice administrée, mes finances bien maniées et mes places gardées. Pour ce faire, combien que j'aye cognoissance de plusieurs notables personnes qui ont bien mérité et qui sont pour desservir dignement telles charges, toutes fois, comme il y en a grand nombre d'aultres espandus par les provinces de mon dit royaume qui me sont incogneuz, n'estant raisonnable ni expédient qu'ils demeurent sans estre employés et recogneuz, affin que je m'en puisse ressouvenir, l'occasion s'en présentant, je vous prie, Monsieur du Ludde, après vous estre informé bien soigneusement de ceulx qui sont en l'estendue de vostre gouvernement qui se trouvent idoines et capables pour estre pourveus aux charges susdites, faire un rolle de leurs noms, qualités et

---

23 janvier 1574, Michel le Riche signale sa présence à Pamproux en ces termes : « Depuis le samedi 23 de ce mois jusques au jeudy ensuivant, M. Jehan de la Haye, lieutenant-général en Poictou, fut et séjourna à Pamproul au prieuré et avec luy 40 ou 50 personnes, dont aucunes estoient logées hors le dict prieuré et on bourg du dict Pamproul, et ne sçavoit-on pourquoi c'estoit que le dict sieur lieutenant est dès longtemps absent de Poictiers (p. 151-152). « Cette correspondance explique suffisamment l'absence du lieutenant-général, dont Le Riche ignorait alors le motif.

mérites et les coucher séparément selon leur profession, puis me l'envoirez signé de vostre main, prenant garde surtout que ceulx qui seront au dit rolle soient choisis et nommés par leur valleur et non par passion et brigues, à ce que, advenant qu'ils soient employés, leur capacité et services respondent au tesmoignage qu'en aurés rendu, si bien que j'en demeure content. Vous me donnerés pareillement advis par vos dépesches ordinaires et tous les mois pour le moins une foys, des vaccations qui escheront en vostre dit gouvernement, d'archeveschés, éveschés, abbayes, bailliages, séneschaussées, offices de judicature et de finances, gouvernemens et capitainneries de villes et places. Je vous envoye coppie des lettres que j'escripts aux archevesques, évesques, baillifs et séneschaux [1] sur ce subject, à l'endroit desquels je vous prie tenir la main que le service de Dieu et le mien soit faict, comme il appartient; priant Dieu qu'il vous ayt, Monsieur du Ludde, en sa garde saincte.

Escript à Saint-Germain-en-Laye, le xxviij° jour de décembre 1573. Signé : CHARLES. Et plus bas : DE NEUFVILLE, avec paraphe.

Au dos est écrit : A Monsieur le conte du Lude, etc.

---

262. — 23 février 1574. — Lettre de François, duc d'Alençon, à M. du Lude.

Monsieur du Ludde, vous verrez par la lettre que le roy, monseigneur et frère, vous escript en response de celle qu'il a receue de vous par la... le désir qu'il a que vous le veniez

---

1. Le sénéchal de Poitou était alors Jean de Beauquaire, chev. de l'ordre du Roi. Il avait remplacé, depuis le 12 février 1573, Melchior des Prez, s‍r de Montpezat, récemment décédé. (Papier rouge du greffe du présidial.) Il fut bientôt remplacé lui-même par Gaspard d'Alègre en 1574. (Liste des sénéchaux de Poitou, par Filleau:)

trouver là part qu'il sera ; donc de ma part je vous prie cependant, affin qu'il n'advienne aucun inconvénient en l'estendue de vostre gouvernement, donner tout l'ordre que vous jugerez y estre requis avant que d'en partir, ayant choisy pour demeurer en ces villes de Poictiers et de Nyort, qui sont les principalles dudit gouvernement, les sieurs de Bois-Seguin et de La Frézellière, pour les cognoistre gentils-hommes affectionnés à son service, bien sages, prévoyans et qui seront pour y maintenir toutes choses en leur tranquillité et seureté ; et, à ceste fin, leur escript à chacun d'eulx une lettre pour s'y retirer. Vous leur manderez aussi et que ce soyt au plustost qu'ils pourront, en les instruisant de ce que vous saurez qu'ils debvront faire pour prévenir tous inconvéniens ; et pour ce que je m'asseure que je vous verray bien tost, je ne vous feray la présente plus longue, sinon pour vous asseurer que vous serez le très bien venu. Je prie Dieu qu'il vous ayt, Monsieur du Ludde, en sa sainte garde.

Escript à Saint-Germain-en-Laye, le xxiij° jour de février 1574. Votre bon ami. FRANÇOYS.

A Monsieur le conte du Ludde, etc... [1].

263. — 27 février 1574. — Lettre du roi Charles IX à M. du Lude.

Monsieur le conte, il m'estoit venu advis que mes villes de Poictiers et Nyort avoient estés surprinses par ceux de la nouvelle oppinion ; mais j'ay sceu par ung gentilhomme qui est arrivé de Guyenne au mesme instant et a passé par ces deux villes, que le sieur de Saincte-Soulaine estoit

---

1. Collection de M. Alfred Morrisson à Londres. (Copie transmise par M. Thibaudeau, de Londres.)

en celle de Poictiers de laquelle il a empesché la surprinse [1] et que vous vous estiés mis dedans Nyort et l'avez conservée soubs mon obéissance [2], dont je vous sçay fort bon gré, à cause de l'importance de laquelle m'est la ditte ville et qu'elle est habitée de beaucoup qui sont de la nouvelle oppinion ; qui me faict vous prier de n'en partir que le danger n'en soit du tout hors et de faire tout ce qu'il vous sera possible pour contenir les ungs et les autres de mes subjects en bon et seur repos, asseurant ceux de la nouvelle oppinion de la ditte ville et les gentilshommes voisins d'icelle qui seroient en deffiance pour les faulx bruits qu'aucuns sément et font courir malicieusement, qu'au contraire d'iceux faulx bruits toute mon affection est dressée à maintenir mes peuples et subjects en paix et union, et que, tant ceux qui sont demourés de la ditte nouvelle oppinion que ceux qui l'ont cy-devant délayssée pour suivre notre relligion catholicque, se contenant doucement soubs l'observation de mon dernier édict de pacification, me sont en pareil soing et compte que mes autres subjects catholicques, et que je ne veux leur estre faict aucun dissemblable traitement en toutes leurs affaires. Et sur la parolle que je vous en donne, oultre ce qui vous en peut estre assez congneu d'ailleurs, je désire, suivant ce que je vous ay cydevant escript, que vous leur en respondiez et que vous les preniez à ceste fin en vostre garde et les faciez prendre aussi en la sauvegarde de leurs voisins catholicques, pour les garantir et asseurer de la viollance que

---

1. Le lieutenant de La Haye avait tenté en vain de s'emparer du château de Poitiers, par surprise, dans la nuit du lundi au mardi gras 24 février précédent. (*Journal de Généroux*, p. 114.)

2. Les protestants, guidés par Jean de Rohan, s^r de Frontenay, avaient essayé de surprendre Niort le jour de la foire de Sainte-Agathe ; mais ils avaient échoué, grâce à la vigilance du s^r de La Frézelière, lieutenant de M. du Lude, et du s^r de La Chaignée, lieutenant de la ville, qui avaient mandé en hâte le gouverneur de Poitou, et pris toutes les précautions nécessaires à la sûreté de la ville. (*Chronique de Pierre Brisson*, p. 234-240.)

l'on leur vouldroit faire, de laquelle, où elle seroit entreprinse, je veux que mes subjects et officiers facent la plus roide et exemplaire justice qu'il sera possible, et vous prie d'y tenir la main de vostre part, autant que désirés me faire service capable, car Dieu m'est tesmoing que je n'ay aultre volunté que de voir vivre tous mes subjects en repos. Vous voulant bien advertir que mon cousin le duc de Montpensier s'acheminera bientost par delà, suivant la charge que je luy en ay donnée, pour pourveoir à la seureté de ma ditte ville de Poictiers et des autres dont il verra estre nécessaire; cependant, pour ce qu'il est bien raisonnable et à propos pour le bien de mon service que vous demeuriez à Niort jusques ad ce que l'on voye que deviendont tous ces remuements icy, j'escripts au sieur de Sainte-Soleine [1] qu'il demeure à Poictiers jusques à l'arrivée de mon dit cousin le duc de Montpensier, m'asseurant que vous en serez bien aise, comme aussy croy-je que le dit sieur de Sainte-Soleine y fera faire bien son devoir pour mon service [2]; priant Dieu, Monsieur le conte, vous avoir en sa saincte et digne garde.

Escript à Saint-Germain-en-Laye, le 27ᵉ jour de février 1574. Signé : CHARLES.

Monsieur le conte, depuis ceste lettre escripte, ayant eu hier advis que les dits sieurs de la nouvelle oppinion, mesmement ceux du costé de Normandie se commencent à assembler et marcher, je me suis cejourd'huy acheminé en ceste ville de Paris où je suis arrivé après avoir disné en chemin, me délibérant d'aller faire quelque séjour à Saint-

---

1. Joseph Doyneau, éc., sʳ de Sainte-Soline, capitaine du château de Lusignan, venait de résigner cette charge au sʳ de Trosses (ou plutôt Strozzy), qui n'en avait pas encore pris possession, ce qui fut cause de la surprise de Lusignan par les protestants, le mardi gras 24 février. (*Chronique de Brisson*, p. 241.)

2. Le sʳ de Sainte-Soline s'opposa, en effet, avec énergie et succès aux nouvelles tentatives que fit La Haye pour se rendre maître de Poitiers. (*Chronique de Brisson*, 243, 244.)

Maur-des-Fossés et en mes aultres maisons d'icy aultour pour m'achever du tout de fortiffier de ma malladye et fiebvre quarte, laquelle m'a du tout délaissé et me porte maintenant fort bien, Dieu mercy, et dont je vous ay bien voullu advertir, saichant que ma ditte guarison vous sera et à mes autres subjects bien agréable.

Escript à Paris, le dernier jour de febvrier 1574. Signé : CHARLES. Et plus bas : PINART, avec paraphe.

Au dos est écrit : A Monsieur le conte du Ludde, etc...

264. — 28 février 1574. — Lettre de François, duc d'Alençon, à M. du Lude.

Monsieur le conte, puisque vous vous estés mis dedans la ville de Nyort, nous n'avons point de craincte qu'il en advienne inconvénient, estant le roy, monseigneur et frère, bien asseuré que vous y pourvoyerés de telle façon qu'elle demeurera soubs son obéissance ; mais encores luy ferés vous service plus agréable si en ce faisant vous maintenés le repos entre tous ses subjects par l'asseurance que leur donnerés de la droicte intention du roy, mon dit seigneur et frère, envers eulx, comme vous verrés par la lettre qu'il vous écript, à laquelle me remettant je ne vous feray ceste cy plus longue que pour prier Dieu, Monsieur le conte, vous avoir en sa saincte et digne garde.

Escript à Saint-Germain-en-Laye, le dernier jour de février 1574. Votre bien bon amy. Signé : FRANÇOIS.

Au dos est écrit : A Monsieur le conte du Ludde, etc...

265. — 2 mars 1574. — Commission en blanc de capitaine, délivrée par le roi.

Charles, par la grace de Dieu, roy de France. . . . salut. Come pour les affaires qui se présentent maintenant nous ayons advisé de mettre sus encores quelque nombre des compaignyes de gens de guerre à pied françois, et de chascunes d'icelles qui seront composées de deux cens hommes bailler la charge et conduicte à certain bon et vaillant cappitaine à nous seur et féable ; à ces causes, nous à plain confians de vos sens, suffisance, fidellité, expérience au faict des armes, bonne conduicte et dilligence, vous avons ordonné et establly, ordonnons et establissons cappitaine de l'une des dites compaignies, en vous mandant et commectant par ces présentes de lever et mettre sus au plustost que faire pourrés le dit nombre de deux cens hommes de guerre à pied, des plus vaillants et aguerris soldats que vous pourrez choisir et eslire, pour iceulx lever, conduire et exploicter pour nostre service, là part et ainsi qu'il vous sera par nous et nos lieutenants généraux commandé et ordonné, et la dite charge avoir et tenir aux honneurs, auctoritéz, prééminences, gaiges et solde qui sont attribués aux autres cappitaines de compaignies semblables, desquels gaiges et solde nous vous ferons payer, ensemble les dits soldats estans sous votre dite charge doresnavant par chacun mois, selon et ensuivant les monstres qui seront faictes de la dite compaignie, à commencer à la premiere d'icelles et tant et si longuement qu'elle sera sus pour nostre dit service. De ce faire vous avons donné et donnons plain pouvoir, puissance, auctorité, commission et mandement spécial, car tel est nostre plaisir.

Donné à Paris, le 2ᵉ jour de mars l'an de grace 1574, et de nostre règne le 14ᵉ. Par le roy : DE NEUFVILLE.

266. — 3 mars 1574. — Lettre du roi Charles IX à M. du Lude.

Monsieur le conte, n'ayant donné aucune occasion à mes subjects de la nouvelle oppinion ny aultres d'avoir soubçon de ma droicte et sincère intention à leur conservation, mais au contraire recherché tous les moyens possibles pour les rasseurer et leur faire toucher au doigt ma bonne et paternelle affection envers eulx, je n'eusse jamais cru qu'ils se fussent tant oubliés que de s'eslever et reprendre les armes pour de nouveau troubler mon royaume ; car je n'avois aultre soing que à establir ung repos universellement par tout mon dict royaume, remettre ma justice en sa premiere auctorité et splendeur et redresser toutes choses que le temps et malice des troubles passés avoit corrompues, ayant faict retirer les gens de guerre et mesmes les compaignyes de gens d'armes en leurs maisons, à celle fin de lever toute occasion de suspicion à mes dicts subjects et par mesme moyen descharger mon pauvre peuple de toute foulle et oppression, de manière que je ne pouvois faire fondement ny prendre pied aux advertissements que vous me donniez de leurs sinistres deslibérations, pour autant que la raison vouloit qu'ils fissent tout aultrement, et me voullois persuader que, tenant et suivant tousjours ce chemyn de leur oster toutte occasion de meffiance, enfin ils congnoisteroient la sincérité de mon intention et en prendroient entière confiance ; c'est cela qui m'a gardé de donner aultre provision et prendre autre délibération sur les advertissemens que vous m'avés envoyés et sur ce que vous m'escriviez ; car je vous tiens et estime si fidelle et affectionné serviteur de vostre roy, que vous n'avés aultre passion que celle de son service, à laquelle vostre honneur et réputation est si fort contenu que l'un deppend de l'aultre. Mais quant je n'aurois jamais eu ceste confiance de vous, comme il fault que vous croiez que je l'ay tousjours eue, maintenant par le service très grand que vous m'avés faict en la conservation de ma ville de Nyort, et le bon ordre que vous avez donné pour faire le semblable des aultres places et villes qui sont de vostre charge, j'ay juste cause de me contenter et prendre entière asseurance de vostre très grande fidellité et affection ; ce que je vous ay bien voullu tesmoigner par la présente, attendant que le temps ait faict naistre un subject pour le vous confirmer par bons effects. Or, Monsieur le conte, il me desplait grandement et plus que je ne puis exprimer d'estre forcé de reprendre les armes et en user avecques les moyens que Dieu a mis en mes mains pour me faire rendre l'obéissance par mes subjects; mais, puisque leur dureté et obstination m'y contrainct nécessairement, je suis bien desliberé ne rien obmettre de ce qui est de besoing, pour, avecques l'ayde de Dieu protecteur et deffenseur de la vérité et raison, réprimer ceste insolence et témérité trop grande. Pour ce faire, je vous ay mandé comme j'envoye mon cousin le duc de Montpensier par delà, avecques ample pouvoir, forces, tant de gensdarmerye, que de gens de pied et autres moyens. En attendant son arrivée, je vous envoye six commissions pour lever, si en avez besoing et qu'il soit nécessaire, six compaignyes de gens de pied de deux cens hommes chacune; j'euse bien désiré vous pouvoir ensemblement envoyer de quoy faire les frais de la levée, et aussi l'argent pour les payer; mais c'est chose que je n'ay peu faire si promptement, et m'a semblé que je ne debvois différer à faire partir ce porteur avecques les dictes commissions, espérant le faire suivre au plustost du moyen nécessaire pour faire les dicts frais et payement, de quoy je vous prye estre asseuré. Je ne puis accorder aux habitans de ma ville de Nyort, les deniers qu'ils me demandent sur ma recepte généralle de Poictiers pour faire raccoustrer les murailles, portes et ponts levis de leur ville, d'aultant qu'ils sont jà assignés et l'assignation levée par le trésorier de l'extraordinaire des guerres pour le payement de gens de pied que j'entretiens et n'y a ordre de les employer ailleurs, comme je vous prye leur faire entendre, oultre ce que je leur en escripts, et les admonester de s'ayder et esvertuer le plus qu'ils pourront en ceste urgente occasion, estant question de la conservation de leurs vyes et biens, comme de mon service, auquel ils sont toutes fois naturellement obligés : au surplus, je vous veulx bien advertir comme j'ay escript au sieur de Mortemar [1], qui s'est rendu dedans Poictiers sur les esmotions, de prendre garde à la seureté de la dicte ville pendant vostre absence et en attendant que mon dict cousin le duc de Montpensier soit arrivé par delà, comme j'espère qu'il fera bientost, s'y estant acheminé aujourdhuy. Pour fin, je vous diray comme je m'en suis venu en ceste ville pour donner ordre avecques plus de commodité et moyens aux choses nécessaires pour réprimer l'insollence de ceulx qui se sont soubslevez, ayans eu advis que aucuns s'estoient assemblés du costé de Normandie, mesmes qu'ils s'estoient efforcés de surprendre la ville de Mante sur la rivière de Seine, où j'avois collocqué en garnison la compagnye de mon cousin le duc de Montmorency, laquelle a faict tel et si bon debvoir de repousser ceulx qui estoient jà entrés dedans la dicte ville, qu'elle m'a esté conservée, à leur honte et confusion, ainsi que j'espère, avecques l'ayde de Dieu, il adviendra de plusieurs aultres sur lesquelles ils avoient entreprise ; je le prye que ainsy soit et qu'il vous conserve, Monsieur le conte, en sa saincte garde.

Escript à Paris, le 3ᵉ jour de mars 1574. Signé : CHARLES. Et plus bas : DE NEUFVILLE, avec paraphe.

Au dos est écrit : A Monsieur le conte du Ludde, etc...

---

267. — 14 mars 1574. — Lettre du roi Charles IX à M. du Lude.

Monsieur du Ludde, j'ay été bien ayse d'entendre par

---

1. René de Rochechouart, baron de Mortemart et sʳ de Château-Larcher, s'était, en effet, rendu à Poitiers au mois de février avec sa compagnie de gendarmes, à laquelle la ville s'engagea à fournir des logements, par délibération du 21 février 1574 (reg. 41). Il avait contribué à arrêter la tentative de La Haye. (*Chronique de Brisson*, p. 248.)

vostre lettre du 5ᵉ de ce moys comme toutes choses passent par delà. Je vous ay renvoyé l'esleu que vous m'avés dépesché, par lequel je vous ay mandé tout ce que je pouvois faire pour vous secourir. Je continue à dire qu'il fault nécessairement que mes bons serviteurs et subjects s'esvertuent et s'aydent en ces occasions, estant sy chargé de dépenses de tous costez, il m'est impossible pourveoir par tout, comme il est requis. Je vous prie, selon la confiance que j'ay en vous, donner le meilleur ordre que vous pourrez. J'ay envoyé mon cousin le duc de Montpensier par delà, auquel j'ay donné charge de vous secourir et assister de tout ce qu'il pourra et aurez de besoing ; c'est ce que j'ay peu faire. Je suis bien ayse de ce que ce pauvre cordellier est eschappé et vous sçay bon gré de l'avoir sy bien recueilly [1] ; je vous prye luy ayder en ce que vous pourrés ; priant Dieu, Monsieur du Ludde, vous avoir en sa garde.

Escript au Bois de Vincennes, le xiiijᵉ jour de mars 1574.

Monsieur du Ludde, outre ce que je vous ay fait entendre de mon intention et escris encores présentement, j'ay advisé, pour bonnes et grandes considérations, qu'il seroit très à propos de faire faire une génerálle description de tous mes subjects de vostre charge, comme pareillement je l'escris à mes autres gouverneurs et lieutenants généraulx de mes provinces, qui seront propres à porter les armes, tant de la noblesse, que aultres, et que chascun ayt à se pourveoir d'un cheval pour le moins et d'un bon corps de cuirasse, semblablement que chascune des villes et villaiges ayt à bailler à chascun des dits gouverneurs et lieutenans généraulx par escript le nombre d'hommes qu'on pourra mettre ensemble, garniz de picques et arquebuses, pour me faire service aux occasions et maintenir mes subjects en

---

1. Le cordelier Porthaise ou Prothaise, célèbre prédicateur de cette époque, avait été pris récemment à Fontenay par les protestants, qui l'emprisonnèrent à la Rochelle, d'où il parvint à s'évader. (*Chronique de Pierre Brisson*, p. 238.)

repos et tranquilité [1]. Par quoy je désire et vous prie bien fort tenir la main à ce que dessus et faire faire la dicte description si exactement que sur icelle on puisse asseoir un bon et solide fondement. Signé : CHARLES. Et plus bas : DE NEUFVILLE, avec paraphe.

Au dos est écrit : A Monsieur le conte du Ludde, etc...

268. — 18 mars 1574. — Lettre du duc de Montpensier à M. du Lude.

Mon cousin, par ce que je suis délibéré me mettre bientost à la campaigne et avecques une bonne trouppe de gens de bien m'approcher des forces de nos ennemis le plus que je pourray, je désirerois m'y accompagner dans l'une compaignye de ceulx que je sçay estre affectionnés au service du roy ; et pour ce que je vous recognois le premier en ces quartiers de ce rang, je vous prye, mon cousin, me voulloir mander quant vous aurez moyen de me venir trouver avecques les forces que vous pourrez amener. Cependant je me recommande de bon cœur à vostre bonne grâce et prye Dieu vous donner, mon cousin, ce que désirez.

De Chinon, ce 18e jour de mars 1574. Vostre plus affectionné cousin et meilleur amy. Signé : LOYS DE BOURBON.

La suscription : A mon cousin, Monsieur le conte du Ludde, etc...

269. — 22 mars 1574. — Lettre de Catherine de Médicis à M. du Lude.

Monsieur le conte, j'ay veu par la lettre que vous m'avez escripte du 13e du présent et ce que vous a rapporté le

---

1. M. du Lude fit exécuter cet ordre du roi, et le 27 mars nous le voyons exiger de la ville de Saint-Maixent la confection du rôle des hommes propres à porter les armes. (*Journal de le Riche*, p. 160.)

sieur de La Frézeliere de son voiage devers le sieur de la Noue et autres de la nouvelle opinion, le peu d'envye qu'ils ont d'ambrasser la grace dont le roy, monsieur mon fils, veult user envers eulx, mais plustost de continuer leurs sinistres desseings. Je n'en espérois pas beaucoup davantaige et suis d'opinion que l'on n'en aura autre chose que par la voie de la force, laquelle il faudra enfin praticquer, à nostre grand regret, priant sur ce le Créateur, Monsieur le conte, vous avoir en sa saincte garde.

Escript au Bois de Vincennes, le 22° jour de mars 1574. Signé : CATERINE. Et plus bas : FIZES.

La suscription : A Monsieur le conte du Lude, etc...

270. — 6 avril 1574. — Lettre du roy Charles IX à M. du Lude.

Monsieur le conte, le sieur de La Frézelliere m'a fait entendre bien au long ce qui s'est passé à l'entreveue d'entre le sieur de Biron et La Noue[1], comme le dit sieur de Biron me l'avoit aussy fait sçavoir par une sienne despesche et les ouvertures qui ont esté proposées pour moyenner une pacification. Sur quoy j'ay bien amplement faict entendre mon intention au dit sieur de Biron, à mon cousin le sieur de Strossy et au sieur Pinart qui ont charge de négotier cest affaire avecq le dit de La Noue et donner telle occasion au dit de La Noue et ceulx de son party de demourer contans de ce qu'ils monstrent désirer, que je pense qu'il en rebseira quelque bon fruict[2]. J'ay aussy le mémoire dont vous

---

1. Cette entrevue avait eu lieu le 24 mars à Brie. Outre Biron et La Noue, on y avait aussi envoyé MM. de Bapteresse et de la Frézelière. Ce dernier avait été délégué près du roi. (*Journal de le Riche*, p. 159.)

2. Voir, pour les conférences entre Biron et La Noue à la Rochelle, deux curieuses lettres de Biron au roi, datées d'Esnandes les 24 et 27 avril 1574. (*Bull. hist. de la Société de l'hist. du protestantisme français*, 1873.)

avez chargé le dit sieur de La Frézelliere, des choses ausquelles il vous semble estre besoing de pourveoir pour la seureté de mon pays de Poictou. Vous avés entendu comme mon cousin le duc de Montpensier s'est rendu à Chynon par mon commandement pour assembler mes forces de toutes parts, et, si tost qu'il les aura debout et suffisantes pour tenir la campaigne, s'achemyner droit contre le dit de la Noue et les siens. Au moyen de quoy, je ne trouve pas qu'il soit grand besoing pour ceste heure de lever plus grandes forces que celles que vous avés au dict pays, car il se trouvera couvert et asseuré par l'arrivée de mon dit cousin. J'ay aussy remis à prendre résolution sur la deffence du commerce avecq ceulx de la Rochelle et autres choses dont m'escriviez, jusques après la résolution de la dite assemblée, la fin de laquelle nous fera congnoistre ce que nous aurons à faire, soit pour la paix, soyt pour la guerre; pryant sur ce le Créateur, Monsieur le conte, vous avoir en sa garde.

Escript au boys de Vincennes, le vj° jour d'avril 1574. Signé : CHARLES. Et plus bas : FIZES.

Au dos est escrit : A Monsieur le conte du Ludde, etc...

---

271. — 15 avril 1574. — Lettre de Charles IX à M. du Lude.

Monsieur le conte, vous avez cy devant peu entendre ce qui s'estoit passé de l'entreprise faicte contre moy et mon Estat à Saint Germain en Laye. Depuis ces jours passés, il s'en est découvert encores icy une méchante et malheureuse, laquelle m'ayant été confirmée par plusieurs et divers advis, je feis renforcer mes gardes et entrer dedans l'anclos de ce chasteau ung corps de garde de Suysses. Il avoit dès lors esté prins quelques prisonniers coulpables de la dicte entreprinse et depuys il en a esté pris encores d'autres, entre lesquels sont La Mole et le comte Coconas qui sont entre les mains des gens de ma court de Parlement pour leur estre faicts leur procés, s'estans jà, par les interrogatoires que l'on leur a peu faire et leurs confessions voluntaires, vériffié comme ils ont voulu suborner mes frères, les duc d'Alençon et roy de Navarre et les enlever hors d'auprès de moy pour leur faire entreprendre quelque chose au préjudice de mon auctorité et du repos de mon Estat; pour lequel effect ils avoient disposés des chevaulx en certains endroicts et prins ung lieu où ils se devoient rendre; ayant lieu à louer Dieu de ce que, par sa grâce, leur maulvais desseing n'a pu estre exécuté; et mes dis frères ayans recogneu la maligne intention de ceulx qui les ont voulu ainsi malheureusement séduyre, m'ont déclairé tout ce qu'ils en ont sceu conforme à ce que dessus ; espérant bien que, par la confection des procès qui seront faicts à ceulx qui se trouvent aujourdhuy prisonniers, il se pourra découvrir quelque chose davantaige de ce à quoy tendoit le but de ceste malheureuse entreprise. Cependant je ne veulx oublyer à vous dire que mon cousin le prince de Condé ayant eu quelque frayeur, pour luy avoir esté donné à entendre que je tenois prisonniers nos dits frères, est sorty d'Amyens et s'est retiré du costé des Ardennes, ainsy que je l'ay entendu ; mais j'espère que, comme son partement a esté fondé sur ung faulx donné à entendre, quand il sçaura la vérité des choses, comme j'ay donné ordre à luy faire sçavoir, il s'en retournera au dit Amyens pour continuer à pourveoir aux affaires de son gouvernement, selon la charge que je luy en ay donnée et que je luy avois envoyé expressément. Je vous ay bien voulu advertir de ce que dessus ainsi particuliérement, affin que vous n'en demeuriez en peyne sur les bruicts qui en pourront courir et aussy affin que vous ayez tousjours l'œil sur ce qui est de votre charge, ne voullans néantmoins que pour cela ceulx de la nouvelle opinion ny autres qui se contiendront paisiblement en icelle soyent aucunement molestés, ains maintenus et conservez, ainsi que je vous ay tousjours mandé estre mon intention. Priant sur ce le Créateur, Monsieur le conte, vous avoir en sa saincte garde.

Escript au Bois de Vincennes, le xv° jour d'apvril 1574. Signé : CHARLES. Et plus bas : FIZES.

Et la suscription est : A Monsieur le conte du Lude, etc...

---

272. — 20 avril 1574. — Lettre du roi Charles IX à M. du Lude.

Monsieur le conte, je receuz hyer au soir lettres du sieur de Montdoulcet résident pour mes affaires ès Pays Bas, par lesquelles il me mande que le xiiij° de ce mois le grand commandeur [1] et le comte de Ludovic se sont rencontrés avecq leurs forces entre les pays de Gueldres et Cléves et donné bataille, en laquelle l'heur a tant favorisé le dit commandeur qu'il est demouré maître du champ, et a le dict conte perdu quinze cent chevaulx, toute son infanterie qui a esté taillé en pièces, et le reste de sa cavalerie mis en routte, luy blessé en l'espaulle et en la cuisse, son frère le conte Jehan prins ou tué et le duc Christophe, fils du conte Palatin tué, ayant esté le dit conte forcé de faire sa retraite au dit pays de Cléves où le dit commandeur le poursuict pour ne perdre le fruict de sa victoire, n'y ayant pas apparence qu'après une si lourde perte le dit conte se puisse remettre en campagne pour ceste année [2] ; dont j'ay bien voulu vous advertir, étant asseuré que ceste nouvelle ne pourra que beaucoup servir au bien et avantage de mes affaires et à la diminution de l'espérance de ceulx de mes subjects qui se sont eslevez, lesquels se trouverront descheuz de ce cousté, s'ils en attendoient quelque secours et assis-

---

1. Louis Requesens, grand commandeur de l'ordre de Saint-Jacques en Castille, gouverneur des Pays-Bas pour l'Espagne.

2. Il s'agit ici de la bataille de Moch, gagnée par Sancho d'Avila sur Louis et Henri de Nassau et Christophe de Bavière. (*Hist. de la guerre de Flandre,* par Strada, t. II, p. 310, éd. 1675.)

tance. Au moyen de quoy, s'ils sont bien conseillés et ont quelque goust de bonne et pacifique volunté, j'estime qu'ils recognoistront leur faulte, et, recevant la grace que je leur présente de vivre en paix en leurs maisons, ce sera ung moyen de mettre en repos ce royaume, sinon et où ils seroient endurcis en leur mal, je me délibère de les poursuivre si vifvement par la force que j'espère que Nostre Seigneur, portant ma juste querelle, m'en donnera yssue favorable. Priant Dieu, Monsieur le conte, vous avoir en sa saincte garde.

Escript au château de Vincennes, le xxe jour d'avril 1574. Signé : CHARLES. Et plus bas : FIZES, avec paraphe.

Au dos est écrit : A Monsieur le conte du Lude, etc...

---

273. — 29 avril 1574. — Lettre du roi Charles IX à M. du Lude.

Monsieur le conte, je suis bien aise que vous ayés vu mon cousin le duc de Montpensier [1] et que, actendant l'artillerie qu'il fait venir de Nantes pour entreprendre le siége de Fontenay soit arrivée, vous vous soyez acheminé à Nyort [2], pour y préparer et advencer ce que vous congnoistrez estre à la commodité du dit siége et après y retourner, estant asscuré et que vostre présence n'y sera que très utile et avantageuse, et que le nombre de mes bons serviteurs, tels que vous m'estes, ne sçauroit jamais estre assez grand, là ny aillieurs. Encore que ce ne me soit pas chose nouvelle de cognoistre la bonne volunté que vous avez en ceste occasion à me faire service, l'ayant

---

1. M. du Lude, qui résidait alors le plus souvent à Niort, avait été probablement à la rencontre du duc de Montpensier à Coulonges, où ce prince passa le 20 avril, marchant au siège de Fontenay avec l'armée royale. (*Journal de le Riche*, p. 166.)

2. M. du Lude, de retour à Niort, en expulsa, le 21 avril, plusieurs huguenots suspects. (Id. 167.)

tousjours tesmoigné en toutes aultres, toutes fois je ne veulx laisser de vous faire entendre le contentement que j'en ay et la bonne envye qui m'en demoure de vous faire recuillir le fruict que vous méritez. Vous avez entendu comme depuis quelques jours je ne me suis trouvé si parfaictement bien de ma santé que j'eusse désiré, dont je voulus dès lors vous advertir, afin que l'on ne vous feist le mal plus grand qu'il n'estoit. Et, parce que la nuit dernière j'ay eue quelque inquiétude qui a fait que je l'ay trouvée plus fascheuse que les précédantes et que je ne doubte que l'on n'en face incontinant voller le bruict pour mettre en peine tous mes bons serviteurs et se prévaloir du malheur du temps, afin de vous en délivrer et rendre certain de la vérité, j'ay voulu vous faire encores ce mot pour vous dire que cejourdhuy j'ay esté, par le conseil des médecins, saigné, chose qui m'a tant prouffité et soullagé que j'espère, moyennant la grace de Dieu, recouvrer bientost ma parfaite santé ; priant sur ce le Créateur, Monsieur le conte, vous avoir en sa saincte garde.

Escript au chasteau de Vincennes, le xxixe jour d'avril 1574. Signé : CHARLES. Et plus bas : FIZES, avec paraphe.

A Monsieur le conte du Ludde, etc...

---

274. — 4 mai 1574. — Lettre du roi Charles IX à M. du Lude.

Monsieur le conte, ayant trouvé, par le procès fait à la Molle, conte de Coconat et leurs complices, que les mareschaulx de Montmorency et de Cossé estoient les principaulx aulteurs des conspirations faictes contre ma personne et mon Estat, dont je vous ay donné advertissement ces jours passez, et ayant présentement descouvert que, continuant leurs malheureuses intentions, ils estoient sur le poinct de tenter encores un coup d'exécuter ce qu'ils avoient failly auparavant, j'ay esté contrainct de me saisir de leurs personnes et iceulx faict mener en la Bastille à

Paris, dont je vous ay bien voulu advertir et vous prier, pour l'affection que je sçay que vous avez à mon service, que vous tenez la main que toutes choses se continuent en vostre gouvernement soubs mon obéissance, et que tous ceulx qui voudront vivre paisiblement en leurs maisons y soient maintenus et conservés, sans souffrir qu'il leur soit faict aucun tort, mal, ny desplaisir, en quelque sorte que ce soit, voullant que contre ceulx qui se seroient desjà eslevez et se voudroient encores eslever et prendre les armes, il leur soit par vous couru sus et taillé en pièces; priant le Créateur, Monsieur le conte, vous avoir en sa garde.

Escript au Boys de Vincennes, le iiij^e jour de may 1574. Signé : Charles. Et plus bas : Fizes, avec paraphe.

Au dos est écrit : A Monsieur le conte du Ludde, etc...

---

275. — 16 mai 1574. — Lettre du roi Charles IX à M. du Lude.

Monsieur le conte, d'aultant que ceulx qui sont préposés à la garde des places qui sont au dedans vostre gouvernement et plusieurs autres demeurans en iceluy m'escripvent journellement et avoyent gens par devers moy qui causent non seullement une confusion en mes affaires, mais une très grande et excessive despense pour les voiages, j'ay voulu vous faire la présente, afin que vous ayez à advertir tous ceulx qui ont charge en vostre dit gouvernement que mon intention est que doresnavant ils ayent à vous faire entendre ce qui se présentera en leurs places pour de vous mesmes y donner l'ordre, comme verrés estre nécessaire; et y aiant chose d'importance vous m'en advertirés, que vous feray sur ce sçavoir mon intention, de laquelle vous les rendrés puis après cappables [1]; vous priant de vostre part

---

1. M. du Lude se trouvant surchargé d'occupations, à cause des mouvements continuels des rebelles, le roi, par lettres du 26 mai, lui donna un suppléant provisoire dans la personne de M. de Boisseguin, qui commandait déjà à Poitiers (reg. 41 du corps de ville de Poitiers).

entrer le moings que vous pourrés en frais pour les dits voyaiges, d'aultant que j'ay de besoing d'espargner en toutes choses : je n'entens pas exclure aucuns d'eux d'envoier par deçà, s'il leur venoit quelque advis ou autre chose en main qui touschast grandement mon service, mais je désire que toutes choses inutiles soient retranchées ; priant le Créateur, Monsieur le conte, vous avoir en sa garde.

Escript au Boys de Vincennes, le 16e jour de may 1574. Signé : CHARLES. Et plus bas : FIZES, avec paraphe.

Au dos est écrit : A Monsieur le conte du Lude, etc...

---

276. — 29 mai 1574. — Lettre du roi Charles IX, mourant, à M. du Lude.

Monsieur le conte, vous savés cy devant mon indisposition laquelle depuis ung jour en çà est fort accreue, et suis aujourdhuy en tel estat que j'attens ce qu'il plaira à Dieu faire de moy, en la main duquel sont toutes choses humaines, estant tout prest à me conformer à sa saincte volonté. Cependant j'ay prié la royne, madame ma mère, que suppléant au deffault de ma malladye, elle veuille avoir plus grand soing que jamais de mes affaires et de ceulx de mon royaume, ainsy que très dignement elle s'en est acquittée jusques icy ; désirant qu'elle soyt obéye en tout ce qu'elle commandera, tant durant ma maladie, que là où il plaira à Dieu faire son sainct commandement de moy, jusques à ce que mon frère le roy de Pollogne qui est mon légitime successeur soyt arrivé par deçà. Et quant à vous, Monsieur le conte, encores que je m'asseure bien que vous ne deffauldrés en riens de vostre devoir à contenir toutes choses en bon repos en vostre gouvernement et à faire recongnoistre à mes subjects l'auctorité de ma dicte dame et à les retenir en l'affection et dévotion d'obéissance qu'ils doivent à mon dict frère, en cas que il pleust à Dieu faire sa volunté comme dessus est dict, si est ce que je vous en ay bien voulu escrire et vous pryer que, en remectant devant les yeux de tous mes subjects, tant de ma noblesse, que aultres sortes d'estats de vostre gouvernement la grande fidellité et loyauté que ont tousjours gardée les Françoys envers ceulx à qui légitimement est advenu la succession de la couronne et sceptre royal, dont ils ont estés recongneus par dessus toutes les nations du monde, ils en veuillent user de mesme à l'endroict de mon dict frère le roy de Pollongne, sur l'accident qui me pourroit survenir ; y tenant de vostre part la bonne main pour aller au devant de tous les maulx qui pourroient résulter, à la générallé ruyne et subversion de mes dicts subjects, là où ils le feroient aultrement et se dévoyeroient de ce qui est de leur devoir, selon Dieu et la loy de nature. J'ay faict entendre ceste mienne volunté et intention à mes frères, les duc d'Allençon et roy de Navarre qui m'ont promis et asseuré de l'ensuyvre et d'obéyr à ma dicte dame et mère, selon l'amour et bonne affection qu'ils luy portent et le désir qu'ils ont à la conservation du repos général de mon royaume, me confiant bien qu'ils y feront tout loyal devoir de leur part, comme je m'asseure que vous ferés aussy de la vostre : je n'estendray la présente plus avant que pour prier Dieu, Monsieur le conte, vous avoir en sa saincte et digne garde.

Escript du chasteau de Vincennes, le 29e jour de may 1574. Signé : CHARLES. Et plus bas : FIZES, avec paraphe.

Au dos est escript : A Monsieur le conte du Ludde, etc...

---

277. — 1er juin 1574. — Lettre du prince Henri, roi de Navarre, à M. du Lude.

Monsieur le conte, vous entendrés par la lettre que la reine vous écrit comme il a plu à Dieu apeller à soy le feu roy Monseigneur [1], qui est une perte si grande à ce royaume que je m'asseure tous les bons serviteurs d'icelluy en porteront autant de regrets et de déplaisir que le désastre et inconvénient est grand. Toutes fois je me consolle en cette affliction, que Sa Majesté prévoyant sa fin, pour témoigner le désir qu'il a tousjours eu au repos de ses subjets, a voulu et ordonné par sa dernière volonté que l'administration et régence des affaires demeureroit à ladite dame, attendant l'arrivée du roy de Pologne, étant assuré que sa prudance et la longue expérience qu'elle a d'iceux et pour la dévotion singulière qu'elle a à cette couronne, elle sçaura disposer toutes choses au bien et repos d'elle : en quoy je ne doute aussi que tous ceux qui y tiennent les premiers lieux ne l'assistent, obéissent et reconnoissent, selon qu'elle en est très digne par ses vertus, comme je désire y satisfaire de ma part, tant pour l'obligation particulière que j'ay à ladite dame, que pour l'obéissance et reconnoissance que je dois audit seigneur roy de Pologne, l'ayant Notre Seigneur apellé à cette dite couronne; ce que je m'assure vous voudrés aussy faire de la vostre, continuant le zèle et l'affection que vous avez toujours eu au bien de cette dite couronne; priant Dieu, Monsieur le conte, vous avoir en sa sainte garde.

Ecrit au Bois de Vincennes, le 1er juin 1574. Votre bon amy. Signé : HENRY.

Au dos est écrit : A Monsieur le conte du Lude, etc...

---

278. — 1er juin 1574. — Lettre de la reine Catherine de Médicis à M. du Lude.

Monsieur le conte, vous avez entendu par la lettre que le feu Roy, monsieur mon fils, vous a puis naguières escripte

---

1. Charles IX mourut le 30 mai, au bois de Vincennes.

qu'elle a esté sa dernière volunté sur l'administration des affaires de ceste couronne, ce qu'il a voullu encores confirmer par ses lettres patentes. Depuis, il a pleu à Dieu l'appeller à soy ; et, combien que la perte que j'ay faicte en luy de la personne qui m'estoit naturellement la plus chère et recommandée m'attriste et aggrave tellement de douleur que je ne désire riens plus que de remectre et quicter tous affaires pour chercher quelque transquilité de vie, néantmoins vaincue de l'instante prière qu'il m'a faicte par ses derniers propos d'embrasser cet office, au bien du roy de Pologne mon fils, son légitime successeur et héritier et de ceste dicte couronne, à la quelle je recongnois estre tenue de tout ce que Dieu m'a départy, j'ay esté contrainte me charger encores de la dicte administration et de la régence qu'il m'a commise, actendant l'arrivée par deçà de mon dict fils, le roy de Pologne, qui sera, comme j'espère dedans peu de temps, ayant donné ordre de l'advertir incontinant de ce désastre. Je m'asseure que chacun a peu cognoistre le désir que j'ay tousjours eu au repos de cest estat : pour à quoy parvenir, je n'ay voullu pardonner à aucunne peyne, mesmes au danger de ma propre personne, comme l'on cognoistra encores mieulx par l'ordre que j'espère donner à toutes choses, durant son absence, avecq telle modération et par le bon conseil de ceulx qui y tiennent les premiers lieux, comme vous, que je me veulx promectre que Dieu fera la grâce à ce dict royaume d'y establir quelque bon repos, vous priant, pour la dévotion et affection que vous avés tousjours eu au bien et conservation d'icelluy, voulloir tenir la main, là part où vous estes, d'obvier à toutes entreprises qui se pourroient faire pour troubler la tranquilité publique ; admonestant ceulx de la noblesse et des autres estats de continuer et persévérer au devoir qu'ils ont tousjours constamment rendu à leurs roys et souverains, dont ils sont si recommandables par toutes nations. Vous sçavez que l'intention du feu roy, mon dict sieur et fils, a toujours esté de conserver tous ceulx qui se disposeroient à vivre doucement soubs le bénéfice de ses loix et édicts, comme je sçay que telle est la volunté de son successeur, ce que je désire que vous façiez observer et affin de convier un chacun à rechercher et procurer ce qui regarde la réunion en son entier de ce royaume ; comme aussy vous vous ayderez de la force et auctorité que vous avés en main contre tous ceulx qui s'oublieront de tant que de décliner l'obéissance dont ils seront tenus, de manière qu'ils soient chastiés et pugnis, et les bons conservés comme ils méritent. Priant Dieu, Monsieur le conte, vous avoir en sa saincte garde.

Escript au chasteau de Vincennes, le premier jour de juin 1574.

Monsieur le conte, je vous prie escripre au Roy, monsieur mon fils, et luy faire entendre la bonne dévotion et affection que avez à son service et de luy garder la mesme fidélité que avez faict à ses prédécesseurs, m'envoyant vostre lettre que je luy feray tenir incontinant. Et affin que vous soyez certain d'où est procédée la maladye du Roy, mon dit sieur et fils, pour en oster tout le scrupulle que l'on en pourroit avoir conceu au contraire, je vous ay bien voulu advertyr que ce a esté une grosse fiévre continue causée d'une inflamation de poulmons que l'on estime luy estre procedée des viollents exercices qu'il a faicts, et aiant esté ouvert après sa mort, l'on a trouvé toutes les autres partyes de son corps aussy saynes et entières qui se puissent veoir en homme bien composé, et est à présupposer que sans le sus dict viollent exercice il estoit pour vivre fort longuement, ce dont je vous ay bien voullu advertir, et par mesmes moien vous dire que je désire que vous prenniez garde qu'il ne sorte personne de vostre gouvernement pour aller hors ce royaume que vous ne les congnoissiez bien, que ce ne soient gens qui puissent négotier ou faire quelque chose contre le service du Roy, mon dit sieur et fils, ou s'ils vont par voye de la poste qu'ils n'ayent passeport signé de moy; désirant aussy que vous m'advertissiez de ceulx qui entreront en ce dict royaume de vostre costé, me désignant la qualité des personnes, sans toutes fois les arrester ny leur faire autre empeschements. Signé : CATERINE. Et plus bas : FIZES.

Au dos est écrit : A Monsieur le conte du Ludde, etc...

---

279. — 2 juin 1574. — Lettre du duc de Montpensier à M. le comte du Lude.

Mon cousin [1], étant maintenant plus de besoing que jamais à ceulx qui se sont toujours montrés bons et fidelles serviteurs et subjects de ceste couronne et des vrays et légitimes successeurs d'icelle de continuer en ce bon et naturel devoyr, afin de rendre tesmoignage devant Dieu et les hommes de leur loyaulté et obéissance où ils la doybvent, je n'ay pas voulu, ayant receu advertissement certain qu'il a pleu à Dieu appeller à sa part notre bien et très crestien roy, de convier à ce devoyr tous ceulx que je congnoys marquez de ceste tant louable et honnorable marque ; et pour ce, mon cousin, que vous estes des premiers qui doibvent estre tenus en ce ranc, pour bonne preuve que vous avés faictes jusques icy de votre grande fidélité, il m'a semblé aussy vous devoyr rendre des premiers advertys de ceste tant triste nouvelle, et néantmoins vous prier que la recevant, vous prenés par mesme moyen une bonne et ferme résolution, ainsi que moy et tous les seigneurs de ceste compagnie avons faict de notre part, non seulement de vous employer à maintenir les droits de notre légitime roy absent, mais aussy d'attirer et entretenir en cette

---

1. M. du Lude se trouvait en ce moment malade à Niort. (*Journal de le Riche*, p. 174.)

bonne volonté tous ceulx sur lesquels votre puissance et autorité s'estend. En usant ainsi, outre que vous suyvrés le vouloir et commandement de Dieu, vous conserverés en vous l'honneur et bonne réputation en laquelle votre vertu vous a fait marcher jusques icy; et m'asseurant que vous ne voudrez rien laisser dyminuer de ce point et du zelle que vous et vos prédécesseurs avez toujours porté au service de ceste dite couronne, je ne vous en diray davantage, mais après m'estre recommandé bien affectueusement à votre bonne grace, je supliray Notre Seigneur vous donner, mon cousin, l'accomplissement de vos bons désirs.

Du camp de Parthenay, le ij° juin 1574[1]. Votre plus affectionné cousin et meilleur amy. Signé : LOYS DE BOURBON.

Au dos est escrit : A mon cousin, Monsieur le conte du Ludde, etc...

---

280. — 10 juin 1574. — Lettre de Catherine de Médicis à M. du Lude [2].

Monsieur le conte, je m'asseure que vous et tous les autres gens de bien qui se sont trouvez au siège de Fontenay n'y ont riens oublyé de tout ce qui se pouvoyt faire au bien du service du Roy, monsieur mon fils, encores que le succès n'en ayt esté si heureux qu'ils eussent désiré, ce qu'il fault imputer à la mauvaise volunté des soldats et non à aultre chose; et m'asseure que vous et les autres bons serviteurs du Roy, mon dict sieur et fils, ne vouldrez perdre la bonne occasion qui se présente en la division intervenue entre les rebelles pour en tirer le fruict qui se peult dé-

---

1. Le duc de Montpensier revenait avec son armée du siège de Fontenay, qu'il avait levé le 28 mai, faute de matériel suffisant et en apprenant la maladie du roi.

2. Cette lettre est citée et analysée dans l'*Hist. de Fontenay*, par M. Fillon, p. 149, d'après les *notes manuscrites de M. de la Fontenelle pour les Mém. de du Lude*.

sirer[1]. J'escripts à mon cousin Monsieur le duc de Montpensier donner ordre que son armée ne se rompe, ains estant réduicte à quelque bon nombre de gens de pied qui y sont trop, se rendre maistres de la campagne pour tenir toutes choses en office. En quoy je vous prye continuer le bon devoir que vous avez rendu jusques icy que je tesmoigneray au Roy, monsieur mon fils, qui, oultre ce, a très bonne congnoissance de vos mérites; priant Dieu, Monsieur le conte, vous avoir en sa sainte garde.

Escrit à Paris, le 10ᵉ jour de juing 1574. Signé : CATERINE. Et plus bas : DE NEUFVILLE.

La suscription : A Monsieur le conte du Lude, etc...

---

281. — 15 juin 1574. — Lettre du duc de Montpensier à M. du Lude.

Mon cousin, si vous eussiez mis dedans les chasteaux et places fortes du bas Poictou les garnisons et soldats que nous advisasmes en vostre logeis du camp devant Fontenay, nos ennemys, quelques forts qu'ils se puissent faire, n'eussent pas avecques tant de liberté courru le païs de Poictou, comme les advertissemens qui m'en viennent tous les jours me faict craindre qu'il en advienne tout ainsy de Beauvoys[2], d'où le cappitaine Breuil me mande qu'il a, à vostre requeste, tiré les soldats que je y avois mis. Quant à moy, je ne puis donner ordre aux entreprises de la Noue qu'en luy opposant une bonne trouppe de gens de cheval que j'espère avoyr bientost icy et que j'amasse en toute extrême dilligence. De vostre part, vous ferez bien d'assembler vostre compaignye et le plus grand nombre de vos amys

---

1. Il est fait allusion ici à la division qui éclata à la Rochelle, entre le parti de la paix et celui qui voulait la continuation de la guerre, lequel finit par triompher. (*Hist. de la Rochelle*, t. I, p. 551.)
2. Beauvoir-sur-Mer.

que vous pourrez[1], affin que m'approchant du lieu où vous serez nous puissions joindre nos trouppes ou pour le moings nous favoriser, de sorte que nos ennemys en reçoivent l'incommodité que nous leur désirons ; à quoy me tenant certain que vous ferez la dilligence qui se peult espérer d'ung bon et affectionné serviteur de son roy, je vays prier Dieu vous donner, mon cousin, ce que désirez.

De Chinon, le 15ᵉ jour de juing 1574.

Mon cousin, je ne veulx oublier de vous dire que la royne m'envoye quatre compaignies de gens d'armes, trois cens chevaulx d'artillerye et de quoy entretenir deux mil harquebusiers. J'espère avoyr tout cella icy devant six jours ; si les ennemys s'en approchent, comme il m'en vient tous les jours des advertissemens, vous n'aurez pas grand peyne par delà. J'ay faict reprendre les chasteau et ville du Blanc et le chasteau de Foussac où il s'est trouvé beaucoup de prisonniers[2]. Voustre affectionné amy. Signé : LOYS DE BOURBON.

La suscription : A mon cousin, Monsieur le conte du Lude, etc.

282. — 19 juin 1574. — Lettre de Catherine de Médicis à M. du Lude.

Monsieur du Lude, ça esté très bien faict de faire publier en l'estendue de vostre charge que chacun eust à recongnoistre pour roy et vray successeur à ceste couronne le roy monsieur mon fils et luy rendre toute obéissance et fidellité,

---

1. M. du Lude avait rappelé à Niort, dès le 9 juin, une compagnie d'arquebusiers à cheval, qui était à Augé près Saint-Maixent. Le 13, il avait ordonné à l'arrière-ban de se réunir à Saint-Maixent, sous les ordres du sʳ de Sanzay. Le 20 juin, l'arrière-ban était à Champigny. (*Journal de le Riche.*)

2. Le Blanc et Foussac avaient été surpris, au commencement de juin, par le lieutenant La Haye et ses partisans les politiques, alliés aux protestants. Poursuivi vers Montmorillon et Foussac par le capitaine Richelieu, le lieutenant La Haye fut blessé à la gorge. (*Journal de le Riche*, p. 178.)

vous priant tenir main que nul se départe de ce devoir. Au demourant, vous aurez entendu par le sieur de la Messalierre [1] et la lettre que je vous ay escripte par luy, ce que j'ay mandé à mon cousin le duc de Montpensier sur la séparation qu'il a faitte de son armée. Il faudra veoir ce qu'il vouldra faire et à quoy il se résouldra. Je luy renvoye encores présentement le sieur de Tuverac [2] avecq trente mille livres pour payer les gens de pied ; je faicts pareillement acheminer vers luy trois compaignies de gens d'armes et mande au sieur de Matignon [3] luy envoyer le sieur de la Hunaudaye [4] avecques sa compaignie et les forces qu'il a menées de Bretaigne et toute la cavallerie dont il se pourra passer pour le siège de Carentan [5]. J'escripts à mon dict cousin vous secourir incontinant de ce que vous aurez besoing, affin de vous sortir de la peyne où vous estes et vous donner moien de faire la récolte et empescher les ennemys de la faire : c'est, Monsieur du Ludde, tout l'ordre que je puis donner sur ce que vous m'avés mandé et escript par ce porteur ; et, sy mondict cousin le duc de Montpensier veult plustost revenir de deçà ou aller en son gouvernement de Bretaigne, dont je serois bien marrye, pour estre sa présence très nécessaire par delà, je vous feray aussitost envoier toutes ses forces et au sieur de Biron pour vous en ayder et servir par ensemble. C'est tout ce que je vous puis mander pour ceste heure, après vous avoir asseuré que je serois très marrye

---

1. François Frottier, sr de la Messelière et Melzéart, capitaine de 50 hommes d'armes en 1569, lieutenant de la compagnie de M. de Sansac en 1571, chev. des ordres du Roi. (*Dict. des familles de l'anc. Poitou*, t. II, p. 132.)

2. Le sr de Touverac était capitaine d'une compagnie d'arquebusiers à cheval qui se trouvait à Augé le 7 juin, sous les ordres de son lieutenant, le sr de Jonvelle, et qui fut mandée à Niort le 9 par M. du Lude. (*Journal de le Riche*, p. 176, 177.)

3. Le sr de Matignon (Jacques Goyon) était lieutenant général de Normandie.

4. René de Tournemine, baron de la Hunaudaye, originaire de Bretagne.

5. Matignon assiégeait Montgomery dans la ville de Carentan.

que vous ne feussiez assisté et secouru, comme il est requis, pour la deffence de la ville de Nyort [1], avecques vostre honneur et réputation. Je prie Dieu, Monsieur du Lude, vous avoir en sa saincte garde.

Escript à Paris, le 19ᵉ jour de juing 1574. Signé : CATERINE. Et plus bas : DE NEUFVILLE, avec paraphe.

Au dos est écrit : A Monsieur du Ludde, etc.

---

283. — 27 juin 1574. — Lettre de Catherine de Médicis à M. du Lude.

Monsieur du Ludde, je désire grandement que mon cousin le duc de Montpensier ayt bien tost moyen de se mettre en campagne avec telles et si gaillardes forces qu'il donne la loy à nos ennemys, mesmement sur ceste récolte. Pour ce faire je le renforceré d'hommes, de munitions et d'argent le plus que je pourray, et si nous pouvons avoir réduict Carantan, ainsi que nous espérons faire dans peu de jours, estans ceulx dedans entrés en parlement, je luy enverré la meilleure partye des forces qui sont de ce cousté là, cognoissant que c'est l'endroict auquel nous debvons plus pourveoir ; et vous prie continuer à assister et favoriser mon dit cousin. Je seroys très ayse que tous ceulx qui portent les armes contre le roy, mon dit sieur et fils, ou les autres qui les favorisent eussent aussy ferme intention de s'en deporter, et recognoissant leur debvoir, vivre avecques repos et jouissance de leurs biens en leurs maisons, comme j'ay d'embrasser leur protection et les traicter favorablement, estant bien asseurée que le roy, mon dit sieur et fils, a ceste mesme volunté. Au moyen de quoy, je vous prye donner toute seureté à ceulx qui vous en rechercheront avecques une

---

1. M. du Lude éprouvait alors quelques inquiétudes pour la ville de Niort, qu'on disait menacée de siège par les huguenots. (*Journal de le Riche*, p. 177.)

pure dévotion de s'i continuer, et lesquels vous jureront par acte autenticque qu'ils signeront de leurs mains d'y demeurer inviolables et obéyr au dernier édict de pacification faict devant la Rochelle et estre doresnavant bons et loyaulx subjects du roy, mon dit sieur et fils, à la charge que, sy après ils font autrement, ils seront déclairés indignes de toutes graces et seront pugnys par mort en leurs personnes et leurs biens confisqués pour jamais. Les ungs ne peuvent estre, à mon gré, trop soigneusement conservez en la jouissance de la promesse qui leur aura esté faicte, et les autres au contraire trop rigoureusement traictés après avoir ainsy souvent abusé des graces qui leur ont esté par diverses fois faictes. Je prie Dieu, Monsieur du Ludde, vous avoir en sa garde.

Escript à Paris, le xxvij° jour de juin 1574. Signé : CATERINE. Et plus bas : DE NEUFVILLE, avec paraphe.

A costé est écrit : Monsieur du Ludde, je veulx bien vous advertir comme j'ay tout présentement receu lettres du roy, monsieur mon fils, par lesquelles il mande qu'il est en bien bonne santé, Dieu mercy ; si bien que j'ay espérance avec son aide et faveur, qu'il sera en ce royaume dedans le vingt cinquième du mois de juillet ; de quoy je suis assurée que vous serés bien ayse.

Et au dos est aussy écrit : A Monsieur le conte du Ludde, etc...

---

284. — 7 juillet 1574. — Lettre de Catherine de Médicis à M. du Lude.

Monsieur du Lude, j'ay voullu attendre et oyr l'abbé Gadaigne [1] avant que de vous mander mon intention et

---

1. L'abbé Jean-Baptiste de Gadagne, d'origine florentine, avait été envoyé par Catherine de Médicis à la Rochelle, pour négocier avec la Noue.

respondre à vostre lettre du 28ᵉ du passé qui m'a esté rendue par ce porteur. Toutes fois aussytost que j'eust considéré tout ce que m'avez escript, je ne faillys d'en donner ung petit mot d'advis à mon cousin, monsieur le duc de Montpensier, à celle fin que il continuast d'assembler ses forces et se préparer à la guerre, nonobstant la dicte suspension proposée[1], dont je croy qu'il vous aura adverty, comme je luy mandois. Tant y a, Monsieur du Ludde, que pour les raisons et conséquences saigement déduictes par le mémoire que m'avez envoyé, j'ay dict au sieur de Perdaillan et escript au sieur de la Noue et plus particulièrement au sieur de Biron pour leur faire entendre que je ne puis approuver ne consentir les articles par eux proposés pour la dicte surcéance; mais que s'ils veullent poser les armes, se retirer en leurs maisons, remettre les villes qu'ils ont prises et occuppent entre les mains des officiers et ministres du roy et obéyr au contenu du dernier édict de paciffication, je leur envoyeray une abollition des faultes qu'ils ont commises, prendray en ma protection et sauvegarde leurs personnes et biens et donneray ordre qu'ils jouiront du béneffice d'icelluy édict et de leurs biens en toute seureté et liberté jusques à l'arrivée du Roy, mondict sieur et fils, par lequel je feray ratiffier et entretenir tout ce que je leur promects. Et en cas qu'ils refusent le dict offre, j'entends, Monsieur du Ludde, comme je l'escripts à mon dict cousin le duc de Montpensier, qu'il leur soit faict la guerre et couru sus le plus vifvement que faire ce pourra, ayant secourru mon dict cousin de quatre à cinq mil bons soldats, d'artillerye, pouldres, boullets, chevaulx d'artillerie, et

---

1. Une suspension d'armes de 12 jours avait été, en effet, publiée le 2 juillet en plusieurs lieux, notamment à Parthenay et Saint-Maixent. (*Journal de Généroux*, p. 122.— *Journal de le Riche*, p. 183.) Elle avait sans doute été conclue aux conférences qui se tenaient alors à Thairé, près la Rochelle, pour la pacification, entre Gadagne, Biron, Strozzy, la Frézelière, d'une part, et la Noue et le baron de Mirambeau, d'autre part. (*Hist. de la Rochelle*, t. I, p. 554.)

autres munitions et de cavallerie et d'argent le plus que j'ay peu, comme je croy qu'il vous aura écript; ayant pareillement adverty les sieurs de la Chastre[1], d'Antragues[2], de Prye, de la Guische et de Giry se tenir tous prests, chacun en leur gouvernement et charge avecques leurs compaignies de gens d'armes et la noblesse du païs pour se joindre ensemble ou avecques mon dict cousin, quant il leur sera mandé, soyt pour aller assaillir les ennemys où ils seront ou pour les garder de passer les rivières. Pour fin de la présente, je vous diray que le sieur de Chémerault est revenu devers le Roy, mon dit sieur et fils, lequel l'a laissé le 25e du passé à Vienne en Autriche où l'empereur l'a receu très honorablement; il en devoyt partir deux jours après pour s'en venir, sy bien que j'espère que nous l'aurons bientost en ce royaume en bonne santé, comme nous le désirons et que j'en prye Dieu de bon cœur, en le priant vous avoir, Monsieur du Ludde, en sa saincte garde.

Escript à Paris, le 7e jour de juillet 1574. Signé : CATERINE. Et plus bas : DE NEUFVILLE, avec paraphe.

Au dos est escrit : A Monsieur le conte du Ludde, etc.

---

285. — 10 juillet 1574. — Lettre du duc de Montpensier à M. du Lude.

Mon cousin, s'en retournant ce gentilhomme de la court présent porteur et avecques luy le laquais que vous m'avés envoyé, je n'ay voullu faillir de vous dire que j'ay quelque oppinion que l'advertissement qui vous a esté donné touchant Lusignan[3] est en tout ou partye véritable; toutes fois n'ayant encores aulcunes forces ne moyens pour entreprendre de ce costé là, ne faire de l'aultre le dégast que

---

1. Gouverneur du Berry.
2. François de Balzac d'Entragues, gouverneur d'Orléans.
3. Lusignan était au pouvoir des protestants depuis le 24 février 1574, et l'on songeait à reprendre cette place importante.

vous m'escrivés, je suis contrainct prendre patience, attendans que les compaignyes qui me viennent de Normandye, ensemble l'artillerye, munitions et chevaulx soient arrivés icy. J'ay bien sceu qu'ils sont desjà passé Laval et que la royne les haste le plus qu'elle peult, qui me faict croire que bientost nous aurons le tout icy. Je suis bien marry que vous n'estes en meilleur estat de vostre santé [1] pour nous y pouvoir ayder ; pour le moins vous me feriez ung grand secours s'il vous plaisoit persuader à Moryn de lever promptement et m'amener en ce lieu jusques à cent chevaulx de traict avecques quelques charettes pour nous en ayder à traynner nostre artillerye et munitions et je ne failleray de le faire si bien contenter et payer qu'il aura très juste occasion de se contenter. Je désirerois aussi que Barberye [2] voullust faire quelque marché avecques moy pour les vivres de ceste armée, en quoy, s'il se voulloyt monstrer raisonnable et affectionné au Roy monseigneur, outre qu'il n'y perdroit riens, j'employeroys mes moiens et puissance pour luy faire recevoir ce qui luy est deub de ses précédentes entreprinses. Et me tenant certain que vous y ferés tout le myeulx que vous pourrés, je me veoys recommander à vostre bonne grâce et supplier Nostre Seigneur vous donner, mon cousin, l'accomplissement de vos désirs.

De Chinon, le 10e jour de juillet 1574. Voustre plus affectionné cousin et amy. Signé : LOYS DE BOURBON.

Au dos est écrit : A mon cousin, Monsieur le conte du Ludde, etc...

---

286. — 10 juillet 1574. — Lettre du duc de Montpensier à M. du Lude.

Mon cousin, ayant présentement et non plustost receu

---

1. M. du Lude était, en effet, malade à Raimbault, ainsi que nous l'apprend Le Riche, le 5 juillet. (*Journal de le Riche*, p. 183.)
2. Amaury Bourguignon, sieur de la Barberie, surintendant des vivres de France, maire de Niort en 1565 et en 1584.

des lettres de la Majesté de la royne du 2ᵉ de ce moys, ay advisé, pour vous mieulx faire entendre son intention sur ce qu'elle me mande par icelles, vous en envoyer une coppie. Toutes foys je trouve bien fort estrange, veu le long temps qu'il y a que l'abbé de Gadaigne est arrivé auprès d'elle, que nous n'avons entendu la résolution qu'elle a prise sur le faict de la tresve qu'il avoyt négotyée par deçà. Sy est que cependant je faicts advancer ce qui sera nécessaire pour dresser l'armée qu'elle m'a commandé où j'ay desjà faict sy bonne dilligence que les forces qui me viennent de Normandye qui sont desjà au gouvernement d'Anjou, arrivées icy, je seray prest de marcher en campaigne; vous priant à ceste cause disposer si bien toutes choses de vostre part que nous puissions faire ung bon et signalé service à nostre roy, affin qu'à son arrivée qui sera bientost, nous ayons l'heur de luy rendre ses quartyers de deçà aussy bien nectoyés de ses ennemys, comme M. de Matignon fera de la Normandye; qui sera le propos où me recommandant de bon cœur à vostre bonne grace, je voys prier Dieu vous donner, mon cousin, l'accomplissement de vos désirs.

De Chinon, le 10ᵉ jour de juillet 1574. Voustre bon cousin et amy. Signé : Loys de Bourbon.

---

287. — 11 juillet 1574. — Commission du duc de Montpensier à Ithier Léger, sʳ du Portal.

Loys de Bourbon, duc de Montpensier, pair de France, lieutenant général pour le roy mon seigneur en son armée de Poictou, à nostre cher et bien amé Ythier Liger, seigneur du Portal, salut. Aiant esté adverty que puys naguères le lieutenant du dit Poictou[1] auroit acquis la maison et seigneurie des Coustaulx, assise à une lieue près de Nyort et d'aultant que c'est une place forte il seroit à craindre que

---

1. Jean de La Haye.

les subjects rebelles de Sa Majesté qui tiennent le party et faction du dit lieutenant vinsent à s'en emparer et y faire une retraicte au préjudice du service d'icelle Majesté, qui ne seroit de peu d'importance; pour à quoy pourveoir, nous avons advisé de commettre et depputer quelque gentilhomme catholicque, affectionné audit service pour garder et conserver ledit chasteau des Coustaulx soubs l'obéissance de Sa dicte Majesté; et ne pouvant, à nostre advis, faire meilleure élection que de vous, sçavoir vous faisons que nous à plain confians de vostre personne, sens, suffisance, vaillance, dextérité, expérience au fait des armes et bonne diligence, vous avons à ceste cause commis et depputté, commettons et depputons par ces présentes, en vertu du pouvoir qu'il a pleu à Sa dicte Majesté nous donner, pour vous mettre dedans ledit chasteau des Coustaulx avec puissance de pouveoyr appeller, lever et prendre avecques vous tel nombre de soldats catholicques des mieulx aguerris et expérimentés que vous pourrez recouvrer, que vous verrez et congnoistrez estre nécessaire pour la garde, deffence et conservation de ladite place en l'obéissance d'icelle Majesté et empescher que lesdits rebelles ne s'en puissent emparer et prévaloyr au préjudice dudit service. De ce faire vous avons donné et donnons par ces présentes plain pouvoir, auctorité, puissance, commission et mandement spécial; mandons et commandons à tous les justiciers, officiers et subjects du roy mon dit seigneur qu'à vous en ce faisant soit obéy.

Donné à Chinon, le xj^e jour de juillet mil cinq cens soixante quatorze. Signé : Loys de Bourbon. Par mon dit seigneur le duc, pair et lieutenant général : Lamoureux.

---

288. — 15 juillet 1574. — Lettre du duc de Montpensier à M. du Lude.

Mon cousin, encore que je n'aye pas eu opinion que la

treuve dont vous me parlés par vos lettres de l'unzieme de ce moys que je viens de recepvoir tout à ceste heure, apportast rien de bien au service du roy mon seigneur, ny de soulagement à ses subjects, ce néantmoins je l'ay faict inviolablement garder, de sorte qu'il n'y a huguenot en ses quartiers qui se peust justement plaindre qu'on y ait contrevenu en la moindre partye quelconque. Toutesfoys ils ont de leur part et en tant d'endroicts faict le contraire que je le trouverois bien fort estrange, sinon que je sçay de longue main qu'ils sont coustumiers de ne nous tenir non plus la foy qu'ils ont faict jusques icy à Dieu et à leur roy, car despuis et durant la dicte treuve, ils ont surpris le Blanc et Cyvray, pillé Mézieres et Chasteauneuf, failly une entreprise sur Sainct Maixent [1] et pris, à ce que vous m'escrivés, douze de vos soldats de Chisé [2] et voulloient en oultre tailler en pièces le cappitaine Chesnaye et sa compaignye, s'il n'eust esté en bonne garde, mais Dieu a voulu que La Source qui estoit de la partye y soit demeuré pour payer le traistre et lasche tour dont il a usé envers monsieur de la Ménardière [3] : je ne sçay si, soubs umbre d'ung tel coquin, La Noue et ses complices vouldroient se venger à l'encontre de ceulx qui sont prisonniers pour le soustien de la querelle de leur roy et deffence de leur pays ; mais je suis bien résolu, s'ils en viennent là, il ne demourera hostaige de la Rochelle ne homme qui tombe entre mes mains soustenant leur party qui ne m'en face la raison, ce que je veulx bien

---

1. Saint-Maixent manqua d'être surpris, le 1er juillet 1574, par le sr de Chouppes, chef des protestants à Lusignan. (*Journal de le Riche*, p. 182.)

2. Chizé était occupé par les catholiques depuis le 3 mai 1574. (*Journal de le Riche*, p. 168.)

3. Il est fait allusion dans ce passage au meurtre de François Bigot, chev. de l'ordre, sr de la Ménardière-Grignon et de la Gillardrie, qui fut tué sur le pont du château de la Forêt-sur-Sèvre, en parlementant avec les huguenots, au commencement de mai 1574. (*Chronique de Pierre Brisson*, p. 266, et *Journal de Généroux*, p. 118.)

que vous leur faciés entendre, puis qu'ils sont si oultre cuidés que d'user des menasses dont vous me réserviés à l'encontre des catholiques et bons serviteurs de leur roy : j'ay eu certaines nouvelles par un courrier clerc de M. de Villeroy qui me vint hier trouver de la part de la royne, que Sa Majesté partit de Vienne en Austriche le 29 du moys passé et que l'Empereur, après l'y avoir receu fort honnorablement, le faisoit conduire par ses enfans jusques sur les terres de l'archiduc Ferdinand, son frère, qui de sa part l'accompaigne jusques sur l'estat des Vénitiens qui desjà se sont préparés pour luy faire tout l'honneur qu'il leur sera possible : il debvoit arriver le 8ᵉ de ce mois en leur ville et de là, sans y séjourner beaucoup, s'acheminer par deçà par les Grisons ou par les terres de l'estat de Milan ; vous pouvez juger par là que nous l'aurons en ce royaume dedans la fin de ce moys pour le plus tard. Je supplie Dieu que ce soyt avecques autant d'heur pour luy et de contentement pour ses subjects, comme je le désire, et qu'il vous donne, mon cousin, l'accomplissement de vos désirs.

De Chinon, ce 15ᵉ de juillet 1574.

Mon cousin, mes forces commencent si bien à s'assembler, que j'espère approcher bientost plus près de vous, qui me faict vous prier me tenir souvent adverty des nouvelles de nos ennemys et de vous accompaigner le mieulx que vous pourrés : j'ay grand regret de quoy votre santé vous tient si longuement attaché et que par ce moyen nous ne puissions nous veoir aussy souvent qu'il seroit bien besoing pour le service de notre prince. Je supplie Dieu vous vouleoir bientost envoyer une aussi bonne santé que je souhaitte la mienne. Votre affectionné cousin et meilleur amy. Signé : Loys de Bourbon.

Au dos est écrit : A mon cousin Monsieur le conte du Ludde, etc...

289. — 18 juillet 1574. — Lettre de Catherine de Médicis à M. du Lude.

Monsieur du Ludde, j'ay veu par vostre lettre du 10ᵉ de ce moys que vous avez receu les miennes du 27ᵉ du passé par les mains de ceulx de la nouvelle opinion et que je vous mande par icelles que le Roy, monsieur mon fils, sera le 25ᵉ du présent en Lorraine. C'est chose que je ne vous ay jamais escripte et qui a esté changée malicieusement par ceulx de la dite opinion, mais bien vous ay adverty que il arriveroit en ce royaume dedans le dit temps, comme j'espère avec l'ayde de Dieu qu'il sera à Lyon, ayant prins, comme j'ay tousjours estimé qu'il feroit, son chemyn par l'Italye. J'en receu hier des lettres du 6ᵉ escriptes à trois journées de Venise : il estoit en très bonne santé, Dieu mercy, et très bien accompaigné. J'ay pareillement receu les lettres de l'ambassadeur d'Espaigne et ferez fort bien de m'envoyer tousjours ce qui vous tumbera entre les mains. Vous aurez, depuis vostre lettre escripte, sceu mon intention sur le faict de la trève et le renfort que j'ay envoyé à mon cousin le duc de Montpensier pour luy donner moyen de se remectre en campagne, qui sera cause que je ne vous en feray autre redicte par la présente. Priant Dieu vous avoir, Monsieur du Lude, en sa saincte et digne garde.

Escript à Paris le 18ᵉ jour de juillet 1574. Signé : Caterine. Et plus bas : de Neufville.

---

290. — 27 juillet 1574. — Lettre du duc de Montpensier à M. du Lude.

Mon cousin, j'ay receu ung merveilleux desplaisir d'entendre par vostre lettre la trahison dont les huguenots de Sainct-Maixent ont usé pour mettre les rebelles et ennemys du Roy monseigneur en leur ville [1] et le meschant et lâche tour qu'ils ont faict à leur gouverneur [2] après tant de peyne qu'il a eue pour les conserver ; mais je n'ay jamais guères mieulx espéré de la dicte ville ne de toutes les autres où les dicts huguenots font la principalle force, et quant les gouverneurs et officiers se fyent ou plustost abusent en leurs parolles et promesses qui ne furent et ne seront jamais autres que plaines d'infidellité. Par quoy, je vous prye, mon cousin et tous les aultres qui ont à commander sur telle manière de gens, de n'avoir aucune asseurance en eulx non plus et encores moings, s'il se peut faire, que s'ils estoient ouvertement déclarés ennemys. Ces seulles considérations me font bien penser que vous aurez besoing d'estre un peu mieulx accompagné que vous n'estes, et font que de très bon cueur je vous ayderoys voluntiers de quelque cavalerye, comme vous m'en requerés, sinon qu'estant sur le point de faire marcher mon artillerye et toutes mes troupes, il m'est nécessaire de me tenir accompagné de tout ce que je puis avoir de gens de cheval, car desjà je me serois dadvantaige avancé, si j'avoys ce que j'en attends quy me vienne peu à peu ; mais j'espère estre bientost en lieu pour asseurer le pays à ma debvotion et empescher les entreprises de nos ennemys. J'eusse essayé de donner quelque faveur aux catholicques qui s'estoient retirés dans le chasteau de Sainct-Maixent, sinon que j'ay presque aussitost sceu qu'ils l'avoient habandonné, comme j'ay esté adverty de leur malheur et désastre duquel je les plains infynyment, louant Dieu toutes foys de ce qu'ils n'ont pas estés si maltraictés comme on disoit et que je

---

1. La ville de Saint-Maixent avait été surprise par le s^r de Saint-Gelais, dans la nuit du 22 juillet. (*Journal de le Riche*, p. 185, et *Journal de Généroux*, p. 123.— *Chronique de Brisson*, p. 278.)

2. Gabriel Thibault, s^r de la Carte, gouverneur de Saint-Maixent, dont les huguenots tuèrent le fils lors de la surprise de la ville. (*Idem.*)

pensois. Or, après m'estre affectueusement recommandé à vostre bonne grace, je le supplye vous donner, mon cousin, l'accomplissement de vos bons désirs.

De Saulmur, ce 27ᵉ jour de juillet 1574. Signé : Vostre plus affectionné et meilleur amy, Loys de Bourbon.

Au dos est écrit : A mon cousin, Monsieur le conte du Lude, etc...

---

291. — 28 juillet 1574. — Lettre du duc de Montpensier à M. du Lude.

Mon cousin, je vous feis hyer si ample response aux deux précédentes lettres que vous m'avez escriptes que ce ne seroit que redicte de reprendre les poincts de la vostre que j'ay receue par ce porteur, estant du mesme sujet que les premières ; seullement vous diray-je que, si j'eusse esté secouru de ce qui m'a esté promis de la court, je serois desjà si prest de vous que vous ne seryez en peine de me demander si souvant de la cavallerye, et espéroys bien aussi reserrer nos ennemis de façon qu'ils ne feroient pas tant de courses et entreprises, comme ils font ; mais il y a tant de longueur en tout ce qui despend de ce costé là que c'est tousjours à recommancer. Toutes foys je fays mon compte de ne demeurer plus guères de temps sans m'achemyner vers vos quartiers [1] avec bonne intention de ne m'en retourner sans y laisser un peu plus d'assurance et de liberté aux catholicques qu'ils n'en ont eu depuis le commencement de ceste dernière eslévation, moyennant l'ayde de Dieu lequel, après m'estre recommandé à vostre bonne

---

1. En effet, le duc de Montpensier ne tarda pas à arriver en Poitou avec une armée royale. Il mit le siège devant Lusignan au commencement d'octobre 1574. Le 10 de ce mois, il envoya de son camp au sénéchal de Poitou et au présidial de Poitiers, l'ordre de saisir les biens des calvinistes dans tout le ressort, pour faire face aux frais de la guerre.(*Arch. de la Vienne, série F.*)

grâce, je supplye vous donner, mon cousin, l'accomplissement de vos bons désirs.

De Saulmur, ce xxviij^e jour de juillet 1574. Vostre plus affectionné cousin et meilleur amy. Signé : Loys de Bourbon.

Et la suscription : A mon cousin, Monsieur le conte du Lude, etc...

---

292. — 31 juillet 1574. — Lettre de Catherine de Médicis à M. du Lude.

Monsieur le conte, j'ay veu par vos lettres du 22e jour de ce présent moys et entendu de ce porteur l'estat auquel sont les affaires de delà et le peu de forces et moyens que vous avés d'y exécuter ce que vous congnoissés qui seroit nécessaire pour le bien des affaires et service du Roy, monsieur mon fils, et empescher les entreprises de la Noue et ceulx de son party qui ont encores naguerres surprins la ville de Saint-Maixant ; à quoy je vous diray que mon cousin le duc de Montpensier est après à redresser l'armée de Poictou plus belle et plus forte que paravant, suivant ce que je luy ay cy-devant escript et les moyens que je luy en ay donné, avec laquelle il vous aydera et secourra de ce que vous aurés besoing pour faire de vostre costé ce qui sera du service du Roy, mondit sieur et fils, comme je luy mande encores présentement par le dict porteur ; et de sa part je m'asseure qu'il exploictera et employera si bien la dicte armée qu'il remettra le pays de Poictou en meilleur estat qu'il n'est pour le présent et en chassera ceulx qui l'occupent contre l'auctorité du Roy, mon dict sieur et fils et la naturelle obéissance qu'ils luy doibvent, vous pryant, lorsque vostre santé le pourra porter, luy ayder en cella et y mettre toute la peyne qu'il vous sera possible. Quant aux trente soldats que demandés pour vostre garde comme gouverneur et à vostre plat d'ordinaire que m'escripvez le pays estre d'accord de vous bailler, ainsy qu'il est porté par l'estat que le dict porteur m'en a présenté avecques une requeste de vostre part, j'ay considéré que ceste dépense seroit à si grande charge au peuple, oultre les foulles et oppressions qu'il reçoit des gens de guerre qui sont par delà, qu'il ne le pourroit aucunnement supporter, aussy que ce seroit une très grande conséquence, occasion pour quoy je ne puis vous satisfaire en cella, comme j'eusse bien désiré ; et pour ce que vous entendrez plus particulièrement de ce dict porteur mon intention sur ce qu'il m'a dict de vostre part, je ne vous feray la présente plus longue que pour prier Dieu, Monsieur le conte, vous avoir en sa sainte et digne garde.

Escript à Paris, le dernier jour de juillet 1574.

Monsieur le conte, depuis ceste lettre escripte, La Cornière présent porteur m'a faict entendre votre indisposition et la requeste que me faict de vous donner congé pour quelques jours, afin de vous guérir, ce que je vous accorde bien volontiers ; mais je vous prye avant partyr de mectre à Niort quelqu'un suffisant pour bien garder et maintenir en l'obéissance du Roy, monsieur mon fils, le dict Niort, et donner ordre qu'il n'y puisse en vostre absence advenir aucun changement au préjudice du service de mon dict sieur et fils, suivant ce que j'escript à mon cousin le duc de Montpensier qui pourvoyera d'y envoyer des forces, ainssy que luy et vous verrez qu'il sera nécessaire ; vous priant aussi de vous employer en tout ce que vous pourrés pour assister et favoriser aux entreprinses et délibérations que fera par delà mondit cousin pour le service de mondict sieur et fils. Signé : CATHERINE, et PINART, avec paraphe.

Au dos est écrit : A monsieur le conte du Lude, etc...

293. — 7 août 1574. — Lettre de Catherine de Médicis à M. du Lude.

Monsieur le conte, j'espère partir lundy prochain pour aller jusques à Lyon au devant du Roy, monsieur mon fils, dont je vous ay bien voullu advertir et quand vous prier de demeurer tousjours en vostre charge, estant à présent aultant ou plus besoing qu'il fut oncques, que vous y soyés pour y continuer le bon debvoir que vous y avés tousjours faict, lequel je n'oublyeray jamais de faire entendre à mon dict sieur et fils, m'asseurant qu'il vous en sçaura tout le bon gré que sçaurés désirer, estimera bien fort le fidèle service que vous y avés faict, le grand soing qu'avés eu depuis la mort du feu Roy, monsieur mon fils, et la continuation que y ferés avecques toute l'affection et vigillance qui se peult attendre d'ung bon et digne serviteur tel que vous estes, ayant si bien l'œil à toutes choses qu'il ne puisse advenir aucun changement en l'estendue de vostre charge et que chacun s'y comportant comme il doibt, y soit maintenu à repos, ainsy que je vous ay cy-devant escript; désirant que vous continués à me mander journellement tout ce qui se passera en votre charge jusques à l'arrivée de mon dict sieur et fils, de laquelle vous serés aussitost adverty. Cependant je prye Dieu, Monsieur le conte, vous avoir en sa saincte et digne garde.

Escript à Paris, le 7e jour d'aoust 1574.

Monsieur le conte, je vous prye donner ordre, comme je vous ay cy-devant escript plusieurs fois, que, s'il y a des gens à pied ou qui s'y en trouve cy après allant par les champs en l'estendue de vostre gouvernement, de les faire prendre et pugnir exemplairement ou leur courre sus, suivant la dernière ordonnance que je vous ay envoyée ; car il n'y a à présent une seulle enseigne de gens de pied qui ne soit en sa garnison ; s'il s'en trouve aux champs, ce sont gens ramassés pour piller le peuple et pour mal faire, et c'est pourquoy il ne les fault pas espargner. Signé : CATERINE. Et plus bas : PINART, avec paraphe.

Au dos est écrit : A monsieur le conte du Lude, etc..., ou, en son absence, à celluy qui commande au dict païs de Poictou.

TABLE DES MATIÈRES

CONTENUES DANS CE VOLUME

	Pages
Liste des membres de la Société des Archives historiques du Poitou.	v
Extrait des procès-verbaux des séances de la Société des Archives pendant l'année 1882.	ix
LETTRES ADRESSÉES A JEAN ET GUY DE DAILLON, COMTES DU LUDE, GOUVERNEURS DE POITOU DE 1543 A 1557 ET DE 1557 A 1585.	
Introduction.	xi
Lettres adressées à Jean et Guy de Daillon. — Première partie (1543-1574).	xlvii
Texte des Lettres.	1

POITIERS. — IMPRIMERIE OUDIN.

www.ingramcontent.com/pod-product-compliance
Lightning Source LLC
Chambersburg PA
CBHW071109230426
43666CB00009B/1884